CONVERSAS COM WOODY ALLEN

CONVERSAS COM
WOODY

COSACNAIFY

TRADUÇÃO **JOSÉ RUBENS SIQUEIRA**

ALLEN

SEUS FILMES, O CINEMA E A FILMAGEM

2ª EDIÇÃO AMPLIADA

ERIC LAX

Para Punch Sulzberger, com admiração e amor

PANAVISION

APRESENTAÇÃO

Um livro de conversas em geral reúne entrevistas feitas ao longo de semanas ou meses, e assim, independentemente do período que cobre, o resultado é um instantâneo que revela as atitudes e os sentimentos do entrevistado em determinado momento da vida. Este livro, porém, é um álbum composto ao longo de metade da vida de Woody Allen, iniciado em 1971 e, como uma fotografia de longa exposição, oferece uma visão clara de sua transformação de diretor novato num dos mais aclamados cineastas do mundo, e do que aprendeu pelo caminho.

Depois de nosso primeiro encontro, eu não apostaria nem um centavo na possibilidade de que durante 36 anos eu teria o prazer de assistir de perto à evolução de um artista. Na primavera de 1971, um editor da *New York Times Magazine* me mandou investigar três pautas para uma possível matéria. Uma delas era um perfil de Allen, comediante de 35 anos que havia escrito duas peças da Broadway (*Quase um sequestro* [*Don't Drink the Water*] e *Sonhos de um sedutor* [*Play it Again, Sam*]), cujos textos apareciam, com frequência, na *New Yorker* e que nos últimos tempos havia começado a atuar e dirigir seus próprios filmes: *Um assaltante bem trapalhão* [*Take the Money and Run*, 1969], suposto documentário sobre um ladrão pé de chinelo tão espetacularmente inapto que não consegue escrever nem um bilhete de assalto, e o recém-lançado *Bananas* [*Bananas*, 1969], uma visão cômica das revoluções latino-americanas e da política externa dos Estados Unidos. Com trama suficiente apenas para fazer a conexão entre as piadas, os filmes são conduzidos feito um monólogo de boate, com pouco cuidado com o desenvolvimento de personagens ou com a linguagem cinematográfica. São praticamente uma sequência de *gags*, quase surreais, e são engraçadíssimos.

Os filmes anunciavam o surgimento de um talento idiossincrático e original, e os editores da *Times* queriam saber mais sobre ele, e eu também. Senti que ele fazia parte da minha liga de heróis cômicos, S. J. Perelman, Bob Hope e os Irmãos Marx, e era ainda mais versátil em sua capacidade de provocar risos. Telefonei para os agentes dele, Jack Rollins e Charles Joffe, para pedir uma entrevista, e marcamos uma data. Cheguei ao escritório duplex na West Fifty-seventh Street, em Manhattan, com duas páginas de perguntas e um gravador novinho, e fui levado ao andar superior, onde Woody estava esperando numa saleta mobiliada com uma mesa, um abajur e duas belas poltronas. Ele parecia incomodado e tímido; eu era novo no jornalismo e estava nervoso por entrevistar alguém cuja obra admirava. Nós nos apertamos as mãos, nos cumprimentamos e sentamos. Fiz minhas perguntas feito uma pessoa que lê uma lista. As respostas dele eram sucintas. A mais breve era "não", o que não seria tão ruim se a mais longa fosse mais expressiva que um "sim".

Então escrevi uma reportagem sobre uma das outras duas ideias em que havia pensado e achei que meu contato com Woody Allen estava encerrado.

Seis meses depois, quando andava de bicicleta em Sausalito, na Califórnia, quase fui atropelado por uma perua Ford com um cartão no para-brisa que dizia "Rollins and Joffe Productions". Naquele mesmo dia, eu tinha lido no *San Francisco Chronicle* um artigo curto sobre Woody, que estava na cidade para filmar *Sonhos de um sedutor* [*Play it Again, Sam*, 1972] e, como eu era jovem e solipsista, achei que não se tratava de mera coincidência, mas de um sinal de que ele estava pronto para falar mais abertamente. Telefonei para Joffe, solicitando outra entrevista, e fui convocado a encontrar Woody numa casa-barco no porto de Sausalito, que estava sendo estudada como possível locação para uma cena do filme. Conversamos sobre lances de beisebol e ele pediu licença para ir ver alguma coisa com o produtor de locação. Minutos depois, Charlie entrou e disse: "Por que você não vem ao set e dá uma espiada? Fique bem quietinho e não atrapalhe, senão te mandamos embora".

Obediente, fiz o que me mandaram e, depois de alguns dias, Woody veio até mim entre duas tomadas e conversamos por um minuto. Depois voltou e conversamos mais. Não demoramos a começar entrevistas mais formais. A *Times* encomendou um perfil e eu acompanhei boa parte da filmagem. Como não foi Woody quem dirigiu *Sonhos de um sedutor* (o diretor é Herbert Ross), meu editor sugeriu que eu entrevistasse Woody também enquanto dirigia e atuava em *Tudo o que você sempre quis saber sobre sexo mas tinha medo de perguntar* [*Everything You Always Wanted to Know About Sex But Were Afraid to Ask*, 1972], imediatamente depois. Fui até os Goldwyn Studios, em Los Angeles, conversei com ele durante muitas horas mais, dentro e fora do set, e, por fim, meses depois do prazo original, entreguei minha reportagem, no dia em que outra revista, a *Time*, publicou uma matéria de capa sobre ele.

No jornalismo, assim como na comédia, *timing* é tudo. Quando a *Times* desistiu da minha reportagem, achei que Woody devia ao menos ver o resultado de todas as semanas que tinha passado a meu lado, então mandei para ele, com um bilhete de agradecimento pelo tempo que gastara comigo. Não esperava resposta, mas uns dois dias depois ele telefonou e disse que era uma pena a matéria não ser publicada.

"Você reproduziu com precisão e respeitou as minhas piadas", disse ele, querendo dizer que eu havia citado as aspas incluindo tanto a fala séria como a piada. "Fique à vontade para aparecer na minha sala de montagem quando quiser."

Fui, várias vezes. Então, um dia, nos encontramos andando em direções opostas na Fifth Avenue. Ele me disse que estava indo para Las Vegas, se apresentar no Caesars Palace, e que eu fosse vê-lo se estivesse por lá, embora nada parecesse menos provável. Uns dias depois disso, porém, Richard Kluger, ex-editor-chefe da Atheneum, que tinha acabado de abrir sua própria editora, sugeriu que eu compensasse a frustração do artigo da *Times* escrevendo um livro sobre comédia tendo Woody como foco. Fui a Las Vegas, por fim, e numa conversa de dez minutos no café do Caesars, Woody topou cooperar. Fiquei lá durante toda a temporada, depois viajei com ele naquela que seria sua última excursão como humorista de comédia *stand-up*, e comecei o que veio a ser o meu livro de 1975, *On Being Funny* [Ser engraçado] e, como parte da pesquisa, passei várias semanas no set de *O dorminhoco* [*Sleeper*, 1973] e de *A última noite de Boris Grushenko* [*Love and Death*, 1975]. Em nossas conversas anteriores sobre esses filmes, ficou evidente que, embora fossem muito cômicos, sua ambição e interesse tinham um lado mais sério. Quando se pensa que duas de suas principais influências são Bob Hope e Ingmar Bergman, isso não é de surpreender. Mas *é* uma dificuldade. Woody Allen é uma das pessoas mais engraçadas do mundo. Diante de *Interiores* [*Interiors*, 1978] e *Memórias* [*Stardust Memories*, 1980] muita gente se perguntou por que ele não se contentava em fazer filmes engraçados. A resposta breve é que, como um autor jovem, ele via a comédia como um trampolim para o drama, e estava decidido a insistir em sua ambição de escrever filmes atraentes sobre assuntos sérios. Críticos rosnaram por alguém tão engraçado depreciar a comédia e querer representar *Hamlet*, mas não entenderam a questão. Woody não estava depreciando a comédia, que sempre foi a base de sua vida de sucessos; acontece que ele prefere o drama. E, absolutamente consciente dos papéis limitados em que se encaixa, não tem nenhum desejo de *representar Hamlet*; ele quer *escrever Hamlet*.

Allan Stewart Königsberg, nascido em 1º de dezembro de 1935, criado no bairro do Brooklyn, em Nova York, transformou-se em Woody Allen na primavera de 1952, quando uma colunista de fofocas de diversos jornais de Nova York começou a usar piadas e frases engraçadas que ele mandava para ela. O tímido rapaz de dezesseis anos não queria que seus colegas de classe pegassem os jornais e vissem o nome dele – as colunas de fofocas atraem milhões de leitores, de todas as idades – e, além disso, achava que todo mundo no *show business* mudava de nome; queria um que fosse leve e parecesse adequado a uma pessoa engraçada. Ele era citado com tanta frequência que não demorou a ser contratado por um agente de relações públicas para escrever frases inteligentes que pudessem ser atribuídas a seus clientes. Todo dia, depois da escola, Allan viajava quarenta minutos de metrô até o centro de Manhattan e durante três horas inventava quantas piadas conseguisse no escritório do agente. Ele achava que estava "no coração do *show business*". Todo dia entregava três ou quatro páginas datilografadas (cerca de cinquenta piadas; ele estima ter escrito 20 mil naqueles dois anos e pouco), e em troca recebia vinte dólares, e logo quarenta, um dinheiro muito bom, na época.

O sucesso acompanhou todos os passos seguintes. Aos dezenove anos, ele foi contratado pela NBC, para participar de seu programa de treinamento de novos roteiristas, e enviado a Hollywood para trabalhar no programa *Colgate Comedy Hour*; aos 22, estava escrevendo para Sid Caesar; em 1960, quando tinha 24, ganhava oitenta vezes mais que seu primeiro salário. Então viu Mort Sahl, que subia no palco de suéter e com um jornal debaixo do braço e falava sobre política e vida americana. Ele se deu conta de que a apresentação individual, a comédia *stand-up*, era uma coisa que podia fazer, e fez. Com base em sua apresentação, foi contratado para interpretar e escrever o roteiro de *O que é que há, gatinha?* [*What's New, Pussycat?*, 1965], que se transformou na comédia mais rentável de sua época. Mas a versão final era pouco parecida com o seu roteiro, e mais tarde Woody diria que, se tivessem seguido o que escreveu, "eu teria feito o filme duas vezes mais engraçado e com metade do sucesso". A experiência lhe ensinou que, se ia escrever filmes, precisava ter controle total sobre sua produção.

E teve, em todos os filmes que escreveu e dirigiu até hoje, sem nunca desistir da esperança de escrever um filme inteiramente dramático, que satisfizesse sua intenção e o interesse da plateia. Com *Match Point - Ponto final* [*Match Point*, 2005] ele conseguiu isso, e espera conseguir de novo. Outros filmes, como *Zelig* [*Zelig*, 1983], entraram para o léxico cultural. Há também comédias românticas; meditações sobre um universo sem deus; pseudodocumentários; um musical; filmes sobre lealdade, a escolha entre levar uma vida de fantasia e uma de realidade, sobre relações deterioradas e a imprevisibilidade do amor. Há histórias de família, memórias, fantasias, sobre o que é ser artista; há pastelão, bandidos e fantasmas; e há mágica. Como pano de fundo de tudo isso, há a cidade de Nova York, particularmente Manhattan, que ele mostra como um lugar cintilante, que afirma ser baseado não tanto na coisa real, mas na Manhattan de apartamentos duplex, boates e gente sofisticada que ele viu em incontáveis filmes enquanto crescia num mundo distante, no Brooklyn, embora os dois bairros sejam geograficamente separados apenas pelo rio East.

Mais por coincidência do que por planejamento, conversamos sobre muitos de seus filmes enquanto eles estavam sendo feitos, e muitas vezes sobre eles todos. Trinta e seis anos depois, a nossa entrevista, ainda em curso, talvez seja a mais antiga de Nova York. Conversamos em sets de filmagem e em salas de projeção e edição, em trailers-camarins e carros, no Madison Square Garden e nas calçadas de Manhattan, em Paris, Nova Orleans e Londres, e em suas sucessivas casas. Suas respostas às minhas perguntas vieram em parágrafos bem ordenados – pensados, sinceros, autodepreciativos, sempre inteligentes e às vezes hilários, embora eu nunca o tenha visto tentar ser engraçado.

Woody Allen é a antítese de seu personagem na tela, que é sempre frenético e está sempre em crise. Ele controla seu trabalho e seu tempo. Ele é aprovado em sua autoavaliação: "Sou uma pessoa séria, trabalhador disciplinado, interessado em escrever, interessado em literatura, interessado em teatro e cinema. Não sou tão inepto como me represento com finalidade cômica. Sei que a minha vida não é uma série de problemas catastróficos que são engraçados por serem muito ridículos. É uma existência muito mais sem graça".

Décadas de sucesso e fama o deixaram mais confortável e menos tímido em geral, e nossos encontros são animados e soltos. Ele é também um participante ativo. Quando eu estava fazendo a pesquisa para a minha biografia *Woody Allen*, de 1991, decidi que o momento de parar de entrevistá-lo seria quando ele começasse a repetir histórias. Ele demorou três anos até se repetir; naquele momento eu já havia ultrapassado em um ano meu prazo original. Um dia, enquanto o livro estava sendo editado, ele telefonou.

"Estava pensando sobre uma coisa que nós conversamos recentemente e tenho mais umas ideias, se você ainda se interessar", disse ele.

"Sinto muito", respondi. "Você já teve a sua chance."

Ou não.

A contribuição dele para este livro foi igual. Ficamos sentados durante horas e horas de entrevistas, entre abril de 2005 e o começo de 2007, para pôr o papo em dia. Ele leu o manuscrito e propôs esclarecimentos em pontos onde sentia que estava parecendo Casey Stengel, o treinador dos New York Yankees dos anos 50, cujos discursos rococós eram divertidos de tão ininteligíveis. Ele propôs também outras ideias, à medida que lhe ocorriam.

O que tentei produzir com a ajuda dele é um autoexame muito abrangente da obra de sua vida até hoje. Que mostra não só como Woody Allen cresceu como escritor e diretor, mas também revela o que ele quer dizer sobre seus filmes e sobre cinema em geral. Agrupei essas conversas para explorar cada um dos sete aspectos principais da realização de um filme, da ideia à trilha sonora, terminando com um capítulo em que ele reflete sobre sua carreira. Cada capítulo começa no início dos anos 70 e termina em 2006 ou 2007*, de forma que, dependendo, digamos, do interesse no elenco ou na edição, eles podem ser lidos em qualquer ordem. Mas não deixe de ouvir também, porque a voz é nitidamente a voz de Woody Allen.

ERIC LAX

abril de 2007

* Em 2009, foi acrescentada ao último capítulo uma conversa sobre *Vicky Cristina Barcelona* e *Tudo pode dar certo*, a partir da p. 468. [N.E.]

1 A IDEIA

FEVEREIRO DE 1973

Woody e eu estamos a caminho de Tarrytown, em Nova York, a cerca de uma hora ao norte de Manhattan, onde ele vai falar num fim de semana de cinema organizado pela crítica Judith Crist, da *New York Magazine*. Ele está usando calça de veludo cotelê, suéter de cashmere e casaco verde-oliva do exército. Diz que está "deprimido". "Ontem assisti a *O sétimo selo* e hoje a *Gritos e sussurros* [de Ingmar Bergman]. Vejo esses filmes e me pergunto o que estou fazendo." Ele irá em breve a Los Angeles, para começar a filmagem de *O dorminhoco* [*Sleeper*, 1973], e não está contente em sair de casa.

"Filmes de dois milhões são um saco, e eu tenho de ficar longe de Nova York. Em L.A. tudo é de carro e tem de ser feito depressa – doze semanas. Keaton e Chaplin levavam um ano para fazer os filmes deles." (Mais de trinta anos depois, seus filmes são feitos em oito a dez semanas, e respeitam um orçamento de cerca de 15 milhões de dólares.)

O evento é realizado num centro de conferências que antes foi a mansão de campo da família Biddle, descendente de um próspero financista americano do século XIX. Fica perto de uma cidade, mas muitos quilômetros de grama e árvores cercam a propriedade, e no entender de Woody ele está indo para o sertão profundo. "Os grilos me deixam nervoso – isso resume o que é o campo para mim", diz ele, citando Terry Malloy, o personagem de Marlon Brando em *Sindicato de ladrões*, enquanto passávamos pela longa entrada. "Acho que eu vou ter um ataque de agorafobia ou de alguma doença desconhecida, que só alguns médicos especiais de Manhattan conhecem." Homem cuidadoso com seu bem-estar, nos bolsos do casaco ele trouxe, como precaução contra quase qualquer coisa imaginável, física e espiritual, frascos de Compazine, Darvon, Lomotil e Valium; uma escova de dentes; pastilhas contra a tosse; e um livro sobre quatro escritores existencialistas.

Woody é fascinante e engraçado no evento, e a multidão, bem vestida em estilo casual, alguns nos seus vinte ou trinta anos, mas a maioria mais velha, fica satisfeita e está cheia de perguntas. Ao final da noitada, uma estudante de direito em Yale, muito bonita, pergunta se ele iria a New Haven para fazer um perito em caratê num julgamento simulado. Ele sorri, recusa polidamente e logo é levado a seu quarto. Por acaso, o quarto dele é vizinho de outro no qual, através da parede, ele ouve dois casais conversando sobre os filmes dele. Oferecem-lhe outro quarto, mas ele recusa; está curioso, quer ouvir o que eles têm a dizer. Pouco depois, uma das mulheres começa a ler uma peça curta dele, *Death Knocks* [*A morte bate à porta*], com a voz estereotipada do judeu nova-iorquino dos filmes cômicos.

Em 1980, quando *Memórias* foi lançado, era impossível não lembrar daquele fim de semana. Também é instrutivo ver como uma experiência inofensiva serve de semente para uma história sobre um diretor à beira de um colapso nervoso, que em seus devaneios imagina variações para sua complicada vida amorosa; um alienígena do espaço que lhe diz "Nós gostamos dos seus filmes. Principalmente dos primeiros, os engraçados", e leva um tiro de uma fã perturbada. (Judith Crist faz um pequeno papel no filme.)

JUNHO DE 1974

O *dorminhoco* está concluído e, para alívio de Woody, ele está de volta a Nova York. (No filme, ele faz o papel de Miles Monroe, clarinetista e coproprietário da Alimentos Naturais Cenoura Feliz, em Manhattan, que dá entrada num hospital, para uma operação rotineira, de vesícula biliar, em 1972, e depois de um acidente na sala de operações é congelado criogenicamente por duzentos anos, até ser descongelado por oponentes do governo totalitário de então.)

Sempre vejo nas matérias sobre você que os autores, ou as pessoas que fazem a entrevista, te chamam de "gênio da comédia". O que você acha disso? As ideias vêm num lampejo de inspiração?

Dificilmente eu chamaria isso de genialidade, mas às vezes tenho, sim, um flash súbito. Por alguma razão, as ideias engraçadas aparecem. Como na sequência da visita na prisão em *Um assaltante bem trapalhão* [Take the Money and Run, *1969*], a piada com os dois bonecos de ventríloquo se visitando foi espontânea. Eu estava pensando no que fazer em seguida, e a ideia simplesmente apareceu na minha cabeça.

Pode me dar um exemplo de alguma coisa que parecia uma grande ideia e fracassou?

Eu estava saindo do oculista, na Lexington com a Seventy-seventh Street, e me veio a sequência da aranha de *Tudo o que você sempre quis saber sobre sexo mas tinha medo de perguntar* [Everything You Always Wanted to Know About Sex But Were Afraid to Ask, *1972*]. [*A sequência foi filmada com grande dispêndio de tempo e dinheiro, mas foi cortada do filme. A pergunta dessa sequência é: "O que faz os homens serem homossexuais?". Louise Lasser, a segunda mulher de Woody, está vestida de viúva-negra no centro de uma imensa teia e Woody, com uma roupa de aranha marrom-avermelhada, da cor de seu cabelo, é seu pretendente.*] E naquele momento eu não tinha um final para ela. É que achei que seria uma grande ideia eu ser uma aranha, e haveria uma viúva-negra, nós faríamos sexo, ela me devoraria e isso simbolicamente demonstraria uma razão possível de os homens se tornarem homossexuais.

[*"Já acabamos?", ela pergunta, enquanto o amarra.*

"Daqui a pouco você vai entender", ele responde. Então, petrificado enquanto ela continua a amarrá-lo para comer: "Você está sofrendo da pior depressão pós-coito que eu já vi".]

Eu achei que era uma grande sequência, e tão teatral – tinha certeza que ia conseguir encontrar um final entre aquele momento e quando filmasse a cena. Mas não veio. Então pensei: vou dar a viúva para a Louise fazer porque ela é muito boa na improvisação, tenho certeza que vamos acabar encontrando um bom final. Mas não chegou em lugar nenhum. Aquilo que estava errado nos primeiros cinco segundos em que tive a ideia continuou errado até o fim.

Também não ajudava ser fisicamente tão dolorosa de fazer. Foi uma das experiências mais detestáveis da minha vida e da dela. Eu não conseguia vestir o figurino sem ficar me coçando todo, a roupa era terrivelmente incômoda, ela odiava o figurino dela, a gente brigava o tempo todo. Era dolorido ficar sentado naquela teia de cabo de aço. Mesmo assim, dava para pensar em tirar uma sequência de alguns minutos daquilo. Rodamos mais de trinta mil metros de película em duas semanas de filmagem, duas ou três câmeras, tudo isso para seis minutos e meio. Eu tinha uma grande piada subliminar para sustentar a sequência inteira com música da *Suíte quebra-nozes* – mas não funcionava. Se eu tivesse conseguido

Penitenciária San Quentin, horário de visitas: um boneco de ventríloquo mata as saudades do outro, assim como Virgil e Louise, em *Um assaltante bem trapalhão*

encontrar algum final, teria deixado a cena no filme. Optei pela sequência do Lou Jacobi, em que ele faz um travesti. Achei que eu estava em sequências demais [*ele aparece em quatro de um total de sete*], e por que incluir mais uma se eu não estava particularmente seguro?

Mas a decisão de cortar essa sequência, ou a do travesti, demorou um bom tempo para ser tomada. O Coronet [*cinema em Manhattan*] ia estrear o filme à uma hora, e fiquei trabalhando nele até o último momento. Foi preciso passar duas vezes a cópia úmida pelo projetor, para entregá-la seca.

O dorminhoco me mostrou que as plateias gostavam de me ver, o que eu achava difícil de acreditar. As pessoas iam para me ver, mas eu ainda achava aquilo inconcebível. Eu podia ter feito todas as sequências de *Tudo o que você sempre quis saber sobre sexo mas tinha medo de perguntar*, como aquela em que o Gene Wilder faz o médico que se apaixona por uma ovelha, embora não tão bem quanto ele, com certeza, mas ninguém teria se importado em me ver fazendo a sequência.

É só uma espécie de reticência, a mesma que eu tinha com a minha banda, quando comecei a tocar com eles. Eu não podia ser o líder, e eles ficavam me olhando como líder só porque eu tinha começado a banda e era conhecido.

De onde veio a ideia do filme?

Uma noite, eu voltei para casa depois de um jogo dos Knicks. [*Ele torce para os New York Knickerbockers, e compra ingressos para as cadeiras numeradas para toda a temporada.*] Estavam reprisando o *The Tonight Show*, e passou enquanto eu fazia as minhas abluções. Aí, eu me ouvi contando a minha piada de que o sexo é sujo desde que você faça direito. Na mesma hora eu pensei: não seria engraçado fazer vários esquetes baseados no atual best-seller *Tudo o que você sempre quis saber sobre sexo mas tinha medo de perguntar*? Achei que ia ter um milhão de ideias engraçadas sobre sexo, mas não foi tão fértil quanto eu imaginava – tive umas seis.

Houve alguma que você escreveu e não filmou?
Era para ter uma sequência bíblica sobre Onan, mas eu não consegui um bom clima bíblico com o que tínhamos para gastar.

Você sempre procura a piada para te impulsionar?
Sempre acho que posso me virar em qualquer situação sendo engraçado. Pontos de vista políticos e sociais, quando aparecem, aparecem acidentalmente.

Qual era a ideia por trás de *Um assaltante bem trapalhão*?
Originalmente, começava com duas gangues entrando ao mesmo tempo num banco para assaltá-lo. Quando eu estava escrevendo *Sonhos de um sedutor*, não tinha pensado no Bogart, de início. Então, eu escrevi "Bogart aparece"; depois, mais adiante, escrevi de novo. Quando terminei, vi que ele aparecia seis vezes. Era um personagem importante. Lembro que estava no Astor Tower Hotel, em Chicago,

"Por que existem homens homossexuais?" Woody foi procurar a resposta na teia de uma viúva-negra, a aranha que mata o amante logo depois da cópula. A sequência acabou eliminada, apesar das muitas horas de filmagem

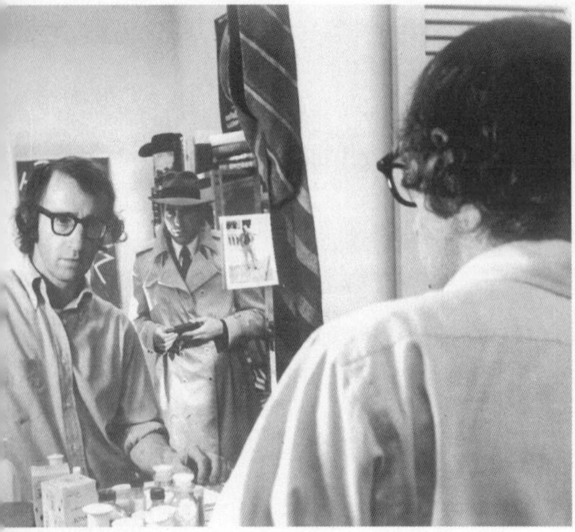

Humphrey Bogart encoraja Allan Felix enquanto ele se veste, em *Sonhos de um sedutor*, e o instrui sobre o que dizer para Linda

quando tive a ideia de usá-lo como personagem. *Um assaltante bem trapalhão* foi apenas acidental.

[*Em* Sonhos de um sedutor, *Woody é Allan Felix, crítico de cinema que admira o sucesso de Bogart com as mulheres porque ele próprio não tem nenhum. É charmoso e engraçado com suas amigas – principalmente Linda (Diane Keaton), esposa de seu grande amigo Dick (Tony Roberts) –, mas em encontros ele tenta ser tão bacana que sua verdadeira personalidade desaparece. Com a ajuda de Linda e Bogart (Jerry Lacy), que se materializa em situações críticas e lhe dá instruções do que dizer e fazer em seguida, ele descobre a força de seus próprios encantos.*]

Acho que por causa de *Casablanca*, Bogart é uma figura mais romântica do que outros durões da época dele, como Robinson e Cagney.

Não que eu gostasse mais dele que do Edward G. Robinson ou do James Cagney; só que nos filmes ele tinha uma atitude firme com as mulheres, e na época havia uma porção de pôsteres do Bogart em toda parte. Eu já havia colocado cenas imaginadas no roteiro. Bogart foi um acidente feliz.

Muito do que você escreve é acidental?

É. Para mim, as minhas mensagens nunca são intencionais. Eu hoje estava pensando em *O dorminhoco*, lembrando quanto eu detesto máquinas na vida real. Não tenho paciência com elas. Não consigo fazer funcionar nem as mais simples. Elas me confundem. As pessoas próximas a mim podem confirmar quantos aparelhos eu já quebrei. Quando terminei de escrever *O dorminhoco*, notei que um dos temas recorrentes no filme é que a tecnologia avançada não funciona: no futuro, um sujeito dá um tiro e a arma explode; eu entro numa cozinha futurista e ela quebra. No meio do processo de escrita, sem planejar, eu comecei a inventar piadas engraçadas sobre tecnologia. Pode parecer que eu estava fazendo de propósito, que estava tentando criar um personagem que não se dá com as máquinas. Mas eu só tomei consciência disso depois, quando alguém comentou comigo.

Então *O dorminhoco* é de certa forma acidentalmente autobiográfico, ou biográfico em segundo grau. *Sonhos de um sedutor* é autobiográfico de alguma forma?

Quase todo o meu trabalho é autobiográfico, mas tão exagerado e distorcido que me parece ficção. Como o personagem de *Sonhos de um sedutor*, eu não sou social. Não tenho uma enorme abertura para o resto do mundo. Queria conseguir sair mais e me misturar com as pessoas, porque poderia escrever coisas melhores. Mas não consigo.

Sonhos de um sedutor foi escrito na época em que a Louise e eu estávamos nos separando. Quando começamos a ensaiar, ela tinha acabado de mudar de casa. A história nunca aconteceu de fato na vida real. O que realmente aconteceu foi que amigos casados diziam: "Ah, nós conhecemos uma garota ótima para você". Ou então me convidavam para uma festa e me apresentavam a uma garota. E era sempre uma coisa esquisita, porque essas coisas sempre são esquisitas, e volta e meia eu agia como um idiota. Então descobria que com as mulheres dos meus amigos, com quem eu não teria pensamentos românticos nem em um milhão de anos, eu era natural e verdadeiro, e elas me achavam uma companhia muito melhor do que as mulheres que eu me esforçava para impressionar. E foi isso o que me deu a ideia. Você se esforça com uma estranha e fica totalmente à vontade com os seus amigos porque não se importa, e é o amigo que te vê como uma pessoa real, enquanto as outras pessoas te veem como um coitado nervoso ou intensamente grotesco.

Quando tem uma ideia para um filme, primeiro você faz um esboço, ou anotações?
Eu esboço primeiro, mas uma página só. É muito difícil. Você não imagina os problemas que eu encontro para escrever para mim mesmo, por causa da especificidade da minha situação. Porque eu não sou ator: não vou escrever uma história em que eu faça, por exemplo, um xerife sulino. Vou sempre representar dentro do meu âmbito limitado. E só sou convincente como eu mesmo em algumas coisas, como um boboca urbano, com cara de CDF, da minha idade. Eu não seria convincente, digamos, como um instrutor de ginástica ou um fuzileiro naval herói. E as pessoas esperam que eu diga coisas divertidas o tempo todo. Sou pago para isso.

Então esse é um problema que elimina muitas ideias. Se eu tivesse uma ideia para uma comédia como *Nascida ontem [filme de George Cukor, de 1950, adaptado da peça da Broadway, de Garson Kanin. Broderick Crawford faz um grosseiro magnata de ferro-velho que vai a Washington com a amante,* ex-showgirl *(Judy Holliday), para subornar congressistas. Ele contrata um jornalista (William Holden) para passar um verniz na amante e torná-la mais apresentável socialmente, mas suas lições a levam também a ver Crawford como o bandido que é, e ela se apaixona por Holden*], eu não poderia fazer, caso esperassem que eu estivesse no elenco. Preciso ter uma ideia que seja convincente, mas que também seja engraçada, e dentro do meu minúsculo âmbito de atuação. Além disso, em grandes crises eu não sou nada convincente. Não quero entrar nos filmes de crime e mistério, embora tenha um fraco por eles e talvez me permita fazer um algum dia. [*Isso viria a ser* Um misterioso assassinato em Manhattan *(*Manhattan Murder Mystery, *1993), comédia de mistério à moda antiga, inteligente, muito diferente dos filmes sobre assassinato, mais focados nos personagens, como* Crimes e pecados *(*Crimes and Misdemeanors, *1989) e* Match Point, *que ele fará mais adiante.*] Não quero fazer espiões e esse tipo de coisa porque em geral elas são bobas e não me convencem. Portanto, as possibilidades de trama ficam reduzidas às relações humanas, e por ficarem reduzidas às relações humanas – e vivemos numa era psicanalítica – os conflitos se tornam internos, e não tão visualmente ativos e cinematográficos como anos atrás. O grau do conflito é bem mais sutil, um grau muito moderno, em que pequenos lances psicológicos provocam o problema: você não acerta com as mulheres porque escolhe as mulheres erradas. As sementes da sua destruição estão dentro de você, o que é difícil de dramatizar numa comédia, porque numa comédia o bom é ter grandes forças físicas que se opõem. Então, se eu estou no exército, você já tem conflito mais direto, ou se eu sou procurado pela Máfia porque devo dinheiro, você tem o conflito. Mas muito desse tipo de material não me convence como ator. Ou eu não consigo tornar convincente. E grande parte é trivial demais para prender a atenção de uma plateia inteligente.

[*Woody está trabalhando no roteiro que acabará sendo* Noivo neurótico, noiva nervosa *(*Annie Hall, *1977). É a história de dois namorados, contada sobretudo em flashback. Alvy Singer (Woody) e Annie Hall (Diane Keaton) terminam como grandes amigos, mas para Alvy esta é a segunda melhor possibilidade. (De vários modos o filme é parecido com a relação dos dois na vida real: eles tiveram um romance durante alguns anos, mas não quando o filme foi feito.) Ele tem consciência das limitações do seu personagem na tela e está fazendo tudo o que pode para crescer como autor e ator, e se afastar de roteiros de piada-atrás-de-piada, como* Um assaltante bem trapalhão e Bananas.]

Estou tentando não adivinhar o que o público quer, para evitar cair em coisas fáceis, só para agradar às multidões. Estou tentando satisfazer meu próprio senso de drama quanto ao que fazer em seguida, e todos os meus instintos me dizem para fazer uma história real. Até porque se meu próximo filme for, hipoteticamente, um filme em que lanço um computador IBM para presidente dos Estados Unidos, porque é um candidato honesto e daria um presidente perfeito, e faço todo tipo de sátira, dou à máquina uma esposa, e o aparelho conversa com líderes religiosos, vão rir de mim de um jeito distante, cerebral, mas eu quero pegar o público com um tipo de comédia mais pessoal.

A plateia só vê uma faceta minha como ator e roteirista em *O dorminhoco* e nos meus outros filmes. Aquela parte de mim que pode fazer uma comédia rasgada, de piadas, mas isso é só uma das coisas de que sou capaz. É que nem mostrar para eles uma diversãozinha interessante, mas não é exatamente o que sou. Ou, para ser mais preciso, gostaria de ser mais do que isso: mais abrangente para eles, e me abrir mais. Então é nisso que eu estou trabalhando, tentando desafiar os meus limites, mesmo que só um pouquinho de cada vez.

Sei que vou trabalhar com a [*Diane*] Keaton no meu próximo filme, então por um momento pensei naquele tipo de coisa que o [*Spencer*] Tracy e a [*Katharine*] Hepburn faziam, porque ia ser divertido. O problema é que a gente não imagina como aquelas tramas são ultrapassadas hoje. A gente assiste como se fossem filmes antigos, e são deliciosos. Mas são enrolados, baseados num esquema que o público superou.

Neste novo roteiro, estou tentando trabalhar por dentro, da neurose para fora, para não parecer datado daqui a cem anos. Em *A mulher absoluta*, digamos, são dois personagens, e os roteiristas inventam uma situação tipo *sitcom*:* ela é uma atleta que não consegue render quando o namorado aparece, ou é aquele tipo de coisa, homem contra mulher. São figuras de papel, não indivíduos, que felizmente ficavam adoráveis pela grandeza do Tracy e da Hepburn.

Se você quer fazer uma história realmente engraçada hoje em dia, os problemas são muito sutis. Eles não chegam a pegar fogo de verdade. Digamos que essa

* Contração de *situation comedy*. [N. E.]

moça quer ir morar comigo, mas também quer manter um apartamento só dela, como um símbolo psicológico da independência. Esse tipo de conflito é interessante; pode nos ajudar a entender as pessoas – a tentar analisar o comportamento, ou pelo menos ter a consciência de que existe um elemento de psicologia cômica a ser explorado. Mas é muito difícil desenvolver um conflito visual na tela a partir disso.

Se você pensar em dez anos atrás, os conflitos de agora são diferentes. As comédias faladas eram sempre sobre uma coisa externa. É muito difícil encontrar as faíscas para um filme usando só personagens. Se a Diane e eu precisarmos ter uma discussão realista num filme, a tendência vai ser para as nuances psicológicas. Não vamos discutir sobre: "Bom, querida, a gente falou que ia experimentar uma casa no campo durante um mês, e agora o porão inundou e apareceram racuns". Seria melhor se ela dissesse: "Eu preferia ir morar na costa Oeste", e eu dizer: "Bom, você quer morar na costa Oeste porque a sua família mora lá, você é neuroticamente ligada à sua família". Claro, talvez os racuns sejam mais engraçados.

Dá pra você ver perfeitamente um velho exemplo disso se assistir a qualquer *sitcom*. Elas são, por definição, movidas a trama: é a situação o que te faz rir. O cara vem na sua casa e você pensa que ele é o inspetor-geral, mas ele é só um funcionário besta. Só precisa aguentar meia hora, e até a mais simples, a mais comum das *sitcoms* tem piadas escritas de alto nível. Boas piadas.

É mais difícil escrever a partir do personagem, mas é tão mais divertido para a plateia. Eu sempre disse que a melhor peça cômica dos Estados Unidos é *Nascida ontem*, e o que deu origem a ela foi o *Pigmalião*, de Shaw. Grandes são Henry Higgins e Liza Doolittle.* As risadas vêm de quem eles são, não das piadas. *Nascida ontem* é estritamente baseada na justaposição de personagens – ela é a loira burra, namorada de um gângster muito vulgar, e ele é o intelectual.

Só que eu adoro piadas. Ninguém gosta mais de um filme do Bob Hope do que eu. Mas quando você ri do personagem, está ótimo. Veja o Jackie Gleason em *The Honeymooners*. É o personagem dele que é muito engraçado, então quando ele e o Art Carney pensam que estão tomando uma bebida alcoólica e na verdade é

* Personagens centrais do musical *My Fair Lady*. [N. E.]

suco de maçã, e psicologicamente eles ficam mais e mais bêbados, é hilário. Aliás, apesar dos zilhões de *gags* que o Bob Hope criou, foi a *persona* do Hope o que fez com que ele durasse. Esqueci as piadas, mas não o personagem.

É por isso que a Diane Keaton é sempre mais engraçada nos filmes que fiz com ela, porque escrevo todas as piadas para mim – e eu sei fazer piadas muito bem e obter risadas –, mas ela é sempre engraçada em cena, porque o negócio dela sempre foi a personagem. Para mim é tranquilo, fácil, aparecer como um ator de comédia num filme como *Noivo neurótico, noiva nervosa*, mas ela aparece através da personagem.

Próximo da vida, só que meio exagerado, para ter efeito cômico, mas não um conceito muito elevado.

As pessoas recusam as ideias cômicas conceituais. Uso uma dessas, como um seio gigante [*numa paródia de cientista louco dos filmes de terror, em* Tudo o que você sempre quis saber sobre sexo mas tinha medo de perguntar, *um seio agressivo, de quase cinco metros de altura, aterroriza a população até que o personagem de Woody o atrai para dentro de um sutiã do tamanho de uma casa de dois andares*], e as pessoas recusam. Acham difícil dizer: "Meu Deus, que conceito engraçado esse, um seio enorme. É tão ridículo". É das piadas que elas riem. Então fico desanimado para apresentar ideias *conceituais* engraçadas.

[*Ele ficou desanimado também com os problemas para filmar a sequência do seio. Dentro do seio inflado, com ar-condicionado, um homem ficava com um* walkie-talkie *recebendo as instruções para as manobras, mas Woody só podia filmar durante cerca de meia hora, de manhã cedinho, antes que o vento levantasse e deslocasse o seio a esmo, rasgando o tecido fino; e mais: "Eu tinha de filmar de dezesseis ângulos diferentes para esconder as emendas".*

*Mas quando pergunto se ele está pronto para desistir de ideias conceituais, ele me dá os detalhes das premissas para um filme que em vez de filme virá a ser um de seus contos mais admirados: "O caso Kugelmass".**]

* "The Kugelmass Episode", incluído em *Que loucura* (Porto Alegre: L&PM, 1997). [N. E.]

Na verdade, tive uma ideia conceitual, de arranjar uma máquina que me projeta para dentro de uma obra de ficção, porque estou apaixonado por Anna Kariênina ou algo assim, e lá eu tenho um caso com ela, fico entrando naquela história, por fim ela vem a Nova York, eu arranjo um hotel na cidade, para escondê-la, e engano a minha mulher com ela. Estou brincando com a ideia de diversas formas: que a minha mulher está envolvida com J. Alfred Prufrock* e eu vou descobrir, ou que um cara tem uma máquina que vai me projetar para dentro de *Anna Kariênina*, por exemplo, ou *Madame Bovary*, porque estou apaixonado por ela, e dá errado, e por engano ele me projeta para dentro de um livro de gramática, e não tem humanos, só verbos e outros elementos do discurso. [*Na versão final da história, Kugelmass, um professor de humanidades da City College de Nova York, infeliz no casamento pela segunda vez, decide que precisa de "romance. Preciso de suavidade, preciso de paquera". Um mágico chamado Persky ("Ou deveria dizer o Grande Persky?") se oferece para colocar Kugelmass dentro de uma caixa mágica, com um romance à sua escolha, e transportá-lo para dentro da história; ele escolhe* Madame Bovary. *Kugelmass é de fato transportado para dentro do romance, e ele e Emma Bovary têm um apaixonado caso amoroso ao longo de várias visitas subsequentes. Ele a leva para Nova York, onde ficam no Plaza Hotel, e ela desenvolve aspirações de uma carreira no* show business. *Mas a idealização dá lugar à realidade, e depois de alguma dificuldade (a máquina quebra e Kugelmass se vê com a perspectiva de ficar com Emma para sempre), ela é mandada de volta para Yonville. (Mas não sem vários leitores terem descoberto Kugelmass na história ou notarem a ausência de Emma. "Não consigo entender isso", diz um professor de Stanford. "Primeiro, um personagem estranho chamado Kugelmass, e agora ela desaparece do livro. Bom, acho que o que identifica um clássico é que você pode ler mil vezes e sempre encontra alguma coisa nova.") Kugelmass fica aliviado por se safar, mas três semanas depois quer tentar de novo, dessa vez com a Macaca em* O complexo de Portnoy. *("Sexo e romance", ele diz, uma vez dentro da caixa. "O que é que a gente não enfrenta por um rostinho bonito.") Mas a máquina quebra de novo, e em vez de aterrissar no romance de Philip Roth, Kugelmass é "projetado dentro de um velho livro didático,* Espanhol de apoio, *e para salvar a vida tem de correr por um terreno árido,*

* Personagem de "Love Song of J. Alfred Prufrock" (1915), poema de T. S. Eliot. [N. E.]

rochoso, enquanto a palavra tener (ter) – um verbo irregular, grande e peludo – corre atrás dele com suas pernas finas".]

O problema para fazer isso é que você *conta* o conceito numa frase, e é engraçado, mas para *mostrar* o conceito você acaba precisando ir de piada em piada. Acaba precisando fazer um milhão de piadas. A plateia não diz: "Ah, meu Deus, como essa ideia é engraçada, ser próxima de Prufrock". Eles dizem: "Ah, sei, estamos lá. E agora? Qual é a piada?".

JUNHO DE 1987

Woody está trabalhando no roteiro sem título que vai filmar no outono. No primeiro tratamento, a personagem principal, Marion Post, é casada com Ken, cardiologista "que dez anos atrás examinou meu coração, gostou do que viu e me propôs casamento". Na superfície, ela parece uma mulher totalmente senhora de si, mas na realidade sente de maneira muito profunda que sua única escolha é negar os sentimentos ou ser dominada por eles.

Agora você está preparando outro filme dramático, sobre o que acontece com uma mulher quando ouve uma estranha lhe abrindo o coração e o que isso desperta nela. É uma ideia recente?
Eu ia fazer uma comédia sobre um homem que escuta através da parede um analista e uma mulher falando, fica fascinado, repara na mulher e vê que ela é bem bonita. Eles continuam a se encontrar sem que ela saiba que ele está ouvindo. Aí eu pensei, xi, isso é uma coisa mesquinha, e abandonei a ideia. Cinco anos depois, achei que podia render um drama interessante. Fica mais intenso ao evocar os sentimentos profundos da mulher que ele está bisbilhotando. Ainda está em desenvolvimento.

Como sempre, você ainda não tem um título; sei que muitas vezes não há título até a montagem estar pronta. Já tem algum tomando forma?
Não persigo como antes títulos de uma palavra só. *Another Woman* [A outra] está espreitando minha cabeça como título. Não é muito empolgante, mas ando

brincando com essa ideia. No fim, talvez não importe; pode ser que eu não queira um título empolgante. Tem uma certa ressonância. A Marion escuta outra mulher, ela pode se tornar uma outra mulher, e vê o marido com outra mulher. [*Uma mulher de meia-idade que bloqueou suas emoções depois de um aborto nos seus vinte anos é forçada a se confrontar com o passado ao ouvir as sessões de psicanálise de uma mulher mais jovem através do duto de calefação de seu escritório, vizinho ao consultório do analista.*]

Mas você pensou primeiro, quando teve a ideia, em fazer uma comédia?
Pensei. A ideia começou como comédia há muitos anos, quando eu estava interessado em comédia do tipo chapliniano. Um homem vive num quartinho em algum lugar e ouve através da parede uma garota com problemas. Eu resolvo os problemas e me transformo no homem dos sonhos dela. Faria acontecer todas as coisas que ela quisesse que acontecessem. Então questionei o bom gosto daquilo – escutar às escondidas. Mesmo no estilo chapliniano mais benigno, talvez seja errado. Então, anos depois, pensei na história em termos dramáticos – uma mulher escuta alguma coisa do outro lado da parede. Pensei: o que seria interessante, o que ela poderia escutar que faria tamanha diferença? Minha primeira ideia foi de que a irmã e o marido da mulher estariam tendo um caso. Ela volta para casa e pensa: Que horror. Então descobre que a irmã e o marido *dela* estão tendo um caso. Mas ficou hitchcockiano demais. Era o tema errado. Então usei o tema da irmã em *Hannah e suas irmãs* [Hannah and Her Sisters, *1986*].

Só que essa ideia ficou me perseguindo durante anos, e, quando me debrucei sobre ela, senti que podia conseguir uma história. Então veio a ideia de alguém com uma vida fechada, alguém que mantém uma parede em torno de si, mas agora, já pelos cinquenta anos, não consegue mais deixar as emoções do lado de fora – os sentimentos começam a se infiltrar e a realidade vai se impondo até mesmo através das paredes fechadas. [*Ele ri.*] Talvez eu me arrependa de não ter feito uma comédia.

Muita gente efetivamente esconde as emoções porque tem pavor de admiti-las.
As pessoas têm dificuldades que arruínam a vida ao lidar com seus sentimentos, e no entanto podem ser extremamente eficientes em seu trabalho intelectual e ativas em programas sociais e filantrópicos. Eu devo ser tão culpado disso quanto qualquer um.

[Woody tem um relacionamento com Mia Farrow nessa época, e a gravidez dela é um fator novo e complicador; ela deve dar à luz logo depois da data programada para o final das filmagens e visivelmente estará grávida no filme. Além disso, Dianne Wiest, atriz constante em seus últimos filmes, entrou em licença para adotar uma criança. Isso provoca uma série de mudanças no elenco e no roteiro. Farrow agora vai fazer a mulher jovem cuja voz e gravidez libertam tantos sentimentos ocultos em Marion.]

Ela está grávida para se adaptar à Mia, que ia fazer a Marion, e à Dianne Wiest, a mulher na análise. A gravidez é elemento da trama por necessidade. Aí, fazer a Marion ser mais velha pareceu melhor. Quero alguém fisicamente na linha da Mia – a Liv Ullmann ou a Bibi Andersson, por exemplo –, mas não quero usar o pessoal do Bergman; elas são associadas demais a ele. O ideal seria encontrar uma atriz ligeiramente mais velha que a Mia, que não seja parecida, mas na linha do físico da Mia. [*Ele escolheu Gena Rowlands.*] Quero o sonho vívido de uma mulher visto pelos olhos da Marion.

É interessante o quanto a sua ideia para o filme está sendo moldada pelas circunstâncias. Você conversou muito com a Mia sobre a melhor maneira de adaptar o roteiro?
É raro eu mostrar o roteiro neste estágio, mesmo para a Mia. Mas eu queria ver se tudo bem para ela enquanto está grávida. Os comentários dela são importantes. Ela acha que a mulher mais velha deve ouvir mais informações do outro lado da parede. Acha que a mulher mais velha, a vizinha do analista, deveria instigar tudo. Todas boas ideias.

A paternidade foi uma grande mudança para você. [*Ele e Farrow adotaram uma menina há dois anos, e ele assumiu a paternidade de um filho dela, mais velho, também adotado.*]
Só recentemente, depois de estar com a Mia [*que veio para a relação deles com vários filhos, ou dela com o ex-marido, André Previn, ou adotados com ele*], e observando os outros, como a Dianne [*Wiest*], é que eu vi como os filhos podem ser significativos para ajudar a definir a vida dos pais. Eu não teria pensado nisso sozinho. Em *Manhattan* [Manhattan, *1979*] eu tinha aquela lista de coisas que são realmente

significativas. [*"Bom, vamos lá, por que vale a pena viver a vida? (...) Certo. Mmm, para mim... O Groucho Marx, para citar uma coisa... e (suspirando) o Willie Mays, e mmm... o segundo movimento da Sinfonia Júpiter, e mmm... 'Potato Head Blues' na gravação do Louis Armstrong... Filmes suecos, naturalmente...* A educação sentimental, *do Flaubert... ahn, o Marlon Brando, o Frank Sinatra... mmmm, aquelas incríveis peras e maçãs do Cézanne... ahn, os caranguejos no Sam Wo's..."*] Recebi uma carta de uma mulher dizendo que eu não tinha mencionado o meu filho. Na época, não levei em conta. Agora, parece um erro impensável. Ter um filho é uma experiência tão poderosa que é impossível não se deliciar com ela.

É mais gostoso receber uma risada do bebê do que de uma plateia inteira. Eu me vejo o tempo todo fazendo coisas para conseguir um riso desses, é tão gratificante! Avanço o rosto depressa na direção dela, faço sons incompreensíveis e idiotas, coisas que no passado eu via os outros fazerem e achava que eles estavam dando uma de idiotas.

Algum dos seus filmes saciou o seu desejo de fazer alguma coisa em especial?
Às vezes, sim. Notei isso inteiramente por acaso. Notei que depois que fiz *Manhattan* não tinha mais a necessidade de mostrar a cidade de Nova York de um jeito pronunciadamente glamouroso. Agora, quando mostro a cidade, mostro de um jeito legal. Mas estritamente em função da trama. Só que eu tinha uma verdadeira necessidade de mostrar Nova York como uma terra das maravilhas, e satisfiz plenamente essa sensação em *Manhattan*.

E depois que fiz *Memórias*, eu não queria trabalhar com aquilo por um tempo. Agora faço de novo. Saciei a minha vontade de fazer um filme barroco. Pelo menos por um tempo.

[*Nove anos depois, em 1996, ele vai ressuscitar a ideia de um homem que descobre os segredos e desejos íntimos de uma mulher e usa essa informação para seduzi-la, na comédia musical* Todos dizem eu te amo (Everyone Says I Love You, *1996*). *Claro que ele ainda não sabe, mas aí está o começo de outra ideia.*]

Estou pensando agora nos meus próximos dois filmes. Quero fazer uma comédia musical original. Sou louco por elas. Cresci com aqueles grandes musicais da

Broadway. Não sei cantar, mas poderia representar e dirigir um deles. Poderia tocar clarineta, acho, mas a graça dos musicais é cantar as letras do Cole Porter. Preciso consolidar a ideia e dar um ano para um compositor e letrista trabalharem.

Parece que você está sempre pensando ou em ideias, ou em resolver um problema de roteiro. Você uma vez me disse que até em viagens de elevador de mais de três andares começa a pensar nelas.
À noite, quando vou dormir e encosto a cabeça no travesseiro, ou quando ando pela rua, gosto de ficar pensando em ideias para histórias. Estou sempre pensando em novas tramas. Eu faria qualquer coisa para evitar aquele momento horrível de "O quê que eu vou fazer agora?". O Paddy Chayefsky escreveu sobre isso – corretamente –, quando disse que é nesse intervalo que um escritor pensa em mudar de profissão.

NOVEMBRO DE 1987

Woody acabou de montar *Setembro* [*September*, 1987] - pela segunda vez. Ele refilmou o filme inteiro e trocou dois membros principais do elenco depois de ver a primeira versão. Estamos em seu apartamento, em Nova York, um na frente do outro, nas poltronas confortáveis em que nos sentamos e conversamos há quinze anos. Ele acabou de voltar do almoço com Ian Holm, um dos atores principais de *A outra*, que vai começar a ser filmado, e está de calça de veludo cotelê marrom, suéter de cashmere marrom mais claro, paletó de tweed marrom e gravata listrada.

***Setembro* é uma mudança para você. É filmado em uma única locação. Qual era a sua ideia?**
Eu sempre quis fazer alguma coisa de câmara, com um elenco pequeno, em uma só locação ou em poucas locações, e um jeito de fazer isso é trabalhar intencionalmente em forma de peça de teatro. Eu queria fazer em quatro atos, e fiz. Eu poderia simplesmente publicar o roteiro, uma versão do roteiro para atores, e talvez desse para encenar num teatro, quase sem nenhuma alteração. Mas não é cênico, pois foi concebido para o cinema. Quer dizer, não era uma peça que eu encenei, ou cujos direitos comprei.

[História de cicatrizes de experiências passadas, um assassinato e um amor não correspondido, Setembro *é uma peça dramática escrita para o cinema. (Na crítica do filme no* New York Times, *uns meses depois, Vincent Canby escreverá:* "Setembro *é menos parecido com o austero* Interiores [Interiors, *1978*] *de Mr. Allen do que com o diáfano e lírico* Sonhos eróticos numa noite de verão [Midsummer Night's Sex Comedy, *1982*], *mas é um tormento".*)

A ação se desenrola ao longo de 24 horas, focada nas relações idealizadas ou reais de seis pessoas numa casa de veraneio em Vermont: uma mãe, Diane (Elaine Stritch) e sua filha, Lane (Mia Farrow), com um passado traumático que deu origem a grande amargura; a melhor amiga da filha, Stephani (Dianne Wiest), cuja própria vida está tumultuada e que veio fazer uma visita; um revisor de publicidade, Peter (Sam Waterston), que aspira escrever um romance, que alugou a casa de hóspedes da propriedade; um velho vizinho, Howard (Denholm Elliott), viúvo que cobiça Lane; e o atual marido de Diane, um médico pragmático, Lloyd (Jack Warden). O filme acontece inteiramente dentro da casa. A luz do dia penetra pelas venezianas, que não permitem que se veja o exterior; à noite, há apenas o negrume da noite pontuado por relâmpagos.]

Você nunca achou que era uma peça ou sempre foi o filme que você escreveu?
Eu sempre pensei nele, senti, como um filme. É difícil dizer, isso é intuitivo. Os momentos emocionais são feitos com a câmera. Foi feito como um filme, e nunca teve de enfrentar as exigências do palco. Não fiz para o palco, como alguém que vê uma peça de Eugene O'Neill, por exemplo, e quer fazer a mesma coisa na tela porque foi um sucesso no palco. Quando é assim, toma-se muito cuidado com o material, trabalha-se com temor mesmo, porque não se quer perder o que era tão maravilhoso no palco. Concebi a história como um filme, mas um filme feito de um jeito limitado, de câmara.

O filme começa dentro da casa. Não existe nenhuma tomada de localização, para mostrar se estamos no campo ou na cidade, nem dá para ver nada fora da casa. É uma obra só de interiores.
Fazer tomadas de localização teria estragado o filme para mim, porque em geral o que acontece é que alguém compra uma peça, faz uma abertura e chega-se a algo que na verdade não é nem uma coisa, nem outra – não é mais exatamente

uma peça, mas também jamais adquire a qualidade de um filme. E resolvi deliberadamente não fazer uma abertura, não fazer aquelas coisas todas.

Se fosse fazer uma ou duas tomadas de localização, teria feito o que eu queria originalmente, que era filmar na casa da Mia, em Connecticut, porque foi lá que a ideia original me veio à cabeça. Eu estava descansando na casa dela e pensando, meu Deus, que atmosfera tchekhoviana, esta aqui; uma casa num terreno de muitos hectares, isolada num pedacinho de terra, com água, árvores e um campo aqui, um balanço ali. [*Pausa e ri.*] Não é de admirar que as pessoas se matem. E pensei, ótimo, eu venho e faço o filme aqui. E então pensei comigo, eu poderia morar aqui por alguns meses, e a equipe inteira precisaria ser acomodada na cidade, e haveria alguns problemas logísticos que teriam de ser solucionados. E então comecei a ter problemas com a mudança das estações, porque a casa da Mia tem umas janelas panorâmicas muito bonitas e não dá para evitar o exterior. Então, quando fizesse um dia de sol e depois um dia de chuva, poderíamos ter problemas realmente significativos. Mesmo assim, pensei que podia fazer cenas maravilhosas andando em volta do lago e debaixo dos chorões, e coisas assim, que tinham uma qualidade realmente pastoril. Mas quando chegou a hora de efetivamente fixar a data do filme, iríamos para lá no inverno, e essa não era a sensação que eu queria – as árvores nuas, e todo mundo sabe que não se passeia em volta do lago, ninguém faz esse tipo de coisa, não dá a mesma sensação. Além disso, a ideia de morar no campo durante alguns meses enquanto rodava foi suficiente para transformar o filme num filme de estúdio.

Você me contou que de início pensou em ter gente que tinha morrido aparecendo, ou sequências de fantasia, com outras pessoas.

É. Depois que escrevi, pensei: vou colocar a [*Elaine*] Stritch no tabuleiro Ouija, invocando o marido morto, e fazer ele aparecer. Parecia interessante, então pensei em fazer também o marido da Dianne Wiest aparecer em fantasia, e a esposa morta do Denholm Elliott aparecer. Mas depois de algum tempo eu pensei: Não, não faça isso. O que você sempre quis fazer aqui é uma obra de câmara "realista", uma pequena história que não fique misteriosa demais. Mesmo sendo uma ideia provocante para mim, eu queria me autoimpor a disciplina de fazer ajustes naqueles seis personagens – tem os outros três personagens cômicos, de alívio da tensão, que aparecem em breves momentos, mas basicamente são seis personagens – e não entrar em outros, que é uma tendência minha o tempo todo. Resisti à tentação porque queria que fosse como um pequeno conto. Queria que fosse realista. Queria um cenário – uma casa, seis pessoas, e no presente, todo no presente, se desenrolando na sua frente, num breve período de tempo. Queria todos os rigores de uma estrutura de peça teatral.

Você pensou em dar uma sensação do que havia fora da casa?
Quando construímos o cenário, tentamos simular o exterior visto das janelas, então trouxemos árvores para o estúdio. Mas aquilo dava a sensação de artificial – não artificial na fotografia, mas aquilo tinha uma qualidade artificial. Eu queria focalizar a atenção de todo mundo mais internamente e não pensar nisso. Queria que a interação entre os personagens fosse interessante. Um belo pôr-do-sol pela janela ou árvores farfalhando nunca significaram nada para mim. O que era relevante era como os personagens interagiam. Então foi um prazer construir o cenário. E quanto mais internalizados ficávamos, mais feliz eu ficava. Finalmente resolvemos não fazer tomadas elaboradas fora das janelas e simular o exterior, mas só ficar, como dizem os atletas, dentro de nós mesmos. Foi assim que evoluiu e por fim ganhou algum impulso. A ideia vinha germinando havia anos, primeiro fazer alguma coisa lá, e depois mais exatamente que tipo de coisa fazer. Estou fazendo isso para fazer rolar a bola dos filmes dramáticos. Se for um desastre, pelo menos aprendo alguma coisa. Por outro lado, se for significativo para as pessoas e divertido para mim, ótimo. Claro que eu sei que não existe um mercado muito grande para esses filmes.

[*Um dos filmes mais surrealistas e tocantes de Woody é* A rosa púrpura do Cairo (The Purple Rose of Cairo, *1985*). *Cecilia (Mia Farrow) é uma garçonete dos tempos da Depressão, num restaurante de uma cidade pequena. Casada com um fracassado abusivo e mulherengo, ela passa seu tempo livre perdida na fantasia dos filmes, vendo e revendo o filme em cartaz no cinema local durante a semana. Quando Cecilia vê* A rosa púrpura do Cairo *pela enésima vez, o personagem de um bonito egiptólogo chamado Tom (Jeff Daniels), que foi trazido a Nova York por um grupo de ricos sofisticados de Manhattan, interrompe a cena para falar com ela, pois a via tantas vezes na plateia. Ele sai da tela e os dois se apaixonam*

("Acabo de conhecer um homem maravilhoso", diz ela. "Ele é uma ficção, mas não se pode ter tudo na vida"), porém a saída dele leva o caos para o estúdio e para Gil (também Daniels), o ator na vida real que faz o papel, cuja carreira fica ameaçada. Gil vem à cidade, também seduz Cecilia e se oferece para levá-la para Hollywood. Ela aceita, e isso força a volta de Tom para a tela. Mas, assim que Tom está de volta a seu lugar em segurança, Gil deixa Cecilia para trás. O filme termina com ela no cinema outra vez, perdida na fantasia de Fred Astaire e Ginger Rogers dançando seu número de "Cheek to Cheek" em O picolino *(1935).]*

Como era a primeira ideia para *A rosa púrpura do Cairo*?

Quando tive a ideia, era só um personagem que desce da tela, grandes brincadeiras, mas aí pensei, onde é que isso vai dar? E me veio a ideia: o ator que faz o personagem vem para a cidade. Depois disso, a coisa se abriu feito uma grande flor. A Cecilia precisava decidir e escolher a pessoa real, o que era um passo à frente para ela. Infelizmente, nós temos de escolher a realidade, mas no fim ela nos esmaga e decepciona. Minha visão da realidade é que ela sempre foi um lugar triste para estar [*ele faz uma pausa, solta uma pequena risada*], mas é o único lugar onde você consegue comida chinesa.

A gente fica lá sentado, torcendo para que no final aconteça alguma coisa boa para a Cecilia, mas não acontece.

Todo o porquê de *A rosa púrpura do Cairo* era o final. Com outro fim, teria sido um filme trivial. Um executivo da Orion me telefonou depois da exibição em Boston e perguntou, muito educado:

"O final é definitivamente esse?"

"Ah, é", eu disse.

"Tudo bem", ele respondeu. Mas tenho certeza que ele devia estar fazendo uma careta.

Quanto se altera a sua ideia original do filme enquanto você filma?

No começo, era para *Noivo neurótico, noiva nervosa* ser alguma coisa que acontecia na minha cabeça, e a história de amor com a Annie era uma parte grande, mas era só uma parte grande. Havia um milhão de outras digressões e outras cenas, outras ideias, e eu estava constantemente fazendo flashes da minha cabeça, dos

Um filme dentro do filme: Cecilia vai ao cinema todos os dias, para ver sempre a mesma fita, *A rosa púrpura do Cairo*. Acaba se apaixonando por Gil, astro do filme, que desce da tela para ficar com ela, para total perplexidade da moça – e do elenco

meus pensamentos. Então concluímos que a história era tão forte que ninguém se interessaria por mais nada. Todos queriam voltar para as partes sobre "você e Annie", então deixei crescer assim.

Certas partes vieram da vida real, mas eu não queria que isso fosse supervalorizado. A maior parte foi inventada, muito inventada. Nosso afeto, de um pelo outro, era genuíno, mas era uma história inventada. Não só os detalhes. Não foi daquele jeito que nos conhecemos. Não nos separamos daquele jeito. Nossa relação não era daquele jeito. Talvez um trechinho aqui e ali fosse recortado de um momento real, mas quase nada. Retalhos da vida do Marshall Brickman e coisas inventadas, baseadas nas lembranças dele, acabavam com a ideia de que era a minha vida real, ou o meu caso real com a Keaton.

Quando tem uma ideia, você testa com os amigos?

Em geral, eu me aproveito plenamente das pessoas que me são próximas. Quando saio para jantar ou para dar uma volta, pergunto se tudo bem eu falar de uma ideia. Com a Mia [*o relacionamento deles terminou em 1992, mas neste momento eles ainda eram um casal*], eu encho a paciência dela até o fim, e arranco coisas dela. Às vezes, ela ajuda, ou me ajuda apenas a arejar as coisas. A Diane [*Keaton*] e eu fazíamos isso, e a minha irmã [*Letty Aronson, agora produtora de seus filmes*] também. Isso me ajuda a falar as coisas em voz alta. Depois de ficar dia após dia numa sala fechada, volta e meia a gente perde o foco. Então perguntar para alguém e receber uma resposta confirma os nossos sentimentos, ou os transforma. Eu funciono por instinto, e quero saber se o que tenho guarda alguma relação com o que outras pessoas sentem, ou se perdi o rumo em algum ponto. As reações da Mia vão para o caldeirão de possibilidades. Se estou vacilando entre duas ou três ideias, às vezes tiro um consenso entre os amigos. Sobre *A outra*, só conversei com a Mia. Quando tive a ideia de *Zelig*, eu sabia que tinha um personagem forte. Não precisava de muita confirmação.

Você anota as ideias quando elas vêm?

Anoto, sim, uma porção de piadas quando elas me ocorrem. Sempre fiz isso porque sempre esqueço se não anoto. Ainda tenho uma gaveta cheia de piadas e palpites. Muitos ainda estão em pedaços de papel.

[*Woody aceitou, ao lado de Francis Ford Coppola e Martin Scorsese, fazer um dos três filmes que compõem* Contos de Nova York *(*New York Stories, *1989). O dele,* Édipo arrasado, *mostrará a quintessência da mãe judia, que aparece no céu para infernizar a vida do filho na frente de todos os nova-iorquinos porque ela quer que ele arrume uma boa moça judia para casar em vez da* WASP* *estilosa de quem está noivo. Com o roteiro bem avançado, Woody pensa ainda mais adiante.*]

No meu próximo filme, eu gostaria de tentar alguma coisa diferente – estou ficando cansado de fazer histórias realistas. Não que o meu curta-metragem seja realista no sentido convencional, embora seja: o personagem vai ao analista; vai ao escritório. Mas a mãe que aparece no céu é surreal. Quero fazer um filme que a gente possa filmar de um jeito diferente.

Um filme tipo *Cidadão Kane*, que é feito de um jeito muito interessante. O que é *Cidadão Kane*, na verdade? A Pauline Kael disse que é "uma obra-prima rasa". Você pode ver a história de um barão da mídia subindo ao poder – ou de qualquer pessoa subindo ao poder – contada de maneira realista, e pode gostar do filme ou não. Mas *Cidadão Kane* é contado com uma tal classe que a mesma história, apenas uma espécie de biografia cintilante, se transforma numa obra-prima. Tem todas aquelas coisas fantásticas que o Welles fez nos filmes dele: a sobreposição de diálogos, os ângulos de câmera fantásticos, os pequenos toques dos personagens menores.

Depois, tem um filme como *Gritos e sussurros* [*de Bergman*], que tem poucos diálogos, o que é muito interessante para mim. E tem alguma coisa a ver com o *cinéma vérité*, quando simplesmente se põe uma câmera na sala. Eu gostaria de brincar com algumas dessas técnicas e não ficar amarrado a uma filmagem convencional.

[*Ele fará mais três filmes –* Crimes e pecados, Simplesmente Alice *(*Alice, *1990) e* Neblina e sombras *(*Shadows and Fog, *1992) – antes de usar principalmente uma câmera na mão em* Maridos e esposas *(*Husbands and Wives, *também de 1992), filme com transições e cortes muito ásperos entre as tomadas e cenas. E tem outras ideias.*]

* Sigla inglesa para "branco, anglo-saxão e protestante". [N. E.]

Estou só começando a especular sobre o tipo de coisa que gostaria de fazer. Pensei em fazer um musical em seguida, mas não sei.

Tem dois tipos de musical que eu gostaria de fazer. Queria fazer um pequeno musical com canções já existentes. E depois gostaria de fazer um musical de verdade, em que alguém escreve uma partitura completa para um filme – como *Gigi*. Se houver um jeito de eu ter um papel neles, eu faço. É possível que haja uma ou duas canções fáceis, que eu possa pré-gravar. Eu poderia sentar numa sala e repetir, repetir, repetir, até chegar a uma versão razoavelmente aceitável, e depois dublar, quando chegar a hora. A Keaton tem uma voz horrível. [*Isso é evidente em* Noivo neurótico, noiva nervosa.]

Você está falando de uma espécie de sonhos de projetos. O Robert Altman, cujos filmes em geral são naturalistas, disse que escreveu *Três mulheres* [1977] ao acordar de um sonho. Algumas das suas ideias de filmes surgem em sonhos?
Anos atrás, quando o Altman me contou isso, eu sugeri que ele telefonasse para o agente dele, Sam Cohen, e pedisse para ele fechar um acordo por três sonhos. Quanto a mim, nada do que eu escrevi jamais teve origem num sonho, nem de longe. Gosto de usar sonhos no meu trabalho de vez em quando porque dá para ser muito gráfico. Eu lembrava dos meus sonhos quando estava fazendo psicanálise e me esforçava para lembrar deles. Mas quando vi que a interpretação de sonhos não ajuda nada, parei – a menos, claro, que você seja um faraó.

Tem algum outro filme, ou melhor, algum tipo de filme que você gostaria de fazer?
Sempre quis fazer um filme sobre um daqueles cinemas que eu frequentava no Brooklyn na adolescência, e um filme inteiro em torno do cinema, porque uma parte muito grande da minha vida no bairro girava em torno dele. A gente ia lá com a namorada, ia encontrar garotas, ia pegar garotas, ia ver filmes. Tudo em torno do cinema era divertido. Era um mundo inteiramente diferente. Dava a sensação de que a gente estava entrando numa espécie de templo, porque eram cinemas grandes, escuros, frescos – ou quentes, dependendo do que você estivesse precisando. Era um paraíso. Você vinha de uma das travessas da Avenue J e, pensando bem, o que era a Avenue J? Trânsito e uma mulher com um barril de picles vendendo picles, e frio, e chuva, e neve. E você pagava seus vinte centavos,

entrava e de repente tinha aquela tela gigantesca na sua frente, e lá estava o James Cagney ou a Betty Grable. E tinha um grande balcão de balas. Você ia, comprava uma porção e sentava na sua poltrona. Era uma delícia tão grande! Isso não acontece mais. Os moleques agora alugam fitas. As lembranças deles vão ser assim [*ele alça a voz em falso entusiasmo*]: "Era um barato. Sexta à noite a gente se reunia com os amigos, todos muito bem vestidos, e alugava uma fita".

ABRIL DE 2005

Começamos as conversas para atualizar as informações sobre a carreira dele. *Match Point*, filmado em Londres no verão de 2004, está concluído há vários meses; será um grande sucesso de crítica e público quando for mostrado fora da competição em Cannes, em maio, e o maior sucesso financeiro de Woody até agora. O filme é um dos mais sombrios que já fez. Assim como em *Crimes e pecados*, alguém literalmente se dá bem com um assassinato.

De onde você tirou a ideia de *Match Point*?

Originalmente eu só estava brincando com a ideia de alguém que mata uma pessoa e depois mata o vizinho dela, só para despistar a polícia. E a partir desse começo, evoluiu. Eu pensei: quem seria esse cara? E então pensei: ele estaria envolvido com alguma mulher que ele quer matar. E ela seria rica, e então ser tenista profissional seria uma boa ocupação para ele, que estaria em contato com gente rica, e a coisa foi crescendo sozinha.

Era uma ideia recente ou já tinha algum tempo?

Faz algum tempo que eu tive a ideia de fazer esse filme de mistério e assassinato. Uma porção de histórias desse tipo me ocorre de vez em quando, histórias de mistério, que eu vou classificando. Existem dois tipos de história de mistério e assassinato. Tem a história de mistério para ler no avião, e tem o tipo – não estou fazendo aqui nenhuma espécie de comparação – em que o assassinato é usado de um modo mais significativo, como em *Macbeth*, ou *Crime e castigo*, ou *Os irmãos Karamázov*; o assassinato está lá, mas ele é usado filosoficamente, não tipo

Presos atrás da
tela e sem ter como
terminar o filme
sem o protagonista,
os colegas de Gil
primeiro ficam
confusos, depois
furiosos. Entre eles,
um dos ídolos da
infância de Woody,
Van Johnson

whodunit.* Eu estava tentando dar um pouco de substância à história, então não era só um filme de gênero.

[*Chris, um tenista profissional (Jonathan Rhys-Meyers), cai nas graças de uma família rica e se vê objeto do afeto da filha Chloe (Emily Mortimer). Embora não ame Chloe, ele se casa com ela e garante assim uma vida de sucesso, mas fica obcecado por Nola (Scarlett Johansson), noiva do irmão de Chloe, quando se conhecem. Os dois têm um caso apaixonado que se reacende depois do rompimento do noivado; ela engravida e exige que Chris deixe Chloe. Como não quer perder o conforto que o casamento lhe trouxe, ele mata Nola e também uma de suas vizinhas, uma viúva idosa, e para confundir a polícia pega as joias da vizinha, fazendo o assassinato parecer um assalto que deu errado. Então, de um calçadão à beira-rio, ele atira as joias no Tâmisa, mas não nota que a aliança de casamento dela bate na grade de proteção e cai na calçada. Quando a polícia encontra o diário de Nola, Chris passa a ser suspeito. Mas, quando um dos detetives do caso se convence de que Chris é culpado, a aliança aparece em posse de um violento viciado em drogas que a encontrou, guardou e depois foi morto, aparentemente numa negociação que deu errado. Chris escapa impune.*]

Match Point sempre foi o título?

Foi. Era um título óbvio. Recentemente, dei uma entrevista para alguém da Espanha, e ele disse que, depois do filme, *match point* passou a fazer parte da linguagem popular. Lembro que assisti a uma partida de tênis na televisão anos atrás e, depois de um desses momentos em que a bola passa ou volta depois de tocar o alto da rede, o comentarista disse: "Uma bola boa dessas, duas ou três vezes, e você ganha a partida.** Pode fazer toda a diferença". E eu sempre lembrava disso. Parece que não é nada, só um ponto casual. A bola bate no alto da rede e cai de volta. Mas pode ser muito, muito significativo.

* No original, *whodunit*, corruptela de "who done it" que designa histórias de detetive cujo ápice é descobrir "quem matou". [N. E.]

** No original, *match*. [N. E.]

Filmar em Londres mudou a sua ideia para o roteiro?
Filmei em Nova York alguns roteiros anteriores que não odiei, mas que foram seriamente comprometidos pelo pouco dinheiro que eu tinha para fazer os filmes. Em Londres, o dinheiro era suficiente para expandir o filme, para fazer mais tranquilo. Não precisava rodar tão apertado. Os orçamentos europeus estão entre doze e quinze milhões de dólares.

Não era originalmente uma história americana?
Era, eu escrevi como uma história americana, e meu plano era fazer nos Hamptons, mas depois levantamos o dinheiro na Inglaterra. Foi muito fácil transpor a história para Londres. Eu não teria transposto para nenhum outro lugar, mas para Londres era fácil transpor.

Você teve algum problema para escrever sobre o aspecto da divisão de classes da vida britânica?
Escrevi o melhor que pude, usando o meu bom senso, mas quando eu cometia um erro, a Lucy Darwin [*uma das produtoras*], ou o nosso diretor de produção apontavam. Eles diziam: "Ah, ele nunca usaria essa frase", ou "acontece que ninguém se chama Jerry, é um nome esquisito na Inglaterra". Mas foi fácil.

A violência desse filme é bem aterrorizante, mas não é mostrada, é insinuada. Duas pessoas são mortas a sangue-frio e o assassino sai livre. Com o antigo Código de Produção isso jamais teria sido permitido.
É, não poderia ser feito com o Código de Produção retrógrado que antigamente orientava o nosso país meio pudico, mas que não tinha nenhuma relação com a realidade do mundo. É óbvio que uma enorme quantidade de mal fica impune. Quando eu era mais jovem, a gente sempre ouvia dizer que o crime não compensa. Havia um gibi ótimo, chamado *Crime Does Not Pay* [*O crime não compensa*]. Mas, quando eu tinha treze anos, dizia que compensa mais que trabalhar na General Motors. Para mim o crime era uma das maiores indústrias, uma das mais bem-sucedidas do país. O crime organizado compensava muito, muito mesmo. Aqueles caras não tinham nada além de dinheiro, e a imensa maioria deles saía impune de assassinatos – e é claro

que o horário era moleza. Mas agora não temos mais os problemas do Código de Produção.

Agora você está começando o seu segundo filme seguido na Inglaterra. Tem um título provisório?

Talvez chame este filme novo de *Scoop* [*Scoop – O grande furo*]. É o terceiro filme que escrevi nas últimas doze semanas. Escrevi um filme para ser feito em Londres, mas depois descobri que o fenômeno que eu estava satirizando não existe em Londres, então foi preciso cortar. Depois escrevi uma outra ideia depressa, uma comédia de horror sobre um cara que salta da janela, tentando o suicídio, e acaba ficando manco. Mas quando entreguei o roteiro para a Juliet Taylor [*diretora de elenco*] e para a minha irmã lerem, as duas sentiram que, embora fosse muito engraçado, seria recebido como uma coisa muito pessoal, autobiográfica, de modo que elas preferiam que eu não fizesse. Acharam que o filme nunca teria uma força própria, e que, por melhor que saísse, todo o foco estaria nessa sensação de autobiografia, que na verdade não existia, mas que ainda assim poderia desviar o prazer da plateia.

Então eu me vi com quatro semanas de prazo e nenhum roteiro. Precisei fazer o que eu fazia quando escrevia para a televisão; tive de entrar numa sala, sentar e sair com um roteiro. Não dava para brincar, nada de autoindulgência; eu não podia sair para andar na rua, e esperar a inspiração, e ponderar. Precisava pegar a máquina de escrever, depressa. E foi o que fiz. Terminei faz uns dois dias, e a Helen Robin [*coprodutora*] está digitando enquanto a gente conversa. Ela vai revisar e amanhã eu reviso a revisão dela e entrego.

Você ainda escreve à mão?

Ainda escrevo como sempre escrevi, à mão, e depois uso a mesma máquina de escrever. Escrevo à máquina porque ninguém entende a minha letra. Depois releio outra vez, em geral estrago tudo e preciso datilografar de novo. Eu reclamo, mas na verdade não ligo muito de bater à máquina. Ponho um disco, fico em dia com os meus discos do Jelly Roll Morton.

Meus dois filhos adoram brincar com a máquina de escrever. Estão sempre pedindo: "A gente pode escrever? A gente pode escrever?". Outro dia eu estava pensando comigo mesmo que quando comprei a máquina, por quarenta dólares, eu tinha dezessete anos, agora tenho praticamente setenta, e meus filhos estão aí, com a máquina, uma Olympia mecânica, portátil. Não tem nem um arranhão. Parece novinha em folha. [*Durante os primeiros anos de Woody como escritor, ele não sabia trocar a fita da máquina e então convidava para jantar alguém que soubesse. Então, durante a visita, dizia casualmente: "Ah, a propósito, você podia me dar uma ajuda aqui?"*.]

Anos atrás você me mostrou uma sacola de papel cheia de ideias e roteiros pela metade na gaveta da sua escrivaninha. Ainda tem isso?
Tenho. Tirei o meu pacote de ideias de dentro da sacola onde estava. É uma pilha de papéis soltos, mas prendi com um clipe. Voltei a ela continuamente, quando me vi pressionado por uma ideia para este filme. Na verdade, este filme é um amálgama de duas ideias que saíram da minha sacola.

Noivo neurótico, noiva nervosa **é o filme em que você começou a deixar o quadro vazio, com atores falando fora de cena. Você fez o monólogo interior em legendas, com o que Alvy e Annie estavam pensando enquanto falavam. Fez Annie tomar distância e ficar olhando enquanto fazia amor com Alvy.**
Isso. Era uma história em que eu podia utilizar as ferramentas do cinema. Não existe nenhum outro meio em que você possa lançar mão desse tipo de comédia, com tudo escrito no roteiro. Originalmente, como você sabe, foi escrito para mostrar o que estava se passando dentro da cabeça do cara. É explorar as ferramentas do meio do mesmo jeito que um faroeste explora a liberdade dos filmes.

Isso tudo estava na história original, a história do fluxo de consciência sobre a incapacidade de Alvy ter prazer, antes de se transformar na história do relacionamento de Alvy e Annie?
Estava, sim. Era tudo coisa que o Marshall Brickman [*coautor*] e eu inventamos.

O final é muito agridoce. É um grande relacionamento, mas ser amigos em vez de amantes é o segundo melhor relacionamento para Alvy. [*O filme termina com um ator e uma atriz que parecem com Alvy e Annie ensaiando a cena final*

***de uma peça de teatro, que neste caso é o* happy end *tradicional do casal se reencontrando. Quando os atores se abraçam, a câmera corta para Alvy, que olha diretamente para ela e diz: "O que vocês queriam? Era a minha primeira peça. Vocês sabem como a gente está sempre tentando fazer as coisas darem certo na arte, porque na vida é muito difícil". Mais tarde, Alvy e Annie se encontram por acaso e há uma montagem de cenas engraçadas e românticas dos dois. Mas eles se separam e ficam amigos, e Alvy mais uma vez se dirige à plateia: "Eu me dei conta da pessoa incrível que ela era e do quanto era divertido apenas conhecê-la, e lembrei de uma velha piada, aquela do sujeito que vai ao psiquiatra e diz: 'Doutor, meu irmão é louco. Ele acha que é uma galinha', sabe? E o médico diz: 'Bom, por que você não interna o seu irmão?'. E o sujeito responde: 'Eu deveria, mas preciso dos ovos'. Pois é, acho que é bem assim que eu me sinto sobre esses relacionamentos. São totalmente irracionais, malucos, absurdos, mas acho que todos nós continuamos a enfrentar porque a maioria de nós precisa dos ovos".*]**

Tropeçamos nisso. Eu batalhei muito com o final desse filme. Havia muitas cenas, muitas ideias, e afinal cheguei nessa por tentativa e erro. De um ponto de vista freudiano dá para concluir que os homens se submetem às dificuldades das relações amorosas precisamente porque precisam dos ovos – e estou falando de *ovos* mesmo.

Do ponto de vista dramático, é melhor que o *happy end* convencional.

Eu nunca penso em finais felizes. Quer dizer, a menos que saia organicamente da história.

Mas parece que esse filme naturalmente exigiria um final feliz.

Nunca me ocorreu que ele teria um final feliz. Quando foi concebido, de início era, na minha cabeça, um filme de assassinato e mistério, eu tinha um final com duas pessoas se encontrando e revendo numa montagem o tempo que passaram juntas e seguiam levando a vida. Começou como uma história de assassinato que [*quase vinte anos depois*] se transformou em *Um misterioso assassinato em Manhattan* [*1993*].

Tela repartida, personagens que observam a si mesmos e legendas que revelam seus pensamentos mais íntimos: em *Noivo neurótico, noiva nervosa* Woody explorou poeticamente os recursos da linguagem cinematográfica

E algum tempo depois, era muito sobre a incapacidade de Alvy sentir prazer. O título provisório era *Anhedonia*.*

A ideia original era conduzir o filme com o fluxo de consciência de Alvy. E quando o Marshall viu a primeira montagem com Ralph Rosenblum [*o editor*], ele achou que não estava coerente – e ele era coautor da história! Era uma boa crítica. Trabalhamos para deixar coerente.

A cena da lagosta, com Alvy e Annie dando risada enquanto se atrapalham com as lagostas que estão fazendo para o jantar, funcionou muito bem como montagem. Não precisou de nenhum som. Ela foi roteirizada?

Foi roteirizada apenas na medida em que a cena existia, mas não o diálogo. Então, nós fizemos sete ou oito tomadas – foi a primeira cena que filmamos, a primeiríssima cena que rodei com o Gordon Willis [*diretor de fotografia*] –, e numa das tomadas nós caímos na gargalhada porque a Keaton *sempre* me faz dar risada.

Então, quando assistimos ao copião diário, eu me dei conta de que nunca tinha trabalhado com um fotógrafo tão bom, e fiquei impressionado com a tomada em que caímos na risada, e entendi que seria aquela a que íamos usar. É o maior ataque de riso que eu já tive, e uma das melhores cenas do filme, porque a espontaneidade é genuína. Foi um começo fortuito para esse filme.

É natural e espontâneo, e revela um relacionamento real. Esse filme tem tantas coisas que significaram um salto para você...

É, foi um salto...

... Em que você resolveu: "Não me importa usar legendas, não me importa deixar a tela vazia ou até mesmo preta".

... porque era uma história real sobre gente real. Não era como *A última noite de Boris Grushenko* [*farsa ambientada na Rússia da era napoleônica*], nem como *Tudo o que você sempre quis saber sobre sexo mas tinha medo de perguntar*. Era real, e eu estava trabalhando com um fotógrafo que estava me ensinando coisas.

* Em português, "anedonia", incapacidade de ter prazer. [N. E.]

Foi uma ótima experiência. Mas não foi fácil. Fizemos muitas refilmagens e uma porção de besteiras no final – não só no final, mas na montagem, com o Ralph Rosenblum.

Pode dar alguns exemplos?

Não me lembro do filme assim tão bem, mas quando o Marshall disse que achava incoerente nós voltamos atrás, e fizemos todo tipo de mudança, cortamos coisas. Tinha algum tipo de piada sobre a Annie ir morar com um cara na Califórnia, e nem eu nem o Ralph sentíamos que era suficiente para justificar o que acontecia nesse ponto. Então passei quatro semanas filmando todo tipo de cena – e nunca usei nenhuma; usamos a original.

[*Pessoas andando na calçada, enquanto Alvy sai de uma loja e avança para a câmera.*

ALVY (*para a câmera, para a plateia*) Estou com saudade da Annie. Cometi um erro terrível.

Um casal vem pela rua e para quando o homem fala com Alvy.

HOMEM Ela está morando em Los Angeles com o Tony Lacey.

ALVY Ah, é? Bom, se é assim, ela que se dane! Se ela gosta desse estilo de vida, deixa ela ir morar lá! Ele é um babaca, para começar.

HOMEM É formado em Harvard.

ALVY É. Pode ser... Olha só, Harvard também erra, sabe. O Kissinger dava aula lá.

O casal se afasta, enquanto uma mulher mais velha vai até Alvy.

MULHER Não vai me dizer que está com ciúme.

ALVY É, ciúme. Um pouquinho. Que nem a Medeia. Posso mostrar uma coisa para a senhora? (*Tira uma coisinha do bolso.*) O que eu tenho aqui... encontrei isto aqui no apartamento, é sabão negro. Ela lavava o rosto oitocentas vezes por dia com sabão negro. Não me pergunte por quê.

MULHER Bom, por que você não sai com outra mulher?

ALVY Pois é, eu tentei, mas é, ahn, sabe, é muito deprimente.]

A Keaton cantando "Seems Like Old Times" é de arrasar. Ela estava no filme o tempo todo?

O tempo todo. Eu sabia que era ótimo e que a música ficaria linda no filme.

O ataque de riso espontâneo de Annie e Alvy na primeira cena filmada em *Noivo neurótico, noiva nervosa*: "Fala com ela", ele diz a Annie quando a lagosta corre para trás da geladeira. "Você fala lagostês"

Acho que nunca falamos da famosa moda que ela lançou nesse filme.
Era só o *look* dela. O jeito como ela se vestia. Ela sempre foi excêntrica, criativa para se vestir. E a mulher do figurino vinha falar comigo e dizia [*meio cochichando*]: "Não deixe ela usar *isso*". E eu dizia: "Acho que ela está ótima. Ela está absolutamente *ótima*". Claro que deixei ela usar aquilo.

Foi sugestão dela? Ela disse "me deixa fazer isso"?
Não de um jeito formal. Eu tinha tido a experiência, durante anos no teatro e no cinema, com essas atrizes *adoráveis* que vinham trabalhar, que pareciam um trilhão de dólares, aí vestiam o figurino fornecido para elas e ficavam horríveis, que nem as amigas da minha mãe, sabe? Eu fazia *Sonhos de um sedutor* na Broadway toda noite, e tinha sete ou oito garotas no elenco, entre elas a Keaton. Algumas eram umas meninas lindas que apareciam, e eram uma porrada na cabeça, entravam no camarim, vestiam o figurino, o que tinha sido escolhido para elas – e ficavam horríveis. Então, depois do espetáculo, tiravam o figurino e vestiam aqueles gorros de lã, saia curta, e ficavam um arraso. Então eu sempre botei muita fé nas atrizes vestirem o que quiserem vestir, principalmente quando alguém como a Keaton, que já tinha dado prova, sempre arrasou no jeito de se vestir. Ela simplesmente usou as próprias roupas, e aí todo mundo queria usar aquilo.

***Noivo neurótico, noiva nervosa* foi uma boa passagem para *Manhattan*.**

Manhattan foi uma coisa que o Gordon e eu discutimos nos Hamptons, jantando, durante a filmagem de *Interiores*, uma porção de vezes; a gente sempre jantava junto. E eu falei em fazer um filme em tela grande, e pensava em fazer não um filme de guerra, ou um típico filme em tela grande, mas um filme íntimo, romântico, com a tela larga. Nós queríamos trabalhar em preto e branco porque dava uma sensação de Manhattan.

Eu tinha comprado as gravações das aberturas de Gershwin pelo Michael Tilson Thomas e ficava ouvindo no chuveiro todo dia, pensando: Nossa, uma cena com isso ficaria ótima, ou uma cena com aquilo. E comecei a trabalhar na história com o Marshall Brickman.

Mas não ia ser Gershwin quando comecei. Quando comecei a escrever, a primeira música que se ouvia na abertura era o Bunny Berigan tocando "I Can't Get Started", porque tocava várias vezes por noite no Elaine's [*o famoso restaurante de Manhattan, cheio de celebridades*] no *jukebox*. E abre com um *fade in* no Elaine's. E aí, quando fiz essa montagem do começo, a Sandy [*Susan E.*] Morse [*montadora do filme*] disse assim: "Eu vejo a 'Rhapsody in Blue' aqui". Então assisti àquilo com a "Rhapsody in Blue" e disse: "É, claro que funciona lindamente". E disse: "Então vamos fazer tudo com Gershwin. A gente chama a Filarmônica de Nova York e faz tudo com Gershwin". E fizemos.

É um filme romântico, lindamente fotografado. Foi divertido trabalhar com a Mariel [*Hemingway*]. Ela foi uma ótima pessoa e uma atriz incrível.

Lembro que estava com você quando você estava mixando um filme anterior naquela espelunca que era aquele lugar na Broadway. Saí da sala por uns quinze ou vinte minutos, e quando voltei você olhou para mim como se eu fosse o maior bobo do mundo e disse: "Pois é, você acaba de perder a *Mariel Hemingway*".

[*sorri*] Ela foi falar comigo. Ela e a amiga subiram. Eu estava querendo fazer alguma coisa com ela – tinha visto *A violentada* [*1976*] – e queria me encontrar com ela ao vivo pelo menos uma vez, só para conferir se era ela mesmo. E ela apareceu lá por um minuto, e todos dissemos oi para ela.

Uma garota maravilhosa, alegre, e uma atriz fantástica. Muito mais alta que eu.

[Manhattan *(1979) é a história de Isaac Davis, Ike (Woody), roteirista de televisão cuja esposa (Meryl Streep) o deixou para ficar com uma mulher. Agora ele está envolvido com Tracy (Hemingway), uma sofisticada porém muito doce menina de dezessete anos que o ama. Ele a adora, mas sente que não há futuro para os dois. Ele encontra Mary (Diane Keaton), amante de seu melhor amigo, que é casado: Yale (Michael Murphy), professor universitário com aspirações literárias. Ike se apaixona por Mary, mas quando Yale resolve deixar a mulher, Emily, para ficar com ela, Mary rompe com Ike. Tracy, levando sua vida adiante, fez planos de ir estudar na Inglaterra, e na hora em que está pronta para partir, Ike se dá conta, tarde demais, de tudo o que perdeu.*]

Tem aquela consciência que o Ike adquire no final, de que foi uma loucura desistir da Tracy pela supostamente intelectual e mais vivida Mary.

Achei que era uma ideia engraçada o cara ser adorado por aquela jovem que era tão pura e tão decente, e ele estragar tudo.

Uma das críticas a esse filme, que não ficou popular, mas que foi mencionada mais de uma vez, foi: "Quem são essas pessoas? Não conheço nenhuma dessas pessoas. Não são nova-iorquinos feito os nova-iorquinos que eu conheço". E não tenho como refutar isso; pode ser uma crítica completamente válida. Mas, por alguma razão, o filme teve uma enorme ressonância, e sucesso no mundo inteiro. Eu fiquei tão surpreso quanto todo mundo.

Pode ser a verdade mais completa, não são pessoas reais, assim como a Manhattan que eu mostro não é necessariamente real, no sentido de que é naturalista. Mas é claro que havia alguma coisa nas pessoas de *Manhattan* que ressoava em toda parte – França, Japão, América do Sul.

Falaram muita coisa sobre a diferença de idade entre Ike e Tracy?

Não os críticos, mas algumas pessoas ficaram incomodadas com isso. De minha parte, prestei tanta atenção nisso quanto nas críticas ao meu relacionamento com a Soon-Yi. Se duas pessoas são felizes juntas, são felizes. De todo modo, parecia uma boa trama – e era.

Falando na Soon-Yi, é irônico que o meu casamento com ela, que foi visto por muita gente como irracional, para mim seja a única relação que funcionou na minha vida, e aqui estamos, muitos anos depois, e somos felizes, com dois filhos grandes. [*A esposa de Woody, Soon-Yi Previn, é filha adotiva de André Previn e Mia Farrow, que se divorciaram em 1979. No ano seguinte, Woody e Mia começaram um relacionamento e ela apareceu em todos os filmes dele ao longo dos doze anos seguintes. Ela adotou uma filha bebê, Dylan (agora conhecida como Malone Farrow), que Woody coadotou dois anos depois. Eles tiveram também um filho, embora não fossem casados nem vivessem juntos. O relacionamento terminou quando Woody e Soon-Yi se envolveram, em 1992.*]

Qual foi a gênese desse filme? Você me disse que queria fazer um filme que celebrasse Manhattan.
Conversas com o Marshall Brickman. Eu queria mostrar a cidade do jeito que a sinto. Nós conversamos e eu disse alguma coisa como: "Não seria engraçado se eu gostasse dessa menina realmente jovem, e se a Keaton fosse essa grande pseudo-intelectual?". E ele visualizou uma cena e começamos a improvisar, ele dava a deixa e eu levava adiante, depois eu dava a deixa e ele levava ainda mais longe – do jeito que a gente trabalha em colaboração. Fazíamos piadas um com o outro, ele fazia um personagem, e eu fazia um personagem, e por fim a história veio à tona.

Você teve com esse filme algum dos problemas que teve com *Noivo neurótico, noiva nervosa* ou esse saiu mais fácil?
Não, não, não, tive problemas, sim.

Conte alguns.
O problema que escritores menores sempre têm [*ri*], e que era o final – o finalzinho, finalzinho, aquelas duas tomadas foram sempre as mesmas. Mas havia um clímax, em que eu ia à sala de aula do cara e a gente se confrontava [*Ike e Yale estão ambos envolvidos com Mary*], que nunca esteve lá. Eu não tinha um bom final para o filme. Lembro que a mulher do Marshall assistiu – não tenho certeza se eles já estavam casados – e ela disse: "O que está faltando é algum tipo de cena em que você compre o problema".

[*Depois que Mary conta a Ike que Yale vai deixar a mulher para ficar com ela, Ike vai à sala de aula de Yale e o confronta. Diante de uma parede há vários esqueletos completos, de humanos e de macacos. Depois de um certo vaivém sobre Mary e sobre quem devia ser franco com quem, eles chegam ao cerne da discussão.*

YALE Tá, eu não sou nenhum santo, tá bom?

IKE (*gesticulando, quase bate em um dos esqueletos*) Mas você... você é muito mole com você mesmo, não enxerga? Sabe de uma coisa, você... você – é esse o seu problema. Você racionaliza tudo. Você não é honesto consigo mesmo. Você fala de... você quer... você quer escrever um livro mas, mas... no fim, você prefere comprar o Porsche, entende?, ou dar uma enganadinha na Emily, e comigo você brinca um pouco com a verdade e... quando a gente vê, você está na frente de uma comissão do Senado e está dando nomes! Está delatando os seus amigos!

YALE (*reagindo*) Você é um baita hipócrita. Quer dizer, não passamos de pessoas, de seres humanos, entende? Você acha que é Deus!

IKE Eu... eu preciso de algum modelo!

YALE Bom, simplesmente não dá para viver do jeito que você vive, entende? Tudo tão perfeito.

IKE Nossa... bom, o que as gerações futuras vão dizer de nós? Meu Deus! (*Aponta um esqueleto, notando-o, afinal.*) Sabe de uma coisa?, um dia a gente vai ser... a gente vai ser que nem ele! Quer dizer, sabe... bom, ele pode ter sido uma pessoa bonita. Provavelmente dançava, e jogava tênis e tudo. E... e... (*aponta o esqueleto de novo*) e agora... bom, é isso o que acontece com a gente! É muito importante ter... ter algum tipo de integridade pessoal. Um dia eu ainda vou estar pendurado numa sala de aula. E... e quero ter certeza que quando eu... emagrecer assim, que vão pensar bem de mim!

(A câmera focaliza o esqueleto, agora mostrado por inteiro, enquanto Ike sai, e depois Yale.)]

Vamos falar um pouco de *A era do rádio* [*Radio Days*, 1987], que sempre me pareceu um dos seus filmes mais pessoais.

Uma coisa puramente prazerosa, autoindulgente. Eu queria fazer um filme inteiro de cenas baseadas nas lembranças das músicas da minha infância, como "Begin the Beguine", do Artie Shaw, e "Pistol Packin' Mama" e "Mairzy Doats", do Bing Crosby. Era esse tipo de nostalgia; o prazer autoindulgente que a gente tem ao recriar a atmosfera da própria infância. Alguém põe vinte milhões no banco – seja lá qual for o orçamento, quinze, dezesseis milhões – e você tem a

Em *Manhattan*, Yale e Ike discutem a atração que sentem pela mesma mulher. Ao contracenar com os esqueletos, que estavam por acaso na sala de aula usada na filmagem, Woody arriscou: "Um dia a gente vai... Vai ser que nem ele!"

oportunidade de recriar a sua infância, ou um fac-símile dela. Na verdade não é minha infância exata, mas tem muitos aspectos da minha infância que eu coloquei no filme por prazer, que eu me lembre.

Mais ou menos como a sua vida doméstica.

É, uma parte da vida doméstica espelha a minha vida doméstica, porque nós sempre moramos com outros parentes. As noites eram daquele jeito. Ficavam ouvindo as notícias da guerra no rádio, e o meu tio e o meu pai, ou as minhas tias e o meu pai jogavam *gin rummy*, minha mãe ficava tricotando, e o rádio ligado, a gente ouvia reportagens sobre o andamento da guerra no noticiário das sete da noite ou no das nove.

Entre um e outro eles ouviam todos aqueles programas, que na minha lembrança eram incrivelmente maravilhosos, mas não são. Volta e meia eu me reúno com gente da minha idade e alguém diz: "O rádio era um meio muito melhor que a televisão, porque a televisão é muito insípida, e no rádio você tinha de usar a imaginação". Então aparece alguém com gravações daqueles programas e eu escuto *The Shadow* e outros velhos programas de rádio, e eles são *completamente* horrendos. A não ser o Jack Benny, que resiste brilhantemente. Que texto cômico ele tinha, e que *performer* ele era!

Então é o contrário dos filmes de que você não gostou quando viu no cinema,

mas gosta de ver na televisão. Uma coisa que você adorou no rádio, mas que decepciona quando ouvida décadas depois.
Você ouve de novo e percebe como era ruim. Mas o Benny! Alguém me deu uma fita ótima do Jack Benny com o Ernst Lubitsch como convidado principal, e era maravilhoso, um programa de rádio engraçado, engraçado. O mais engraçado possível.

[A era do rádio *é uma história sobre o poder da imaginação e da memória. Woody narra, mas não aparece no filme, que é uma combinação das histórias da família maluca de um menino e os desejos infantis, ligados pela música e pelas vozes do rádio do começo dos anos 40. Assim como aquilo que o menino ouve incendeia sua imaginação, as pessoas por trás das vozes do rádio têm vida e anseios disparatados.*]

A professora substituta sexy de *A era do rádio* foi baseada em alguém real?
Não. Foi totalmente fabricada. Em primeiro lugar, nenhuma professora que tenha atravessado os umbrais da Public School 99 jamais pareceu com qualquer coisa que se encontre fora, digamos, de um aquário. Com uma professora substituta a disciplina entrava em colapso. Eram férias por um dia. Então parte da cena de fato aconteceu. Mas a gente nunca teve uma professora realmente bonita.

Mesmo ficando a apenas quarenta minutos de metrô, Manhattan devia parecer um outro mundo, em comparação com o Brooklyn.
Era mesmo. Era uma viagem muito agradável. A gente comprava o jornal, pegava o trem, e trinta e cinco, quarenta minutos depois estava lá. Chegava em Manhattan em vinte minutos, mas aí tinha de ir até a Forty-second Street para valer a pena.

Mas a diferença era incrível. O Brooklyn era bom. E dá para ver isso agora mesmo, com a renovação do bairro. As casas à venda em Park Slope e na orla são absolutamente deslumbrantes. Mas não interessava. Você estava no Brooklyn e isso era *bom*. Mas, quando atravessava para Manhattan, era uma explosão de tudo o que só se via nos filmes de Hollywood. Porque quando a gente ia – principalmente na *minha* idade – só dava para *andar* pela Park Avenue e pela Fifth Avenue, ou pela Times Square, onde fosse, mas não se podia entrar naqueles lugares. A única coisa que levava a gente para dentro dos apartamentos, das coberturas, das boates, era o cinema.

E então quando a gente ia a Manhattan sabia, quando olhava as casas da Fifth Avenue, da Park Avenue, que se você fizesse uma panorâmica haveria um incrível caso amoroso acontecendo no apartamento A, e no apartamento B haveria um músico escrevendo o próximo show da Broadway, e se fizesse uma panorâmica para o apartamento vizinho haveria uma jovem modelo que tinha acabado de chegar a Nova York, e ia se apaixonar por alguém, e ia estourar como atriz. A gente comprava tudo o que via quando era criança. Então era a maior diferença do mundo.

Outro dia você me disse que o seu pai costumava te levar até a cidade e fazer um tour como se fosse um guia; enquanto vocês andavam, ele descrevia os prédios que havia ali antigamente. Quantos anos você tinha quando isso começou?
Foi durante a Segunda Guerra Mundial, portanto eu tinha seis ou sete anos. Ele me levava até a estação de trem na Avenue J e íamos para Nova York. Eu ia à Automat,* à Magic Circle Shop, que tinha um fliperama enorme no subsolo. Íamos aos brinquedos da Forty-second Street – o meu pai adorava atirar com os rifles. Era um *deslumbramento*. Raramente íamos ao cinema, *raramente*.

Você sabia que ele era motorista de táxi naquela época? Lembro de uma cena tocante em *A era do rádio*, em que o menino toma um táxi e se espanta ao ver que o pai dele é o motorista, e o pai fica claramente envergonhado.
Não, não sabia. Esse episódio não é cem por cento verdade, mas quase. Cada vez que eu perguntava aos meus pais o que ele fazia, eles me davam uma resposta diferente, pois ele estava sempre mudando de emprego. Então eles sempre diziam: "O seu pai é um grande manda-chuva", "O seu pai trabalha na cidade". "Ele faz negócios." Jamais consegui uma resposta direta.

Naquela época, ele teve uma loja, uma espécie de armazém, e trabalhava em todas essas outras coisas. Para falar a verdade, durante uma época ele foi *bookmaker* para o Albert Anastasia [*chefão da Máfia*]. Ele também tinha sido gerente de um salão de bilhar.

* Lanchonetes com máquinas de distribuição automática, alimentadas por moedas. [N. E.]

Um dia eu estava saindo do cinema com os meus amigos, passa um táxi, e o meu pai estava ao volante, com quepe de taxista [*ri*]. Não me incomodou nem um pouco. Achei que ele ficou meio envergonhado. Perguntei: "O que você está fazendo?". E ele disse: "Ah, estou só substituindo um amigo".

Para mim, dava no mesmo. Um motorista de táxi não era diferente de um presidente de banco. Eu não tinha nenhum sentimento negativo a respeito disso.

O filme tem uma ótima transição dramática quando o menino está sendo perseguido pelos pais, para levar uma surra, e são interrompidos por um boletim do rádio sobre a menininha que caiu num poço.

Só que isso eu inventei. Nós *tínhamos* ouvido uma história parecida no rádio, que nem muitas famílias americanas. Havia algo tenso. E eu de vez em quando era perseguido pela casa. E tingi mesmo o casaco da minha mãe. Isso é verdade.

Toda aquela história de sair com a minha tia, quando a minha irmã estava para nascer – nada daquilo é verdade. Eu saí com o meu pai quando a minha mãe estava no hospital. Fizemos uma visita logo depois que ela deu à luz, e o meu pai me levou até Manhattan. Talvez a gente tenha ido ao cinema, ou a um museu da guerra, daquele tipo que aparece no filme – navios de combate e armas. E ele comprou para mim... não era um conjunto de química, na verdade era um conjunto de impressões digitais do FBI. Ele sempre comprava coisas para mim – eu era mimado.

Eu tinha muito pendor para as ciências quando era menino. Meus pais tiveram de me internar por uns dias, para fazer uns testes de alergia. Foi muito desagradável, e eu detestei tudo. Sempre quis um conjunto de química, mas eles achavam que era perigoso mexer com produtos químicos. Mas acho que o meu pai se sentiu culpado pelo meu sofrimento e por ter precisado ficar no hospital aquele dia, e então, quando eu saí, eles compraram para mim um conjunto de química Lionel de quarenta dólares, era a coisa mais moderna que existia.

Esse é um exemplo típico de pegar coisas aqui e ali na minha infância, que na verdade não aconteceram como aparecem no filme, ou nem de perto, e usar essas coisas com um certo valor, mas não um valor autobiográfico.

Então você vê *A era do rádio*, a minha tia me leva até a cidade com o namorado dela e eu fico olhando os dois dançarem, mas nada daquilo jamais aconteceu. Eu nunca fui a lugar nenhum com minha tia e nenhum namorado dela. Esses relacionamentos não existiram. Era pura dramaturgia para a história. Claro, eu era perseguido pela casa, mas não tinha nada a ver com a menina que caiu no poço – Kathy Fiscus, ou seja lá qual for o nome dela. [*Em 1949, Kathy Fiscus, de três anos, caiu em um poço destampado em San Marino, subúrbio de Los Angeles. Os boletins de rádio hipnotizaram um público horrorizado durante três dias enquanto o resgate tentava em vão recuperá-la com vida.*]

Eu me apoiei em informações da minha vida, mas é por isso que eu digo que não é autobiográfico. É muito mais exagerado, para melhorar a história.

Eu não estava pensando num paralelo exato.

Mas as pessoas pensam.

É, pensam, sim. Mas você estava dizendo que pega coisas que são verdadeiras e faz algo completamente diferente com elas. Como pegar uma flor, depois mais algumas outras, e depois de um tempo ter um buquê. Você pega um fato, acrescenta uma porção de outras coisas e aí tem um roteiro.

Isso mesmo. Aliás, também não morei com a minha avó e o meu avô. Fiquei com eles uma vez só. A gente morou praticamente o tempo todo com parentes, mas era uma tia ou um tio. Meus avós moravam no mesmo quarteirão, em outra casa, com outras tias. Então é um conglomerado de coisas.

Então, no caso de *A era do rádio*, você pegou a música que evocava a época e contou uma história sobre um momento importante de sua vida, mas você era criança, e se baseia no que se lembra dos fatos e fantasias como criança.

É a atmosfera, na verdade essa é que era a graça do filme. Não é um filmão, com uma trama de peso. É um filme de anedotas, com a atmosfera do que as crianças faziam quando eu era pequeno – iam à praia e ficavam procurando submarinos alemães.

Você alguma vez viu algum?

Nunca vi um submarino alemão. A verdade é que nós costumávamos procurar aviões porque todas as crianças eram estimuladas a fazer isso. Havia jogos à venda que mostravam silhuetas de aviões do Eixo para você poder identificar.

Quando morei em Long Beach [*em Long Island, alguns quilômetros a leste do Brooklyn*], a gente ia à praia todos os dias depois da escola – não com binóculos, como no filme – e é concebível que algum dia a gente possa ter olhado a água e dito: "Nossa, e se a gente visse um submarino alemão, ou um navio de combate alemão lá longe? O que a gente faria?".

Mas a gente examinava o céu. Era uma coisa bem popular.

Você fazia isso porque estava preocupado ou porque era divertido?

A gente fazia porque queria participar do patriotismo da época e isso tinha uma espécie de verniz oficial, nós sentíamos que estávamos cumprindo o nosso dever de rastrear o Eixo, e talvez a gente visse um avião alemão e [*ri*] pudesse informar isso. As pessoas eram estimuladas a fazer essas coisas; tenho certeza que as pessoas eram estimuladas a ir à praia e observar, embora eu não me lembre de nenhuma propaganda específica. Lembro, sim, de coletar papel-alumínio. [*Metais eram reciclados para o esforço de guerra.*] Isso era uma coisa importante.

Nessa idade você gostava muito de música?

Gostava. Da música popular da época. Eu tinha discos – aqueles setenta e oito rotações quebráveis – e uma Victrola que foi muito importante para mim. Daquelas de corda, com a agulha parafusada.

Você tinha uma no seu quarto, não é?

É. Eu tinha uma quando era bem novinho. Eu estava com oito anos quando minha irmã nasceu, e me lembro do toca-discos muito antes disso. Lembro de discos antialemães durante a guerra – 1941, 1942.

O que mais você lembra sobre a música?

A música em geral era muito boa. Sábado à noite, a gente punha no *The Hit Parade* e ouvia o Benny Goodman e o Frank Sinatra, esse tipo de gente. Ou *Make-Believe Ballroom*. Tocavam música boa, com gente boa.

Eu não tocava nenhum instrumento com seriedade. Comecei e parei com o violino.

Voltando ao seu pai, parece que vocês tinham um relacionamento muito agradável, pelo menos quando faziam essas expedições a Manhattan.
Tínhamos, sim. É daquelas coisas que a gente ouve os mais velhos dizerem: "Eu era feliz e não sabia". Ou "Eu era pobre, mas não sabia". E é verdade. Para mim, nunca houve problema de faltar uma refeição, ou não ter dinheiro para o aluguel, ou não ter roupa. Meu relacionamento com o meu pai sempre foi melhor, mais amigável, do que com a minha mãe. A minha mãe sempre foi uma disciplinadora, e fazia as coisas funcionarem. Com o meu pai eu podia falar de beisebol e gângsteres, daquelas coisas todas que me interessavam.

Ele nunca disse que trabalhava para o Anastasia?
Não, na época não falou, porque não era uma coisa para se gabar naquela época. Tinha trabalhado para ele antes de eu nascer, e isso virou um problema para a minha mãe casar com ele. Ele trabalhava para *bookmakers* e tinha de passar o verão todo em Saratoga, nas pistas de corrida, e anotar e pagar apostas. E meu pai adorava isso porque ele recebia uma diária, um bom dinheiro, e era um emprego agradável. Aí, o pai dele falou para ele que ia acabar mal se continuasse com aquilo. Vim a descobrir isso mais tarde na vida.

Que interessante.
Pois é, meu pai teve uma vida bem interessante. Ele se alistou na marinha aos dezesseis anos, largou a escola e quando estava na Europa correu mundo – esteve na Rússia e na Europa inteira, viu execuções, e na costa da Flórida uma bomba atingiu o navio dele, ou o barco explodiu, e todo mundo teve de nadar para se salvar, e só uns três caras conseguiram. O meu pai foi um deles. Foi notícia na época.

Ele era bom em miniboliche – pinos pequenos, bola menor – e enfrentou o campeão do estado de Nova York, Mel Luff. E era um bom jogador de bilhar. Joguei com ele mais tarde, e ele era muito melhor do que eu. E tinha sido mascote dos Brooklyn Dodgers. Cresceu no Brooklyn quando era tudo fazenda. Quando terminou a Primeira Guerra Mundial, o pai dele comprou um carro fabuloso e rodou a Europa inteira.

Então, nesse sentido, ele era um personagem colorido. O pai dele parecia ser um cara brilhante, culto, que comprava ingressos para a temporada de ópera e pegava um navio para a Europa para poder ir às corridas lá.

E seu avô perdeu a fortuna na Depressão?
A Depressão acabou com ele. Ele tinha muitos cinemas, inclusive o Midwood, no Brooklyn, e perdeu todos. E então ficaram pobres, pobres.

SETEMBRO DE 2005

Woody acabou de montar *Scoop - O grande furo* — embora mais tarde vá fazer algumas pequenas correções —, e vou assistir ao filme nos próximos dias. No período imediatamente posterior, ele vai tentar elaborar a ideia do seu próximo filme, mas isso vai ser difícil, porque ele não tem certeza de onde vai ser feito. Londres foi um prazer inesperado, e ele pretendia fazer o terceiro filme seguido lá, mas o sucesso crítico e financeiro de *Match Point* deu origem a outras possibilidades interessantes.

Vou esperar até ver *Scoop* para perguntar mais, mas você gostaria de fazer mais alguma observação antes de continuarmos? Estou particularmente interessado em como as suas ideias para filmes podem estar mudando.
Eu atuo no filme porque é uma comédia e, como é uma comédia, é automaticamente mais leve. Como é mais leve, tenho uma tendência a não me envolver como espectador. Pois é, houve um tempo, quando eu era mais jovem e estava ligado em comédia, em que pensava: Ah, isto é engraçado, *isto* é engraçado, *isto* é engraçado. Mas não sinto mais a mesma coisa. Foi divertido fazer *Match Point*, e fiquei muito envolvido como espectador enquanto fazia o filme. Adorei o fato de não atuar nele, adorei o fato de ser sério e, quando o filme foi lançado, me deu uma sensação boa, tinha uma boa substância, fiquei orgulhoso. Enquanto numa comédia, e em especial uma comédia em que atuo – o que torna o filme automaticamente meio bobo, porque sou um comediante bobo, sou um comediante menor [*faz uma pausa*] –, acho difícil eu me interessar pelo filme.

É possível fazer comédias de interesse e substância, mas essas são as que têm mais conteúdo sério. *Luzes da cidade* tem esse tipo de conteúdo, e quando o

Chaplin mistura, mesmo canhestramente, maior seriedade nos filmes dele, eles ficam mais substanciais. O Bernard Shaw fez isso nas peças dele. Tem mais *seriedade* em *Pigmalião*, não é só um monte de risadas. E *Huckleberry Finn*. Mas quando eu atuo em comédias, elas tendem a ser cômicas na tradição que eu gosto de fazer e em que me sinto confortável, que é leve e frívola. Mas agora sinto que me daria melhor fazendo filmes sérios, em que eu não participe como ator.

Nos seus primeiros filmes, como *Um assaltante bem trapalhão* e *Bananas*, havia prazer em fazer comédia com você atuando?
Havia, eu sentia prazer naquilo, em parte porque era muito divertido entrar no negócio do cinema e fazer filmes. Eu ficava pensando, ah, espera só até a plateia ver isso. E era divertido fazer piadas e ver que riam delas. Mas, mesmo assim, eu pensava: Espero que isto seja apenas um estágio para as coisas mais sérias, que me agradam mais. Porque eu mesmo – e estou falando apenas como espectador – gosto de coisas mais sérias. Sei que isso é sempre lido como "Ah, ele odeia comédia". Mas é claro que *adoro* comédia, e se eu estou zapeando nos canais de televisão e, digamos, passam os Irmãos Marx ou o Bob Hope, eu sempre paro, e assisto, e dou risada, e gosto. Mas o que mais gosto de assistir são coisas sérias. Gosto de ver *Um bonde chamado Desejo*, ou *O geleiro chega*. É assim que eu me sinto.

Quando você começou a notar uma mudança da sensação de que, nossa, é fantástico estar no mundo do cinema e a plateia vai gostar disto?
Senti isso mais agudamente neste último filme [*Scoop*], porque eu tinha acabado de sair de *Match Point*, que foi um prazer fazer, e tive uma sensação muito positiva assistindo ao filme quando terminei. Senti assim: Pois é, este é um bom filme. Se eu tivesse feito uma carreira com filmes assim, eu me sentiria melhor comigo mesmo.

E aí tive essa ideia divertida, que eu *achei* que era uma ideia divertida, *Scoop*, e pensei que precisava fazer aquilo porque era uma ideia engraçada. Eu achava engraçada a ideia de um repórter continuar ligado na matéria mesmo depois de morto. Então fiz, mas pensando melhor acho que teria ficado mais contente se tivesse escolhido um melodrama. Por falar nisso, esse filme é outra das ideias engraçadas que não emplacam. *Scoop* avança de risada em risada, mas a ideia – que é inteligente – conta pouco. [*Woody faz Sid Waterman, mágico de segunda linha conhecido como Splendini, e Scarlett Johansson é Sondra Pransky, jornalista americana novata que mora em Londres e se apresenta como voluntária para entrar na caixa chinesa de Splendini durante uma apresentação. Ela deveria desaparecer, mas em vez disso encontra o fantasma de Joe Strombel (Ian McShane), repórter experiente recém-falecido que conseguiu dar uma escapada da barca para o outro mundo e soprar para Sondra uma dica sobre o aristocrata Peter Lyman (Hugh Jackman), que ele acredita ser um* serial killer. *Sondra dá um jeito de conhecer Peter, mas em sua busca se apaixona por ele, com resultados perigosos. Sid finge ser o pai de Sondra para ajudá-la a apurar a matéria, e o filme é cheio de brincadeiras entre eles (Sondra: "Ah, você sempre acha que o copo está meio vazio". Sid: "Não, acho que está meio cheio. De veneno!") e observações cômicas de Sid para outras pessoas (numa elegante festa ao ar livre, ele diz a outros convidados: "Nasci na fé hebraica, mas me converti ao narcisismo".)*]

Você disse que precisou escrever três roteiros em doze semanas para esse filme.
Foi. Eu tinha uma ideia, que não quero contar, mas sabia que ia fazer o filme na Inglaterra. Aí, descobri com as pessoas, depois de ter escrito o roteiro, que esse tipo de fenômeno não acontece na Inglaterra. Então escrevi outro roteiro em que, como eu já disse, as pessoas acharam que algumas coisas do personagem iam parecer autobiográficas demais – mesmo não sendo.

Você disse que o terceiro roteiro, *Scoop*, juntava algumas ideias que você tinha naquela coleção que fica guardada na gaveta da escrivaninha.
É, a ideia de um repórter que volta. E eu tive a ideia de embutir isso na "obra" de outra pessoa [*ele ri*], no currículo dela. [*Um homem que comete um único assassinato faz com que o ato pareça obra de um* serial killer *não capturado.*] E são duas ideias totalmente distintas.

Quanto você tinha escrito de cada uma dessas ideias?
Nada.

Só uma pequena anotação.
Só uma anotação que dizia: "Isto seria uma ideia engraçada – o cara é um repórter

tão dedicado que não consegue resistir à história, mesmo depois de morto. Isto [*o assassinato copiado*] seria um jeito interessante de cometer um crime".

Mas eu já fiz isso antes. Penso no *Zelig*. Sempre quis fazer um documentário de época, e tive a ideia de um cara que se transforma em qualquer pessoa com quem esteja. Mas *Zelig* não era para ser um documentário quando comecei a escrever. Lembro que as primeiras páginas eram sobre um cara que trabalhava na televisão pública, e aos poucos foi acontecendo nos dias de hoje, como uma história realista. Aí, pensei comigo: Isso daria um bom documentário de época. Então foi uma fusão de duas coisas.

Você ainda não sabe onde vai fazer seu próximo filme?
Não, ainda não sei. Estou esperando para saber, e isso vai ditar o que eu escrevo.

Vai determinar?
Vai ser ditado pela origem do dinheiro. Se os britânicos nos derem dinheiro para fazer o filme, a condição é que a gente sempre filme lá [*em função dos abatimentos de impostos dos investidores*]. Se for uma coprodução francesa, então vamos filmar na França. Às vezes, levanta-se o dinheiro e eles não se importam onde você filma, e nesse caso, não sei, posso filmar aqui [*em Nova York*]. Mas as ideias que eu tenho nas minhas anotações são bem diferentes. Tenho uma ideia para Barcelona. Tenho uma ideia para Paris. Tenho uma ideia para Londres. [*Rindo.*] Tenho uma ideia para Nova York. Mas são todas diferentes. E estou esperando para atacar. Gostaria de atacar amanhã, mas é provável que não saiba em menos de quatro semanas [*final de outubro de 2005*], e nesse meio-tempo eu termino *Scoop*, e fico que nem bobo. Quer dizer, eu podia escrever uma peça, ou talvez tente escrever um artigo para a *New Yorker*. Para encher o tempo.

FEVEREIRO DE 2006

Vi *Contos de Nova York* outro dia, que eu não via fazia algum tempo, e em *Édipo arrasado*, a sua parte do filme, tem aquela cena de depois do seu jantar com a Julie Kavner, em que ela manda embrulhar o que sobrou do frango ensopado.

Recém-falecido, o repórter Joe Strombel escapa da barca para o outro mundo e, dentro da caixa chinesa do mágico Splendini, dá à repórter iniciante Sondra Pransky uma pista sobre a identidade de um assassino. Em pelo menos dois filmes e um conto de Woody, um passe de mágica mal executado traz para a narrativa realista um toque surreal

E você vai para casa, e embora não esperasse se divertir, começa a lembrar alegremente da noite...
[*Lembrando agora*] Ah, é mesmo.

... Você desembrulha o frango e levanta uma coxa. Foi uma cena que você pensou em refilmar, mas a razão principal para não refazer foi que a coxa tinha grandes glóbulos gelatinosos pendurados, e você sabia que não ia conseguir repetir aquilo. Estou lançando isso para despertar as suas lembranças do filme.
Foi divertido fazer esse filme. Trabalhamos com um orçamento muito limitado e tínhamos pouco tempo para rodar, mas era só um curta. E é notório que filmes-contos não vão bem na bilheteria.

É, você já falou sobre isso, é uma sucessão de picos – a plateia sobe, depois precisa começar com uma nova história, depois uma terceira.
Eles não gostam, e eu entendo, porque também não gosto. De dez em dez anos alguém tenta de novo, apesar de tudo. E não funciona. Então ninguém tenta durante mais dez anos. Mas sempre tem um outro ângulo: temos sete grandes diretores fazendo os sete pecados capitais. Ou alguém consegue [*Federico*] Fellini, [*Luchino*] Visconti e [*Vittorio*] De Sica e eles fazem três grandes histórias de sexo italianas [Boccaccio '70 *(1962). Mario Monicelli fez a quarta sequência. Todas são adaptações livres do* Decamerão, *de Boccaccio.*] Mas não funciona. Em *Contos de Nova York*, eu estava trabalhando com o Marty Scorsese e o Francis Ford Coppola, dois grandes diretores. Fiquei entre eles, que nem um sanduíche, para conseguir aplauso por associação.

Ironicamente, é um veículo bom para mim, o filme curto, porque eu escrevi esquetes muitas vezes na vida, e sei escrever coisas curtas, volta e meia tenho ideias que são divertidas, mas não se desenvolvem em nenhum tipo de história. Eu poderia fazer um filme amanhã, se fizesse algum sentido fazer seis ou oito histórias curtas minhas.

A ideia de *Édipo arrasado* já existia havia algum tempo ou você teve a ideia para o filme?
Eu tinha aquela ideia ao lado de muitas outras ideias curtas, e havia momentos

em que eu estava procurando ideias para um filme e pensava que talvez devesse fazer duas ou três histórias sobre um determinado tema.

Acho que uma das únicas compilações de histórias curtas que fizeram sucesso na história do cinema foi *Tudo o que você sempre quis saber sobre sexo mas tinha medo de perguntar*, e tinha uma composição especial, porque era baseada num best-seller. Talvez por ser uma pessoa fazendo aquelas ideias. Eram histórias em que você não investia nada emocionalmente. Eram pequenos esquetes triviais. Você podia rir deles e aí até pensar, ótimo, seis minutos disso está bom, vamos para a seguinte. Então, seja lá por que razão, esse filme funcionou.

Voltando a *Édipo arrasado*. Foi o Sven Nykvist que cuidou da fotografia. Os efeitos especiais tinham tudo para ficar realmente bons, e você teve muitos problemas para conseguir colocar direito a mãe no céu.

Ora, os efeitos são incríveis, mas na época tinha de fazer tudo do jeito mais difícil. Todas as vezes que fiz filmes com efeitos especiais antes da tecnologia digital, precisei trabalhar muito, pois nunca tinha dinheiro nenhum para experimentar, nem jeito para a coisa, nenhum dos dois [*ri*], mas agora posso fazer muito melhor. Ainda não tenho dinheiro, ainda é caro. Eu sei que acaba com a linha de frente quando vou e digo que preciso de efeitos.

Lembro de algumas coisas que você disse na época em que fez *Édipo arrasado*. Uma foi quando você estava colocando a música e usou o tambor de Gene Krupa em "Sing Sing Sing", na cena em que a mãe e a tia Cecil dobram uma esquina no escritório de advocacia. É uma sequência engraçada, e você deu risada quando viu pela primeira vez.

[*Sheldon, o personagem de Woody, está numa reunião com os sócios no escritório de advocacia onde trabalha. Uma secretária interrompe, nervosa, para dizer que a mãe veio visitá-lo. Os sócios não ficam nada contentes, mas ele sai. O tambor começa quando ele olha o corredor vazio e então, virando a esquina, vêm duas velhotas baixinhas, com uma parafernália do espetáculo* Cats, *tendo, evidentemente, acabado de sair da matinê. Existe uma ameaça cômica em sua estatura e em seu passo, e horror no rosto de Sheldon quando a clarineta de Benny Goodman começa a melodia.*]

Eu dou muita risada das piadas quando escrevo, e também quando assisto na tela.

Como se não bastasse a mãe de Sheldon sempre surgir em pleno expediente no escritório de advocacia onde o filho trabalha, um dia ela desaparece dentro de uma caixa chinesa, durante um show de mágica, e ressurge no céu de Manhattan, onde passa a dividir com a população as intimidades do filho

E às vezes a plateia age do mesmo jeito. Mas nem sempre. Nisso eu me considero um espectador típico. Se acho alguma coisa engraçada, geralmente um bom número de outras pessoas vai achar também.

Os tambores são comicamente ameaçadores. E a Julie Kavner está maravilhosa.
Ela é ótima. Tem um enorme talento.

Eu tinha esquecido que o Larry David está no filme. [*Ele faz o diretor de cena.*]
É, ele fez algumas coisas comigo. *A era do rádio*. Ele era um cara engraçado da cidade. Que eu não conhecia bem. Mas era um cara engraçado. E era boa-pinta.

George Schindler, que fez Shandu, o mágico, ficou muito convincente. Ele era mágico de verdade, não era?
Originalmente, eu coloquei o Wallace Shawn no papel. Ele é um dos meus atores favoritos, e trabalhou comigo várias vezes depois. Só que ele não tinha o estilo de um mágico de verdade. Peguei um mágico de verdade, e fez toda a diferença do mundo para conseguir uma sensação real da coisa.

Você usa bastante mágica nos seus filmes. No começo dos anos 80, Diane Jacobs escreveu um livro sobre isso.
É. Foi muito perspicaz da parte dela. Ela se revelou profética – alguém sai da tela [*A rosa púrpura do Cairo*], alguém faz um truque de mágica, como a Maureen Stapleton em *Interiores*. Tem muitos desses casos. [*Entre eles: a mãe de seu personagem aparece no céu em* Édipo arrasado*; ervas mágicas permitem que uma mulher fique invisível em* Simplesmente Alice, *o morto se materializa em* Match Point*; um personagem dá conselhos do além-túmulo em* Scoop.]

Mais alguma coisa de *Édipo arrasado*? A Mae Questel fazendo a mãe era incrível.
Quando minha irmã viu a Questel, ela realmente deu risada. Disse que ela parecia a nossa mãe. Mas a voz era da Betty Boop. Acho que ela fez a Betty Boop em *Zelig*.

Você se lembra do germe da ideia de *Simplesmente Alice*? [*O filme é uma meditação sobre memória, mágica, casamento, divagações, tédio e as estranhezas da atração.*

Alice Tate (Mia Farrow), mulher há muito ignorada pelo marido rico (William Hurt) e cuja consciência, um dia forte, murchou, de repente encontra companheirismo em um atraente músico (Joe Mantegna). Ela consulta um herborista, num consultório caindo aos pedaços em Chinatown, que lhe dá uma decocção que a torna invisível e permite que ela espione o marido sendo infiel. Confrontada, por fim, com a escolha entre a vida escapista que viveu e aquilo que ela mais valoriza – uma vida de responsabilidade –, ela encontra rejuvenescimento em ser uma boa mãe.]

Eu queria fazer alguma coisa sobre uma senhora rica do Upper East Side – porque sempre gosto de escrever sobre os ricos do Upper East Side –, uma senhora rica do Upper East Side como aquela que eu sempre via quando levava a Dylan na escola. Eu via aquelas mães de tênis e roupa de corrida, com casaco de zibelina ou mink Blackglama por cima, e sempre achei incrível. Só que tem gente que se ofende com esse tipo de coisa. Eu não estou entre eles. Isso me diverte, afetivamente. Tem uma frase em *Alice* que eu não lembro direito, de que se o menino não entra na pré-escola certa, então ele não vai entrar na faculdade certa. Esse mundo me interessava.

E lembro que, naquela época, amigos meus iam a um médico charlatão em Chinatown e ficavam chupando umas ervas, e pagavam uma fortuna por elas. Capaz que fossem até perigosas, mas certamente não ajudavam nada. Te contei a história do bigode de gato no olho?

Conta de novo.

Sempre acho essa história absolutamente *nonsense*. Pois então, eu estava com algum tipo de problema no olho e não conseguia me livrar daquilo. Não sarava nunca, e eu tomei tudo o que era remédio. Por fim, uma amiga me disse: "Vou marcar para você uma consulta com esse médico, garanto que ele vai resolver".

Respondi: "Eu não vou a Chinatown".

E ela me disse: "Ele vem na sua casa e vai te curar. O que você tem a perder? Experimenta uma consulta, e se ele não te curar, mal não vai fazer".

Concordei, e o cara foi na minha casa e levou bigode de gato. E enfiou aquilo no meu canal lacrimal e deixou lá – e claro que teve efeito *zero*. Quando contei ao meu oculista, ele disse: "Não deixe *ninguém* nunca pôr *nada* aí dentro! Você pode pegar uma infecção. Sabe Deus o que poderia ter acontecido".

E me ocorreu quando eu estava escrevendo *Simplesmente Alice* que essa mulher do Upper East Side ouve as amigas falarem do tal homem que faz maravilhas, vai até a cidade e compra aquele monte de poções – e então pensei: E se as poções *forem* realmente mágicas? Achei que podia ser uma história gostosa, e para algumas pessoas talvez tenha sido.

É engraçado quando a Alice vai até lá, no final, e o médico, feito pelo Keye Luke, está arrumando as malas às pressas, para ir embora da cidade, dizendo que vai continuar os estudos. [*Luke fez o filho número 1 em todos os filmes de Charlie Chan. Ele trabalhou em 185 filmes numa carreira que foi de 1934 até a sua morte, em 1991.* Simplesmente Alice *foi seu último filme.*]
É, tenho certeza que esse é o destino inevitável desses caras, mais cedo ou mais tarde eles precisam fugir da cidade porque alguém faz uma denúncia.

Você usou um coro grego em *Poderosa Afrodite* [Mighty Aphrodite, 1995], o que dá um aspecto mágico de outra natureza, diferente de *Simplesmente Alice*. De onde veio essa ideia?
Eu sempre quis fazer um filme de coro grego. Originalmente, pensei em usar no meu conto... não lembro o título, aquele em que o cara está saindo com uma garota e se apaixona pela mãe dela...

"Retribuição."
"Retribuição." Eu ia fazer com um coro grego. Achei que daria uma boa história. Só que eu não queria transformar um dos meus contos em roteiro, e uns anos depois lembro de ter pensado na Dylan quando foi adotada, ela era tão adorável, eu estava pensando, onde será que estão o pai e a mãe dela? E então pensei que em algum lugar haveria a história de uma criança adotada que é tão amada pelos pais adotivos que eles pensam: Nossa, a mãe dela deve ser ótima. E aí vão procurar a mãe, e ficam apaixonados por ela. Essa foi a minha primeira ideia. Aí eu pensei: Você encontra a mãe dela, mas a mãe não é nada ótima. E aí pensei [*sorri*] que isso tem uma certa sensação grega: quanto mais se sabe sobre a origem de uma criança, pior fica a situação. E achei que devia usar o meu coro grego naquilo. Aí me ocorreu a ideia do final, que realmente completava a ideia para mim, em que ela teria um

filho meu e eu teria um filho dela, e nenhum dos dois ficaria sabendo. A coisa veio toda junto com a história grega, e usei o coro. Bolei essa história anos antes de fazer o filme. [Poderosa Afrodite *é a história do que acontece quando Lenny (Woody), jornalista esportivo, e sua mulher do mundo da arte, Amanda (Helena Bonham Carter), adotam um bebê, Max. Max é um menino agradável e esperto, e Lenny não consegue evitar a ideia de que os pais dele também devem ser, e se põe a procurá-los, apesar do preocupante alerta do chefe do coro (F. Murray Abraham) e dos comentários cômicos de alguns de seus membros. ("Vejo desastre. Vejo catástrofe. Pior, vejo advogados!", diz uma mulher do coro. "Não seja tão Cassandra", outro protesta. "Não sou tão Cassandra", ela responde. "Eu sou Cassandra.") Mas a mãe de Max acaba se revelando uma atriz pornô e prostituta chamada Linda Ash (Mira Sorvino), que, apesar de seu trabalho e da grossura, é muito doce. Sem contar para Linda que ela é a mãe de Max, Lenny tenta fazê-la mudar de vida. Quando Amanda diz a Lenny que quer o divórcio, ele e Linda passam uma noite juntos. Mas Amanda volta, o empenho de Lenny com Linda dá resultado e eles perdem contato – até que um dia, numa loja de brinquedos, os dois se encontram. Lenny está com Max e Linda com sua adorável filha. Um admira o filho do outro, sem se dar conta da situação.*]

Isso ficou escrito e guardado numa gaveta ou só dentro da sua cabeça?
Não, eu não escrevi, mas o filme saiu. A Mira me ajudou porque ela é muito esperta e uma ótima atriz.

Você disse que a voz aguda, rachada, engraçada, que ela usou para o papel servia para tirar o aspecto de irreverência e dar leveza à história.
É, porque sempre que alguém faz uma voz extrema, você fica numa situação complicada. Mas ela conseguiu fazer aquilo funcionar. Eu assistia aos copiões diários e dizia comigo mesmo, para mim está ótimo. Espero que ninguém queira me matar por causa disso, mas para mim está bom. E contratei a coreógrafa, Graciela [*Daniele*], que fez meu musical e, claro, fez um trabalho fantástico com o coro.

Você filmou o coro na Itália, na Sicília, não foi?
Filmamos na Sicília, em Taormina, num anfiteatro, e depois plantamos o coro em Nova York, em determinados espaços. Estivemos lá em fevereiro, e a equipe precisava tirar a camisa, de tão quente, o sol queimando.

O filme realmente tem um sentimento irônico e, como você diz, uma sensibilidade grega.

Desde então, organizações gregas e indivíduos gregos passaram a me escrever, achando que eu sou um perito em teatro grego.

Estive em Atenas recentemente e vi o teatro, e devo confessar que de todas as coisas que vi a que me deixou mais sem fôlego foi parar na Acrópole, olhar para baixo e ver o teatro. Foi naquele lugar que *Édipo* estreou, e *Medeia* também. O elenco original esteve ali, naquele lugar, representando aqueles personagens.

***Desconstruindo Harry* [Deconstructing Harry, 1997]. Como você inventou aquilo?**

Faz muito tempo que não vejo o filme, mas me lembro claramente da ideia. Seria um personagem que eu podia fazer – um escritor judeu nova-iorquino –, e o espectador veria o cara e saberia de coisas sobre ele, mas através do que ele escrevia. O que se veria seriam os contos dele e trechos de seus romances, e isso revelaria coisas a respeito dele. Achei que era uma ideia engraçada, que tinha uma certa inteligência e me daria a oportunidade de fazer uma porção de pequenas comédias curtas, que não sustentariam um filme inteiro, mas que como contos fossem engraçadas. Posso fazer o esquete sobre a morte chegando para o sujeito errado e o esquete dele fora de foco. Eu só precisava de um mecanismo para ligar as histórias.

[*Robin Williams faz um ator que de repente fica fora de foco – não porque a lente da câmera esteja fora de foco, mas porque ele efetivamente, corporalmente, está fora de foco – e cuja solução egoísta é obrigar a família a usar óculos. O filme mostra como a arte pode ser transcendente, mas o artista que a cria (Harry Block, um escritor representado por Woody) ser desastroso para todos em sua vida. "Você quer que o mundo se adapte à distorção em que você se transformou!", reclama um dos seis psiquiatras que Harry consulta. A ação oscila entre realidade e fantasia, entre Harry e o enorme emaranhado de ex-mulheres (três), ex-amantes (dezenas), parentes e as representações dos mal disfarçados retratos deles em seus romances e contos. O elenco conta com Kirstie Alley, Richard Benjamin, Judy Davis, Mariel Hemingway, Amy Irving, Julie Kavner, Julia Louis-Dreyfus, Tobey Maguire, Demi Moore e Elisabeth Shue.*]

Você conseguiu trabalhar com a Mariel Hemingway outra vez.

Foi. Ela apareceu e disse que adoraria fazer alguma coisa, e eu falei: "Estou planejando um filme – não tem um bom papel para você, mas sempre posso encontrar alguma coisa". Era uma atriz muito boa. Eu gostaria de ter alguma coisa significativa para ela. Sinto que ela não é explorada o suficiente, de um modo mais significativo. Ela sempre funciona.

E o Billy Cristal.
É, foi fantástico. Tive a oportunidade de trabalhar com o Robin Williams e o Billy Crystal, dois caras que apareceram tanto juntos. Os dois eram fantásticos. Vieram os dois, e Robin fez a parte dele lindamente. Funcionou mesmo. Eu sabia que ele seria engraçado fazendo aquilo. Foi muito bom trabalhar com ele. E o Billy também, que fez o Diabo. Eles são dois caras muito talentosos, para quem se pode dar as coisas para fazer e ter a certeza de que vai conseguir cem por cento ou mais; que eles vão contribuir.

Eu gosto que os personagens de Harry o homenageiem. E também da ideia de um escritor que consegue trabalhar, independentemente do que esteja acontecendo na vida dele.
Essa parte era eu. Eu podia fazer isso. Conheço gente que acha que o filme é sobre mim, e acho isso engraçado, porque o filme não é nem de longe sobre mim. Achei, quando o filme ficou pronto, que eu ia dizer: "Ah, é, esse sou definitivamente eu". E não ia entrar na mesma dança de sempre quando digo: "Não sou eu, não é o jeito como eu trabalho, nunca fiquei travado, nunca sequestrei o meu filho, não teria coragem de agir assim, não fico sentado em casa bebendo, nem recebo prostitutas em casa toda noite". Se eu fosse homenageado por uma antiga escola – coisa que não aconteceria –, eu talvez não aparecesse. A não ser pela capacidade de escrever a qualquer hora, não havia absolutamente nada no filme que fosse eu, mas o caminho da menor resistência era dizer sim. Desisti de tentar dizer não.

E a gênese de *Celebridades* [Celebrity, *1998*]?
Veio a ideia de fazer um filme sobre o conceito de celebridade. De repente, todo mundo era uma celebridade, todo cirurgião plástico, modelo, atleta. Achei que seria divertido brincar com isso.

A noção de celebridade era também uma parte importante de *Memórias*.

Certo. Acontece uma porção de coisas estranhas quando você é uma celebridade. Quer dizer, não é que venha uma garota dizendo: "Me dá um autógrafo no meu seio esquerdo". Mas dizem: "Os russos estão prendendo pessoas em hospícios, você pode ajudar?". Ou: "Pode me ajudar com isto aqui?". E como eu já comentei com as pessoas, *Memórias* foi feito antes de matarem o John Lennon, porque eu sentia que havia uma sensação ambivalente entre o público e a celebridade. O público adora os famosos, e por um lado é muito mais tolerante com os famosos do que eles merecem ou ganham. Por outro lado, o público adora quando a celebridade é difamada, e se diverte dizendo: "Ah, você precisa ler o que fulano disse sobre esse filme. Crucificou o diretor". O público tem um sentimento ambivalente, e era essa mesma ambivalência que aquele cara maluco sentia pelo John Lennon, ou que aquela pessoa louca sentia pela Jodie Foster. Eles mitificam a celebridade e são também perigosos.

Em vários filmes seus, a começar por *Maridos e esposas*, passando por *Poderosa Afrodite*, *Celebridades* e *Desconstruindo Harry*, o diálogo entre os atores é muitas vezes cru e irreverente. Algumas pessoas disseram que esses filmes refletem a confusão da sua vida em torno da separação de Mia Farrow. [Maridos e esposas *é um filme realizado de forma complicada, usando uma variedade de técnicas cinematográficas, que incluem a câmera na mão e cortes secos, de um personagem para outro, que adquirem um tom perturbador. Mostra em detalhes a desintegração de um casamento que parece perfeitamente sólido e a reabilitação de um outro, que na primeira cena era considerado acabado. Gabe e Judy (Woody e Mia Farrow) chegam à casa de seus bons amigos Jack e Sally (Sydney Pollack e Judy Davis), que contam alegremente que estão se divorciando. Gabe e Judy de início ficam chocados, depois Judy fica furiosa. A câmera na mão acompanha a ação, dando ao filme a sensação inquietante de um documentário, o que é realçado pela narração, feita por um observador invisível, e por entrevistas do que se toma por um diretor do filme dentro do filme. Os personagens todos se envolvem com outras pessoas: Judy apresenta Sally a Michael (Liam Neeson), editor que se apaixona por ela, para infelicidade de Judy, que o deseja. Jack se envolve com sua professora de aeróbica, Sam (Lysette Anthony), de beleza proporcional à*

"Vejo desastre. Vejo catástrofe. Pior, vejo advogados!": o coro grego de *Poderosa Afrodite*, liderado por F. Murray Abraham, aconselha Lenny a não tentar encontrar a mãe de seu filho adotado

falta de profundidade intelectual. Gabe, um romancista que também dá aula na Columbia University, fica balançado ao ter um envolvimento com Rain (Juliette Lewis), uma de suas alunas. (Num momento particular de sua festa de 21 anos, na cobertura de seus pais, ela pede que ele a beije, e ele, fascinado, diz: "Por que será que estou ouvindo um alerta de perigo de cinquenta mil dólares em psicoterapia?".) E, no final, Jack e Sally ficam juntos, e Gabe e Judy se divorciam.]

Maridos e esposas foi escrito dois anos antes das coisas que aconteceram com a Mia. Não há correlação. Eu estava experimentando. Sentia que no estilo de documentário o filme seria aberto, sexual e cinematograficamente.

O *Escorpião de Jade* [The Curse of Jade Scorpion, 2001]?

Eu decepcionei um elenco excepcionalmente talentoso. Eu tinha a Helen Hunt, que é uma atriz e comediante soberba. Tinha o Dan Aykroyd, que sempre achei hilário. Tinha o David Ogden Stiers, que usei muitas vezes, e que sempre se sai bem. A Elizabeth Berkley era maravilhosa. E foi um sucesso no exterior, não tão bem-sucedido aqui. Mas, do ponto de vista pessoal, sinto que pode ser – e existem muitos candidatos a isso – o pior filme que fiz. Me mata ver um elenco tão talentoso e eu não ser capaz de realizar uma coisa com eles. Depositaram a confiança deles em mim.

[*Ambientado em 1940, Woody faz C. W. Briggs, um autoconfiante ("Eu detestaria ter a mim mesmo atrás de mim") investigador de seguros cheio de frases inteligentes que, sob o poder de um nefasto hipnotizador, pratica uma série de roubos, dos quais não tem nenhuma lembrança, e portanto nenhuma noção de que ele próprio é o ladrão que procura.*]

O que deu errado?

Acho que errei em ter feito o papel principal. Procurei, mas não consegui encontrar mais ninguém que estivesse disponível e tivesse alguma soltura para comédia. Mas eu não era o ator certo para esse filme. Teria me dado melhor se provocasse menos risadas e se tivesse um cara mais convencional, mais duro, no papel principal. Então acho que afundei todo mundo nesse filme. E senti isso quando assistia aos copiões, todos os dias. Eu não sabia como sair daquilo. Não consegui resolver – era uma coisa complicada. Era um filme de época, e eu não tinha muito dinheiro. Dependia das locações que o Santo [*Loquasto, seu diretor de arte*] tinha feito brilhantemente, mas não podíamos voltar e filmar de novo nelas, porque seria caro demais refazer o trabalho dele. Não podíamos chegar e dizer: "Vamos chamar outro ator e refazer".

Então, para mim, pessoalmente, sinto muito arrependimento e vergonha, porque as pessoas confiaram em mim e aceitaram o trabalho sem dinheiro nenhum. O filme fez sucesso no exterior. Talvez traduzido, ou com a boa vontade que muitos países têm comigo, eu tenha me esquivado do tiro, ou me dado bem com o filme, mas não tenho uma boa lembrança desse trabalho. Aqui, não foi bem.

O Bob Hope poderia ter feito o seu papel muito bem.
Ah, é, mas eu teria escrito muito diferente, como um filme de Bob Hope. Eu escreveria com a fluência fácil de Hope, e as cenas teriam de estar sujeitas às piadas de uma frase só. Hope daria conta com o pé nas costas, com aquela qualidade maravilhosa que ele tinha. Eu fiz uma coisa muito mais cheia de gorduras e realista do que teria feito – mesmo não sendo nada realista.

Você se lembra de quando teve a ideia?
Lembro. Tive essa ideia há trinta e cinco anos. A ideia é muito boa, eu acho. Só que eu estraguei tudo. O sujeito é hipnotizado e comete crimes, e é o mesmo sujeito que procura o criminoso. Eu devia ter feito o filme mais sério – não um filme sério, mas banalizei o filme com a minha presença, e então não ficou bom.

É uma avaliação bem dura. Tem alguma crítica a si mesmo em alguma outra coisa?
Tenho. Sinto que se eu atuo num filme sofisticado, acabo fazendo o tipo do neurótico de Nova York que você já viu tantas vezes, que é, digamos, tão inteligente como eu na vida normal, o que não é muito [*ele ri gostoso*] de quebrar recordes. Mas se represento alguém como o Danny Rose [*o agente de talentos que ele faz em* Broadway Danny Rose], que é menos articulado do que o Alvy Singer, eu me livro do jargão de uma certa classe e de um certo tipo de assunto sobre relacionamentos e coisas sofisticadas de Nova York, que são intelectuais – ou deveria dizer pseudointelectuais, ou psicanalíticos? E quando eu não faço um personagem

Em *Desconstruindo Harry*, uma das ex-mulheres de Harry tenta impedi-lo de levar seu filho

nem sofisticado, nem coitado, mas alguma coisa no meio do caminho, como em *O Escorpião de Jade*, onde não desempenho meu personagem usual, o filme fica trivial, fica bobo, porque não consigo fazer acontecer. Em *Um assaltante bem trapalhão*, você ri, e aquilo é uma boa realização de nonsense para uma primeira tentativa. Mas não consigo fazer aquilo agora. Então o filme me parece trivial, porque eu tenho de representar um personagem bobo, e você não se interessa pela pessoa, pois ela não é convincente, você vai de piada em piada.

É difícil escrever um bom filme e abrir espaço para o meu personagem. Sempre foi um problema. Por isso é que eu prefiro ficar de fora dos meus filmes no futuro, assim não me sobrecarrego e não sobrecarrego o público, fico livre para fazer o filme que eu quiser e não preciso enfrentar o problema de criar uma boa história, que ainda tenha um papel engraçado para um ator limitado – eu.

***Dirigindo no escuro* [Hollywood Ending, 2002]. Você disse que ficou intrigado porque o público não achou o filme tão engraçado quanto você acha.**

Não é isso – é que eles não foram. Acho que se tivessem *ido* ver o filme, teriam achado engraçado, mas não foram lá ver. Eu achei que ficou bem engraçado. É um filme engraçado, com uma ideia engraçada, executado de um jeito engraçado. Eu estava divertido no filme.

[Woody faz Val Waxman, um diretor que foi importante, cujos filmes perderam prestígio. Ele tem uma chance de ressuscitar sua carreira quando a ex-mulher, Ellie (Téa Leoni), convence o executivo de um estúdio – que também é noivo dela – a deixá-lo dirigir um melodrama nova-iorquino. Mas, pouco antes de começar as filmagens, Val fica cego de histeria e ao longo do filme tenta fingir que não está, com a ajuda de seu agente (Mark Rydell) e de Ellie, que conquista de volta. O filme termina com o esforço de Val perversamente arrasado por todos os críticos americanos, mas saudado como uma obra-prima na França. Onde, é claro, Woody é reverenciado.]

A Téa Leoni ficou muito bem, no seu nível.

A Téa Leoni – também sensacional. Linda. Uma atriz maravilhosa, com um senso de humor maravilhoso. Acho que não se decepcionou comigo. Ela está linda no filme, está *ótima*. E eu fui divertido para ela. Eu tinha tanta segurança do filme que levei para Cannes, fiz isso pela primeira vez. Já tinha mandado filmes para lá antes, mas desta vez fui à noite de abertura do festival e senti, ah, todo mundo vai adorar isto aqui, e os franceses vão adorar particularmente porque o final brinca com eles. E foi bem-sucedido, mas nada grandioso – na França.

Era uma ideia nova?

Não. Era uma ideia que já existia fazia alguns anos. Que eu tinha trabalhado junto com o Marshall Brickman. Uma ideia que na origem não se aplicava a um diretor de cinema, mas a outras coisas.

***Melinda e Melinda* [Melinda And Melinda, 2002].**

Melinda e Melinda era uma ideia que eu sempre quis fazer, e que mencionei para o Peter Rice [*da Fox Searchlight, que financiou e distribuiu o filme*], com quem gostei de trabalhar. Tive algumas conversas com ele por telefone, e ele queria fazer um filme comigo. Eu disse que queria fazer uma versão cômica e uma versão séria da mesma história e ele adorou a ideia. Eles não gostavam da ideia de trabalhar do jeito que eu trabalho – quer dizer, sem ver o roteiro, sem saber a trama, sem saber nada a respeito. Mas ele estava disposto a fazer, o que diz muito a favor dele, na minha opinião. Esse também era um filme em que a história dramática me interessava mais. Todo o calor e a paixão estavam na história dramática.

[Durante um jantar, dois dramaturgos (Wallace Shawn e Larry Pine) discutem se a essência da vida é trágica ou cômica. Então o filme corta do drama para a comédia, enquanto os dois escritores desenvolvem a história de uma mulher que aparece inesperadamente num jantar dado por amigos, e cuja influência acaba levando ao adultério, diferente em cada uma das versões. Radha Mitchell é Melinda, que no drama (os anfitriões são os ricos Laurel, feita por Chloë Sevigny, e seu marido, ator alcoólatra interpretado por Jonny Lee Miller) é uma esposa entediada, que aparece desarrumada e nervosa depois de ter abandonado o marido médico para ficar com um fotógrafo e de ter perdido a guarda do filho no processo subsequente. Depois de um ataque de depressão que a jogou numa ala psiquiátrica, amarrada numa camisa-de-força, ela agora está lutando com a vida. Na versão cômica, ela é uma solteira de espírito jovial que cativa o vizinho Hobie (Will Ferrell), ator desempregado casado com Susan (Amanda Peet), diretora de filmes independentes que o abandona para ficar com outro homem, fabulosamente rico.]

A história cômica ficou boa porque o Will Ferrell é um cara engraçado e a Amanda Peet é ótima – é bonita, sexy e também *muito* engraçada. Uma atriz maravilhosa mesmo. E eles fizeram um trabalho incrível. Mas, como escritor, a metade cômica nunca me interessou tanto quanto a outra metade. A outra metade era onde estava o meu coração.

E eu tive a chance de descobrir a Radha Mitchell. Originalmente, íamos trabalhar com a Winona Ryder e o Bob Downey, mas eu não consegui fazer seguro para os dois. As companhias de seguro são muito meticulosas e complicadas, e nos fizeram passar por maus bocados. Ficamos tristes porque eu tinha trabalhado com a Winona antes [*Celebridades*] e achava que ela era perfeita para o filme, queria trabalhar com ela de novo. E sempre quis trabalhar com o Bob Downey, sempre achei que ele é um talento imenso. Aí os atores ficaram chateados com a gente, como se a gente tivesse tomado essa decisão. Mas achei que a gente se ferrou tanto quanto eles. Não conseguimos a fiança. As companhias de fiança [*que fornecem seguro aos investidores de que o filme será completado dentro do orçamento e do prazo*] não afiançavam o filme, a menos que conseguíssemos o seguro para os dois.

Eu não teria pensado no Will Ferrell, porque ele é um comediante muito despachado, mas havia nele alguma coisa que achei doce e vulnerável, e pensei:

A essência da vida é trágica ou cômica? Dois dramaturgos procuram a resposta escrevendo a história de uma mesma mulher, Melinda, na forma de tragédia e de comédia

É, esse cara talvez possa fazer o papel e ser muito doce. E a Radha eu vi em algum lugar e pensei: Essa garota seria incrível nesse filme. E ela rendeu imensamente comigo. E a Chloë Sevigny, com quem eu sempre quis trabalhar, foi além das minhas expectativas nesse papel.

Eu tinha acabado de ver o Chiwe [*Chiwetel Ejiofor*] em *Coisas belas e sujas* e todo mundo adorou o que ele fez, inclusive eu, então fiquei animado ao conseguir que ele fizesse esse filme.

Eu me diverti fazendo o filme, mas, pensando bem, eu teria gostado de fazer um filme só com a parte séria. Exatamente a mesma sensação que tive depois de ver *Crimes e pecados*.

O filme foi uma brincadeira bonitinha. Acho que a produtora empatou os custos com ele, ou até ganhou uns dólares. Não foi um *blockbuster*, eu posso dizer [*ele sorri*], sendo discreto.

De onde veio a ideia para *Igual a tudo na vida* [Anything Else, 2003]?

Eu sempre tive essa ideia. Até que saiu bom. O Jason Biggs está no filme, e ele era outro ator que as pessoas achavam que fazia o papel de mim – e eu estou no filme, em outro papel! Achei que deu certo, e me surpreendeu que não tenha ido melhor. Eu achei que tinha tudo – uma boa história entre o Jason Biggs e a Christina Ricci.

E a Stockard Channing.

[*Jason Biggs é Jerry Falk, roteirista de comédia envolvido até o desespero com Amanda (Christina Ricci), sua encantadora, inteligente, emocionalmente espontânea, mentirosa, manipuladora e muito frequentemente infiel namorada, cujo comportamento é orientado não por maldade, mas apenas porque não consegue evitar – a paixão dela abre e fecha com a facilidade de uma torneira, o que a torna ainda mais atraente para Jerry, ou pelo menos o leva à perturbação sexual. Naturalmente, o relacionamento está enfrentando problemas que não melhoram nada com a mãe de Amanda (Stockard Channing), cantora e avoada, que mudou com seu piano para a casa de Jerry e Amanda, deixando ainda mais apertado um apartamento que já era pequeno. Embora Jerry não consiga nenhuma ajuda de seu inútil agente e de seu pouco comunicativo analista – os quais ele é incapaz de abandonar, assim como Amanda – ele encontra um mentor em David Dobel (Woody), velho professor e escritor de comédia com um pendor para fazer discursos e uma profunda paranoia. Dobel mostra a Jerry a saída para o carrossel emocional que paralisou sua vida e sua carreira, e coloca-o no caminho da autoconfiança e do que certamente será o sucesso. (O contrato de negócios de Jerry com seu agente – uma balança que sempre pende a favor do agente – é incrivelmente semelhante ao de Woody com seu primeiro agente.)*]

É, o elenco é maravilhoso, e eu achei que era uma história interessante, cheia de boas piadas, cheia de boas ideias. Alguém disse que o filme resumia tudo o que eu sempre dizia no cinema – disseram com intenção positiva –, e talvez fosse verdade, e isso foi negativo para mim. Não sei. Fiz projeções do filme e parecia que as pessoas estavam adorando. Mais uma vez, foi um daqueles filmes que ninguém foi ver.

Você sabe que, para alguém como eu, boa parte disso depende de sorte. Sou dependente das críticas. Vai um cara que gosta do filme e escreve uma boa crítica, pode ser que dê lucro. Exatamente o mesmo filme, se o crítico está doente naquele dia e o outro crítico do jornal não gosta, então não dá certo. Tem muita, muita gente fazendo filmes que *não* dependem da crítica, e não importa o que digam a respeito dos filmes, eles têm público. Basta mencionar *O Homem-Aranha*.

Comigo, depende de quem escreve a crítica. Mas acho que *Igual a tudo na vida* é um filme engraçado. Achei que era um bom filme. Eu era louco pela Christina, e o Jason foi adorável, e a Stockard Channing sempre é uma atriz forte de verdade.

O Dick Cavett me contou, faz pelo menos trinta anos, da noite em que vocês dois estavam no Trader Vic, em Los Angeles, nos anos 60, e você falou para ele no jantar: "Não tenho tempo, por mais longa que seja a minha vida, de escrever todas as ideias que tenho". Você ainda tem um estoque ilimitado?

Eu tenho uma porção de ideias. Ainda tenho a mesma sacola – na verdade, tirei as ideias da sacola porque ela rasgou [*ri*], mas tenho uma igual. Na sala de montagem, ainda levo uma sacola e jogo as ideias lá dentro, e quando chega a hora de fazer alguma coisa, viro a sacola em cima da cama e cai um bilhão de papéis de todos os tipos, e eu vejo o que tem ali. É muito chato, e separo os mais promissores. Às vezes, eu vejo um e penso: Ah, este daria uma boa ideia, e faço.

Você seleciona as ideias de vez em quando? Joga alguma coisa fora com o passar dos anos? Ou, se entraram na sacola, é porque valem a pena?
Só jogo as ideias fora depois de realizadas.

2 ESCREVER

VERÃO DE 1972

Woody está filmando *O dorminhoco* em Los Angeles e nos arredores de Denver. Esse filme é, sob muitos aspectos, um passo adiante das exigências de seus primeiros três filmes – *Um assaltante bem trapalhão*, *Bananas* e *Tudo o que você sempre quis saber sobre sexo mas tinha medo de perguntar*. Os dois primeiros são uma série de piadas enfileiradas, e o último, uma série de esquetes curtos, embora o princípio de seu interesse num gênero que vá além da comédia seja particularmente evidente num dos episódios. *O dorminhoco* é uma narrativa completa, ainda que tenha muitas piadas e *gags* visuais, das quais o personagem de Woody emerge pela primeira vez mais como herói do que como um adorável perdedor. Um dia, enquanto esperava uma cena ficar pronta para rodar, nos sentamos na sala de uma casa futurista, em forma de hambúrguer, onde Miles Monroe (Woody) encontra um breve abrigo, e conversamos sobre os problemas inerentes à comédia e sobre a evolução do personagem para o qual ele escreve.

O ritmo sempre é um problema. São poucas as grandes comédias, e até mesmo as grandes têm *frouxidão*. Não tem saída. Há momentos em que você tolera. De vez em quando, dá para encontrar algo como *Diabo a quatro* [*dos Irmãos Marx*], que não tem praticamente nenhuma barriga. Se te pedirem para citar as melhores comédias já feitas e você disser *Em busca do ouro* [*de Charles Chaplin*], *A general* [*de Buster Keaton*] e mais meia dúzia de outras, *Diabo a quatro* é a única que realmente não tem nenhuma barriga.

Quais são os problemas de *O dorminhoco*?

O dorminhoco é como xadrez tridimensional. Num nível, você tem uma história e quer que as pessoas acreditem um pouco, mas não muito, o que é um problema. Você quer uma abundância de piadas verbais e uma abundância de piadas visuais. É difícil. Os filmes de Bob Hope são quase só piadas verbais. Keaton precisa se preocupar apenas com as piadas visuais. Os filmes do Chaplin, na maioria, são piadas visuais. Tropecei muitas vezes, tanto nas piadas verbais quanto nas visuais.

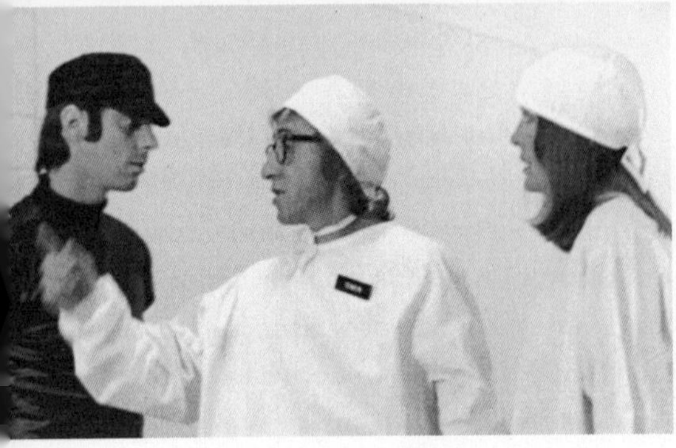

Miles Monroe e Luna Schlosser encontram guardas quando tentam sequestrar o que resta do Líder em *O dorminhoco*

Você tem muita admiração pelo Bob Hope, e às vezes escuto a inflexão dele na sua fala. Em que vocês são parecidos?

O Hope e eu somos monologuistas, e como personagens nós dois pensamos que somos ótimos com as mulheres, e representamos vaidosos e covardes ao mesmo tempo. O Hope sempre foi um superpateta. Ele parece muito menos pateta do que eu; eu pareço mais pateta, mais intelectual. Mas nós dois temos exatamente a mesma fonte de humor. Em certos momentos penso que ele é a melhor coisa que já vi. E faço o Bob Hope o tempo todo. Às vezes é tudo o que eu posso fazer para não chegar ao ponto de fazer uma mímica dele. É difícil dizer, porque sou tão diferente dele, no tom de voz e fisicamente. Você vai ver semelhanças nos filmes dele mais antigos, como *My Favorite Brunette* [Minha morena favorita]. O Hope tinha aquelas piadas arrogantes, de uma frase só, que eu sempre adorei. [*Woody diz uma dessas frases tipo Hope quando ele e Diane Keaton, vestidos de médico, tentam sequestrar o que sobrou do todo-poderoso Líder – o nariz. Ao encontrar guardas desconfiados, Woody dá tapinhas no peito de um deles e diz, numa perfeita bravata de Hope: "Estamos aqui para ver o nariz. Soubemos que está escorrendo."*]*

Mas grande parte do humor não depende tanto da escrita, e sim da enunciação?

Isso. Os picaretas que fazem o *Ed Sullivan Show*, digamos, e matam a plateia de

* A piada se perde na tradução: um "nariz escorrendo" em inglês seria um "nariz correndo", *a running nose*, que tem também o sentido de fugir, "um nariz fugindo". [N. T.]

rir, depois desaparecem, somem, pois não têm um personagem convincente por trás das histórias e piadas. As frases são engraçadas no papel, e as pessoas riem das frases porque não são ruins. Mas o que é melhor nas piadas é elas constituírem um veículo para apresentar um personagem.

Quando eu comecei, achava justamente o contrário. Eu só queria ir lá e fazer as minhas piadas porque sentia que era disso que a plateia estava rindo. Mas o Jack Rollins [*agente dele*] sempre dizia: "Você está fazendo ao contrário". Eu não sabia nada, porque a minha orientação era toda de escritor. Eu pensava: se o S. J. Perelman vai e lê "No Starch on the Dhoti, S'il Vous Plaît" ["Sem goma no dhoti", *uma de suas muitas histórias para a* New Yorker, *chamadas "casuais" pela revista*], vão uivar de rir. Mas não é nada disso; a piada se torna um jeito de a pessoa mostrar uma personalidade ou uma atitude. Que nem o Bob Hope. Você ri não das piadas, mas de um sujeito que é vaidoso e covarde, cheio de falsas bravatas. Você ri do personagem o tempo todo.

Como a sua visão do personagem para o qual você escreve mudou nos últimos anos? Mudou?

Acho que, igual a todo mundo, eu tenho uma visão limitada de mim mesmo, enquanto alguém de fora pode me alertar numa dimensão que não consigo abarcar automaticamente. Claro que no meu primeiro filme fiquei com o meu material mais seguro, que é o que eu conheço: humildade abjeta. [*Ri.*] Eu estava muito tímido naquele filme. Mas não havia como estar de outro jeito. Nunca tinha feito um filme. Nunca tinha sido o astro de um filme. Quando conheci a Pauline Kael [*crítica de cinema da* New Yorker], ela disse, depois de ver *Um assaltante bem trapalhão*: "A gente *quer* que você fique com a mocinha no final. Não quer que você perca. Você tem um conceito diferente de si mesmo". Kael estava dizendo que eu tenho uma visão masoquista de mim mesmo, que deveria me ver mais como um herói, e que as pessoas se identificariam comigo porque digo coisas engraçadas, de um jeito positivo. E acho que ela estava certa ao dizer que em *O dorminhoco* eu me coloquei um pouco mais agressivamente, e gostaria de continuar a fazer isso para ver o que acontece. Estou começando a me sentir mais seguro até certo ponto, com mais confiança. Tenho de pensar que estou aprendendo o tempo todo. Não posso pensar que sou um cara que faz comédia surrealista, e que não vou fazer nada além disso. Sinto que durante os próximos anos devo experimentar vários estilos de comédia.

Tem uma ideia clara do personagem para o qual você escreve?
Não existe nenhuma moldagem consciente do meu personagem. Eu nunca penso: Bom, ele não faria isto. Em boates e filmes, faço o que acho engraçado, e é cem por cento instintivo. Eu simplesmente sei que não daria um tiro num sujeito e colocaria dentro de um freezer. Eu só faço o que faço, e ao que parece o personagem vem à tona. O que fica além disso não significa nada para mim. Só quero ser engraçado. E se além de ser engraçado der para externar uma opinião, ótimo.

Não faço nenhum juízo interior do personagem que vai saindo. Só posso descrever esse personagem em termos do que conheço: contemporâneo, neurótico, mais orientado para a vida intelectual, perdedor, homenzinho, não lida bem com máquinas, deslocado no mundo – essa merda toda. Consigo enxergar uma certa parte, mas no começo nunca pensei: Vou fazer de mim mesmo um perdedor e um homenzinho. Não acho que se possa tentar fazer qualquer coisa. Faz-se, e pronto.

Tenho certeza que não há nada calculado no Chaplin, mesmo que as pessoas digam: "Pois é, o bigode representa a vaidade, os sapatos grandes demais, isto; o jeito de andar, aquilo". Tenho certeza que o que ele tinha na cabeça era: Ei, isto aqui vai ser engraçado: vou pôr essa calça larga, esses sapatos grandes, um bigode e vou ficar com cara de tonto.

É tão acidental, tão contingente. Ao fazer um filme muita coisa que se planejava não funciona como se pensava que ia funcionar, e na sala de montagem se fazem novas descobertas o tempo todo. Acho que, se não abre espaço para isso, você se transforma num daqueles diretores de cinema literais, que pegam um roteiro e filmam exatamente o roteiro. Não estou dizendo que eu só improviso. Mas a experiência de fazer um filme acontecer quando você *faz* o filme não é igual à de *escrever* o filme, enquanto uma peça de teatro é noventa e cinco por cento o texto.

As pessoas que escreviam para o Jackie Gleason sempre falavam do trabalho delas como "alimentar o monstro", que o trabalho delas era fornecer material para a persona dele. Você vai querer que roteiristas façam isso por você?
Eu não ia achar ruim ter alguns roteiristas para alimentar o monstro, porque

me deixaria mais livre para fazer outras coisas. Não ia achar ruim saber que uns caras engraçados iriam escrever comédia realmente engraçada para mim, e eu saberia que ia filmar aquilo, ou que, digamos, o Herb Ross [*que dirigiu* Sonhos de um sedutor] ia dirigir. Então eu teria certeza que estaria fazendo um filme engraçado, e isso daria conta de um aspecto da minha carreira. Aí, eu poderia escrever um filme dramático, ou alguma coisa fora do convencional, que me interessasse mais. Mas sinto que neste momento tenho a obrigação de fazer filmes e não ser incrivelmente tolerante com eles.

[*Nos anos seguintes, ele se tornará mais tolerante (e seguro) e fará todo tipo de filme – drama, musical, comédia – que o atraia no momento. Essa é a diferença entre as preocupações de um cineasta novato e um cineasta que adquiriu fama internacional.*]

Existe uma teoria de que o humor sempre é hostilidade disfarçada. Isso é verdade com você?

Descobri que se sou realmente hostil a um tema não escrevo nada engraçado a respeito. Se escrevesse alguma coisa sobre o governo Nixon [*essa conversa aconteceu durante o governo do presidente Richard Nixon*], sairia hostil sem ser engraçada. A minha fonte de humor pode ser diferente. Sei que se eu escrevesse alguma coisa sobre o Ingmar Bergman ou o Kafka, que adoro, sairia engraçado sem nenhuma hostilidade em relação a eles.

Humor é uma coisa imensamente complicada, e é muito difícil formular qualquer verdade generalizada. Acho que o que faz a comédia, assim como um jogo de xadrez ou de basquete, são milhões de conhecimentos e desconhecimentos psicológicos. Se alguma coisa te faz rir, ela é engraçada. Isso é mais profundo do que se pensa.

Você admira mais os filmes dramáticos do que as comédias, mas não é mais difícil escrever uma grande comédia?

Sem dúvida, comédia é mais difícil de fazer do que coisa séria. Também não tenho nenhuma dúvida de que a comédia tem menos valor do que coisa séria. Tem menos impacto, e acho que por uma boa razão. Quando a comédia aborda um problema, ela brinca com ele, mas não resolve. O drama trabalha a questão de um modo emocionalmente mais satisfatório. Não quero parecer brutal, mas existe algo de imaturo, de segunda linha, em termos de satisfação, quando se compara a comédia com o drama. E vai ser sempre assim. A comédia nunca, nunca terá a estatura de *A morte do caixeiro-viajante*, ou de *Um bonde chamado Desejo*, ou de *Longa jornada noite adentro*. Nenhuma dessas, nem a melhor delas. Se você pega *Escola de escândalo*, *As rãs*, *Pigmalião*, *A mulher do campo*, *Do mundo nada se leva*, *Nascida ontem*, *A primeira página*, *Tempos modernos*, *Diabo a quatro*, *A general* – e essas são as melhores de todas –, elas nunca terão o impacto de *O sétimo selo*, *O encouraçado Potemkin* e *Ouro e maldição*, porque na comédia existe alguma coisa menos satisfatória, mesmo sendo mais difícil de fazer. Ao dizer isso, falo só por mim.

O problema é que, quando você está fazendo uma comédia, tudo bem se preocupar com a fotografia, mas no seu encalço vem aquele monstro voraz, você precisa ser rápido e infalivelmente engraçado. Não estou dizendo uma piada por segundo. Dá para fazer uma comédia que tenha uma piada a cada cinco minutos, e não uma *gag*, mas humor de personagem, só que é preciso manter o ritmo, senão as regras básicas estabelecidas nos primeiros cinco minutos são violadas, o trato feito com o público para manter o interesse e ser engraçado. E, por causa disso, é muito, muito difícil, e frequentemente impossível, fazer o tipo de coisa que tem me interessado agora.

Então o que realmente te interessa?

O que é interessante é fazer um pouco daquele tipo de coisa mais emocional. Todas aquelas coisas dramáticas que são feitas pelo Bergman e pelo [*Michelangelo*] Antonioni. Grandes climas. Os diretores sérios são os que mais se divertem. *Gritos e sussurros* tem uma porção de closes, e a cor é esmaecida. Isso não é adequado para a comédia. A maior parte das coisas bonitas são coisas sem risadas. Por isso é que o mais divertido de fazer foi a sequência italiana de *Tudo o que você sempre quis saber sobre sexo mas tinha medo de perguntar*, porque eu não precisava pensar em nada, a não ser no melhor ângulo que poderia usar para a câmera. [*A sequência, intitulada "Por que algumas mulheres têm problemas para atingir o orgasmo?", é sobre uma mulher que só consegue chegar ao clímax em lugares públicos caros e elegantes.*] Não precisava me preocupar se estava escuro, ou se tinha um clima, ou se alguém estava meio na sombra, ou meio encoberto, porque isso contribuía para a piada – eu estava satirizando esse estilo de filmagem.

JUNHO DE 1974

O *dorminhoco* é saudado com ótimas críticas e grande público. É uma abertura para Woody, na medida em que, embora tenha muitas piadas, é também uma narrativa, com um cômico relacionamento entre o personagem dele e a de Diane Keaton. Ele agora trabalha no próximo filme, mas luta com três ideias concorrentes; uma delas é fácil de escrever, mas não traz nenhum desafio para o talento dele. Seja qual for o progresso atingido com O *dorminhoco*, Woody quer ir mais longe, porém ao mesmo tempo se sente inseguro do que a plateia que ele está conquistando vai aceitar. O primeiro filme de que ele fala — o filme de relacionamento — será *Noivo neurótico, noiva nervosa (1977)*. O segundo — a ideia extravagante — é *A última noite de Boris Grushenko (1975)*.

Faz alguns meses que você está escrevendo, mas ainda não tem o roteiro para o seu próximo filme. Qual é o empecilho?

Quero fazer um filme que seja uma virada. Quando me propus a fazer o meu próximo filme, queria fazer um filme com gente de verdade – uma comédia, mas com gente de verdade. Não um cara que acorda no futuro, ou que é ladrão de banco, ou que domina um país da América Latina. Queria fazer um filme em que eu represente a mim mesmo, a Diane Keaton faça ela mesma e a gente more em Nova York, com os conflitos reais do nosso relacionamento, em vez de uma ideia muito extravagante.

Escrevi essa ideia, reli e gostei da primeira metade, mas não da segunda. Aí reescrevi e tive uma ideia completamente nova, e usei boa parte dela na primeira metade, que já me agradava, e então não gostei. Aí tive uma terceira ideia, que foi mais longe, e usei um bom pedaço da primeira parte, que me agradava – e então, para mim, não funcionou.

Então terminei três coisas, e agora estou chutando ideias para todo lado.

Alguma parece melhor que as outras?

Terminei trinta e oito páginas de uma nova ideia que chamei de *Love and Death.* [A última noite de Boris Grushenko, *farsa napoleônica fundida com um Dostoiévski tortuoso. Woody faz Boris, camponês russo com tendências filosóficas que parte com seu grande*

O "valioso pedaço de terra" do pai de Boris Grushenko: "É verdade que era um pedaço pequeno, mas ele carregava por toda parte"

amor não-correspondido, Sonia (Diane Keaton), para matar Napoleão.] Mas o problema é o seguinte: para mim é fácil porque é extravagante; não é nem um pouco real. Tenta ser muito engraçada – engraçada como ler um ensaio do S. J. Perelman. É apenas maluca, maniacamente engraçada. Vem sendo uma das experiências mais prazerosas nesse sentido; tenho umas cenas que o Hope deveria fazer, uma atrás da outra – o filme seria melhor do que comigo. Mas sinto que é o tipo da coisa a que o público não vai responder, então ainda não sei se vou terminar. Trabalho nela umas horas por dia e depois experimento outra ideia por mais algumas horas. Tenho certeza que vai acabar com um clarão. O que vai acontecer é que ou termino *A última noite de Boris Grushenko*, ou trabalho nessa outra ideia. Escrevo bem rápido mesmo. Vou levar de quatro a seis semanas para terminar o roteiro.

Não sei se estou fazendo direito ou não, no sentido de que posso escrever uma história real e as pessoas vão dar risada, mas em certos setores a reação vai ser a mesma que tive com *Sonhos de um sedutor*: eu esperava alguma coisa que fosse um pouco além, mais imaginativa. A coisa em que eu estou trabalhando se encaixa exatamente no tipo de filme que as pessoas esperam de mim.

Mas você quer ir além do esperado, não?

Quero. Gostaria de chegar no real, para mim essa seria a maior virada. Acho que agora tenho um público meu, pessoal, então não quero fazer uma comédia em que eu desapareça no fundo, em esquetes de ideias inteligentes. Queria fazer uma história real, mas engraçada.

Tenho certeza, porém, que na hora em que começar vou pensar assim: Que diabos eu estou fazendo aqui? Deveria estar escrevendo uma história maluca, e vou dar uma olhada nas quarenta primeiras páginas da história real e nas quarenta primeiras páginas da história maluca, e vou pensar comigo mesmo: A graça não tem comparação; a maluca dá mais vontade de rir. A história real é engraçada, mas engraçada só como se pode ser na vida real. [*Este é o primeiro exemplo do que Woody chama de situação perder ou perder, em que ele se veria apanhado nos anos seguintes, tentando decidir entre duas ideias.*]

Então se, hipoteticamente, estou no consultório do meu psicanalista, paquerando uma garota que também é paciente dele, bom, isso pode ser engraçado, mas não acho que seria tão explosivamente engraçado como aquele outro tipo de comédia – dois computadores judeus que são alfaiates [*em* O dorminhoco]. Não quero que as pessoas saiam do filme e digam: "Bom, cadê toda aquela inspiração, todas aquelas ideias imaginativas? Isso não passa de um filme que só precisaria de um George Segal, ou um Dick Benjamin, ou um Dustin Hoffman".

Você está tentando discernir o que o público quer, ou está tentando determinar o que pode dar ao público dentro do seu alcance?

Só não quero sair correndo e fazer roteiros que teria feito dois anos atrás, pois estou tentando seguir em frente e não me repetir, para o meu próprio crescimento. Sempre espero que o público vá gostar do filme, mas jamais posso cair na armadilha de fazer algo que não seja exatamente o que eu quero, só para ser apreciado. Melhor não ser apreciado, mas ser bom. Melhor tentar crescer e falhar de maneira humilhante do que jogar no que é certo ou, pior, fazer troca de favores.

Se não fizer *A última noite de Boris Grushenko* agora, gostaria de tentar a ideia depois?

Gostaria, sim. Um dia ainda faço esse filme, se não fizer agora. Vou trabalhar com a Keaton no próximo filme, seja ele qual for, então em certo momento eu estava pensando no tipo de coisa que o Tracy e a Hepburn faziam porque ia ser divertido. O problema é que a gente não percebe como agora aquilo é antiquado.

Como assim?

Claro que o público vai rolar de rir com *Uma noite na ópera* e *Diabo a quatro*, o tipo de comédia em que o contrato básico inicial é: "Olha só, não me leve a sério.

Eu simplesmente vou romper todos os limites e te fazer rir. Não existe altura a que eu não vá, nem profundidades em que eu não mergulhe para te fazer rir".

Mas aí tem um outro tipo de sentimento, quando você vê um filme e ele te cativa não só pela cabeça, mas é também *sentido*. O cara vai atrás da garota, e ele é muito engraçado, esperando na chuva na frente da casa dela, é hilário. Mas tem também algum sentimento; você gostaria que os dois se encontrassem. E não é movido pela trama. E quando o público não está rindo, continua interessado e se divertindo.

Que importância tem a trama numa comédia?

O material moderno é bastante sem trama, e uma trama é dinamite na comédia; se você tem trama numa comédia, está em grande forma. Quando faz uma comédia tipo *Bananas*, que não tem trama, você depende de fazer um *tour de force*. Precisa ser hilário desde o início, e hilário o tempo todo; passa uma hora e você não recebe nenhuma recompensa pelas coisas que plantou uma hora antes. Então precisa ser seis vezes mais engraçado no final. Já se você tem uma premissa rolando, uma história, no final você saca tudo o que investiu. Trabalhei muito para não deixar a peteca cair em *Um assaltante bem trapalhão* e *Bananas*. Consegui? Só o público pode decidir, e cada um decide por si – eu diria que o espectador não decide conscientemente. Ele olha para a barriga para ver se ela está rindo.

Alguma forma se presta mais à comédia do que outras?

Todas as formas reconhecidas são grandes para a comédia; por isso é que os comediantes trabalham tanto nelas. Então uma comédia de mistério é uma grande ideia, assim como a comédia de ficção científica e a comédia de faroeste. O Hope fez *Monsieur Beaucaire* [*comédia histórica*], *O cara-pálida* [*comédia de faroeste*] e *Minha morena favorita* [*comédia de detetive*]. A mesma coisa com o Jerry Lewis.

Se você tenta fazer uma comédia de personagem, em que se depende mais do perfil psicológico das pessoas e menos da trama, é mais difícil. *Sonhos de um sedutor* era uma comédia de personagem. As risadas não vinham da trama – o Tony [*Roberts, que faz o papel do melhor amigo e é casado com a personagem de Diane Keaton*] volta de uma viagem de negócios e eu preciso me esconder atrás da porta. A comédia vem estritamente do desdobramento de uma personalidade

Em *Sonhos de um sedutor*, sendo ele mesmo, Allan atrai sua grande amiga Linda

bizarra, altamente neurótica, flagrada numa situação [*num convincente, embora inesperado, desenvolvimento, os personagens de Woody e Diane foram para a cama*], mas não é de forma alguma um filme de trama, como *Quanto mais quente melhor* ou *A costela de Adão*. A personagem da Diane e o meu terminarem na cama é um momento da trama, e é bem acidental. Por isso é que, mesmo sendo uma comédia antiquada, de certo modo tinha um frescor. Era baseada mais no personagem. [*Ele faz uma pausa.*] Mas será que sempre vai conservar esse frescor? Provavelmente não, porque não tem genialidade. [*Ri.*] Quer dizer, falta uma porção de coisas, inclusive genialidade.

FIM DE JUNHO DE 1987

De cineasta novato, Woody se transformou num cineasta celebrado. Depois de *A última noite de Boris Grushenko*, ele fez um papel em *O fronte* [1976], filme de Martin Ritt e Walter Bernstein, depois *Noivo neurótico, noiva nervosa* (Oscar de melhor filme, melhor diretor, melhor roteiro e melhor atriz, para Diane Keaton), o drama *Interiores* (1978), *Manhattan* (1979) e *Memórias* (1980).

Seus filmes a partir de 1982 são *Sonhos eróticos numa noite de verão*, *Zelig*, *Broadway Danny Rose*, *A rosa púrpura do Cairo*, *Hannah e suas irmãs* e *A era do rádio* — um conjunto popular, com exceção do primeiro. Acaba de rodar *Setembro* — pela segunda vez, com partes reescritas e um elenco um pouco diferente. Não será tão bem recebido. Está também se preparando para filmar *A outra*. Ele me mostrou o primeiro tratamento do roteiro, centralizado em Marion Post, mulher na casa dos cinquenta anos, de sentimentos tão intensos que, se não forem abafados, vai ser afogada por eles.

No começo e no fim do roteiro, Marion fala da sensação que temos ao olhar as estrelas. No começo, lembra que o pai lhe contou que tinha olhado pelo telescópio do monte Palomar, na Califórnia, quando Marion estava com oito meses no útero: "Eram brilhantes, e numa multidão incalculável. Milhões de estrelas. Davam uma perspectiva da falta de sentido da vida e de nossa insignificância no esquema das coisas. É engraçado — você sabe que não tem propósito, e no entanto, para viver, é forçado a enganar a si mesmo".

No final do tratamento de roteiro, há esta descrição do presente: "As estrelas estão aparecendo agora, embora seja mais difícil vê-las com as luzes da cidade".

Nos últimos anos, Woody foi pai, e as ressonâncias de um filho, ou de um filho que não veio, estão no cerne do roteiro. Numa cena, Marion vê uma grávida e tem um flashback do aborto que havia feito quando era bem mais jovem.

"Eu gostava da ideia de ter um filho", ela diz numa discussão com o seu então marido, "mas o lado pessoal era pesado demais."

No final do roteiro, Marion não consegue mais escapar do passado e de seus sentimentos como escapou a vida inteira.

"Agora eu estou com mais de cinquenta anos", diz ela, "e estava na hora de deixar certas ideias para trás."

Woody tinha 52 anos quando escreveu o roteiro. Ao ler, não pude deixar de notar o que, para mim, eram paralelos entre os sentimentos de Marion e os dele, que ele havia descrito para mim ao longo dos anos. Embora quase sempre negue que exista uma perspectiva diretamente pessoal nos personagens que cria, quando pergunto sobre Marion ele responde: "Coloquei na Marion tudo o que eu senti ao entrar nos cinquenta. Levei pelo menos um ano para superar".

Teremos muito mais conversas sobre esse filme enquanto ele está sendo rodado e editado, mas quando nos encontramos de novo, dois meses depois, conversamos um pouco sobre *Setembro*, que vai ser lançado em breve, mas ainda não tem título. Ele vai logo falando sobre por que fez o filme, e também por que não o fez uma, mas duas vezes.

Muitas vezes você refaz parte de um filme, mas este você refez inteiro.
Eu não poderia ter refilmado nenhum outro filme que fiz. Desse ponto de vista, neste tive sorte – seis personagens, um cenário. Estou pensando no título *Setembro* – quero um título que não prometa muito. É nisso que eu confio. Vou tentar uma abordagem mais branda, despretensiosa, como títulos de uma só palavra.

[*Dos 22 filmes que fará entre 1987 e 2006, apenas quatro –* Setembro, Alice (Simplesmente Alice), Celebridades *e* Scoop (Scoop – O grande furo) *– terão título de uma só palavra. Sete, porém, terão duas palavras, e nove terão três. O que deixa apenas dois –* O Escorpião de Jade (The Curse of the Jade Scorpion) *e* Todos dizem eu te amo *– que um purista possa considerar títulos longos.*]

Como Zelig. [*Woody faz um personagem que quer tanto ser aceito que se transforma num homem-camaleão que espelha qualquer grupo em que esteja. Leonard Zelig é visto no fundo de cinejornais sobre gente tão diversa como o jogador de beisebol Babe Ruth e Hitler.*]
Zelig teve uma porção de títulos, muitos deles expressões dos anos 20: *Cat's Pajamas, Bee's Knees.** Fiz um pequeno concurso com meus amigos num jantar. Jogamos títulos na mesa. A graça era ver a contribuição da próxima pessoa. Foi muito improdutivo. Por fim, pus diversos títulos e apliquei no filme. No instante em que vi com *Zelig* eu entendi.

* A expressão *Cat's Pajamas* (literalmente, o "pijama do gato") significa "o bom", e *Bee's knees* ("os joelhos da abelha") significa "o máximo". [N. T.]

O desejo de ser aceito faz Leonard Zelig se transformar na pessoa que esteja a seu lado, seja ela um índio, um negro, um obeso etc. Só ao lado de Hitler, durante um comício, é que ele percebe aonde aquilo poderia chegar

Parece um filme muito difícil de fazer.
Não, nem tanto; a filmagem foi fácil. *Zelig* foi divertido de rodar. Não foi preciso montar uma iluminação muito elaborada, só rodar. Mas houve muito trabalho na pós-produção. Encomendamos equipamento de televisão e fizemos todo o cinejornal em fita. Tínhamos milhares de metros de material sobre o nazismo e outras coisas históricas.

E as refilmagens?
As cenas na sala branca [*em que a psicóloga Eudora Fletcher (Mia Farrow) entrevista Leonard Zelig (Woody)*] foram refeitas muitas vezes. O engraçado é que eu tinha uma sala branca portátil dentro de uma maleta. Usamos estúdios por Nova York inteira e pelo Queens. Rodei nove vezes. Parte do diálogo foi improvisada, parte foi escrita.

Uma ideia brilhante que não consegui realizar foi começar a agir que nem a Mia, e em mim ela se via pela primeira vez, e mudava de vida. Filmei, mas não ficou bom. Precisava de muita informação adicional para funcionar. Era uma visão rica, que não fui hábil o bastante para realizar, então me restringi à versão mais simples.

A ideia sempre foi fazer um "documentário"?
Primeiro, pensei que ia ser um filme contemporâneo. Um cara que trabalhava para a WNET [*a estação de televisão pública de Nova York*]. Mas aí achei que funcionaria melhor como fenômeno cultural. Sempre gostei da forma de documentário. As pessoas acharam que eu estava satirizando *Reds*, porque tinha entrevistas com testemunhas, mas eu tinha usado isso em *Um assaltante bem trapalhão*. [*Dá de ombros.*] É típico de documentário.

***Setembro* é um filme em forma de peça de teatro, em parte sobre pessoas lidando com o passado, em parte sobre amor não correspondido.**
Essa foi uma ideia interessante para mim durante um bom tempo, sempre estive às voltas com ela: um incidente traumático acontece na vida de alguém [*uma jovem confessa ter matado o amante da mãe, aparentemente molestador, mas é provável que a mãe tivesse cometido o ato*], e acontece que existem certos tipos de personalidade que são destruídos por isso, e nunca se recuperam – e existem personalidades de outro tipo, por quem uma coisa dessas só passa.

Você tem três pessoas mais jovens e um homem mais velho, todos apaixonados, mas nenhuma delas tem o amor retribuído por seu objeto de desejo, e os dois personagens dos pais, que são absolutamente felizes um com o outro.
Achei que seria interessante que a Diane, a mãe da Lane [*Elaine Stritch*], fosse capaz de deslizar pela vida sem que nada a atingisse de verdade. Tem senso de humor, muita energia, é bonita, tudo ao mesmo tempo. Já a Lane [*Mia Farrow*] é instável, assim como a outra mulher [*Stephanie, feita por Dianne Wiest*]. Então a mãe da Lane aparece com um marido novo nesse estágio avançado da vida. E ele não é um idiota, é um médico; ela não se envolveu com um agente teatral, ou um *bookmaker*. O sujeito é um homem inteligente, e ela dá conta da própria vida. Tem humor suficiente – ou suficiente ausência de sentimento pelas pessoas – para se fechar; é egoísta o suficiente para passar pela vida sem se machucar. Enquanto a Lane é abalada e nunca se recupera daquilo.

Você tem alguma ideia sobre o passado dos personagens? A Lane está dizendo a verdade sobre o assassinato? Ela matou mesmo o amante da mãe, ou na verdade foi a Diane que matou e fez a Lane assumir?
Eu parto do pressuposto que o que a Lane diz que aconteceu, aconteceu. Aceito que a mãe esteve envolvida com um amante, e teve um arranca-rabo por causa de bebida ou coisa parecida, e o cara era mau, e ela acabou dando um tiro nele.

Então provavelmente ela, histérica, ligou para o advogado, ele veio e disse: “Olha, o melhor que você tem a fazer é contar essa história, porque não vai acontecer nada com a menina, mas você teria sérios problemas”. E é isso o que eu penso que aconteceu na relação Lane-Diane.

Mas o interessante para mim não é a história em si; por isso eu nunca me dei ao trabalho de mostrar em flashback, ou de escrever um filme a respeito. O que me interessava eram apenas as reações, as reações a longo prazo.

O que você acha dessas reações a longo prazo?
Acho que a Lane fica se debatendo e nunca se encontra. Ela faz o possível para sobreviver, mas para ela a vida é sempre difícil. Está machucada e magoada demais para realmente encontrar alguma coisa especial, e nunca tem uma vida grandiosa. Acho que a Dianne Wiest volta para o marido e vive o resto de seus

dias em uma espécie de casamento mecânico, funcional. Quanto aos homens, acho que o Denholm [*Elliott, o viúvo*] fica sozinho. E que [*o aspirante a escritor*] Sam Waterston volta para casa, pensando que encontrou alguém interessante, mas nada vai acontecer. Nem o sonho dele de tirar umas férias de verão para escrever um livro vai se realizar.

Acho que todo mundo vai enfrentar dificuldades, menos a mãe da Lane, que consegue passar através dessas coisas. Ela paga um preço por isso, talvez, em termos de ter uma imagem em geral desagradável para as outras pessoas. Ela só se aflige com envelhecer, de modo que, embora sofra um pouco, são os sentimentos egoístas dela, os sentimentos rasos, que a sustentam. Ela é, claramente, uma dondoca que nunca trabalhou de fato. Adora festas, ir a boates, e ver seu nome nas colunas sociais, e foi modelo, mexeu com moda, mas nunca fez nada muito sério. E quando chegou a hora, largou o marido e deu uma vida muito desagradável para a Lane, só pensou em si mesma. E assim conseguiu sobreviver.

JANEIRO DE 1988

A filmagem de *A outra* terminou, e enquanto Woody monta o filme, dá os toques finais no roteiro de *Édipo arrasado*, que será feito na primavera, e tem pensado muito no que escrever para o filme que será rodado no outono. Ele tirou alguns dias de folga para os festejos de ano-novo. Não demoramos a voltar à redação do filme.

Já escolheu uma história?

Ainda não escolhi, mas o que geralmente faço é me dar um período de descanso de umas duas semanas, em que não faço nada, só deixo a cabeça voar livre por todas as ideias que anotei e por qualquer outra coisa que apareça. Fico sentado e me permito pensar em absolutamente qualquer coisa, de dramas áridos a musicais. Depois começo a focalizar algo. Muitas vezes preciso escolher entre duas coisas e fico um tempão agoniado, sem saber qual fazer. E não importa qual eu escolha, sinto que deveria ter escolhido a outra. Principalmente quando começo a fazer, e a ideia, ao sair da fantasia para a realidade, já não é tão maravilhosa. A outra faz aparições no fundo da minha cabeça e eu penso: Se eu tivesse feito aquela do caubói, nossa, poderia ter feito isto, e aquilo, e teria sido perfeito. Mas se tivesse feito aquela, teria visto que a outra, sobre a cobertura, era melhor que a do caubói.

Então você passou suas miniférias só pensando livremente?

Foi. Hoje, nos últimos três dias, não estive na sala de montagem, fiquei só vadiando. Uma coisa com que tenho brincado – não sei se vai acontecer algum dia, nem se quero que aconteça –, mas uma coisa com que tenho brincado foi fazer a minha peça *Morte* e representar o papel principal. [Morte *é uma história expressionista alemã de Kleinman, contador comum, acordado durante a noite por um grupo de justiceiros à procura de um* serial killer, *que acaba se revelando a Morte. Woody fez Kleinman no que viria a ser* Neblina e sombras *(1992).*] Podia ser uma comédia não convencional extremamente interessante. Não é o meu eu de sempre, Nova York, romance e coisas do tipo. E é sobre um assunto que me interessa muito. Seria preciso reescrever bastante e desenvolver. Mas é meio lenta na forma que tem agora, foi lida por pouquíssima gente. É uma ideia interessante, poderia ser uma ideia bem engraçada. Então penso na possibilidade de como aquilo poderia ser. Preciso fazer uma comédia em seguida, porque já estiquei ao máximo as boas condições da Orion [*então a companhia de financiamento e distribuição de seus filmes*], primeiro com *Setembro* e agora com esse filme.

E você precisa fazer um papel nele também, não é?

É. Então, já que eu preciso fazer alguma coisa, pensei comigo: Tem o tipo de comédia ligeira, o tipo de comédia Hope-Crosby. Mas na verdade não quero fazer isso, realmente não me interessa muito agora. E não consigo produzir um musical agora porque não tenho tempo. E não queria fazer a minha ideia da lista negra porque acho que seria muito cara. O Bobby [*Robert Greenhut, então seu produtor*] estava me dizendo para se possível tentar ficar longe de um filme de época, neste momento, porque seria um monte de dinheiro a mais. E eu já fiz um filme de lista negra [O front (*1976*)].

Depois, tem o tipo de filme que eu posso fazer e vou fazer, na linha de *Hannah* – que é basicamente um filme de Nova York, contemporâneo, e diz alguma coisa sobre relacionamentos. Posso querer fazer alguma coisa assim. É possível. Mas pensei comigo mesmo que essa outra coisa [*a adaptação de* Morte] poderia ser um conceito não convencional e interessante. É um tipo de coisa naturalmente cinemática, andar às voltas com um maníaco homicida que estão tentando prender. Tem uma ameaça e uma tensão naturais, e para mim é um desafio interessante. E se der certo, vai ficar com uma certa qualidade clássica. Quer dizer, não é uma comédia contemporânea, social, de classe média; tem uma certa sensação de clássico – uma espécie de metáfora de uma condição universal. Eu defendi a possibilidade de transformar a peça num filme. E amanhã vou defender o *contrário*, *a favor* de alguma outra coisa.

Quanto tempo vai levar?
Vai levar umas duas semanas, porque não consigo fazer nada de imediato. Vou montar *A outra*. E depois vai me vir a convicção: Sim, *faça* isso, ou não, definitivamente não faça isso, faça aquela outra coisa que estava pensando em fazer. E quando isso acontece – vamos dizer que aconteça dentro das próximas duas, três semanas –, uma vez tomada a decisão, vou em frente e começo a estruturar a coisa.

Quando, se você vai estar montando o dia inteiro?
Quando volto um pouquinho para casa, à noite, nos fins de semana, quando estou andando ou sentado por aí, fico pensando nisso. Então quando chegar a hora de escrever, vou estar quase pronto para escrever. Talvez depois de uma semana sem escrever nada eu esteja pronto para escrever, porque pensei muito a respeito e imaginei com antecedência.

Você me disse que não tem ideias a partir de sonhos, mas os seus sonhos influenciam o que você escreve?
Sonhos não, mas alguma coisa no meu subconsciente. Quando eu estava trabalhando em dois filmes ao mesmo tempo, estava muito difícil. Eu tinha decidido fazer *Zelig* e *Sonhos eróticos de uma noite de verão* simultaneamente. O plano era filmar uma cena de *Zelig* e, se a locação fosse boa, filmarmos lá uma cena para o outro filme. E quase fizemos assim. Algumas coisas, com certeza, se sobrepuseram na refilmagem. Mas emocionalmente eu estava achando dificílimo. Não

era difícil fisicamente. Nem um pouco. Era dificílimo porque você não se dá conta de que todo o seu cerne, a sua essência, está envolvido numa ideia, que não te deixa seguir. É muito difícil largar disso e ir para a outra ideia porque há uma enorme obsessão com a primeira. Na época o Marshall Brickman me disse que sempre sentiu que quando a gente está trabalhando em alguma coisa, trabalha nela até mesmo sem saber – quando está comendo, ou na rua, ou dormindo –, está trabalhando naquilo mesmo quando pensa que se afastou. Está sempre em ebulição; descobri que a observação dele era precisa.

Se fico sentado em algum lugar por dez minutos, desocupado, a minha cabeça simplesmente liga naquilo. Não dá para evitar. Volto para casa e estou pensando na coisa. É assim que funciona. Tento pensar até quando estou na cama, para dormir.

Não gosto de deixar nenhum tempo sem uso. Quando vou a pé para algum lugar de manhã, ainda planejo sobre o que vou pensar, que problema vou examinar. Posso dizer: Agora de manhã vou pensar nos letreiros. Quando entro no chuveiro de manhã, tento usar esse tempo. Passo muito tempo pensando, pois é o único jeito de atacar esses problemas de texto.

Fale mais do chuveiro como um bom local de trabalho.
Ao longo dos anos, descobri que qualquer mudança momentânea estimula um fluxo novo de energia mental. Então, se estou nesta sala e vou para outra sala, isso me ajuda. Se saio na rua, é uma grande ajuda. Se subo e tomo um banho, é uma grande ajuda. Então às vezes eu tomo banhos extras. Estou aqui embaixo [*na sala de estar*], num impasse, e o que me ajuda é subir e tomar uma ducha. Quebra o ritmo e me relaxa.

O chuveiro é bom, principalmente no frio. Parece tão bobo, mas estou trabalhando vestido e sinto vontade de entrar no chuveiro para um retiro criativo. Então tiro uma parte da roupa, preparo um *muffin* inglês ou coisa parecida e tento dar uma esquentada antes de entrar no chuveiro. Aí fico lá com água pelando a correr pelo corpo durante meia hora, quarenta e cinco minutos, só pensando em ideias e trabalhando na trama. Aí eu saio, me enxugo, me visto e caio na cama, fico lá, pensando.

Além disso, sair para dar uma volta também ajuda. Eu costumava fazer isso mais vezes antes de ser conhecido. Lembro que o Abe Burrows [*dramaturgo, autor de* Garotos e garotas] me disse que o Robert Sherwood [Floresta petrificada] saía andando em Nova York, escrevendo as peças dele na cabeça e falando em voz alta enquanto andava pela rua. Eu adorava fazer isso. Mas não faço mais muitas vezes, porque sou reconhecido e isso interrompe a minha concentração. É incômodo, e chega ao ponto de alguém te dizer: "Ah, posso andar este quarteirão com você? Preciso te dizer uma coisa". Isso me aconteceu uma porção de vezes. Não consigo me concentrar. Fico intimidado.

O Bobby Greenhut me contou que uma vez, quando ele estava trabalhando no filme de alguém e estavam preparando uma tomada perto do prédio do seu apartamento, ele olhou para cima e lá estava você, andando de um lado para o outro.
Eu saio *muito* para esse terraço. Uma das melhores coisas deste apartamento é que tem um terraço comprido [*são dezenas de metros de espaço*], e já andei por ele milhões de vezes, escrevendo filmes. Ajuda muito mudar de atmosfera. É uma coisa libertadora para mim.

Depois de andar você escreve o que pensou?
Não preciso escrever depois que pensei. O esboço de um filme meu raramente ocupa mais de uma única página. Em geral perco o interesse no meio da redação do esboço. Escrevo, sabe: "Alvy encontra Annie. Cena romântica. Flashback para quando se conheceram". Escrevo oito ou nove dessas, e quando chego na oitava ou nona, perco o interesse, porque já sei a história tão bem que não preciso mais fazer aquilo.

Você sempre usou esses estímulos para a criatividade ou foi desenvolvendo ao longo do tempo?
Aprendi observando. Se eu dava uma saída e fazia uma pausa de cinco minutos para comprar o jornal ou comer uma torta de ameixa ou coisa parecida, quando voltava da rua estava tão cheio de vigor renovado que pensava: Ah, vou ficar na rua, não vou comprar o jornal e voltar direto para o apartamento. Vou dar uma boa volta pelo Central Park ou pela cidade.

A mesma coisa no chuveiro. Eu ficava lá duas horas sentado e nada acontecia, então resolvia tomar um banho porque depois precisava ir até a cidade. Pensava: Vou fazer uma pausa e volto depois. Aí, no chuveiro, de repente encontrava um desbloqueio de energia – essa expressão é terrível, mas não sei qual outra usar. Então acontecia por acaso. Agora, faço de propósito.

Como você mantém o foco quando a escrita ou o pensamento estão devagar? Comigo e com a maioria dos escritores que eu conheço, é quando a gente começa a ver se está na hora de apontar os lápis.

Uma coisa que pode ter sido útil para mim ao longo dos anos foi que eu tive de virar escritor, em certo sentido, nas condições mais brutais. Quem me ensinou isso foi o Danny Simon. [*Danny Simon era o irmão mais velho de Neil Simon. Woody fez dupla com ele na* NBC, *nos anos 50. "O Danny me tirou da fantasia para a realidade. De repente, eu estava numa situação em que tinha de produzir um ou dois esquetes toda semana. Tinha de aparecer de manhã e escrever os esquetes. Ganhávamos um monte de dinheiro e o material precisava ser entregue", contou Woody numa de nossas primeiras conversas. "Tudo o que aprendi sobre escrever comédia, aprendi com ele."*] Então logo descobri que a escrita não vem fácil, é um trabalho que dá agonia, muito duro, e que você precisa fazer um grande esforço. Muitos anos depois, li que o Tolstói disse: "Você precisa molhar sua pena em sangue".

Eu levantava cedinho, trabalhava, ficava em cima, escrevia, reescrevia, repensava, rasgava o material e recomeçava. Acabei com uma atitude tão dura – nunca esperava a inspiração; sempre tinha de pegar e fazer. Precisa forçar. Então eu sempre conseguia escrever e reescrever, pois me forçava a isso. Descobri um milhão de truques ao longo dos anos para me ajudar nesse momento desagradável.

Uma vez você falou que o Paddy Chayefsky disse que um escritor entre projetos tem vontade de se matar. É o seu caso?

Quando a gente enfim pensa: esta é a ideia à qual vou me prender, é um prazer imenso. Então vem um momento em que você está estruturando a ideia, e aquilo pode ser difícil ou não. Mas quando você realmente senta para escrever, aí é como sentar para comer a refeição que você passou o dia inteiro preparando.

Conte alguns dos milhões de pequenos truques que você descobriu.

Sempre me ocupar com alguma coisa para pensar sobre o projeto em todo momento livre: quando entro no chuveiro de manhã; quando vou dormir à noite;

quando estou esperando um elevador. Alguém me contou anos atrás sobre um lançador de um grande time que sempre quis ser lançador de beisebol. O pai disse para ele, que foi criado numa fazenda: "Sempre que estiver parado, pega uma pedra e tenta acertar uma folha de grama, tenta acertar um raminho. Aproveita cada momento". E isso faz muito sentido para mim. Então, sempre tentei fazer isso. Sempre tenho um problema em que pensar.

Além disso, sempre tentei estar muito, muito alerta a todas as armadilhas que afastam a gente de escrever, para não cair nelas. Tanta coisa acaba servindo de desculpa para não fazer aquela tarefa desagradável de levantar de manhã e passar o dia inteiro sozinho, pensando, sem bons resultados, e ir dormir sem ter resolvido o problema. É um negócio tão desagradável, essa parte da coisa.

Outra coisa que me ajuda muito é me ouvir formular o problema em voz alta, porque de repente isso tira o problema do reino da fantasia da minha cabeça e ele fica concreto. Chamo a Mia e digo: "Quero falar com você sobre uns problemas". Agora, são problemas que ela não teria como resolver, porque como é que ela vai dizer: "Olha, trabalha neste aqui", ou "trabalha naquele"? Ela não faz a menor ideia do que eu andei pensando nos últimos dias. Mas saio para passear na rua, converso com ela, e só me ouvir falar já ajuda muito.

É preciso estar alerta também para aquela pequena armadilha sartriana de apresentar o problema para alguém e já ter resolvido na cabeça o que você quer fazer, só na tentativa de fazer a pessoa concordar com você. Você apresenta o problema de tal forma que a pessoa concorda, embora você tenha aparentemente apresentado os dois lados da questão de maneira bem objetiva. É traiçoeiro. É onde noventa por cento de tudo fracassa no texto. Em geral não fracassa na atuação e não fracassa na direção. Fracassa no texto.

Eu conversava com o Gordie [*o diretor de fotografia Gordon Willis*] o tempo todo. Se a gente tem um bom roteiro e filma de um jeito burro, mal iluminado, mal fotografado, ainda pode conseguir um filme bem-sucedido. Isso se comprova milhões de vezes. Você vê filmes que são feitos na miséria, desde cineastas amadores até o [*Luis*] Buñuel, em que o texto é tão bom que o filme funciona, mesmo que as coisas não façam sentido. Já se você tem um material ruim, se o texto não é bom, não importa como filmar, na maior parte das vezes, independentemente do estilo que você imprima ao filme, não funciona.

Há momentos no set em que você fica sentado, parado, olhando para o chão. Nesses momentos também está resolvendo problemas?
Em geral estou arejando a cabeça nesses momentos. *Existem* certas coisas que me renovam. Uma delas é ligar a televisão quando estou em casa em algum canal de esporte e ver dois tempos de um jogo de beisebol ou de basquete. Esse tipo de coisa é necessário para mim. De verdade, me relaxa tremendamente a cabeça. E no set também, preciso de um tempo de relaxamento. Mas se demora mais do que dez ou quinze minutos, tento voltar para o trabalho porque tenho coisas para fazer – atender o telefone ou lidar com coisas que aparecerem. Isso também precisa ser feito.

NOVEMBRO DE 1988

Quero usar parte desta conversa no apartamento de Woody para falar sobre o que ele leu e que o influenciou. Ele me leva ao quarto de baixo, onde, deitado na cama, escreve grande parte do que produz. As paredes são vermelhas. Acima da lareira, uma foto de Marilyn Monroe autografada a lápis. Nos criados-mudos ao lado da cama de casal de latão há pilhas de livros. O da esquerda está cheio dos livros que ele leu recentemente (entre eles há muitos volumes de poesia, assim como uma edição de bolso sobre o último Concílio do Vaticano); no criado-mudo da direita, estão os que ainda não foram lidos (a Bíblia e livros sobre linguística). Como Woody há tanto tempo tem em alta conta a obra de Ingmar Bergman, começo perguntando sua reação a alguns escritos de Bergman.

Bergman escreve: "Tenho uma forte impressão de que nosso mundo está para afundar. Nossos sistemas políticos estão profundamente acomodados e não têm mais serventia. Nossos padrões de comportamento social – interior e exterior – se revelaram um fiasco. O trágico é que nós nem podemos, nem queremos, nem temos a força para mudar de rumo. É tarde demais para revoluções, e lá no fundo de nós nem acreditamos mais em seus efeitos positivos. Virando a esquina há um mundo inseto à nossa espera – e um dia ele vai rolar

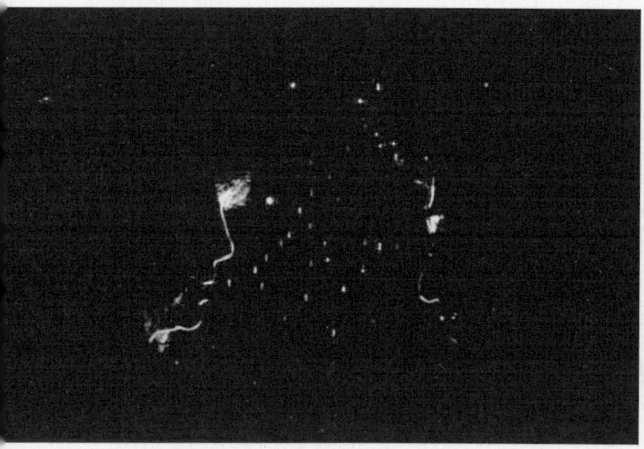

Esquerda
O diretor de fotografia Gordon Willis, com sua "genialidade artística", apresentou a Woody "a beleza do escuro na fotografia". Esta tomada de *Manhattan*, no American Museum of Natural History, mostra Mary e Ike ao luar, como meras silhuetas

Direita
Durante a filmagem de *Match Point*

por cima de nossa ultraindividualizada existência. Fora isso, eu sou um respeitável socialdemocrata".

Não tenho grande respeito pelas instituições. Realmente acho que o traço mais marcante da existência humana é a desumanidade do homem com o homem. Olhando de longe, se fôssemos observados por gente no espaço, acho que a conclusão seria essa. Não acho que eles ficariam deslumbrados com a nossa arte ou com tudo o que realizamos. Acho que ficariam de certa forma assombrados pela carnificina e pela burrice.

Bergman: "Se vejo uma nuvem no céu, acho que o mundo está acabando".

Eu adoraria que cinco em cada sete dias fossem iguais a hoje [*hoje está nublado*], e talvez dois dias de tempo bom convencional.

Isto é Bergman falando sobre escrever seus roteiros: "Escrevo meus filmes sem entender realmente o que escrevi. Então rodo o filme e eles significam alguma coisa para mim. Mas o que eles querem dizer — isso eu só entendo de verdade depois. Muito depois. Se a minha relação com meus próprios produtos é tão estranha, é porque muitas vezes quando estou escrevendo e rodando um filme eu estou dentro de algum tipo de concha protetora. Dificilmente analiso o que estou fazendo ou por que estou fazendo. Racionalizo depois".

Soa como um grande artista intuitivo. Acho que estou mais no controle do que isso, num nível cerebral, e menos no controle num nível de competência. Então, no ponto de partida, sei o que estou fazendo e o que quero fazer, e como não sou competente naquilo, resulta alguma coisa diferente [*ri*] e eu me surpreendo com isso.

E isto aqui: "A importância do melancólico na arte não deve ser subestimada".

Eu por acaso acho a melancolia muito bonita. Veja a Martha Graham. Uma porção de gente, quando vê *A era do rádio*, dá risada naquela cena do começo, em que eu digo: "Lembro da minha infância como muito bonita", e corta para a praia de Rockaway, e é um dia chuvoso, com as ondas agitadas. Eu estava falando completamente sério, mas o mais comum é produzir uma risada.

Você falou várias vezes que sempre odiou a escola, e foi em grande parte autodidata. Você só procura o que te interessa?
É uma educação de tipo eclético. Li um pouco de filosofia, alguma coisa de história, alguns romances, no ano seguinte a gente volta a alguma outra coisa. Mas sem nenhum padrão. Comecei com romance. Foi o que me interessou primeiro, romance americano: Hemingway, Faulkner, Steinbeck. Eram contemporâneos, mas o auge deles foi nos anos 20 e 30.

O que despertou o seu interesse por linguística?
Uma das vantagens e desvantagens, mais desvantagem que vantagem, de ser autodidata é que você lê ecleticamente, num esforço de adquirir uma formação completa. Os autodidatas parecem ter lacunas surpreendentes em lugares muito, muito convencionais. Então talvez eu tenha lido alguns livros sobre semântica e linguística, mas por capricho. Conversando um pouco comigo, se você tocar em seis assuntos que estudei sozinho, vai pensar que eu sou um literato. Mas aí, de repente, você toca em alguma coisa que qualquer moleque do colégio sabe, e como eu sou autodidata, há uma falha no meu aprendizado e eu não sei isso. E pode ser uma coisa muito simples.

Por exemplo, a minha gramática é terrível. Simplesmente terrível. Sempre fazem um volume enorme de correções na *New Yorker*. Estão sempre dizendo: "Você não pode dizer isso. Não é bom inglês". E a Sandy Morse [*montadora*] está sempre corrigindo o meu inglês quando escrevo uma narração. O Saul Bellow, quando eu dei as falas dele em *Zelig*, disse assim: "Tudo bem se eu mudar isto aqui, né? Porque a gramática está errada". Eu simplesmente não sei gramática nenhuma, e essa é uma coisa fundamental, que se aprende na escola. Tem muita coisa desse tipo.

Você lê poesia regularmente?
Tenho relido bastante poesia nos últimos tempos. Muitos dos que sempre foram os meus favoritos ainda são os mesmos.

Se tivesse conversado comigo anos atrás, eu diria que poesia é como dar um pedaço de papel ou uma tela para um cara e ele borrar aquilo com tinta e dizer: "É, isso é que o de Kooning e o Kandinsky fazem. Posso fazer dez desses por dia". Ele não entendeu nada. Dá vontade de dizer: "Não é isso o que eles fazem. Você só está borrando com tinta. Você acha que eles só fazem borrões, mas não é isso".

Bom, era assim que eu era com poesia. Sempre gostei, mas quanto mais aprendo sobre poesia, melhor eu acho Yeats, e mais consigo realmente apreciar a obra dele. São vários os que aprecio muito. Todo mundo sabe que gosto de Eliot, claro, porque para mim ele é o grande poeta da cidade. Mas Yeats é assombroso, com o que se procura fazer com a poesia, é tremendo. Como Shakespeare. Sempre gostei de Emily Dickinson e de William Carlos Williams, de Robert Frost, de e. e. cummings. Adoro Philip Larkin.

Acho que se tivesse sido mais bem educado, eu poderia escrever poesia, porque um escritor de comédia possui parte desse equipamento já de saída. Você está às voltas com nuances, ouvido e métrica, e uma sílaba de menos em alguma coisa que eu escrevo numa *gag* arruína com a graça. E é tudo feito com sentimento. Às vezes, um editor corrige alguma coisa num conto e eu digo: "Você percebe que, se acrescentar só essa sílaba que seja, a piada toda se perde?".

Nas piadas também, as de uma frase só, tem uma coisa sucinta, você faz algo que se faz na poesia. Numa forma muito comprimida você expressa uma ideia ou um pensamento, e isso depende do equilíbrio das palavras. Só que isso não se faz conscientemente. Por exemplo: "Não tenho medo de morrer. Só não quero estar lá quando acontecer". É um jeito compacto de expressar alguma coisa, e se tiver uma palavra de mais ou de menos não fica tão bom. Talvez se eu experimentasse, se pudesse conseguir um jeito melhor de dizer o que eu queria, mas basicamente esse pareceu o jeito de dizer. E você faz isso por instinto. Não calcula nem nada. E é isso o que os poetas fazem. Não trabalham a métrica com números, eles sentem.

Você uma vez não me disse que levou tempo para gostar de Shakespeare?

Passei a apreciar muito mais a escrita de Shakespeare. É a escrita dele que acho bonita e genuinamente superior. Não tanto as peças, mas as *palavras* nas peças. São tão lindamente escritas! Não acho engraçada nenhuma das comédias dele, mas o discurso é tão magnífico, tão maravilhoso, que você acaba tomado por ele. Mas acho as peças bobas, grosseiras, e dirigidas ao público baixo. As peças sérias têm alguns momentos realmente bonitos, mas muitas vezes não são nem um pouco bem construídas. Mas você aguenta até o fim, porque a linguagem é muito elevada.

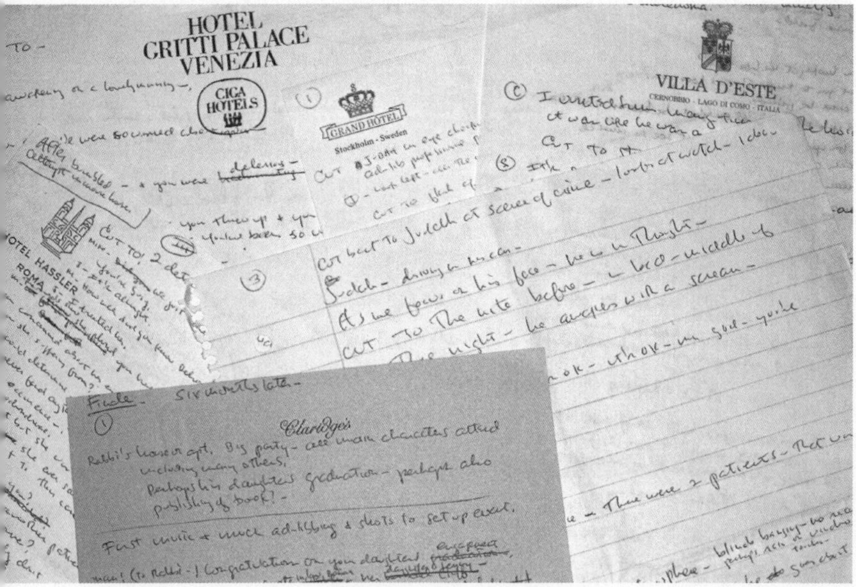

Nos papéis de carta dos hotéis em que Woody se hospedou durante uma viagem de férias, em 1988, a história de *Crimes e pecados* ganha forma

Você sempre faz piadas que brincam com filosofia, por exemplo em *A última noite de Boris Grushenko*. Você lê muita filosofia?

Filosofia foi uma coisa pela qual me interessei sem saber que estava interessado. Gostei de filosofia logo de início, e o fato de a Harlene [*Rosen, sua primeira mulher. Ele tinha vinte anos, ela dezessete, quando se casaram, em 1956; divorciaram-se em 1962*] estar estudando foi muito estimulante para mim. Não o suficiente para me fazer ir para a escola estudar, mas toda vez que, nas minhas leituras, eu cruzava com textos filosóficos, eles tinham um interesse especial para mim. Se eu fosse voltar a estudar, provavelmente iria para a faculdade, e provavelmente me formaria em filosofia.

Quais filósofos lhe falam quando você lê?

Os mais empolgantes talvez sejam os filósofos alemães, embora seja bem empolgante ler Platão pela primeira vez. É divertido, no sentido artístico. A mesma coisa quando se lê Nietzsche. É divertido. O Hegel eu acho chato, e você precisa batalhar com o texto. Mas no fim, o que te mata está bem no fundo, os que fazem mais sentido acabam sendo os filósofos racionalistas, pragmáticos, que são basicamente mais chatos, mas é muito difícil discutir com eles. No fim, boa parte de

Bertrand Russell faz muito mais sentido, ressoa muito mais profundamente em mim, mas ele não é nem de longe tão divertido ou tão estimulante quanto, digamos, Camus, Jean-Paul Sartre ou Nietzsche – os que são mais dramáticos e envolvidos com questões de vida e morte, e falam delas de um jeito muito dramático.

O que você acha do expressionismo alemão?
O expressionismo alemão foi uma coisa de que gostei quando era menino. Quando ia ao MOMA, a sala que sempre mais me cativava era a sala com os Kirchners, os Schmidt-Rottluffs, os Noldes. Simplesmente era uma coisa com que eu sempre me identificava. Eu adorava aquilo.

E os críticos literários?
Acabei de ler o estudo de George Steiner sobre Dostoiévski e Tolstói [Tolstói ou Dostoiévski: Um ensaio sobre o velho criticismo], e isso me levou a reler *O idiota*, então agora estou na metade. O livro do Steiner é divertido de ler. É um estudo comparativo, feito como só determinados professores conseguem fazer. O Steiner é um deles. O Isaiah Berlin é outro. Alguns caras são grandes professores. O William Barrett é outro, o *Irrational Man* dele é um clássico, tem a capacidade de popularizar um assunto de forma que um cretino como eu seja capaz de entender.

Agora, baixando um pouco a bola, no tributo ao Bob Hope que você narrou para a Film Society do Lincoln Center, você diz que depois de ver o Hope e o Crosby montados num camelo, cantando "Like *Webster's Dictionary*, we're Morocco bound",* "entendi imediatamente o que eu queria fazer na vida". É uma grande frase, mas até que ponto é verdadeira?
Claro que eu era muito jovem quando pensei nisso. Quando era pequeno, adorava comédia, e adorava o Bob Hope e o Groucho Marx. Cresci com isso. Até

* Intraduzível: *bound* quer dizer tanto "encadernado" como "ir na direção de". A frase então seria traduzida literalmente como "Assim como o dicionário *Webster's* nós estamos indo para Marrocos", mas a graça está no *nonsense* do outro sentido possível: "Assim como o dicionário *Webster's*, nós somos encadernados em couro de Marrocos". [N. T.]

a adolescência, tentei agir feito o Hope, e fazer as piadas, e achar as frases de efeito sem esforço. Mas aí, quando fiquei um pouco mais letrado e mais velho – dezessete, dezoito anos –, eu queria fazer teatro, entrar para o *show business* de algum jeito. O que me interessava era escrever dramaturgia. Eu queria escrever para o teatro, e não pensava em escrever comédia. Pensava que queria escrever o que Ibsen escreveu, o que Tchekhov escreveu. Eu sabia que tinha talento cômico porque já estava ganhando dinheiro com isso. E fazia sucesso com comédia, e sempre querendo dar um salto para um trabalho sério. Sempre foi um obstáculo frustrante para mim. Sem falar que eu era covarde demais para largar o que estava me trazendo fama e fortuna e me arriscar a escrever o que poderia não ser um drama, mas um folhetim.

Isso quer dizer que você vê a sua habilidade para escrever comédia assim como uma espécie de maldição?

Nunca pensei que ter sucesso na comédia fosse uma maldição. Eu pensava: Isso é ótimo, porque estou escrevendo estas coisas cômicas e estou virando um *performer*. Tudo me coloca numa posição de fazer o que quero fazer de verdade, e na verdade o que eu gostaria de fazer são coisas pesadas, dramáticas – como escritor, como diretor. Nunca pensei que haveria nenhum obstáculo a mais.

Para você, que escreveu tantos filmes, é um desafio ter de encontrar constantemente nomes para os personagens? Alguns nomes parecem se repetir. Por exemplo, Ceil — o nome da irmã da sua mãe.

Há anos as pessoas me perguntam como eu arranjo meus nomes, e sempre digo que quando estou batendo o roteiro à máquina procuro nomes curtos, porque não quero datilografar muito. Eu costumava usar muito Louise, pois conseguia datilografar o nome com facilidade. Mas quase sempre tem um Blint ou um Gray, Mr. Gray, Mr. Blint; sempre. E sempre um Abe ou uma Ceil. Nunca uma Priscilla ou um Murgatroyd.

Quando você entrou em contato com Tchekhov e outros escritores "sérios"?

Foi no finzinho da escola secundária, quando comecei a sair com mulheres que me achavam iletrado. Eu achava aquelas meninas lindas: sem maquiagem, joias de prata, bolsa de couro. Saía com uma delas, que dizia: "O que eu queria mesmo fazer hoje era ir ouvir o Andrés Segovia". E eu dizia: "Quem?", e ela dizia: "*Andrés Segovia*". E eu simplesmente não sabia do que ela estava falando. Ou então outra dizia: "Você já leu este romance do Faulkner?". E eu dizia: "Eu leio *gibi*. Nunca li um *livro* na vida. Não entendo nada disso".

E então, para poder acompanhar, precisei ler. O Hemingway e o Faulkner realmente me interessaram logo de cara; o Fitzgerald, nem tanto. Então comecei a ler peças de teatro. E assim que comecei a escrever comédia, me lembro de ter dito para o Abe Burrows [*contraparente dele – o irmão da mãe de Woody se casou com a irmã do pai de Burrows*]: "Eu queria muito escrever para a televisão".

E ele disse: "Você não quer ser roteirista de televisão a vida inteira, quer? Não é o grande objetivo da sua vida".

E eu falei: "Claro. Por que não?".

E ele falou: "Você deveria pensar no teatro. Se você tem talento e quer escrever diálogos cômicos, deveria pensar no teatro".

E eu falei: "Bom, talvez cinema. O pessoal todo do teatro não quer fazer cinema?".

E ele falou: "Não, é o contrário. Todos os roteiristas da Califórnia adorariam ter uma peça na Broadway. É o que eles todos querem fazer".

Naquela época, um roteirista de cinema não era nada, só um nome anônimo cuja obra era retalhada. E um dramaturgo era uma grande coisa. Então comecei a ir um pouco ao teatro. Tinha uns dezoito anos.

SETEMBRO DE 1988

Woody acaba de voltar de uma viagem longa à Europa que chegou até a Escandinávia. Antes de partir, disse que esperava não trabalhar nem um pouco em um roteiro que estava pela metade: "Em geral não interrompo a escrita como estou fazendo nestas férias. Posso guardar um roteiro na gaveta por uma semana, mas agora são dezoito dias". Para sua surpresa, ele terminou o roteiro escrevendo toda manhã no papel timbrado dos vários hotéis onde se hospedou, depois dobrava as páginas e guardava no bolso do peito do casaco. Com o desenrolar da viagem, o papel de rascunho tamanho caderneta do Grand Hotel de Estocolmo foi dobrado junto com as folhas compridas e retangulares do Villa d'Este do lago de Como; o papel largo, puro branco, com monograma dourado do Gritti Palace de Veneza; o papel pequeno, quase sem logotipo, do Hotel Hassler, de Roma; vários formulários de telex; e várias folhas de papel pautado, arrancadas de um caderno escolar comprado na rua em Copenhague. Quando chegou a Londres, o bolso estava cheio como se ele tivesse um pedaço de pão lá dentro. Por fim, a assistente dele, Jane Martin, o convenceu a guardar o trabalho no cofre do hotel em vez de andar com aquilo por toda parte, nem que fosse para evitar derramar sopa em cima deles num restaurante, de forma que todos os dias pedaços do papel timbrado pequeno, elegante, azul, do Claridge eram dobrados ao meio, empilhados com o resto e trancados antes de ele sair para andar pela rua.

Ao voltar para Nova York, tinha o primeiro tratamento do que levava o título provisório de *Brothers*, mas que acabou se chamando *Crimes e pecados*.

Antes de viajar, você me disse que só ia escrever a crítica da autobiografia do Bergman para a *New York Times Book Review* enquanto estivesse viajando. O que aconteceu?

É. Eu estava com metade do roteiro pronta antes de viajar, e achei que faria a segunda metade quando voltasse, e o texto sobre Bergman enquanto estivesse lá, porque não ia conseguir mesmo me concentrar no trabalho, seriam muitas as distrações com a viagem e os lugares novos.

Mas não foi o caso. Não consegui tirar o roteiro da cabeça. Conseguia trabalhar algumas horas por dia, e então foi ótimo.

Você escreveu a resenha do Bergman?

[*Ri.*] Não. Eu não sou bom para escrever resenhas de livro. Acho difícil fazer a resenha de um livro, porque é outro tipo de texto, e eu não conseguiria resenhar um livro e arrasar com ele. A menos que fosse escrito por alguém que eu não suporte. Quer dizer, se um desses fundamentalistas, se o Jimmy Swaggart [*pastor eletrônico*] escrevesse um livro, então eu conseguiria me expressar comicamente. Mas com alguém como o Bergman, que eu acho tão grande, não passaria de uma enxurrada de elogios. Entende o que quero dizer? Eu não seria capaz de escrever nada engraçado sobre ele.

Vamos falar um pouquinho de diálogo. Alguns críticos acharam duros os diálogos de *Interiores*. O que você diz? [*O filme é sobre a perturbada dinâmica de uma família de três irmãs, a mãe obsessivo-compulsiva (que comete suicídio), o pai e a mulher de espírito livre com quem ele se casa depois da morte da esposa.*]
Depois de *Interiores*, meses depois, eu estava sentado em casa e de repente pensei comigo mesmo, nossa, será que eu cometi esse erro? Por causa da minha exposição a filmes estrangeiros, com o meu ouvido para diálogos eu estava na verdade escrevendo legendas para um filme estrangeiro? Quando você assiste, digamos, a um filme do Bergman, você está lendo, porque acompanha as legendas. E quando se lê, o diálogo tem uma certa cadência. Meu ouvido estava sintonizado com diálogos em estilo de legenda, e era isso o que eu criava para os meus personagens. Fiquei preocupado. Na verdade é uma coisa que nunca resolvi com clareza. Sei lá.

Você acha que, num filme dramático, escreve diálogos mais formais?
Algumas pessoas que gostam muito dos meus filmes me disseram isso. E não tenho certeza de que seja verdade, para mim é um ponto cego, ou não é verdade mesmo. É que eu chamo gente séria para fazer os papéis, e elas nunca fazem com a soltura com que eu falo quando atuo nos meus filmes. Eu sou solto, sou da rua. Até agora, nenhum dos personagens dos meus filmes dramáticos é popular. Talvez essa seja a razão.

[*No final de* Crimes e pecados, *Cliff (Woody), realizador de documentários fracassado, e Judah, o oftalmologista/assassino (feito por Martin Landau), estão sentados no banco do piano no casamento da filha de Ben, o rabino cego (feito por Sam Waterston). A cena dá a Cliff a chance de resumir seus sentimentos (e os de Woody) a respeito da casualidade da vida. Woody esperava que Waterston fizesse, mas quando reescreveu a cena, Waterston estava na Rússia, em outro projeto. De volta para casa depois de uma projeção do filme, Woody sente que funciona com ele fazendo o longo monólogo, por causa de seu treino como monologuista e porque "sinto que os meus filmes são a tal ponto uma colocação pessoal que não tenho vergonha de colocar uma moral no fim. É como a velha piada do show de Sid Caesar entre escritores. O Sid terminava um esquete e dizia: 'Se tem uma coisa que aprendi...'. Talvez todos os escritores fossem bons meninos judeus, criados para ter uma pequena lição idealista no final, como um resumo".*]

Esse filme aborda alguns temas bem importantes. [*Um oftalmologista de sucesso (Landau), que é considerado um baluarte da comunidade, arruma uma amante (Anjelica Huston) que passa a exigir cada vez mais que ele abandone a mulher. Ele promete, mas não cumpre, e acaba matando a amante, que ameaça expor suas fraudes numa obra filantrópica. Desesperado para manter sua posição na sociedade e sua família intacta, ele pede ao irmão, menos bem-sucedido, que tem conexões com o submundo, que o livre da ameaça. Combina-se um assassinato, e de início o médico fica assolado pela culpa. Mas com o tempo ele se dá conta de que conseguiu se safar; aceita que naquilo que vê como um universo sem Deus, não haverá consequências, e assim retoma sua vida de conforto.*]

Uma coisa que sempre me fascinou e que tratei em outros filmes é essa crise tolstoiana – ele chegou a um ponto na vida em que simplesmente não entende por que não se suicida. Vale a pena viver num universo sem Deus? A cabeça diz que não, mas o coração tem medo demais para agir e dar um fim a isso.

Seus filmes raramente têm palavrões ou linguagem obscena. É uma decisão consciente que você tomou?

Mais ou menos. Tem uma parte de mim que cresceu com uma limpeza automática a respeito dos meus filmes. Eles sempre foram limpos porque as minhas influências durante o crescimento foram o Chaplin, o [*George S.*] Kaufman e o [*Moss*] Hart, o Cole Porter. Olha, até *A outra* é classificado como um filme para maiores de catorze anos. Tivemos sorte de não receber a classificação livre.

Mas em *Crimes e pecados* você usou a palavra *asshole* ["cu", "babaca"].

A frase original era "Todo traço de bondade humana mete uma vara no cu de Deus", mas [*ri*] não consegui levar até o fim. Por causa da brutalidade da linguagem.

O Len Maxwell [*um cômico que fez muitos dos esquetes criados por Woody quando jovem*] uma vez disse a seu respeito: "Qualquer pessoa que diga 'eu flutuei suavemente em cima dela' não precisa usar 'trepar'".

A verdade é que uso a linguagem que for preciso para conseguir o efeito que quero. Até agora nada do que fiz exigiu uma linguagem diferente da que usei.

Há um incidente no filme, em que o Cliff perde o único exemplar de um manuscrito. Notei que você nunca faz uma cópia do seu texto enquanto está trabalhando.
Há vinte anos eu mando um exemplar único para a Studio Duplicating. Nunca, jamais faço cópia, nunca. De nada. E mando os textos para lá às vezes muito descuidadamente. Eu deveria arrumar uma pequena máquina de xerox para ter aqui em casa e copiar tudo em dez minutos. Deveria. Sou muito preguiçoso.

Quanto ao Cliff perder o manuscrito, conheço uma pessoa que trabalhou anos num romance, um romance grande. Guardava o manuscrito numa pasta, estava num hotel em Boston, acho, e a pasta foi roubada. Era o único exemplar. Ele ficou abalado. Nunca mais conseguiu escrever. Conseguia escrever piadas para a televisão e coisas assim, mas nunca outro livro. Triste.

Você já perdeu um manuscrito?
Quiseram fazer uma série de televisão com *Acres and Pains* [*Terras e dores*] ou alguma coisa do S. J. Perelman, e escrevi um roteiro. Eu estava começando como humorista, tinha uns vinte anos, e idolatrava o Perelman. Estava com a Louise [*Lasser*] na época. Era quando o Mickey Rose [*seu amigo de infância e colaborador em* Um assaltante bem trapalhão *e* Bananas] morava em Nova York. E nós três saímos, e eu estava com o roteiro. Era o único exemplar. Eu precisava entregar em algum lugar naquela noite. E houve um incêndio em Times Square, na Times Tower, onde uns bombeiros morreram sufocados com a fumaça.

Tinha seis mil pessoas na rua e eu olhando o incêndio, e aí continuei com o meu programa. Duas horas depois, me dei conta de que tinha perdido o roteiro. Voltei a Times Square e lá estava ele, na calçada, todo pisado, dentro do envelope de papel pardo. [*Ri.*] Não é incrível?

O sujeito com a pasta deveria ter tido essa sorte. O que aconteceu com a série?
Nunca decolou. Os produtores acharam que o meu roteiro era muito narrativo e queriam mais dialogado. Eram uns bobocas. Não sabiam o que estavam fazendo. Era um bom roteiro.

Os personagens mudam muito depois que você escreve o roteiro?

Escrevo o filme enquanto estou fazendo o filme. Muitas vezes estou lá, sentado com a Juliet Taylor [*a diretora de elenco*], e ela me fala alguma coisa sobre um personagem que escrevi – digamos, o Peter de *Hannah*. Depois de muito conversar sobre quem chamar, ela disse: "Que tal o Max von Sydow?". E de repente [*estala os dedos*] a ideia faz uma luz se acender, e é uma grande ideia. E o papel então [*de um pintor dedicado à arte*] foi moldado para ele. Ele ficou bem mais velho e muito raivoso. A mesma coisa acontece quando encontramos uma locação maravilhosa. De repente, a cena muda porque o visual é bom.

O filme nunca é escrito antes. É uma ideia geral, mas clara o suficiente para fazer o orçamento.

JUNHO DE 1989

Manhattan Film Center, as salas de edição e projeção de Woody num elegante prédio residencial da Park Avenue. Ele comprou o espaço, antigamente um clube de bridge, em 1979, depois do lançamento de *Manhattan*.

Um mês atrás, Woody descobriu que o título *Brothers* ["Irmãos"] não está disponível para o filme, então ele anda à procura de outro. Durante algum tempo, fica com *Anything Else* ["Qualquer outra coisa"], mas esse título só será usado em 2003 [no Brasil: *Igual a tudo na vida*]. Outra ideia é ter alguma coisa a ver com crime no título: *High Crimes and Misdemeanors* ["Altos crimes e más condutas"] chama a atenção dele, mas ele sente que soa demais como Gilbert and Sullivan. *Crimes and Misdemeanors* ["Crimes e más condutas"; no Brasil, *Crimes e pecados*] soa interessante durante um breve momento, mas depois é rejeitado (temporariamente, como se verá).

Às vezes, o título vem fácil – *Hannah e suas irmãs* e *Broadway Danny Rose* são bons exemplos –, mas em geral a procura se arrasta. Este filme está se mostrando o mais difícil de todos. *Brothers* resumia tão claramente a variedade de relações dos personagens que Woody se sente perdido. Ao longo dos dias, ocorrem várias conversas sobre o título, sem sucesso. A montadora do filme, Sandy Morse, está junto com Woody quando ele senta à mesa de madeira diante da sala de edição. É sugerido "Uma questão de consciência".

"Não gosto de '*Uma questão de...*'", ele logo diz, e acrescenta. "Não existe uma palavra única que signifique a condição humana, como 'fandango', existe?"

Começa a fazer livres associações.

"*Dr. Shenanigans* ["Dr. Trapaça"]. [Uma risada.] *Decisões. Momentos decisivos. Faça um assassinato. Crimes e vaidade.*" O telefone toca. É Bobby Greenhut, produtor do filme. Depois de um minuto, Woody diz: "Acho que vocês não gostam de *O Pai Nosso*. Acham que vai pesar muito para o filme?".

Ao desligar, pega um caderno e divide a página em setores. Quer fazer uma ligação entre olhos, Deus e sucesso. Ontem, citei para ele uma frase de Ésquilo: "Para os mortais o sucesso é um deus". Ele ficou intrigado, mas agora ri e diz: "Já posso até ouvir". Faz uma voz pomposa. "O título é de Ésquilo." Anota possíveis títulos nas colunas devidas no caderno.

Bem e mal	**Grupo de visão**
Atos de bem e mal	Os olhos de Deus
Momentos de...	Janelas da alma
Cena de...	Visões da alma
	Vista escura

Esperança	**Escolha**
Brilho de esperança	Uma questão de escolha
Esperança e trevas	Escolha no escuro
Leve esperança	Pontos decisivos

Ele preenche a parte de baixo da página com rabiscos enquanto pensa. Sugerem *Empty Choices* ["Escolhas vazias"].

"Vai fazer o público ir embora com uma careta no rosto. *Split Decisions* ['Decisões conflitantes']. Esses títulos sempre soam como aqueles outros filmes — comerciais demais. O Jeff Katzenberg [então presidente do Walt Disney Studios, cuja empresa Touchstone Pictures financia e distribui o filme] disse no almoço que não pode haver três palavras piores do que *Sociedade dos Poetas Mortos*. Além disso, teve críticas ruins, mas está estourando." Faz uma pausa. "*Os olhos de Deus*, *A visão de Deus*." Sacode a cabeça. "Também já é demais querer que o pessoal do shopping entre e assista."

JANEIRO DE 2000

Poucas e boas acaba de sair; *Trapaceiros* vai ser lançado mais para o fim do ano. Woody e eu nos encontramos para conversar sobre seus filmes dos últimos anos, a começar por *Um misterioso assassinato em Manhattan* (1993).

Às vezes, o final de um filme é problemático para Woody e ele reescreve ou refilma o final. Em *Um misterioso assassinato em Manhattan*, uma comédia muito agradável, ele e Diane Keaton são Larry e Carol Lipton, casal de meia-idade que se vê envolvido na investigação do desaparecimento de uma mulher, que Carol logo suspeita tratar-se de assassinato. Larry, nervoso e ansioso por natureza, não quer ter nada a ver com a investigação dela. A teimosia de Carol atrai o interesse de Ted (Alan Alda), amigo deles bonitão e recém-divorciado, e quando Larry desconfia que está surgindo um interesse romântico entre Carol e Ted, ele, embora relutante, se junta à busca.

Quando o assassinato é solucionado, e Larry e Carol estão fora de perigo, os dois andam pela avenida, conversando sobre tudo o que ocorreu. Acontece que não houve nenhuma fagulha romântica entre Carol e Ted. Larry desdenha dele falando assim: "Tira a palmilha para aumentar a estatura, o bronzeado artificial e as coroas de jaqueta dos dentes, e o que é que sobra?". E Carol, sem perder um segundo, responde: "Você". Momentos depois a tela fica preta.

Pergunto a Woody sobre o final.

Originalmente a piada vinha no meio do roteiro, mas não filmei. Depois, ela veio flutuando de volta. Não pensei que fosse ter tanto impacto. Achei que era boa, mas não uma grande piada. Depois do primeiro corte do filme, eu me dei conta de que funcionaria, então fomos e filmamos.

Você cita diversos filmes famosos, principalmente o final no salão de espelhos, que lembra *A dama de Shangai*, do Welles. Tem também um trechinho de *Um corpo que cai*, do Hitchcock. Em uma das cenas, passa um ônibus e nele há um cartaz do relançamento de *Um corpo que cai*, que coincidiu com *Um misterioso assassinato em Manhattan*. Foi de propósito?
Me contaram depois que *Um corpo que cai* tinha feito um lance no ônibus. Eu tinha visto o filme uma vez e nunca me concentrei nele. O começo é lento demais. Não gosto do filme, embora saiba que é adorado pelos fãs do Hitchcock. Mesmo assim, fiz parte do grupo que financiou a restauração e o relançamento, porque é importante preservar filmes como esse, mas não está entre os meus favoritos. De todo modo, o anúncio que aparece foi pura coincidência. Até hoje ainda não vi isso.

***Um misterioso assassinato em Manhattan* é a história que fazia parte do primeiro tratamento de *Noivo neurótico, noiva nervosa*, depois foi deixada de lado, certo?**
Isso. Foi uma história estranha. Desenvolvi essa ideia anos atrás e resolvi que o Marshall [*Brickman*] deveria escrever e dirigir, e que eu ia trabalhar como ator. Ele perdeu o rumo ao escrever e não funcionou. Então eu disse: "Olha, pode ficar com o roteiro, e se conseguir vender para algum lugar, será seu". Mas ele não fez isso. Então o roteiro ficou lá, dormindo. Aí, anos depois, eu disse a ele: "Por que a gente não brinca com aquele roteiro? Por que você não me devolve e eu vejo se consigo escrever?". Eu realmente sabia o que queria fazer com aquilo. Ele concordou, fiz uma versão para mim, rodei e foi isso. Mas nós trabalhamos juntos no planejamento, o que para mim – e para ele e para qualquer escritor – é a parte difícil. O texto em si eu gosto de fazer sozinho, porque quero escrever diálogos que eu possa falar; não gosto de falar diálogos de outra pessoa.

Ele foi ao set quando você filmou? Nunca vi o Marshall nas suas filmagens.
O Marshall nunca vai ao set. Como escritor, ele é ótimo para trabalhar junto. É muito inteligente, muito engraçado. Algumas das minhas melhores lembranças são de momentos em que trabalhei com ele num filme. A gente sentava na minha sala de estar e conversava por uma hora, uma hora e meia. Então um dos dois dizia: "Vamos dar uma volta", e a gente saía para dar uma volta e respirar

um pouco de ar fresco, e às vezes voltava para a minha casa. Havia um forte componente social, mas estávamos trabalhando o tempo todo. Ele é muito companheiro, vivo, criativo; é maravilhoso trabalhar com ele.

Mas é você quem de fato escreve o roteiro?

Só para ganhar tempo – e eu tenho de falar as falas. Não anoto nada. Só guardo as ideias. A gente senta e conversa sem parar sobre a coisa, conversa até o fim – e ele diz: "Primeiro você escreve a sua história, depois escreve o roteiro", e eu concordo inteiramente. Quando escrevo o roteiro, o trabalho foi feito por nós dois, e eu consigo escrever em três semanas, duas semanas, porque tudo o que faço é pôr no papel todo o trabalho que nós dois fizemos. Ele também poderia muito bem escrever o roteiro.

A última vez que trabalhei os diálogos com um colaborador foi em *O dorminhoco* [*com Brickman*], e com dois caras soltando falas sempre leva o dobro do tempo.

Você teve um novo colaborador, o Douglas Mcgrath, em *Tiros na Broadway*.

O Doug foi uma pessoa que eu conheci socialmente [*ele é casado com a ex-assistente de Woody, Jane Martin, e diretor dos filmes* Emma, Um agente como a gente, O herói da família *e* Confidencial, *além de roteirista*] e achei que seria divertido trabalhar com ele, só pela diversão da coisa. Não havia outra razão. Mostrei para ele algumas ideias minhas, todas boas, e disse: "Qual delas você acha mais divertida de trabalhar?".

E ele disse: "Essa do gângster que acaba sendo dramaturgo".

E eu disse: "É mesmo? Porque essa é a última da minha lista". Eu tinha uma ideia política que achei que ele pudesse gostar, e uma daquelas ideias pessoais, sobre a qual ele disse: "Ah, esse é mais um daqueles filmes em que você conversa com a plateia". Então falei: "Tudo bem, você quer trabalhar nessa aí, vamos trabalhar nela". [Tiros na Broadway *mostra que artistas nascem artistas, não se constroem. John Cusack, um decente e dedicado dramaturgo, despeja a própria alma na arte, mas descobre que nunca será um artista.*]

É diferente trabalhar com ele e com o Marshall?

Trabalhamos de um jeito muito parecido ao do meu trabalho com o Marshall.

Ele vinha na minha casa. A gente conversava, planejava, estruturava. Aí, ele ia embora e eu escrevia o roteiro e fazia o filme. Funcionou muito bem.

Agora eu não gosto mais de trabalhar em colaboração, mas gosto da pessoa dos meus colaboradores, e a cada cinco ou seis anos, mais ou menos, a gente se vê sozinho na sala e quer ter outro ser humano com quem se divertir, e o Doug pareceu uma boa escolha porque é criativo, inteligente e amigo.

Você disse que *Tiros na Broadway* [1994] foi uma das três ideias que teve. Já existia uma estrutura geral na sua cabeça quando conversou com Doug ou ainda era preciso definir muita coisa?

Lembro que quando veio a ideia de matar a Olive [*a atriz sem talento namorada (Jennifer Tilly) de um chefão da Máfia (Joe Viterelli), o qual investe dinheiro na produção de uma peça para ela estrelar*], foi aí que entendi que ia levar a história adiante. [*Um dos capangas do chefão (Chazz Palminteri) é destacado para vigiar Olive durante os ensaios. Apesar de todas as aparências, ele acaba se revelando o verdadeiro talento autoral, e as sugestões dele fazem a peça funcionar. Ele mata Olive, para a atuação dela não matar a peça.*]

Lembro de ter dito ao Doug: "Sabe para onde vai isto aqui? Ele mata a Olive, a peça estreia e o gângster vira a sensação da cidade. E uns meses depois ele está louco para voltar a ser gângster porque as pessoas no *show business* são tão ferozes e tão horrendas que são piores que os verdadeiros assassinos com quem ele convivia. Elas o enganam pelas costas, não respondem a telefonemas, o manipulam porque o *show business* é um horror" – e era por aí que eu estava indo. Mas quando escrevi não fui por aí, porque era um acréscimo excessivo. O filme terminava onde terminou, e isso seria um apêndice estranho. Então, embora parecesse ótimo, o final natural do filme era onde ele termina mesmo. O Doug perguntou onde tinha ido parar aquele final, mas significava acrescentar mais quinze minutos. Significava começar de novo.

Aliás, a história dos tiros [*o gângster é baleado atrás do pano durante a estreia, pelos colegas de gangue que se dão conta de que ele matou Olive, e a plateia acha que os tiros fora de cena são um efeito para dar mais verossimilhança*] foi uma ideia que tive com as nozes que se quebram na trilha sonora da maravilhosa sátira de George S. Kaufman e Moss Hart, *Once in a Lifetime*.

O seu treino como mágico te ensinou muito sobre como desviar a atenção, e você usou isso bem nesse filme.

Eu uso desvios com frequencia nos meus roteiros. Por exemplo, até a coisa acontecer, o público não faz a menor ideia de que eu vou fisgar a Julia Roberts em *Todos dizem eu te amo*. A história dela era separada da minha. [*Havia várias tramas independentes em* Todos dizem eu te amo. *Joe Berlin (Woody) é divorciado de Steffi (Goldie Hawn), mas os dois continuam muito amigos, a ponto de o novo marido dela, Bob (Alan Alda), um rico liberal da Park Avenue, tratar Joe como membro da família. As filhas de Joe e Steffi afeiçoaram-se a Bob com facilidade. Lane e Laura (Gaby Hoffman e Natalie Portman) são adoráveis colegiais do East Side;* DJ *(Natasha Lyonne), mais esperta, é a narradora do filme. Skylar (Drew Barrymore) é a perfeita garota de sociedade, enquanto Scott (Lukas Haas) é uma prova do acaso da vida: é um ardente conservador. Skylar está noiva de Holden (Edward Norton), mas conhece Charles Ferry (Tim Roth), ex-presidiário em recuperação, para quem Bob e Steffi, sempre na vanguarda das causas liberais, dão uma festa. Joe fica maluco por Von (Julia Roberts), que é infeliz no casamento e cujos pensamentos mais íntimos, revelados à sua psicanalista mas ouvidos por outra pessoa, são revelados a Joe, que então se torna capaz de dizer e fazer tudo o que ela espera de um homem (ideia com que Woody já brincara antes e usara em menor medida em* A outra*). Todo mundo no filme se põe a cantar em um ou outro momento, mas, de propósito, do jeito que se canta no chuveiro, não como num musical. O filme foi lindamente rodado em Nova York, Veneza e Paris.*]

Escritores fazem isso o tempo todo, e eu também faço, para despistar a plateia. Em *Um misterioso assassinato em Manhattan*, quando a Keaton e o Alan Alda provam o vinho, quero que o espectador pense que os dois estão se apaixonando um pelo outro. E então eles veem a mulher [*que achavam estar morta*] dentro do ônibus, e eu e a Keaton vamos atrás dela.

Isso funcionou bem, assim como a ideia de o gângster ter o verdadeiro talento para escrever, enquanto o personagem do John Cusack, por mais empenhado e dedicado ao trabalho que seja, simplesmente não tem. É o tipo de virada que você colocou em *A rosa púrpura do Cairo*.

Dei uma roubada mesmo, com isso de o gângster ser o escritor. Sempre senti que os meus anos fazendo mágica me ajudam nessas situações. Sou muito dissimulado quando preciso; sei tirar partido dos truquezinhos da mágica que faz tudo parecer muito inocente. Sempre uso umas coisinhas sutis, que desviam a atenção do público, que não tem a menor ideia do que estou fazendo. É exatamente o mesmo princípio que se usa num truque de mágica em que se faz alguma coisa que engana a plateia. Digamos que daqui a pouco eu precise pegar a minha carteira de algum jeito; meia hora antes, eu posso sentar e pegar a carteira várias vezes, e aí, quando fizer isso depois, já foi feito, e parece inocente.

Então, a primeira vez que o gângster diz alguma coisa, ele levanta e diz: "Essa fala não me bate. É um texto burro", nem por um segundo você pensa que ele seja um escritor. A coisa só vem à tona mesmo quando ele aparece na boate e diz: "Senta aí". E então se desenvolve muito depressa.

Você sente muito prazer ao ver um filme finalizado exatamente como havia imaginado ao sentar para escrever?
Gosto do processo de escrever histórias e montar essas histórias na tela. Acho que consigo olhar para os meus filmes com completa objetividade. Este é melhor do que aquela comédia idiota que rendeu uma fortuna, mas não vamos comparar com *Ladrões de bicicleta*. Então a realidade se impõe. Consigo enxergar quando sou bom ou ruim, mas não acho que supervalorize ou supercritique o meu trabalho.

***Tiros na Broadway* trata mesmo é da diferença entre *querer* ser artista e *ser* artista. Você se vê como artista?**
Tenho uma visão muito realista de mim mesmo. Algumas pessoas acham que é humildade excessiva, ou até mesmo falsa modéstia, quando digo que nunca fiz um grande filme. Quando eu dramatizo minhas observações da vida, dizem que é cinismo. Mas não é nada disso, em nenhum dos casos. Estou dizendo a verdade. Não me vejo como um artista. Eu me vejo como um cineasta trabalhador, que escolheu seguir no rumo de trabalhar o tempo todo em vez de fazer dos meus filmes algum evento especial do tapete vermelho de três em três anos. Não sou cínico, e estou longe de ser um artista. Sou um sortudo viciado em trabalho.

MAIO DE 2005

Woody está se preparando para ir a Londres filmar *Scoop – O grande furo*, no momento ainda sem título. Ele não trabalhou como ator em *Match Point*, mas vai aparecer neste, assim como Scarlett Johansson, pelo segundo filme consecutivo.

Estamos em sua sala de projeção do Manhattan Film Center, nas poltronas giratórias de veludo escuro verde-abacate que ali estão há anos. Ao nosso lado, armários cheios de discos, a maior parte de música dos anos 30 e 40, a que ele recorre para musicar seus filmes.

Quase tudo está igual há 25 anos. A única coisa que está diferente é o entusiasmo dele por *Match Point*. Raramente demonstra qualquer entusiasmo por um filme quando terminado, mas está contente com tudo a respeito desse, inclusive o roteiro.

Por que funcionou tão bem?

Acho que tem a ver com algumas coisas. Uma é que eu não estava limitado à comédia. Podia fazer o que estivesse a fim. Não tive de pensar assim: "Estou fazendo um filme, mas precisa ser uma comédia", ou "Eu preciso aparecer nele". Não tive restrições, então pude fazer o filme que quis. Escrevi, acho, um bom roteiro. Que consegui realizar a contento. Tinha todos os recursos.

Há dois assassinatos brutais no filme, mas você não mostra nem os tiros nem sangue. Por quê?

Não era sobre o assassinato nem sobre o sangue, então não senti que houvesse necessidade de explodir as pessoas na frente do espectador. Não teria acrescentado nada. Tive muita sorte com esse filme. Tudo o que costuma dar errado num filme, deu certo nesse. Certas coisas sempre dão um trabalhão – encontrar os atores certos, precisar fazer concessões em certos papéis, o clima colaborar –, tudo isso simplesmente funcionou. Todas as decisões tomadas no filme, não só por mim, mas por todo mundo, funcionaram. Não sei se algum dia consigo repetir isso ou fazer um filme tão bom.

O Paul Kaye, que fez o papel do corretor que aluga o apartamento para o Jonathan Rhys-Meyers, tem as únicas falas engraçadas do filme. Você escreveu a cena daquele jeito?

Esse é o exemplo perfeito de como cada pessoa no filme deu a sua contribuição. Escrevi com muita simplicidade, sem nenhuma graça. Mas ele improvisou para todo lado, improvisou no personagem, e ficou engraçado. Nenhum ator veio, leu as falas, pegou o dinheiro e foi embora. Todo mundo fez alguma coisa com o seu papel.

O tempo passa de mansinho, de estação para estação, e com poucas explicações. Por exemplo, os dois casamentos na mesma igreja nos contam que meses se passaram, sem você precisar dar nenhuma explicação.

Meu instinto ao contar a história foi de que eu podia fazer isso, que não era preciso nada mais do que aquilo. Senti assim [*estala os dedos*]: Essa é toda a informação, pegue rápido e vá em frente.

Acha que estar numa cidade que não Nova York fez alguma diferença?

É sempre divertido ver uma cidade nova, mas eu não estava fazendo o tipo de filme em que pudesse explorar a cidade tanto quanto gostaria. Podia explorar Londres até certo ponto, mas se estivesse fazendo um filme romântico, poderia fazer do mesmo jeito que explorei Manhattan em *Manhattan*. Mas aqui havia uma história realmente narrativa para contar, e eu não podia me permitir muito turismo.

Esse filme saiu direitinho como você o visualizou mentalmente. Mas e outros — *A rosa púrpura do Cairo*, por exemplo?

É, esse é um dos meus filmes que saíram como eu tinha imaginado. Não que eu assista de novo.

Uma vez você me disse que tinha empacado depois de ter a ideia do personagem que sai da tela.

A inspiração que tive foi a de um personagem [*vivido por Jeff Daniels*] que sai da tela, mas não consegui dar prosseguimento. Escrevi cinquenta páginas e desisti, deixei de lado. Só voltei à história quando entendi que o ator verdadeiro fica perturbado por isso. Então ele vai à cidade e a garota [*Mia Farrow*] também se apaixona por ele, assim como se apaixonou pelo personagem dele na tela, é forçada a escolher, escolhe o personagem real e ele a magoa –isso foi o que fez a história para mim. Mas até então eu tinha cinquenta páginas em que o sujeito saía da tela, e me divertia um pouco com aquilo, mas era só isso.

No fim, a realidade sempre te pega.
A minha percepção é que você é forçado a escolher a realidade em vez da fantasia, e que a realidade acaba por machucar a gente, e que a fantasia não passa de loucura.

Que escolha!
É, a vida é uma situação de perder ou perder.

Quando você escreve, é capaz de se transportar para a fantasia?
Eu me transporto com muita facilidade. Quando está escrevendo alguma coisa, você entra na história. De um jeito prazeroso. É difícil de explicar, mas é o tipo de coisa que eu imagino que um artista plástico sente quando faz uma colagem ou trabalha numa pintura. Você quer voltar para ela e continuar. É uma sensação prazerosa.

Quando fazia comédia *stand-up*, você escrevia os seus roteiros?
Não, nunca escrevi. Eu tinha a ideia para uma piada e escrevia duas linhas – o roteiro seria, digamos, piada de carro, depois de sogra, qualquer coisa, que se fundisse numa narrativa. Eu ensaiava umas vezes em casa, depois ia para o palco e editava ao vivo no palco. Eu sabia que tinha feito a piada do relógio e que estava tudo bem. [*"Com licença, um momento, enquanto eu vejo a hora", ele dizia, tirando um relógio de bolso. "Aqui eles são muito rigorosos com o horário, e já estou ouvindo a banda se aprontando atrás de mim." Ele levantava o relógio, virado para as duzentas pessoas na plateia. "Não sei se vocês conseguem enxergar isto aqui, mas é um relógio muito bonito." Abaixava o relógio e olhava bem de perto. "Tem incrustações de mármore", continuava, olhando o relógio. "Me dá um ar de italiano." Pausa. "Foi meu avô, no leito de morte, que me vendeu."*] Mas eu sabia instintivamente que a plateia naquele momento não queria ouvir a piada do trenó e do elefante, que eu devia cortar direto para o lance da garota que vai no meu apartamento, por exemplo. E fazia a edição ali mesmo, ao vivo, enquanto ia sentindo a plateia.

Quando eu escrevia, sempre começava com um monólogo mais longo – mas não era de propósito; eu só pensava: Isto aqui vai ser *fantástico*. Aí, ia para o palco e me dava conta: Ah, meu Deus, se eu falar isso agora, sinto que eles não vão dar risada, nem mesmo depois de terem dado risada das últimas seis piadas, não é por aí. Quando a gente está na linha de fogo, o corpo diz para onde ir. Você simplesmente sabe o que vai te matar.

É muito diferente de estar sentado em casa, escrevendo alguma coisa e imaginando a plateia. Mas quando assisto aos meus esquetes dos Tamiment de anos atrás [*um acampamento nas montanhas Pocono, na Pensilvânia, a umas duas horas de Nova York, cujos donos contratavam os melhores escritores e* performers *de Nova York para criar um show novo por semana para seus mil hóspedes*], eu estou lá, com uma plateia ao vivo, e ocorre uma dinâmica que não é possível numa sala fechada. Você sabe o que fazer e o que cortar, de alguma forma sente uma eletricidade no ar. Num teatro da Broadway, com a plateia ali, rindo baixo ou cochichando, dá para saber com absoluta precisão o que vai funcionar e o que não vai. Você sente a realidade do momento, é infalível – bom, infalível não, mas raramente falha. Ainda é possível se dar mal. Claro, perceber isso quando você está na frente do público e não em casa escrevendo quer dizer que sempre é tarde demais.

Você sente a mesma coisa num set de filmagem?

Não, não tem plateia. Tem um bando de técnicos, cada sujeito ocupado com a sua função, fazendo alguma coisa. Naquele momento, apenas tenta-se trabalhar.

E o ator, quando você está representando?

Quando você está representando a cena – quando eu estou com a Diane Keaton, ou a Scarlett, ou seja lá quem for –, quando está dentro da cena, você pode ter escrito que ela vai dizer: "Vamos embora daqui", e você pode ter escrito: "É, a gente tem de sair daqui agora, porque eles estão para voltar", e aí ela diz: "Vamos embora daqui". E você sabe, porque está vivendo a cena no momento, que é melhor dizer "Ah, por que a pressa? Ainda tem dois minutos para revistar a escrivaninha e olhar os papéis". Porque escrever no meu quarto é uma coisa. No set, com uma pessoa, a sensação é muito diferente; você está dentro de uma realidade em que não estava ao escrever, porque reage de modo diferente e com mais precisão.

A primeira coisa que aprendi com você, trinta e cinco anos atrás, foi a importância da frase comum. Se você não tem isso, então nada do resto vai funcionar, não importa que o desfecho seja muito engraçado. Então, você pensa qual é a situação engraçada e depois refaz os passos para chegar a ela?
Essa é uma das coisas que aprendi com o Danny Simon. Não dá para roubar e arrumar frases para acomodar o desfecho da piada. Se eu tenho uma ideia maravilhosa para uma piada, não posso admitir uma frase que seja ilógica ou não inteiramente real antes da piada. Uma piada precisa de verdadeiras frases comuns – alguma coisa que a pessoa possa efetivamente dizer. É preciso ser espartano e cruel com a frase comum, de modo que quando você faz a piada ela saia de uma frase absolutamente honesta, não uma frase que ajudou um pouco, com o palavreado, a chegar aonde você queria. Então, quando você está escrevendo a coisa, precisa começar não com a piada, mas com aquilo que a pessoa diria naquelas circunstâncias. Então, se a pessoa diria: "Essa é a minha vaga. Faz uma hora que estou esperando para estacionar", você precisa tirar a piada disso. Não pode fazer a pessoa dizer "Acabei de comprar o carro hoje de manhã. Ele mede quatro metros e meio, e preciso de quatro metros e meio de espaço", só porque é uma grande piada alguém dizer isso. Você só pode ir aonde a frase comum permite que você vá.

Você encontra o desfecho primeiro ou a piada aparece de repente, de uma frase comum?
Vem tudo junto. Uma piada consiste num desfecho e uma frase comum. Ninguém pensa num desfecho voando sozinho. Às vezes a gente tem uma ideia engraçada, e com sorte talvez consiga refazer os passos e chegar lá com graça. Mas, particularmente quando se escreve diálogo, o que é preciso escrever é gente falando como fala na vida – só que engraçado, se você está escrevendo diálogo engraçado.

Existe um outro tipo de diálogo, que é fantástico e mais difícil, que é o diálogo de personagem, em que não existe piada nenhuma, mas o diálogo é escrito de forma a ser representado de um jeito engraçado, por um ator engraçado. Então, evidentemente, se você lê um roteiro do Bob Hope, está cheio de piadas. Um cara pode fazer as piadas, outro também pode fazer – o Hope faz melhor, mas qualquer pessoa pode falar aquilo, são piadas. Enquanto – simplificando muito, é claro –, se você está escrevendo um esquete para a série *Honeymooners*, do

Jackie Gleason, e ele diz "*Eu* vou te dizer onde a coisa está", não tem desfecho nenhum; o que é engraçado é *o cara*. Se você disser essas falas, elas não querem dizer nada. Mas como é o Gleason falando, ficam engraçadas, porque são graça de personagem.

O Alan Alda me vem à cabeça como alguém que faz isso nos seus filmes.
O Alan é um exemplo perfeito do cara que é capaz de pegar um material que tem potencial para ser engraçado, mas não é engraçado nas mãos de ninguém, a não ser nas de um *performer* extremamente hábil, e faz a coisa funcionar.

Você alguma vez ri do que está escrevendo?
Claro, o tempo todo. E em geral [*ri*] não tem nada a ver com as coisas que fazem o público rir. Estou ouvindo pela primeira vez quando escrevo ou conto a piada. Estou na sala, escrevo a piada, ou conto a piada em voz alta, e ela está saindo do meu inconsciente, então eu escuto e rio como se fosse um estranho.

Você sempre fala o diálogo antes de escrever?
Às vezes falo. Lembro que quando escrevi pela primeira vez com o Danny Simon, décadas atrás, ele sempre fazia isso. Era um bom hábito. Eu sou meio preguiçoso, mas ele tinha uma tremenda disciplina com isso, e sempre representava tudo de forma que não havia nenhuma questão sobre se ia funcionar. E sempre funcionava. Algumas coisas lidas soam bem, mas quando você levanta com um ator elas não funcionam.

Alguém anotava enquanto ele representava o material?
Nós dois ficávamos andando pela sala, falando, e um dizia: "Querida, voltei do trabalho... Ah, não, não me venha com esse peixe!!!", e nós dois voávamos para a máquina, para escrever a piada. Eu represento uma porção de coisas, mas confio em ouvir a coisa dentro da cabeça até certo ponto, ou porque sou muito preguiçoso para levantar da cama e andar pelo quarto, ou porque estou escrevendo depressa. Às vezes, consigo desse jeito porque sou experiente, às vezes não. Às vezes, me dou melhor falando em voz alta.

Você tende mais a falar em voz alta o texto que escreve para si mesmo ou tem o ouvido tão bom que só fala o texto escrito para os outros?
Faço o texto todo, todas as partes e papéis. Faço a frase comum e o desfecho.

Quando você está escrevendo uma coisa mais dramática do que cômica, acontece algo diferente na sua maneira de escrever? Você pensa de algum outro jeito? Entra na cena de maneira diferente?
Para mim não é a mesma coisa, porque para mim a comédia simplesmente flui, e eu me sinto no controle, e tenho aquela sensação que um músico tem quando sabe tocar. Sinto que faço as regras. Não é importante para mim o que aconteceu antes, o que outras pessoas fazem, o que outras pessoas pensam, o que é aceito. Tudo o que quero fazer, o que acho correto fazer, eu faço por instinto, e em geral tem dado muito certo ao longo dos anos. Não é infalível, mas dá razoavelmente certo. Consegui ganhar a vida com isso desde sempre.

Então sinto que se quiser fazer um filme em que alguém sai da tela, se quero fazer um pseudodocumentário, seja lá o que eu sinta no momento, eu faço. Não tenho medo de definir um estilo – não conscientemente, claro. Com coisas sérias, fico mais perdido e me debato mais, não confio em mim mesmo. Não me sinto tão confortável, acho, porque na comédia você ouve a risada e sabe que estão rindo. Já ao fazer um drama no teatro, não sei se estão gostando ou não. Estão assistindo, mas quando terminar eles podem estar mortos de tédio, ou podem estar pensando: Meu Deus, que experiência maravilhosa. Não faço a menor ideia. Na comédia, você sabe na hora. Simplesmente riem muito alto, e se não riem, então você está frito.

Quando escreve um drama, você também se transporta para os personagens?
Claro, em parte é igual. Escrevo, entro na coisa. Mas não me sinto tão seguro. Escrevo uma cena e penso: Ninguém vai dar risada dessa cena. Vale a pena mostrar para alguém?

Em *Melinda e Melinda*, a parte de comédia não foi problema para mim de jeito nenhum. O cara gosta da garota, aparece na porta, sai com ela, tem ciúme, está nervoso; é fácil, moleza para mim. Mas a parte dramática, fico me perguntando ao escrever – eu me divirto escrevendo – se vai ter o efeito que quero. Tive sorte nesse filme. Encontrei uma atriz [*Radha Mitchell*] que disse o texto do jeito que eu ouvia dentro da minha cabeça, então fiquei satisfeito com isso. Mas não sei qual vai ser o efeito quando você assiste a dez falas diretas, uma atrás da outra. Não sei se as pessoas vão gostar daquilo, ou entender, ou se comover, ou se envolver com aquilo – ou pensar: Ei, quando é que isso acaba, para a gente poder ir jantar?

Com comédia é muito mais fácil para mim. Quando alguém fala o quanto é mais difícil fazer comédia, não quer dizer mais difícil, quer dizer mais raro. Simplesmente a comédia vem de modo natural para algumas pessoas, e o material dramático vem de modo natural para outras. E eu sinto que sempre vou ser mais capaz de fazer o público rir do que o Ingmar Bergman. Se nós dois tivéssemos de fazer doze comédias cada um, as minhas iam ser mais engraçadas. Eu faria o público rir. E o contrário, claro, com filmes sérios.

Se você consegue fazer comédia, não é difícil. Se não consegue, é impossível. A mesma coisa com o drama. O Arthur Miller sabia fazer drama, tinha uma boa sensibilidade para isso. O Tennessee Williams tinha uma sensibilidade fantástica para isso. Para mim, é mais trabalhoso. Não vem tão naturalmente, embora como espectador eu goste mais do drama. Gosto de um filme do Bergman, de *Ladrões de bicicleta*, de *Um bonde chamado Desejo*, de Tchekhov. E então vem um impulso natural de ir para casa e querer escrever alguma coisa com essa seriedade.

Agora, o meu dote genético, ou [*rindo*] seja lá o que eu possua, vai numa outra direção, e então preciso trabalhar para tentar escrever alguma coisa séria, e não fui tão eficiente nisso ao longo dos anos como fui com a comédia. Mas isso não quer dizer que pense em parar de tentar. E acho que com *Match Point* eu fui razoavelmente bem-sucedido, talvez o mais bem-sucedido que já consegui ser com um material mais sombrio.

Os críticos escreveram algumas vezes que você preferiria interpretar Hamlet do que os papéis que interpretou.

Não sou um comediante que quer fazer Hamlet. Não tenho o menor interesse em ser ator dramático. Quer dizer, se surgisse a oportunidade e eu achasse que era capaz de fazer, eu faria, mas nunca escreveria nada dramático para eu mesmo representar e não tenho grandes vontades de representar nada sério. Como escritor, para mim é diferente.

Eu tive sorte. Tenho um talento para a comédia que me permitiu, ao longo de décadas, me sustentar. Trabalhei em todos os meios – texto, televisão, rádio, solo, Broadway, cinema – e representei na Inglaterra, na Europa e nos Estados Unidos. Consegui risadas na França, com o meu francês horrendo. É uma coisa que eu simplesmente consigo fazer. E não é que não preze meus próprios dotes, que não valorize a minha habilidade cômica. As pessoas já vão concluindo que eu faço comédia mas odeio comédia, ou que sinto que o drama é fantástico e a comédia não é nada. Mas nunca foi o caso. Sempre achei a comédia fantástica, e sempre gostei de fazer e de escrever comédia. Mas tenho uma preferência pessoal e valorizo mais uma obra dramática bem-sucedida do que uma obra cômica bem-sucedida. É absolutamente pessoal. Ao dizer isso, não estou tentando convencer ninguém de nada. Mas, como eu disse, quando gasto meus cinquenta centavos para ver um filme – ou cinquenta dólares agora –, gosto mais de um maravilhoso filme dramático do que de uma comédia. Naturalmente, não gosto mais de um drama medíocre do que de uma boa comédia, mas se a qualidade for igual, prefiro o drama.

Anos atrás você disse que parou de colaborar com a *New Yorker* porque temia que, se continuasse, no final teria diversas coleções de essencialmente a mesma coisa. Disse que queria escrever romances quando fazer filmes ficasse mais penoso do que você gostaria que fosse.

Parei de escrever textos eventuais e escrevi um romance, mas não gostei [*do resultado*], então voltei a escrever textos eventuais. Pelo menos aprendi que escrever um bom romance não é tão fácil quanto se pensa, não importam o tempo e a energia que você coloque naquilo. Mas fui sincero comigo mesmo ao tentar. Não quer dizer que eu não venha a tentar de novo, em algum momento.

Sobre o que era o romance?

Acabei usando parte dele no filme *Igual a tudo na vida* [*uma história de amor moderna, em que Jason Biggs se apaixona pela sexy mas superficial Christina Ricci, cujos afetos são voláteis*]. Havia muitas coisas engraçadas no livro, mas não era bom de verdade, talvez porque não fui educado como um literato. Não lia quando era jovem. Não fui estimulado a ler, então não cresci sabendo o que é um romance. Aos quinze anos, eu provavelmente poderia dirigir um filme – quer dizer, tinha instinto suficiente para isso. Era igual à sensação que eu tinha, ao subir num palco e fazer as pessoas rir. Ainda não estava burilado, mas eu saberia o que fazer. Já com um livro, não está em mim, não absorvi a literatura da mesma forma que absorvi o cinema ou a comédia, que estão na minha constituição. Então, quando termino um manuscrito, preciso mostrar para as pessoas e perguntar: "Isto é um livro? É um romance?". Não me surpreenderia se a pessoa dissesse: "Você não escreveu um romance. Você tem um bom esboço de romance", ou "Isto daria um bom conto".

Mas no palco, no cinema, nas boates, eu faço as regras. Sou eu que decido, porque tenho um *feeling* para isso, e absoluta confiança no meu *feeling* para essas coisas.

Quem leu o romance?

O Roger Angell [*escritor e editor da* New Yorker] leu [*em 2001*], e alguns amigos meus leram, e todos fizeram basicamente a mesma crítica, que eu não precisava que mais de uma pessoa me fizesse. Eu podia ter aceitado a crítica de qualquer um deles. O Vincent Canby [*ex-crítico de cinema do* New York Times] me perguntou se poderia ler. Foram gentis comigo, muito atenciosos, mas dava para ver que eu não tinha chegado lá. Sempre aposto alto e estava absolutamente disposto a cair fora, que foi o que fiz. Não queria escrever um romance medíocre que conquistasse alguma popularidade porque sou uma pessoa do *show business*. Queria concorrer com os grandes, com um livro de verdade, e não consegui. Mas talvez tente de novo, com outro diferente.

Como você se sentiu quando deu o livro para eles? Você realmente não tinha a menor ideia se funcionava ou não?

Não.

Foi muito decepcionante?

Não muito. Gosto de trabalho, então fiz o trabalho, e teria preferido que fosse fantástico. Empenhei muito tempo nele. Mas quando um filme meu fracassa, ou alguma coisa que escrevo não dá certo, ou eu mando alguma coisa para a *New*

Yorker, e eles devolvem dizendo: "Isto não está à altura do seu padrão normal", eu nunca fico realmente decepcionado. Para mim, o gostoso é trabalhar. Por outro lado, não fico tão animado quando acontece o contrário, quando faço um sucesso, o que me aconteceu muitas vezes, e não ficou grande coisa. Claro, é muito bom um filme estrear e fazer um grande sucesso. É bom para as pessoas que colocaram dinheiro nele, e é bom para o estúdio, mas eu logo descobri que não tinha um enorme efeito na minha vida.

Depois dos meus primeiros sucessos, de que precisei para me firmar, isso não significava mais tanto para mim. Não que eu seja ingrato. Sou grato à minha sorte, mas para mim nenhum sucesso ou honraria consegue aliviar a minha melancolia genética. Pode crer, é a minha perdição.

Você não consegue dizer: "Estou satisfeito com isto"?

Consigo. Consigo dizer isso com um filme. Consigo dizer: "Este acabou ficando um bom filme". Na verdade não sei como as pessoas reagiram ao filme, porque faz anos que parei de conferir, mas se gostaram, ótimo. Se não gostaram, não me importa muito, não porque eu seja indiferente ou arrogante, mas porque aprendi tristemente que a aprovação deles não afeta a minha mortalidade. Se faço alguma coisa que sinto que não é muito boa e o público aceita, até entusiasmado, isso não atenua em nada a minha sensação pessoal de fracasso. Por isso o segredo é trabalhar, se divertir com o processo, não ler a respeito de si mesmo, quando as pessoas estiverem falando de cinema mudar a conversa para esportes, política ou sexo, e continuar suando a camisa. Além do dinheiro – nós somos ultrabem pagos –, as chamadas gratificações são todas vaidade e tomam tempo do trabalho criativo. Mais, elas podem levar a ilusões de grandeza ou sensações errôneas de inferioridade.

NOVEMBRO DE 2005

Match Point colheu sólidas críticas positivas e cobertura na imprensa. Estreou na França e na Suíça, e no mês seguinte, quando estrear nos Estados Unidos, o crítico do *New York Times* A. O. Scott escreverá: "Este filme é um coquetel de champanhe temperado com estricnina. É preciso voltar ao auge amoral, inebriante de Ernst Lubitsch ou Billy Wilder para encontrar cinismo tão habilmente transformado em entretenimento superior... é a precisão fria, revigorante do filme que o torna tão fortemente atraente. A melancolia da existência fortuita e sem sentido poucas vezes foi tão divertida, e a mordida de Mr. Allen nunca foi tão precisa, ou tão profunda. Um filme assim tão bom não é coisa para despertar risadas".

Scoop – O grande furo está quase terminado, e Woody está embarcando em sua próxima ideia.

Você disse que hoje foi um grande dia. Você escreveu quatro páginas de um roteiro.

É. Consegui escrever quatro páginas de um roteiro, e todo o resto funcionou bem. Tive muito tempo para estudar a minha clarineta, e tempo para ir a uma reunião de pais com o meu filho na escola, e consegui fazer o que precisava. Tudo se encaixou.

Pode dizer alguma coisa sobre o novo roteiro? [*Que virá a ser* O Sonho de Cassandra.]

Não, a não ser que é, de novo, um roteiro muito sério, sombrio.

E parece que vai ser feito em Londres, no próximo verão?

É o que estou achando. Parece que é lá que vão conseguir o financiamento do filme.

Seja onde for, vai ser feito no verão, porque as crianças vão estar de férias na escola. Eu queria não precisar pensar na escola das crianças, porque aí poderia fazer filmes quando quisesse. Por exemplo, preciso fazer um filme em Barcelona no verão [*de 2007*], e a Espanha é quente no verão. Preferia poder rodar na primavera.

Vamos falar um pouco sobre as mulheres de *Interiores*. É um grupo interessante. Uma é artista de verdade, outra quer ser escritora da pior forma possível, mas só escreve *do* pior jeito, e a terceira é linda, mas sem sal.

Não lembro direito do filme. Lembro de estar em Long Island, filmando no inverno, e de gostar dos Hamptons no inverno – achar que tinha um clima, que era gostoso.

Nas nossas conversas, você sempre usa um refrão sobre seus filmes: "Não lembro direito do filme".

Não é que a memória me falhe, mas fui fazendo ao longo dos anos, e fiz trinta e seis, trinta e sete filmes, e não assisti de novo desde que foram feitos. *Um assaltante bem trapalhão* foi em 1967, 68, faz quanto tempo? Quase quarenta anos. Então não lembro. Mas é claro que se você me perguntar alguma coisa sobre *Match Point* eu posso dizer, porque acabei de ver. E tem incidentes individuais de *Noivo neurótico, noiva nervosa*, de *Manhattan*, de *Bananas*, de que me lembro vivamente, mas não lembro direito dos filmes. Só lembro que, quando estava rodando *Bananas*, estava nas montanhas de Porto Rico à noite e um inseto subiu pela minha perna [*ri*] e eu soltei um grito agudo. Lembro de ir numa hora de folga com a Diane Keaton ao único cinema que havia em San Juan, que tinha goteiras, então quando chovia era preciso encontrar um lugar onde não pingasse.

Acho que já mencionei isto, mas me pareceu tão verdadeiro que falo toda hora. O Tennessee Williams disse: "Quando você escreve um roteiro, você transcende o roteiro. É uma pena não poder jogá-lo numa gaveta. Mas você precisa ir e fazer". E eu sinto a mesma coisa. Quando escrevo um roteiro, para mim acabou. É uma pena precisar ir e fazer o filme. Então, quando acabo de fazer, acabou mesmo. Não tenho absolutamente nenhum interesse no filme.

Você não comprou uma casa nos Hamptons depois que fez *Interiores* e depois quase nunca ficou nela?

Uma noite.

Passou *uma noite* na casa?

[*Sério.*] É. Eu estava nos Hamptons no auge do inverno, janeiro, e o lugar estava vazio, frio, as praias desoladas e cinzentas, e foi ótimo para mim. Adorei. Então pensei comigo: Nossa, eu poderia comprar para mim uma casa aqui, perto do mar, e ficar só olhando o mar e ouvindo as ondas. É perfeito para a minha personalidade.

Onde era a casa?

Eu procurei e encontrei uma casa em Southampton, era linda. A mais próxima da água em Southampton, e talvez de toda a região dos Hamptons. Era grande, ótima, e trabalhei muito nela. Contratei operários e arquitetos e deixei a casa incrivelmente bonita – estou falando de jardins, árvores, tudo. E aí eu fui e mobiliei lindamente. A casa toda era linda de morrer.

E depois de um ano de trabalho, fui e passei minha primeira noite nela. E aí pensei: Ei, isto não é para mim.

Por quê?

Não sei. Simplesmente não era para mim. Acho que sou uma criatura do asfalto, do Madison Square Garden, de restaurantes, livrarias – sabe, da rua. O som das ondas me deixou louco. E eu podia ouvir a voz de censura de minha mãe, quando eu era criança, dizendo: "Você *sabe* que não gosta do campo. Que *jamais* gostou do campo. Você não gosta de sair da *cidade*".

Ela disse isso muitas vezes ao longo dos anos, e eu sempre dizia, dependendo do meu grau de entusiasmo por quem quer que estivesse saindo comigo no momento: "Ah, fica tranquila, desta vez eu vou gostar. Agora é diferente. Vai ser ótimo. A praia não é o campo". Ou "Isto é o campo, só que *perto*".

Mas no fim ela tinha razão, porque eu não tolero aquilo. Gosto de levantar de manhã e andar pelas ruas da cidade, e navegar pela cidade, e voltar de noite e ouvir o trânsito lá fora, não ondas quebrando.

Para mim é incrível você ter passado um ano nisso, ter colocado todo o tempo, dinheiro, energia e pensamento nisso, e depois entender em uma noite que não queria aquilo.

Bom, a criatividade de fazer a casa foi gostosa, porque você precisa escolher cores, a mobília, decorar, reformar, todo tipo de coisa bonita. É como escrever ou filmar – o trabalho é a melhor parte, não o resultado. Mas aí, quando fui para lá, talvez, *talvez* – na época eu estava com a Mia – ela tenha me dito: "Você está louco, vamos ficar aqui, você só precisa aguentar as primeiras noites". E ela foi muito compreensiva, não estava insistindo: "Você *precisa* ficar". Estava dizendo: "O lugar é lindo, e vai ser bom".

Talvez as coisas tenham mudado. Não sei. Mas eu estava irritado de estar lá, e não gostava de ir dormir à noite e [*ele ri*] ouvir as ondas. Eu gosto de ouvir ônibus e sirenes.

Quando você chegou de carro à casa naquele primeiro dia, houve uma sensação súbita de presságio?

[*Parece se divertir com a lembrança.*] Não tive nenhum presságio de início. Fui para lá cheio de brio, e passeei pela praia, entrei na casa, saí da casa [*ri*], entrei na casa e saí da casa. [*Ainda rindo.*] E aí comecei a sentir a mesma coisa que sentia quando ia para o campo com a Mia. A Mia é dona de um lugar lindo em Connecticut, ainda é dela. Eu chegava lá por volta da uma hora e pensava: É, é muito bonito, e passeava pelos campos, que são extensos – uns vinte e cinco, trinta hectares. Podia ser um dia cinzento de inverno, ou um dia de primavera. E aí eu entrava na casa, e saía da casa, entrava na casa, e saía da casa.

Então a luz começa a cair e fica escuro, e não dá mesmo para sair da casa, porque está um breu, e se é inverno são sete horas e está *preto*, um breu para todo lado.

E eu pensava: Nossa, se eu estivesse na cidade poderia ir ao Elaine's, poderia ir ao cinema, poderia dar uma volta, e teria dez mil coisas para fazer, e eu poderia ver um milhão de pessoas.

E ali – a Mia tinha uns vizinhos amigos, mas é preciso entrar no carro à noite e rodar por aquelas estradas do campo; eles moram a quinze, vinte minutos de distância naquelas estradas do campo. Você volta para casa às onze da noite e a estrada está escura.

Eu dizia a ela: "O que você vai fazer se estiver dormindo aí, se um carro chegar às três da manhã e alguém descer – ou mais de uma pessoa –, o que você vai fazer? Você está em casa, a casa é absolutamente acessível, as janelas abertas. Não dá para trancar tudo toda noite".

E ela disse: "Você é louco. Aqui todo mundo vai dormir, e ninguém pensa nisso. Tenho mais medo na cidade". E talvez, pau a pau, a cidade seja mais tensa. Mas não para mim. Pode ser completamente imaginário, mas sinto que na cidade, mesmo que possa ser estatisticamente mais perigoso, tenho mais opções. Tenho margem de manobra. Tenho algum plano que pode funcionar ou não, mas pelo menos tenho um plano. Mas lá você está frito.

Além disso, às sete e meia, oito da noite, não tem nada para fazer lá. É um tédio absoluto. É, a gente tinha conversado à tarde, conversado, caminhado, jantado às sete e meia ou oito, então são nove, nove e meia. O que você faz?

Alguém com temperamento mais rural diria: "Bom, eu sento na frente da lareira, leio um livro, escuto música". [*Ele começa a rir de novo.*] Preferia dar um tiro na cabeça. Quer dizer, se as opções são essas, é o que eu preferia.

Simplesmente quero fazer essas coisas na cidade. Se vou ler um livro, leio no meu apartamento, e escuto música no meu apartamento. Não preciso estar no negrume de lugar nenhum.

[*Rindo*] Então, voltando um pouquinho a Southampton. Lá está você na praia. você entra na casa, sai da casa, e aí, em algum momento daquela tarde ou noite...
Ao anoitecer.

... Você diz de repente: "Ah, meu Deus...".
"Isto não é para mim." E na manhã seguinte nós levantamos, tomamos café da manhã, voltamos de carro para a cidade. Liguei para o meu contador e disse: "Venda a casa".

***Realmente* não era para você.**
Não era. [*Sacode a cabeça, depois fala devagar.*] Não era. Para. Mim.

Foi preciso mudar muito a casa que você usou em *Interiores*?
Foi, sim. Era uma casa muito bonitinha, e acho que fizemos a casa ficar muito, muito linda. Mas os donos não acharam. Quando eles voltaram, ficaram *atormentados*. Não que a gente tivesse feito alguma coisa errada: eles sabiam que íamos mexer na casa. Mas ficaram aflitos com o modo como mexemos. Achei que tinha ficado linda. Havia antiquários na cidade que, depois que o filme foi lançado, nos disseram que houve uma grande procura por antiguidades campestres, antiguidades campestres francesas, inglesas, americanas. Claro, nós restauramos a casa conforme ela era antes.

De todo modo, as três mulheres diferentes e o relacionamento entre elas são uma maneira interessante de contar a história.
É, tentei tornar o filme interessante desse ponto de vista. Tentei mostrar que era doloroso estar repleto de sentimentos e não ter habilidade nenhuma para

expressar esses sentimentos, que sensação horrível deve ser [*para Joey, vivida por Mary Beth Hurt*]. Porém isso não salvava a pessoa que era a mais dotada na família [*Renata, a personagem de Diane Keaton*]. E a terceira irmã [*Flyn, feita por Kristin Griffith*] era muito superficial, e aquilo não era resposta para nada. E a única esperança era de que houvesse alguma espécie de vida nova para a Mary Beth Hurt, que ela morresse e renascesse [*Pearl (Maureen Stapleton), a nova madrasta de Joey, a retira do mar, onde ela entrou, em desespero, numa noite de tempestade, e faz respiração boca a boca*]. Acho que agora faria esse filme muito melhor, muito melhor. Na verdade, sei que poderia. Mas fiz o melhor que pude na época.

Outro dia, você disse que, com o que aprendeu nos últimos trinta anos, faria o filme menos poético, e que apresentaria o conflito desde o início.
Dá para abordar o filme de várias maneiras. Tem uma porção de coisas fantásticas que eu não soube explorar. É uma pena, porque é uma ideia ótima, eu é que não estava inteiramente à altura dela. Fiz render um pouco, mas nem de longe tudo o que poderia render.

O personagem do E. G. Marshall, o pai, também é alguém que é resgatado, ou que está tentando ser resgatado.
É, as figuras são muito vívidas. Tem um sujeito que viveu muitos anos com essa mulher, a Eve [*feita por Geraldine Page*]. Ele ficou lealmente com ela, que tem um desequilíbrio mental, e ficou por causa das filhas, e dedicou todo o tempo dele e foi um pai extremamente decente. Aí, ele chega a um ponto em que as filhas mudaram de casa, e ele não quer mais precisar colocar o copo em cima da mesinha exatamente no mesmo lugar. E tem direito a isso. Foi uma vida santificada que ele levou antes disso.

Todos esses são bons personagens, e os conflitos deles são bons, mas não tive a habilidade de tirar tudo deles.

A Maureen Stapleton é capaz de jogar fora a morte dos dois primeiros maridos dela num comentário durante o jantar.

[ARTHUR (*Bebendo vinho*) O marido da Pearl era um *chef* e tanto.

PEARL (*Tocando o braço dele*) Hmm. Era um cozinheiro amador. Na verdade, trabalhava com joias. O meu primeiro marido, que descanse em paz. Adam, o segundo, era ortodontista.

RENATA (*Fazendo uma careta*) Quantos você teve?

PEARL (*Bebendo vinho*) Dois. O Adam teve um infarto fulminante. O Rudy era alcoólatra. (*Para Arthur*) Quer mais molho?]

Já para a Eve, teria sido uma angústia enorme descrever isso.
Certo. A Maureen era cheia de vida, cheia de vitalidade. E acho que você não consegue encontrar a Geraldine Page atuando melhor do que nesse filme em nada do que ela fez. Não digo isso por mim; não foi obra minha. Ela entendeu a personagem.

Quando ela pega o abajur e diz: "Preciso dizer uma coisa. Isto aqui precisa ficar mesmo no quarto, porque é uma peça muito insignificante para ficar aqui. A cúpula não combina com essas superfícies lisas", o perfeccionismo obsessivo dela me arrepia. É completamente convincente.
Ah, é. Eu baseei todas essas pessoas em gente com quem convivi na minha vida, e é isso o que elas fazem. Posso ter exagerado um pouco, com finalidade dramática, mas é tudo fiel à vida.

Uma vez você me disse que tem muito de você na Eve.
As pessoas sempre me procuram nos filmes, nos meus personagens. Por exemplo, a Pauline Kael mencionou que achava que eu era a personagem da Mary Beth Hurt, porque coloquei nela aqueles paletós de *tweed*, e eu uso paletó de *tweed*. Mas eu não acho nada disso. Na verdade, na vida real, tenho uma sorte incrível, em comparação com a personagem da Mary Beth. Eu tive uma espécie de talento – pode ser menor, mas é uma espécie de talento para me expressar –, e a Mary Beth Hurt era cheia de sentimento, e não tinha meio de expressar isso. Achei que eu ficava mais próximo da Geraldine: uma espécie de disciplinadora, obsessiva, que quer tudo direito, controla as coisas, faz as coisas perfeitas; tenta ter bom gosto, ser contida e mobiliar uma sala com a quantidade certa de móveis – essa era a obsessão *dela*. Eu posso resolver mobiliar uma sala

do mesmo jeito, ou posso escolher mobiliar uma sala enchendo de coisas, mas é um efeito deliberado.

Então eu me via nela e provavelmente me imaginava tão frágil quanto ela do ponto de vista emocional. Mas não sou.

Não vai enfiar a cabeça no forno, como ela fez.
Eu sentia mesmo muita empatia por ela. Pensava: Nossa, sou uma pessoa que sofre nessa profundidade, e pela graça de Deus, ou por algum feliz acidente, não sou candidato a terapia de eletrochoque. Consegui escapar disso, mas *por pouco.*

Se você sofre daquele jeito, como consegue evitar o desespero que levou a personagem da Geraldine Page ao suicídio?
Acho que cozinhei a minha vida inteira no fogo lento da depressão. Não tenho o tipo de depressão que chamam de "clínica", ou a que te faz cometer suicídio. Mas tenho um tipo de depressão de baixa intensidade, feito uma chama piloto, que está sempre acesa. Ao longo dos anos, trabalhei milhões de pequenas estratégias para contornar a depressão: estratégias de trabalho, de relacionamento e de distração.

Quais são as estratégias de relacionamento?
Consegui ter alguns amigos próximos, que dão apoio, e tive alguns relacionamentos com mulheres, para mim, muito bons. E tive uma porção de pequenos truques para me distrair, para me manter trabalhando. Deixar de participar de coisas ou a minha atitude volta e meia são vistas como indiferença, quando não são indiferença. É a depressão. [*Ri.*] Mas a minha inabilidade para participar de certas coisas, a minha falta de interesse em ler sobre mim mesmo, ou ler as críticas dos meus filmes, ou eu não me importar se os meus filmes dão dinheiro ou não, ou se o público gosta ou não gosta de mim – sempre parece que estou sendo indiferente, mas não é nada disso.

Quando sou confrontado, claro que intelectualmente, digo: "Bom, preferia que o meu filme desse muito dinheiro. Preferia que fosse adorado por todo mundo". Mas dá para ver no meu comportamento que eu não faço nada para isso acontecer. Eu faço os filmes. Nunca me preocupo se estão de acordo com a moda, com a comercialização, com sua relevância, profundidade, superficialidade.

E quando eles são lançados, nunca dou uma festona e me divirto com a estreia, embora às vezes seja obrigado a ir e dar uma força.

Você sabe que *Match Point* vai ser lançado aqui [*em dezembro de 2005*] e vou ter de ir a uma *première* na Califórnia e a uma *première* em Nova York porque a DreamWorks colocou dinheiro no filme, e eles querem um pouco de colaboração, e eu não sou um idiota, não sou um monstro. Então, claro, vou participar. Mas se não me pedissem, nada no mundo me faria ir. Com toda a certeza, é uma coisa que eu não faria.

Já terminei *Scoop – O grande furo* e estou escrevendo o próximo, não tenho mais nenhum interesse em *Scoop.* Vou fazer a marcação de cores e mixar, mas assim que possível não ponho mais os olhos nele. Igualzinho foi com *Match Point*, de que eu *gosto.*

Uma das suas estratégias é fazer um filme por ano, porque isso te permite inventar um mundo que você pode habitar por aquele período, onde fica feliz de estar durante nove ou dez meses.
É.

Então, com *Match Point* bem encaminhado e *Scoop* praticamente pronto, agora você mudou a sua cabeça e a sua imaginação, ainda que não a sua mobília, para esse novo filme?
Mudei, mudei. Amanhã ou depois vou dar uma passada no escritório, para conferir um último rolo de internegativo, que o laboratório estragou em *Match Point* – tiveram um probleminha para acertar a cor de um rolo. Então dou uma passada lá, assisto a dez minutos [*duração de um rolo de filme*] e digo [*estala os dedos*]: "Ótimo".

Depois entro na sala ao lado e vou cortar alguns fotogramas de duas cenas de *Scoop*, por enquanto é tudo o que eu quero fazer, e mandamos para o pessoal dos efeitos sonoros, eles têm umas duas semanas para fazer aquilo tudo. E aí faço a correção de cor e a mixagem. Mas a essa altura estou de volta em casa, trabalhando em outra coisa.

Parece que você muda de filme com a mesma facilidade com que foi capaz de mudar para a casa de Southampton e depois mudar de lá.

É, mas vou contar uma coisa interessante. Emocionalmente, preciso esperar até o projeto estar basicamente acabado. Os detalhes físicos que falta fazer em *Scoop* agora são triviais. Mas eu não conseguiria começar esse filme que estou escrevendo agora, ou nenhum outro filme, enquanto estava emocionalmente envolvido com *Scoop*, enquanto estava mergulhado nele.

Antes você me falou da diferença entre a exigência física e a emocional ao fazer um filme, que você descobriu quando fez *Zelig* e *Sonhos eróticos de uma noite de verão* ao mesmo tempo.

É. Todo mundo que previu que haveria um problema achava que seria um problema físico. Mas rodar dois filmes ao mesmo tempo, do ponto de vista físico, não é nenhum desafio. É fácil. Mas eu lamentei depois de ter começado foi porque passei maus bocados tentando me organizar emocionalmente.

Então eu podia estar filmando *Sonhos eróticos de uma noite de verão* na cocheira, na propriedade de Rockefeller, e podíamos ter achado que ali seria um grande lugar para o Mel Bourne [*diretor de arte*] montar um cenariozinho para eu rodar algumas entrevistas para *Zelig*. Economizaria muito tempo. Eu estou lá, e a gente está sempre procurando essas coisas mesmo. E do ponto de vista físico, não era nada. O Gordon Willis e eu fomos e deixamos as nossas câmeras de lado, pegamos câmeras velhas, com as lentes velhas, e fizemos as tomadas.

Mas, mentalmente, foi uma dureza lavar um filme e penetrar no outro.

Pelo que você diz, parece que no momento em que você termina um filme em que tenha passado o ano inteiro e decide qual é o próximo, a transferência se dá quase instantaneamente, como a caixa chinesa do mágico de *Édipo arrasado* e *Scoop*.

É, embarco no próximo. O prazer está em fazer. Estou me divertindo agora. Levanto de manhã e vou para o meu roteiro.

Enquanto você vive naquele mundo, é ótimo.

É, e vai ser divertido – isso varia de filme para filme – durante um certo tempo. Quando eu estava fazendo *Tiros na Broadway* ou *A era do rádio*, acordava toda manhã e passava o dia inteiro com aqueles personagens de roupas de época, eles eram coloridos, e cantavam, e representavam de um jeito divertido.

Quando eu estava fazendo *Match Point*, eu acordava de manhã e lá estava o Jonathan Rhys-Meyers e a linda Scarlett Johansson, e eu passava o meu tempo com eles o dia inteiro, e a gente fazia piadas e tentava fazer coisas muito sérias quando era uma cena séria, e às vezes ríamos muito depois que acabava, ou antes de rodar, por causa da tensão de fazer aquilo, ou do constrangimento, ou só pelo prazer que estávamos tendo, o prazer malicioso que temos ao fingir que somos tão durões.

Faço isso durante algum tempo, depois levo o copião e sento com o meu editor na sala de montagem, peço um sanduíche de atum e a coisa toma forma, é muito prazeroso. É igual a fazer a casa em Southampton. Vira uma coisa estética e prazerosa. E então chega um ponto em que está basicamente acabado. Você não precisa de nada além de umas decisões aqui e ali. E então [*ele estala os dedos*], lança-se o filme, e as pessoas gostam ou não gostam. E eu preferia não ficar sabendo. Fiz o filme e está acabado. Faz parte da minha personalidade depressiva não comemorar um sucesso e não ficar com uma lança cravada no coração quando um filme fracassa.

Anos atrás, quando *Manhattan* estreou em Nova York – foi muito divulgado antes de estrear –, não fui na *première*, no Ziegfeld Theater, nem depois na grande festa no Whitney [*Museum of American Art*], entrei num avião uns dias antes e fui para Paris. Então as pessoas pensam, ele não liga, ou é muito indiferente, ou é metido, arrogante, mas como eu disse, não é nada disso. Não é arrogância, é mais ausência de alegria. Não me emociona. Não quer dizer nada [*sorri*]. Mas Paris me emociona.

Estou tentando explicar como eu me sinto, e consigo entender por que isso é mal interpretado: não existe honra que um ser humano possa me dar que signifique alguma coisa para mim. Para mim, receber alguma coisa que tenha significado para mim exigiria um universo diferente. [*Dá uma risadinha.*] Sei que isso parece excentricidade, ou orgulho, ou "ele acha que está acima de tudo". Mas não estou acima de nada. Ou estou abaixo, ou pelo menos ao lado [*ri mais forte*].

Por que isso?

Porque os prêmios são feitos para juntar poeira; eles não mudam a sua vida, não afetam a sua saúde de forma positiva, nem a sua longevidade ou a sua felicidade

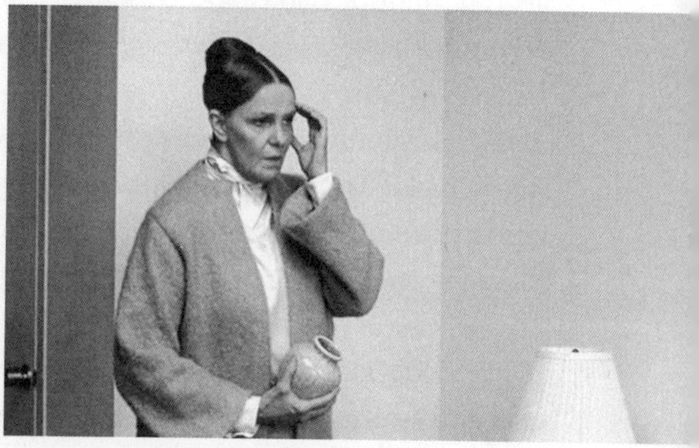

As três irmãs de *Interiores*, numa tomada que traz a marca da influência de Bergman na obra de Woody; e Eve, a mãe compulsiva e controladora, a personagem do filme com quem Woody mais se identifica

emocional. Os lugares que você quer consertar na sua vida, ou ajudar, o ajuste e o conforto de que você precisa, não são tocados pelas grandes honras do mundo.

Então, o mundo inteiro parado no túmulo de Shakespeare, entoando loas a ele e fazendo dele uma instituição maior que a vida no planeta, não significa absolutamente nada para o Bardo. E não teria significado nada se ele estivesse vivo e na estreia de *Hamlet* [*começa a rir*] tivesse uma dor de dente [*rindo mais forte agora*].

Recebe-se um pequeno conforto da ciência e da tecnologia. É óbvio que elas não têm todas as respostas, mas têm algumas coisas que podem ajudar. O que ajuda mesmo é ter acesso à vacina Salk e ao filtro solar. Mas o resto todo – os filósofos, os cientistas, essa outra coisa – é tudo... [*Ele se cala.*]

[*Os comentários me lembram uma coisa que ele me disse no final dos anos 80, enquanto estava filmando* Crimes e pecados*: "Por que não optar por uma vida sensual em vez de uma vida de trabalho extenuante? Quando você chega no portão do céu, entra o sujeito que passou a vida inteira perseguindo e perseguindo mulheres e teve uma vida de sibarita, e você entra também. A única razão que consigo imaginar para não entrar é uma outra forma de negação da morte. Você se ilude de que existe uma razão para levar uma vida significativa, uma vida produtiva de trabalho, e luta e busca aperfeiçoamento numa profissão, numa arte. Mas a verdade é que você poderia passar esse tempo se permitindo tudo – supondo-se que tenha dinheiro para isso – porque as duas vidas levam ao mesmo lugar.*

"Se não gosto de alguma coisa, não importa quantos prêmios essa coisa ganhe. É impossível manter o seu próprio critério e não ceder às tendências do mercado.

"Espero que em algum momento se perceba que na verdade não sou um descontente, ou que a minha ambição, as minhas pretensões – que eu admito francamente – não são de conquistar poder. Só quero fazer alguma coisa que entretenha as pessoas, e estou me desdobrando para isso." Mas ele não se incomoda de fato se o público não se diverte: "Na verdade, estou acostumado com isso".]

Ainda estou curioso. Quando você começa a escrever, é divertido porque você pensou a história inteira e trancou na sua cabeça antes de começar a escrever. A parte realmente difícil é pensar. Então, quando você estava fazendo a transição de *Scoop* para este novo – faz só três semanas que você disse que tinha

três opções para escrever, dependendo de onde fosse rodar. Tinha uma história em Barcelona, uma história em Londres e uma história em Paris –, estava pensando em cada uma delas durante esse tempo?
Estava, penso quando tenho uma brecha, o tempo todo. Não paro nunca. Não preciso de paz e sossego para pensar. Posso estar lá, jogando pega-varetas com os meus filhos, ou participando plenamente da vida deles, beijando as crianças, mas ao mesmo tempo tentando resolver um problema na minha cabeça.

Quando chega a hora de escrever, preciso de algum espaço. Mas ao sentar para comer, a minha cabeça está sempre trabalhando. Gosto de trabalhar. Vou para a cama à noite, assisto ao final de um jogo de basquete, estou exausto e quase nem consigo apagar a luz, e no minuto ou minuto e meio que levo para adormecer [*ri*], penso na história. [*Faz uma pausa enquanto pensa numa exceção.*] Nunca durante o sexo, porém – não sou assim *tão* dedicado.

E você lembra depois. Muitas vezes as pessoas perdem essas últimas ideias.
[*Enfático*] Ah, lembro.

Lembro que muitos anos atrás eu lia livros sobre dramaturgia. O Danny Simon me aconselhou a ler alguns, e outros eu li por conta própria. E li um, acho que escrito pelo John Van Druten, que escreveu *Sortilégio do amor* e aquela outra peça ótima, *Centelha do amor* [*além de* Cabaré]. E dizia que não era preciso escrever as ideias – não falava do tipo de escrita em que se mantém um caderno e seis anos depois se volta a ele –, porque se elas são reais, elas ficam com você. E eu descobri que isso era absolutamente verdadeiro. Não faço um rascunho. Então, quando vou dormir à noite e tenho uma ideia, eu me lembro depois.

Gostei muito de *Centelha do amor.* [*O filme, dirigido por Irving Rapper, é a história de Bill, soldado de licença em Nova York. Na sexta-feira, ele vai ao apartamento de Sally para pegar a amiga e sua namorada, Olive, que de repente acha que tem uma oferta melhor e inventa uma desculpa para dispensá-lo. Sally, aspirante a atriz, está se curando de uma desilusão amorosa, mas vai com o desprezado Bill a um restaurante francês na vizinhança. Depois, chove a cântaros e ela inocentemente o convida para dormir no sofá, o que ele aceita, mas ambos se reprimem. (Na época, a peça e o filme foram considerados ousados e sofisticados.) Na noite de domingo, está traçado o futuro deles juntos no mundo incerto pós-guerra. O filme foi lançado em 1947; Woody completou doze anos em dezembro daquele ano.*] Eu cresci com esse tipo de coisa, esse tipo de comédia sofisticada. Não considero uma grande peça, de jeito nenhum, mas é o tipo da coisa que moldou a minha imagem do teatro e de Nova York, de um tipo de apartamento do Upper East Side que tinha um restaurante no térreo, onde se podia ir ali mesmo, subir de volta, e mulheres sofisticadas querendo ser atrizes como neste caso, e um sujeito do exército de licença, e quem ia para a cama com quem. Simplesmente me estimulava a fantasia do que devia ser a vida em Nova York. Fiquei impressionado com a Eve Arden, que trabalhava no filme; sempre adorei a Eve Arden.

Eu também. Fui um grande fã dela na adolescência. Era maravilhoso ver a Eve Arden toda semana em *Our Miss Brooks*.

É, a gente gostava dela. Você é mais novo, então lembra dela nisso aí.

Cheguei pertinho assim de trabalhar com ela [*quase junta o indicador e o polegar*]. Ela chegou a ser *contratada*. Veio a Nova York para experimentar os figurinos. Ia fazer o papel de Zoe Caldwell em *A rosa púrpura do Cairo* [*a Condessa do filme homônimo, dentro do filme*]. Na época, pensei: Meu Deus, vou trabalhar com o *Van Johnson* e a *Eve Arden*! Quem diria!? Estou jogando uma partida com o Joe DiMaggio e o Babe Ruth! [*Risos, depois uma pausa.*] Mas aí o marido dela morreu, ela deixou o filme e tive a sorte de conseguir a Zoe Caldwell.

Sem insistir no assunto, mas você estava pensando nas três ideias ao mesmo tempo, sem saber qual ia fazer?

Eu tinha três ideias que, depois de refletir, sabia que se mostrariam passíveis de desenvolvimento, e estava ansioso para começar a trabalhar em uma delas. Conversei com a minha irmã [*Letty Aronson, que agora produz os filmes dele*] e ela disse: "Realmente acho que devemos pensar que vai ser em Londres, ainda que não esteja definido no momento; essa parece ser a probabilidade maior".

E quanto tempo depois disso, quando você se empenhou na coisa, conseguiu começar a escrever? Parece que foram umas duas semanas.

É, mas de pensamento obsessivo. Essa é a pior parte. É quando fico com todas as minhas doenças, refluxo de acidez e exaustão física. Escrever é uma alegria, mas levantar de manhã quando a estrutura não está aparecendo é uma coisa horrível. Você levanta, toma o café da manhã e sabe que vai voltar para a sala e começar a pensar onde aquilo vai parar. É como escrever uma sinfonia. O tema começa aqui, mas vai ressoar três movimentos depois, e se *isto* estiver errado, *aquilo* vai ficar terrível.

É engraçado: no jogo de xadrez eu não consigo [*rindo*] enxergar um movimento à frente, sabe? Mas quando estou escrevendo um roteiro – e pode ser bem complicado, com uma porção de personagens – consigo enxergar lá adiante e resolver meus problemas. Agora, nem sempre consigo fazer direito no primeiro tratamento, e preciso fazer ajustes no começo, porque não chego de graça nas partes mais do fim do roteiro. Isso, tudo bem. Até então, é muito, muito agradável. E o dia em que eu começo a escrever é estimulante para mim. Não sei explicar. Me sinto cheio de energia; converso quase igual a um maníaco. Poderia sair pulando pela rua e andar depressa, fazer as coisas como se tivesse vinte anos de idade.

Parece que esse é um dos poucos momentos em que você sai da estreita faixa emocional em que funciona.

É, porque a maior parte do trabalho do escritor é difícil. Até os meus filhos pequenos, um tem cinco anos agora e o outro seis, dizem: [*faz voz de criança*] "Papai vai entrar para pensar".

E eu digo: "Enquanto vocês vão para o circo, o que é que eu vou fazer?".

[*Faz voz de criança de novo.*] "Você vai *pensar*."

E eles entram no quarto, e lá estou eu na cama, assim [*faz mímica de quem se deita de lado e fica olhando o vazio*], pensando. E aí vou almoçar, e penso durante o almoço. Depois volto para lá.

Sem lápis nem papel?

Nem lápis, nem papel, não.

Como a Soon-Yi reage a isso? Ela aprendeu a se adaptar?

Ela acha que é mais um dos mistérios de como eu trabalho, que grande parte do meu esforço vai em pensar. Ela sempre fica espantada porque acha que eu escrevo muito depressa. Mas ela comete o mesmo erro que a maioria das pessoas. Acham que escrever é escrever. Como disse o Marshall Brickman, *pensar* é que é escrever; escrever é pôr no papel. Se depois de um mês não sai nada, eu digo para mim mesmo: Essa ideia não era para ser.

Às vezes, tenho um problema obsessivo com duas ideias, aí escrevo uma por duas semanas e acho chata, e aí vou para a outra, e acho a mesma coisa. A parte difícil é encontrar as ideias que funcionam e conseguir pôr em ordem.

Como escritor, admiro a facilidade com que você se muda para a casa nova que contém a próxima ideia.

É, porque eu termino a última e ela não tem mais nenhum interesse. Quando projetei *Scoop* para você outro dia, pensei quinze minutos depois: Ai, vou ter de ver isso tudo *outra vez*? Preciso assistir quando for mixar, e depois fazer a marcação de cor e o DVD, e o internegativo, e depois disso tudo, não quero mais ver o filme de novo. E não vejo.

Deixa eu te levar de volta para *Interiores*, porque você disse que tem amigos e truques mentais para se impedir de cair em desespero, mas não um desespero tão terminal como acontece com a personagem da Geraldine Page.

É. Tenho as minhas várias distrações. Sou louco por esportes; faço exercício todos os dias. O meu senso de disciplina é geral – *praticar* a clarineta, *levar* a rotina de trabalho, *entrar* na sala e escrever –, tudo isso ajuda. Ajuda na militância contra entregar-se à horrenda melancolia da realidade.

Quando você falou de *Centelha do amor*, você estava lá no Brooklyn, sem gostar da escola, sem ler muito. É interessante que a peça tenha te pegado e chamado a sua atenção.

A fantasia de sofisticação me pegou cedo. Por quê? Não sei dizer. Quando eu era um menino ainda muito novo, não era de filme de pirata que eu gostava, nem de filme de caubói, que deixavam os meus amigos enlouquecidos. Eu dormia nesses filmes. O que me excitava na minha mais *tenra* idade era quando os créditos terminavam e a câmera fazia uma panorâmica pela silhueta de Nova York. Eu imaginava as pessoas naquelas casas da Park Avenue e da Fifth Avenue, ocupadas com sua vida, com seu mordomo, seu valete, seu café na cama, vestindo roupa de gala para jantar, indo a boates e voltando tarde da noite. Clubes de jantar, coquetéis, pianos-bares. Esse mundo, por alguma razão, não sei qual, me deixava ligado, e era isso o que me interessava.

Quando você falava com os seus amigos do bairro, eles ficavam intrigados ou surpresos de você ler peças como *Centelha do amor*?
Bom, na escola os professores ficavam surpresos, porque as minhas referências eram sofisticadas. Não eram literatura, mas as minhas referências eram inteligentes. As piadas que eu fazia quando era muito jovem, antes que soubesse realmente do que estava falando, eram sobre Freud e martínis, coisas assim, porque estava imitando o linguajar dos filmes que eu via, quem eu queria ser, aquilo com que me identificava.

É possível que eu tenha um gene embutido de sofisticação – esses filmes que estou descrevendo têm certo grau de sofisticação. São sofisticados, são comédias de divórcio, comédias com rolhas de champanhe espoucando e comentários inteligentes. E nisso há alguma coisa que me atraía quando eu ainda era bem jovem.

Sempre achei os meus amigos quadrados demais. Quer dizer, eu gostava deles, e a gente se divertia junto, não estou dizendo que não fui ver *King Kong*. Eu gostava dos Irmãos Marx e do Chaplin, mas o que me interessava mesmo eram filmes como – esse foi um pouco anterior a mim – *My Man Godfrey* [*1936*]. Filmes posteriores que para mim seriam como leite materno quando eu era criança são *Odeio-te, meu amor* [*1948*] ou *Núpcias de escândalo* [*1940*].

Ainda adoro esses filmes. Se estou assistindo televisão, mudo de canal e vejo gente entrando numa boate, fico fisgado. Fiz o Santo [*Loquasto*] recriar isso para mim várias vezes.

FEVEREIRO DE 2006

Como vai indo o novo roteiro, o de Londres, para este verão?
Deixa eu explicar. É meio complicado. Não sou bom escritor, mas felizmente sou um escritor robótico. Então terminei a mixagem e todas as outras coisas de *Scoop*, e a minha situação era: Vou fazer um filme em Londres no ano que vem e um em Barcelona no outro ano. Então sentei e escrevi o filme para Londres. E no último

minuto houve uma mudança para Paris. O filme de Londres não deu certo, os meus agentes não quiseram se envolver com parte do financiamento. Então o lance de Londres acabou no último segundo, e estou falando do *último segundo*. Eu tinha escrito e reescrito o roteiro inteiro meticulosamente, porque fiz uma mudança grande ao reescrever; trabalhei nele feito um cavalo.

Três dias depois, deu errado. Aí, de repente, apareceu uma situação muito boa em Paris. E o filme poderia ser feito entre junho e agosto, então funcionaria com as crianças, e seria uma nova aventura para a família. A única coisa que faltava era um roteiro. Isso foi no começo de fevereiro, e não me deixava muito tempo. Precisava ser concebido, escrito, orçado, elencado e tal. Estou nas últimas duas páginas agora. Termino amanhã. Depois vou ter um pequeno período de folga. Vão digitar nesta semana. Depois fico com ele no colo por uma semana, dez dias antes de entregar. Mas foi uma corrida e tanto até a linha de chegada.

Usou a história de Paris a que tinha se referido antes?
Usei, mas existe uma diferença entre ter uma história e escrever um roteiro. Mesmo tendo a ideia básica, leva algum tempo para pensar em tudo. O filme pode acabar ficando horrível, mas se ficar, não é porque escrevi com pressa.

É um drama ou uma comédia?
É um filme de amor.

Você trabalha como ator?
Não, é pressão demais para mim na fase de escrever. Só posso escrever determinado tipo de filme quando estou nele. Quando sentei para escrever *Match Point*, foi revigorante. Nunca precisava pensar: Qual vai ser o meu papel? Só escrevia, cena atrás de cena.

Alguns dos temas de *Match Point* estão em *Crimes e pecados*, no qual existe um personagem para Woody Allen. No que difere o texto dos dois roteiros, estando você num e não no outro?
Em *Crimes e pecados*, ninguém tinha interesse nenhum nas minhas aspirações [*as de Cliff, o obscuro documentarista*]; só estavam interessados em sucesso. Meu papel

no filme foi para dar um alívio cômico. A verdadeira história de *Crimes e pecados* é a do Martin Landau.

Que se dá bem com o assassinato.
Muita gente achou que o Marty ficava atormentado e precisava repetir a história como o Velho Marinheiro. Mas não era *nada* disso. Ele não fica nem um pouco atormentado. Fica muito bem. Ele se dá conta de que num universo sem deus você pode se safar com uma coisa dessas, e não se incomoda.

Que posição *Crimes e pecados* ocupa em sua estima?
Foi bom, mas um pouco mecânico demais para mim. Acho que eu estava me empenhando demais, enquanto em *Match Point* tudo fluiu organicamente. Eu simplesmente tinha os personagens certos, no lugar certo, na hora certa.

Você também estava catorze anos adiante em termos de experiência. Quando estava escrevendo *Match Point*, você pensava: "Já trabalhei um pouco com esse assunto antes em *Crimes e pecados*, mas existem outras coisas que quero dizer"?
Não, estava dizendo que queria obedecer a história, e se você obedece as exigências de criação de uma obra de ficção, o sentido se revela por si. E para mim, naturalmente, vai se revelar de maneira particular. Anos atrás, o Paddy Chayefsky me disse: "Quando um filme ou uma peça está fracassando" – ele colocou brilhantemente –, "corte a reflexão". [*Ri.*] O Marshall Brickman disse de outro jeito – já contei isso antes para você –, mas tão genialmente quanto, só que mais interiorizado: "A mensagem do filme não pode estar no diálogo". E essa é uma verdade que é difícil suportar, porque a tentação é de vez em quando puxar um momento e filosofar, e introduzir a sua reflexão, introduzir o seu significado. Fiz isso em *Match Point* até certo ponto – eles estão sentados em volta da mesa, discutindo se a fé é o caminho da menor resistência. Mas a verdade da questão é que se o sentido não passa na ação, não se tem nada nas mãos. E não funciona. Não dá para colocar pessoas sentadas, fazendo comentários inteligentes, ou tendo *insights* inteligentes porque, enquanto eles dizem essas coisas, o público não está digerindo do jeito que o autor pretende – "Ei, você ouviu esse epigrama shaviano?". O público recebe aquilo como o

diálogo de personagens em determinada situação: "Ele diz isso porque ela está pensando aquilo, e ele quer pegar o lado bom dela...". O público assiste à *ação* da história. Quando você perde isso de vista, e nós todos perdemos – eu com certeza perco –, acha que está expondo as suas ideias, acha que está infundindo reflexão na sua obra, mas está cometendo suicídio. Está simplesmente militando contra o prazer do público.

Mas *Match Point* se encaixa num velho tema seu, de que num universo sem deus o único controle que você tem sobre si mesmo é a sua própria moralidade. Ninguém mais vai te punir se você não for descoberto.

Uma coisa interessante: li um artigo que alguém me mandou, escrito por um padre, a respeito do filme. Era muito bom, mas ele partia de uma hipótese errada. A hipótese era assim: se, digamos, a vida não tem sentido, é caos, é acaso, então pode-se tudo, e nada tem sentido, todo ato é tão bom quanto qualquer outro. E isso imediatamente leva alguém com uma convicção religiosa à seguinte conclusão: é, pode-se matar pessoas e se dar bem com isso, se é o que se quer fazer. Mas é uma falsa conclusão. O que estou dizendo de fato – e não é oculto, nem esotérico, é claro e simples como a água – é que nós temos de aceitar que o universo é sem deus, e a vida é sem sentido, muitas vezes uma experiência brutal e terrível, sem esperança, e que as relações amorosas são muito, muito difíceis, e que ainda precisamos encontrar um jeito não só de suportar, mas de levar uma vida decente e moral.

As pessoas já vão concluindo que estou dizendo que qualquer coisa serve, mas na verdade estou fazendo a pergunta: dado o pior, como podemos continuar, ou até mesmo por que deveríamos escolher continuar? Claro, nós não escolhemos – a escolha está impregnada em nós. O sangue escolhe viver. [*Risos.*] Por favor, repare que enquanto eu pontifico aqui, você está entrevistando um sujeito com um mecanismo de negação deficiente. De todo modo, os religiosos não querem admitir a realidade, que contradiz o conto de fadas deles. E se o universo for sem deus [*ri baixo*] eles perdem o emprego. Interrompe o fluxo de caixa.

Ora, existe uma porção de gente que escolhe levar a vida de um jeito completamente autocentrado, homicida. Pensam assim: Já que nada significa nada e eu posso me dar bem com assassinato, vou fazer isso. Mas pode-se também fazer a escolha de que estamos vivos, e outras pessoas estão vivas, e estamos juntos num bote salva-vidas e é preciso tentar e fazer o bote ser o mais decente possível para você e para todo mundo. E me parece que isso é muito mais moral, e até mesmo muito mais "cristão". Se você admite a terrível verdade da existência humana e escolhe ser um ser humano decente diante dela, em vez de mentir para si mesmo que vai haver alguma recompensa ou algum castigo celestial, isso me parece mais nobre. Se existe uma recompensa, ou um castigo, ou algum tipo de ganho, e você age bem, então está agindo bem não por esses nobres motivos, os mesmos motivos chamados cristãos. É igual aos homens-bomba suicidas, que afirmam agir por motivos religiosos ou nacionais, quando na verdade a família deles recebe uma compensação financeira, festeja um legado heroico – sem falar na promessa de virgens para os perpetradores, embora eu não entenda por que alguém iria querer um grupo de virgens em vez de um grupo de mulheres altamente experimentadas.

De todo modo, discordo daquilo que o padre católico escreveu, mas não briguei com ele. Ele era muito bom; o que ele escreveu não era uma coisa hostil. Ele estava me atribuindo um ponto de vista e tentava refutá-lo. Mas estava refutando um ponto de vista que não é o meu, e o que sinto é um compromisso religioso preconcebido – e o filme não pode honestamente ser visto como se eu estivesse dizendo que se pode tudo e que, por mim, tudo bem.

Vi outra coisa escrita por um padre-filósofo na St. John's University, que achou que o filme talvez fosse o filme mais ateu [*ri*] jamais feito. Mas ele era muito gentil, muito elogioso. O ponto de vista dele era mais tolerante comigo porque ele sentia que, ao longo dos anos, o fato de eu constantemente abraçar um universo ateu, sem esperança, sem deus, sem sentido, queria dizer que a ausência de Deus no universo era importante. E sinto que ele tem razão, *estou* mesmo dizendo que isso importa. Eu disse isso explicitamente em *Crimes e pecados*. Para mim, é uma grande vergonha o universo não ter nenhum Deus ou nenhum sentido, e no entanto só quando se admite isso é que se pode levar o que as pessoas chamam de uma vida cristã – isto é, uma vida moral decente. Você só leva uma vida assim se, para começar, admite o que tem diante de si e joga fora toda a casca de conto de fadas que leva a pessoa a fazer escolhas na vida não por razões morais, mas para marcar pontos no pós-vida.

Então o filme despertou muita discussão nessa área, e isso me deixa contente. Fico contente que não tenha sido visto apenas como um suspense de mistério e assassinato, coisa que, veja bem, não estou desprezando. Como espectador, adoro esses filmes, tanto ou mais do que qualquer outro. Mas eu esperava usar *Match Point* para colocar pelo menos um ou dois pontos do que constitui minha filosofia pessoal, e sinto que consegui fazer isso.

O que você acha que acontece com o Jonathan Ryes-Meyers [*que mata a amante grávida, vivida por Scarlett Johansson, e a vizinha velhinha*]? A mesma coisa que com o Martin Landau?

É. Acho que ele não está exatamente adorando a situação em que se encontra. Está casado com uma mulher por quem não é apaixonado. É um genro que gosta da vida fácil, para a qual se casou, mas se sente claustrofóbico trabalhando no escritório. A esposa dele já anda dizendo que quer mais um filho.

Ele não pensa no crime. Conseguiu o que queria e pagou o preço por isso. É uma vergonha que ele queira isso. Posso ver, mais adiante, que não vai ficar contente nesse casamento, e talvez venha a ter uma base financeira tão boa que acabe por abandoná-la.

Você inventou muitos personagens até hoje. Eles ficam com você? Eles te visitam? Você pensa neles? Quando senta para escrever, você pensa: Já escrevi esse sujeito, tenho de escrever outra pessoa?

É, acontece às vezes. Não é uma coisa agradável. Tenho uma ideia e me dou conta de que estou fazendo alguma coisa que já fiz, e que vai ser repetitiva. Às vezes, não me dou conta na hora; às vezes, fico cego e não vejo até o filme sair e alguém me apontar.

Em *Desconstruindo Harry* há uma cena no final em que todos os personagens dele entram carinhosamente para homenageá-lo. Isso já aconteceu alguma vez com você? Não quero ser muito literal, mas você alguma vez teve a visita de uma comitiva dos seus personagens?

Não, porque não vejo os filmes, esqueço deles. Os meus personagens são cheios de problemas. Penso nas coisas do Tchekhov, do Bergman, do Tennessee Williams,

Harry Block se deu mal com quase todos os seres vivos com que se relacionou, mas mesmo assim uma comitiva de seus personagens vem homenageá-lo em *Desconstruindo Harry*

Em *Match Point*, um dos maiores sucessos de Woody, para manter o casamento com uma londrina nobre e apaixonada, Chris acaba matando a amante, uma americana vulgar que esperava um filho dele

e isso me dá prazer, os filmes e as peças dos outros. Mas não penso nas minhas coisas. Esses filmes de que a gente está falando, alguns eu não vejo há trinta anos. Lembro de incidentes ao fazer o filme, mas não me lembro dos diálogos, nem das cenas ou dos personagens.

Os personagens e as interpretações em *Neblina e sombras* ficaram incríveis. [*A história é ao mesmo tempo uma farsa e uma metáfora. Um grupo inapto de justiceiros convoca o covarde escriturário Woody para participar da busca de um assassino perverso que acaba se revelando a Morte. O filme se desenrola durante a noite e, como disse Woody, "quando se sai para a noite, a sensação é de que a civilização desapareceu... a cidade é apenas uma sobreposição construída pelo homem, uma função do estado interno da pessoa".*]

Ah, as pessoas são ótimas. Quer dizer, acho que fiz um bom trabalho de direção, e os cenários do Santo [*Loquasto*] são lindos. Mas o filme está no texto, e as pessoas não estavam interessadas na história. Quando se faz um filme em preto e branco que se passa numa cidade europeia à noite, nos anos 20, você sabe que não vai dar muito dinheiro. Ninguém gostou do filme.

Você me disse que o Eric Pleskow, da Orion, parecia ter sido atingido por uma marreta depois que assistiu ao filme.

Ele sempre estava procurando ver o lado bom das coisas, e sempre foi um cavalheiro, mas dava para perceber pelo [*ri*] tremor na voz dele que estava decepcionado.

Foi muito bem filmado. Você teve algum prazer nesse filme?

O Carlo [*Di Palma, o diretor de fotografia*] ganhou um prêmio pelo filme na Itália. Foi maravilhoso. Tive prazer na maneira como foi fotografado e ao dirigir o filme. Mais uma vez, faço esses filmes para me divertir, ou melhor, para me distrair. Queria ver como era filmar tudo num set, o exterior sendo interior. E situar tudo durante a noite, com todos aqueles personagens e aquela qualidade europeia antiga. A esperança é sempre que os outros gostem do filme terminado. Como *Todos dizem eu te amo*. O filme satisfez aquele desejo que me mantém trabalhando, que me mantém na indústria do cinema. Faço todos os meus filmes por motivos estritamente pessoais, e espero que as pessoas gostem, e sempre fico grato quando sei que gostaram. Mas se não gostam, não posso fazer nada, porque não saio para fazer um filme em busca da aceitação do público – gosto da aceitação, mas não faço pela aceitação.

Me parece que os seus filmes são duradouros. Não são de uma época.

Eu não sou de uma época. Isso também tem um preço. Nunca usei música do momento e nunca escrevi sobre temas que estavam na cabeça das pessoas no momento. O tema de *Match Point* não passa nenhuma sensação de momento. É sobre a sorte. E se for um bom filme, deverá continuar sendo daqui a cem anos. E se não for, não vai durar. Filmes como *Munique*, *O segredo de Brokeback Mountain* [*ambos recém-lançados*] são filmes que refletem muito os problemas e atitudes de um momento. E em certo sentido isso é muito importante e prazeroso para o público. Entendo que o público goste, porque eu também gosto. São filmes muito bem-feitos, que refletem os problemas que estão na cabeça das pessoas. Enquanto os problemas que os meus filmes refletem podem ocorrer na cabeça das pessoas ou não, porque jamais são questões sociais ou políticas. São sempre questões psicológicas, ou românticas, ou existenciais. Então, não importa o rumo que tomem os acontecimentos, sempre vão ser o que são. Se for um filme ruim, vai ser sempre um filme ruim. E se for um filme bom, não vai parecer datado. O que há de errado com qualquer filme meu não é se ele será afetado pelo tempo. Sempre vai ser [*começa a rir*] que eles não eram bons na época e não são bons agora.

Você escreveu *Desconstruindo Harry* com muita facilidade?
Era episódico, e era mais fácil escrever em episódios do que construir alguma coisa amarrada. Construções amarradas exigem real domínio técnico. Sei fazer, mas é mais suado, e leva mais tempo. Quando se escreve em episódios o Harry vai rolando pela rua, e tenho liberdade de envolvê-lo nos incidentes que eu quiser.

Na verdade, é um filme muito doce.
Acho que foi bem recebido. Não sei se deu dinheiro, mas acho que foi bem recebido. [*A receita bruta de bilheteria nos Estados Unidos foi em torno de 11 milhões de dólares, pouco mais que a metade do orçamento, mas, com os direitos para o exterior, exibição em televisão e vendas de* DVD, *provavelmente empatou ou rendeu alguma coisa.*]

É um filme que você tem em alta conta?
Não, não muito alta, mas não desgosto dele.

***Poucas e boas* é uma versão muito modificada de *The Jazz Baby* ["A garota do jazz"], que você escreveu uns trinta anos atrás, mas não filmou. [*Sean Penn é Emmet Ray, guitarrista de jazz itinerante com uma semelhança mais do que ligeira com Django Reinhardt, cuja música é celestial mas cuja personalidade doce e discreta é contaminada pela absorção em si mesmo. "Os gênios têm o ego assim", observa uma socialite democrática que sai com ele. "É preciso se acostumar." A melhor mulher na vida de Emmet é a muda e muito sofredora Hattie (Samantha Morton), a quem ele perde, é claro. A música também é estrela do filme e faz a delícia dos amantes do jazz.*]**
Exato. Eu ia atuar em *The Jazz Baby*, e teria ficado mais leve. Eu teria levado ao filme uma sensibilidade mais leve. Graças a Deus eu não fiz, porque ficou muito, muito melhor do jeito que o Sean fez. O Sean é um bilhão de vezes melhor ator que eu, e cem vezes mais profundo, mais complexo, mais interessante.

Para suportar o ego de Emmet Ray, guitarrista tão genial quanto desconhecido de *Poucas e boas*, só mesmo uma namorada muda como a encantadora Hattie

Transformou o filme numa história interessante. Eu teria feito com que fosse divertida em certos pontos, mas ele infundiu certo impacto.

Você pensou nele para o papel enquanto escrevia?
Não, nem um pouco. Escrevi e fiquei pensando em quem chamar. Tinha reservas em trabalhar com o Sean porque ele tem fama de ser temperamental e difícil. A Juliet [*Taylor, diretora de elenco*] e eu concordamos que ele é um ator fabuloso, e não se discutia que ele faria maravilhas pelo papel. Então entrei em contato com ele, e algumas das últimas pessoas que tinham trabalhado com ele disseram que não era um mau sujeito. Então me encontrei com ele – já tinha encontrado brevemente antes – e achei que era muito, muito bom, e como acontece tantas vezes, o que se ouve falar sobre alguém não corresponde. Tive uma grande experiência com ele. Ele foi criativo, contribuiu para o papel. Quando aparecia com ideias, se por alguma razão eu não reagia bem – e isso nem sempre acontecia, na maior parte das vezes eram boas ideias –, ele não insistia. Quando eu tinha alguma ideia, ele estava sempre pronto para experimentar. Eu podia criticar sem que ele tivesse a menor insegurança. Mas, por outro lado, quando dirijo grandes atores ou atrizes, raramente preciso dizer alguma coisa.

Lá estava um cara que nunca havia tocado violão, teve algumas lições e eu não precisei cortar quando ele tocava. Podia focalizar as mãos dele.

Já tinha visto a Samantha Morton antes? [*Como Hattie, a namorada muda de Emmet, ela rouba o filme.*]
A Juliet me mostrou umas fitas e eu disse: "Acho que essa é a garota que nós temos de procurar". Ela veio à sala de edição e era uma delícia.

Eu me sinto bem em relação a esse filme. Músicos me disseram que era daquele jeito. Os caras entravam no carro deles, atravessavam o país e não tinham dinheiro nenhum, tocavam para ganhar a vida. Tocavam em boates e depois eram convidados para festas. Sinto que captei isso com razoável verdade. O filme era bom, e a relação entre o Sean e a garota muda era interessante, eu achava.

O filme esperou trinta anos para ser feito. Foi uma ideia em que você pensou muito durante esse tempo, ou passou anos sem pensar nela?
Não havia nada apaixonante na história, mas eu sempre soube que era uma boa ideia. Sempre quis fazer alguma coisa sobre um violonista genial, autocentrado, egoísta, altamente neurótico.

E a Hattie sempre foi muda?
Primeiro, pensei que ela poderia ser surda, porque era irônico ele tocar tão lindamente e ela não conseguir ouvir. Mas haveria problemas demais.

[*No dia seguinte nos encontramos de novo. Ontem, Woody disse que estava a duas páginas do final de seu novo roteiro* (O Sonho de Cassandra), *e faço a pergunta óbvia.*]

Então, terminou o roteiro?
Terminei. Agora preciso digitar e colocar no colo. Vai levar uns três dias, ligando e desligando, ouvindo jazz, depois vou tirar um dia de folga e começar a modelagem [*ele mexe as mãos no ar, como se moldasse em barro*]. É muito, muito mais fácil refinar um texto do que começar da página em branco. Ir do zero até este momento é a parte difícil.

NOVEMBRO DE 2006

O *Sonho de Cassandra* está editado e Woody, satisfeito com o resultado, projetou o filme para dois ou três amigos, para ouvir a opinião deles. É a história de dois irmãos (Colin Farrell e Ewan McGregor), um mecânico de automóveis e jogador compulsivo que aposta cada vez mais alto, o outro tentando evitar a armadilha de passar a vida no restaurante popular do pai investindo num esquema hoteleiro na Califórnia, para enriquecer depressa. Ambos adoram velejar e investiram o pouco dinheiro que tinham num barco, *O Sonho de Cassandra*. Mas a sorte de Farrell acaba, e ele está com grandes dívidas. Os irmãos esperam que o tio rico (Tom Wilkinson) lhes empreste o dinheiro para pagar os agiotas e investir no esquema de hotéis. Quando abordam o tio, ele concorda em ajudar, mas os surpreende dizendo que precisa de uma coisa deles. Um sócio vai testemunhar contra ele na investigação de uma fraude, e aos poucos os rapazes se dão conta, para seu horror, de que o tio quer que cometam um assassinato. Acabam matando a testemunha e não levantam suspeitas. Mas a consciência de Farrell o leva à perturbação, e ele diz que vai se entregar. McGregor vê seus sonhos se evaporarem e convence o irmão a passar um dia velejando, como faziam em dias mais inocentes. McGregor pretende embebedar o irmão e depois lhe dar uma overdose de remédios, mas não consegue. Num corpo-a-corpo a bordo, Farrell acidentalmente mata McGregor e depois, em desespero, a si mesmo.

Agora você tem um segundo drama, que te deixou satisfeito. O filme é resultado da segurança que você conquistou com *Match Point*?
É. Sinto que posso fazer filmes dramáticos agora com a mesma segurança que tinha quando produzia filmes cômicos com facilidade, e sinto que as pessoas agora aceitam esses filmes. Quer dizer, *Match Point* deu mais dinheiro que qualquer outro filme que fiz na vida. Então provavelmente vou fazer mais alguns.

O *Sonho de Cassandra* é uma ideia que você teve há algum tempo?
Eu tinha escrito uma peça para o Atlantic Theater [*em Nova York*], e um dos seus aspectos era um sujeito esperando o tio chegar. Ele tinha trabalhado para o tio e queria pedir dinheiro emprestado. Havia o mesmo tipo de dinâmica do tio

que vinha, e uma porção de coisas em jogo, embora no caso da peça ele tivesse parado de trabalhar para o tio e tivesse uma experiência ruim, porque estavam ambos apaixonados pela mesma mulher e o tio acabava casando com ela.

Então me ocorreu: E se o tio vem e se antecipa, e ele é que precisa de alguma coisa, ele é que está encrencado? Você pensa que alguém pode ajudar e ele vem e diz: "Sabe de uma coisa? Preciso conversar com você. Estou numa grande encrenca". E a história cresceu a partir daí. Escrevi a peça já faz uns quatro, cinco anos. Tinha também a mãe que idolatrava o irmão, o tio rico dos rapazes.

O que te fez resolver transformar a peça em filme?

Na peça, existe realmente o momento em que há uma inversão, e é o tio que precisa de alguma coisa. Mas não se pode mostrar toda a ação no palco. O cara precisava ir atrás da pessoa que estava criando problemas para o tio e matar, e daí isso se desenvolveu aos poucos nos dois irmãos que precisavam de ajuda.

Você tinha o título O *Sonho de Cassandra* desde o início?

Apareceu enquanto eu estava fazendo o filme. Fico *chocado* com o número de pessoas que me perguntam: "Quem é Cassandra?". Não estou falando de semiconscientes, mas de gente lida, inteligente, sofisticada, que fez faculdade.

O roteiro tem várias viradas. Estavam todas lá, ou algumas apareceram quando você reescreveu, ou durante a filmagem?

Era uma boa ideia e um bom roteiro. É mais difícil conseguir um bom roteiro do que executar o roteiro. Em geral eu sei onde estou pisando, e escrevo a coisa toda. Então, quando escrevo, me ocorrem coisas que dão uma melhorada. Por exemplo, quando eles vão matar o sujeito na casa dele e estão esperando no apartamento, aquilo não estava no original. Então tive a ideia de estar no apartamento dele, e aí alguém voltar com ele, e impossibilitar que matassem o cara. Depois, eu queria um clímax espetacular. Uma ideia em que nós todos trabalhamos foi o cara voltar a Brighton para visitar a mãe. Ele dá um passeio pelo deque, o que me dá uma vista de Brighton à noite, que não entrou no filme; está só à luz do dia. Então ele entra num parque de diversões com a montanha-russa que vira de cabeça para baixo, e os irmãos entram no carro atrás dele, e enquanto estão de cabeça para baixo dão-lhe um tiro na nuca.

Mas era um pouco Hollywood demais para mim. Eu queria a história mais realista. Para alguém que nunca cometeu um assassinato, era muito acrobático. Então, quando veio o custo de fazer isso, era proibitivo – implicava remover o píer durante a noite e fazer uma porção de tomadas acompanhando a caminhada –, e dei um suspiro de alívio, porque já estava pensando comigo mesmo que não deveria ter seguido por aí. Não está de acordo com o tom que quero para este filme. A economia interferiu para me salvar, antes que eu dissesse: "Foi bobagem minha, não é uma boa ideia". Além disso, eu não poderia filmar o assassinato ao vivo, porque tudo se movimentava muito depressa. Íamos precisar usar alguma trucagem. Se o Steven Spielberg ou o George Lucas quisessem fazer isso, poderiam fazer parecer uma coisa de um trilhão de dólares, fazer parecer que aconteceu. Eu não tinha dinheiro para isso.

Então a produção me disse: "Sabemos que vai ser doloroso, mas não podemos fazer". Só que não foi nada doloroso. Eu disse: "Tudo bem, eu sobrevivo", mas [*ri*] quando saí, encostei na porta e disse: "Obrigado, meu Deus, me salvou de fazer uma bobagem".

Eu me peguei desviando os olhos da tela durante a cena de assassinato em *O Sonho de Cassandra*, exatamente como fiz em *Match Point*, porque são momentos muito intensos.

Acho que porque em ambos os filmes eu demoro a desenvolver os personagens, os pais, a família, os sentimentos deles, então não é como um filme de gênero, em que a trama em si é a estrela do filme e os personagens são silhuetas recortadas em papelão. Você quer que essas coisas sejam sobre gente, e é isso o que eu acho que sempre fica interessante. Inclusive, em *Um misterioso assassinato em Manhattan*, eu queria tanto mostrar a Keaton e eu voltando do jogo de hóquei, como todo mundo faz num sábado à noite em Nova York, voltando de um evento. Eles compram o jornal, salmão defumado e pãezinhos, vão até o elevador, encontram um vizinho. Acontecimentos de gente comum.

Isso é que era fantástico em *Bonnie e Clyde – Uma rajada de balas*. Eles [*o diretor, Arthur Penn, e os autores, David Newman e Robert Benton*] se demoram ao desenvolver os personagens – necessidades, vida amorosa, aspirações –, então, quando as coisas acontecem com eles, a gente se envolve.

Eu não queria ver o assassinato em *O Sonho de Cassandra*. Notei que esse é um tema que existe nos meus filmes desde o começo, e que não é consciente. Sempre faço o meu sexo longe da câmera, e sempre faço a violência de verdade longe da câmera. Não que não consiga fazer violência, porque no meu primeiro filme, *Um assaltante bem trapalhão*, eu era metralhado e caía no chão com a perna tremendo espasmodicamente, como aconteceu com o Ingemar Johansson quando ele sofreu o nocaute [*de Floyd Patterson, em 1960, na segunda disputa entre os dois pelo título de peso pesado*]. Era tão real. Mas, por alguma razão, inconscientemente eu evito isso. Em *Um misterioso assassinato em Manhattan*, você nunca vê a morta, ela está atrás de alguma coisa. Em *Match Point* não se veem os tiros. A mesma coisa em *Crimes e pecados*. E nesse você ouve os tiros, mas a câmera vai para trás da cerca viva [*em Cheyne Walk, junto ao aterro de Chelsea*]. Não sei por quê. Não tenho vergonha, não tenho timidez, não tenho nenhum problema com isso.

Uma outra pessoa que fizesse *Crimes e pecados* teria uma cena de assassinato brilhante. O Alfred Hitchcock ou o Martin Scorsese – um cara bate na porta com flores na mão, ela atende, e o que se segue é um minuto e meio de cinema brilhante. A única explicação que posso dar é que, para mim, como sou mais escritor que qualquer outra coisa, tudo isso se transforma em material para eu expor as minhas opiniões, para falar, para filosofar. Não estou interessado no assassinato em si. O assassinato acontece para os caras poderem falar de culpa e de Deus. E num filme tão trivial como *Um misterioso assassinato em Manhattan* o crime ocorre para dar a mim e à Keaton a chance de fazer umas piadas, enquanto em *Psicose* o Hitchcock, que poderia não ter mostrado aquele assassinato, ou ter mostrado de um jeito discreto, em vez disso mostrou o assassinato de um jeito que é um ícone de beleza.

Por quanto tempo você deixou o trecho em que é metralhado?

Deixei durante algumas exibições. Isso levava ao truque do meu final, onde o público pensa que estou morto, e a Janet Margolin e o nosso filho vão ao cemitério e dizem algumas palavras. Aí, a câmera mostra os pés dela quando ela vira e se afasta. Ouve-se um "Psst, psst", e você vê os pés dela darem meia-volta e ela vem. Tive um bom instinto dramático, mas faltava experiência para saber usar aquilo. Mas o meu instinto estava no lugar certo, e depois eu usaria isso com mais habilidade.

O talento do ladrão pé de chinelo Virgil Starkwell vira pó – ou melhor, espuma – depois que a chuva dissolve a arma que ele esculpiu em sabão para tentar fugir da cadeia. De volta à cela, ele não desiste da carreira de "escultor"

Era uma tentativa de um fim teatral, mas o público não estava pronto para eu ser metralhado. Quer dizer, fiquei ensopado de sangue. A. D. Flowers, que fez os efeitos especiais de *O poderoso chefão*, me encheu de espoletas.

Então fiquei procurando um final, e fiz seis milhões de tentativas, e por fim me agarrei no que podia para o filme não afundar.

[*Antes, no filme, Virgil tenta escapar da prisão mantendo um guarda como refém com uma arma feita de sabão e pintada com graxa de sapato. Marcha com o guarda até o portão e está quase fora, mas é uma noite chuvosa, e no último momento o guarda vê que a arma está se cobrindo de espuma. Por fim, Virgil é condenado a oitocentos anos numa prisão federal, mas no julgamento o advogado dele lhe diz com toda a segurança que com bom comportamento ele pode reduzir a pena à metade. O filme termina com ele sendo entrevistado na prisão, como parte de um documentário em série, declarando alegre que "o crime definitivamente compensa. É um grande emprego, você é seu próprio patrão e viaja bastante".*

"Como você passa o tempo na prisão?", perguntam. "Tem algum hobby?"

"Tenho", ele diz. "Tenho feito uma porção de coisas na oficina. Sou muito jeitoso com as mãos." Ele mostra outra arma de sabão e pergunta: "Sabe se está chovendo lá fora?".]

Não consegui o meu final dramático no filme.

3 CASTING, ATORES, ATUAÇÃO

FEVEREIRO DE 1973

A pré-produção de O *dorminhoco* está em andamento. Assim como quase todos nós, se tiver a oportunidade, Woody prefere trabalhar com gente que conhece e de confiança, e com esse objetivo vem formando uma equipe mais ou menos permanente e um grupo de atores principais. Ele toma todas as decisões importantes e muitas das decisões menores, mas seus comentários sobre aspectos do planejamento se resumem ao mínimo. Parte de sua reticência é timidez, parte vem do fato de que ele não tem muito a ver com a maioria das pessoas (sensação que não vai mudar muito no correr dos anos). Embora não seja francamente rude, seu silêncio e distanciamento são desconcertantes. Não se lembra de ter entrevistado sozinho alguém para um posto na equipe ou no elenco: "Acho difícil encontrar uma pessoa. Não consigo realmente aprender sobre elas se entrevisto sozinho, porque na hora fico com a cabeça no ar". Então em geral um colega faz as perguntas, enquanto Woody fica sentado quieto, ouvindo. (Com o tempo, ele vai ficar um pouco mais relaxado, mas ainda um tanto alheio.)

Ele está à procura de um ator para fazer o Líder, cuja imagem é abundante no filme, mas que não tem nenhuma fala. Woody está em seu bangalô no pátio dos velhos Culver City Studios, em Los Angeles, onde foram rodados *... E o vento levou* e *Duelo ao sol*, entre centenas de outros filmes. O bangalô, cuja finalidade é ser o camarim de uma estrela, parece a residência de uma pequena família de classe média baixa (e às vezes é usado para tomadas exteriores). Na frente crescem margaridas, e uma cerca de madeira branca de trinta centímetros de altura circunda o canteiro. Dentro, há uma cozinha, uma saleta com uma mesa e duas salas maiores, uma delas quase inteiramente ocupada por uma mesa de bilhar, a outra mobiliada com um sofá, um toca-discos para a coleção de jazz de Woody e uma moviola, para editar filmes. Clark Gable usou esse bangalô, com a mobília diferente, como camarim para *... E o vento levou*.

Woody está sentado na beira da mesa de bilhar e observa Elizabeth Claman, assistente dele, cumprimentar cada pretendente ao papel do Líder. Ela confere cada nome na lista, para ver se é o nome daquele ator, e lhe pergunta a altura. Todos parecem surpresos, mas respondem.

"Obrigada, isso é tudo", diz ela.

"Só?", vários perguntam, e alguns olham para Woody.

Depois que o ator sai, Woody o avalia. Ele se vê às voltas com o problema de gostar mais de cada ator que entra do que do anterior (com o passar dos anos, ele fará escolhas com mais facilidade).

"É igual aos Irmãos Marx", diz ele, riscando mais um nome, do jeito que Groucho e Chico rasgam um contrato, cláusula por cláusula, em *Uma noite na ópera*. "Precisamos de alguém com um pouco mais de deslumbrantitude, mas não demais." (Ele começou a acrescentar "tude" no final dos adjetivos vinte anos atrás, na época em que escrevia para a televisão, depois de ver um livro intitulado *A essência da negritude*. "Era um livro sério", ele explica, "mas achei o título engraçado.")

Depois de pensar um pouco sobre cada ator, ele sacode a cabeça, frustrado, e diz baixinho: "O Fellini pega os tipos da rua". Depois, levanta os olhos para o próximo candidato.

Poucos dias depois de fazer o *casting*, Woody reúne em torno da mesa de bilhar os atores que vão fazer os médicos do submundo antigovernamental; eles só têm suas próprias falas, não o roteiro completo, como é o costume dele. Depois que leem a cena em voz alta algumas vezes, Woody pede que leiam de novo, "se for possível. Quero fazer tudo o mais realista possível e — disso eu sei que vou esquecer — manter um bom ritmo". (Depois desse filme, ele deixará de ensaiar até mesmo esse pouquinho.)

"A ambivalência é a morte da comédia", ele me diz quando os atores saem. "No esquema do cinema mudo, eles eram como personagens de desenho animado: um luta contra o outro, e no fotograma seguinte estão de pé, e tudo bem. Os atores querem complicar os personagens, atribuir a eles relações ambivalentes. Você quer olhar um personagem e saber de imediato se é um homem bom ou ruim. O estilo do Chaplin era representar contra outros personagens. Você vê a figura dele vindo pela rua, girando a bengala, e sabe na hora o que vai acontecer."

No cinema, a única certeza é que não há certezas. Muitas vezes o que parece bom durante a filmagem, por alguma razão mística, não fica bem na película. E o que fica bom na película pode ficar péssimo ao ser montado em sequência. Então Woody trabalha vários recursos de comédia pastelão, com particular empenho em inventar um jeito de andar que o faça parecer o robô que finge ser em *O dorminhoco*. Ao longo de vários dias, sempre que tem um tempinho, ele cria e pratica uma nova variação. Por fim, decide filmar algumas versões em preto e branco para ver como ficam na tela.

"Posso andar torto", diz ele, depois de andar de um jeito que faz rir todos os que estão assistindo. Tenta outra versão. "Especialização em caminhadas malucas." As pessoas riem de novo. Ele sorri, mas sacode a cabeça. "Não acredito que um homem com a minha inteligência precise andar engraçado para as pessoas rirem."

SETEMBRO DE 1987

Woody está fazendo a seleção para os papéis de *A outra*. Ele e Juliet Taylor estão na sala de projeção do Manhattan Film Center, no centro de Manhattan, a mistura de escritório e sala de montagem de Woody. Cadeiras giratórias de veludo verde-abacate encostadas nas paredes. Num tablado abaixo da janela de projeção, há um pequeno console de controle de áudio, a namoradeira bege e preta em que Woody fica sentado e mais duas poltronas estofadas. Atrás das cadeiras, ao longo de uma parede está a coleção de discos de música dos anos 30 e 40, e em cima de um móvel, ao lado dos discos, ligeiramente deslocado naquela sala, um conjunto japonês para saquê. O *casting* é um processo incômodo, tanto para os atores como para Woody. As pessoas, mais ou menos uma dúzia no total, são escaladas a cada quinze minutos. Avisam que o primeiro já chegou.

"Vamos começar", diz Woody. "Não aguento deixar essa mulher esperando lá fora."

"Faz só trinta segundos", diz Juliet, rindo.

A jovem, uma entre várias para o papel de Marion, a personagem de Gena Rowlands, quando moça, entra. Woody tem na mão, enrolada, uma foto de Rowlands para consultar enquanto vê as garotas. Elas não veem a foto. Woody assume seu posto, no meio da sala, mas não fica visível para quem vem da pequena antessala. Assim que a pessoa entra, ele vai até ela e a cumprimenta. Diz para a jovem (e dirá praticamente a mesma coisa para todas as outras): "Oi, isto aqui é para um filme que começa a ser rodado em treze de outubro e continua no Natal e no ano-novo. A Juliet achou que você pode ser adequada para um dos papéis, e hoje eu só quero ver a sua aparência. Entro em contato logo, dentro de uns quinze dias".

A garota ruiva está nervosa. Fica em pé e responde: "Tudo bem". Woody olha de perto por alguns segundos, depois diz: "Tudo bem, obrigado". Ela aperta a mão dele e acena para Juliet ao sair.

Enquanto um ator lê com Juliet, Woody escuta, numa poltrona do outro lado da sala, a mão direita tapando os olhos e a folha com a lista de nomes e fotos na esquerda, cobrindo o resto do rosto até a base dos olhos. ("Estou me escondendo", ele explica depois. "Simplesmente me escondendo.")

Parado em seu lugar, à espera do próximo, ele assobia uma melodia de jazz de Nova Orleans, "Spicy Advice", e marca o ritmo batendo com o pé direito. Entra outra garota para o papel da jovem Marion. Woody parte para a mesma conversa que usou com a ruiva. "Quero ver o seu rosto", acrescenta, olhando de perto.

"Bom, aqui está", ela diz.

"Obrigado por não ter esquecido de trazê-lo."

A próxima candidata lê uma cena. "Normalmente, não faço as pessoas lerem", diz Woody. "Em geral a gente já conhece as pessoas de outros trabalhos. É horrível precisar dessa leitura. Eu jamais conseguiria um trabalho de ator se tivesse de fazer um teste de leitura. O problema de ator é que quando eles entram e só ficam parados, falando, são ótimos. Aí, começam a ler e engatam a terceira marcha. Não falam feito uma pessoa normal."

O ator entra e Woody diz a ele: "Só um cara numa festa – não é rude, nem nada, só uma pessoa comum".

Quando o ator sai, Woody diz para Juliet: "Esse é bem bom. Não descambou imediatamente para duzentos anos de aulas. A questão é saber se ele consegue fazer isso quando a luz acender e todo mundo estiver lá. Não existe nada mais antinatural do que entrar nesta sala dos infernos, as pessoas olhando para você, o conjunto de saquê ali...".

"Lembra", pergunta Juliet, falando dos primeiros filmes de Woody, "quando você ficava no fundo da sala, sentado numa cadeira de balanço, enquanto o Freddy Gallo [*assistente de direção*] e o Jack Grossberg [*produtor associado*] faziam as perguntas para os atores? Naquela época, você preferia sentar atrás de um biombo e só escutar."

Woody sorri e diz: "O ideal seria ter vidro espelhado. Dá para olhar sem ser incomodado".

Seis meses depois, há uma divertida sessão de *casting*, quando Woody procura a atriz certa para fazer a mãe do personagem dele em *Édipo arrasado*. Enquanto espera as candidatas chegarem, Woody diz: "Eu costumava selecionar pela cara, e sempre que o Gordie [Willis] ou eu não tínhamos certeza da capacidade do ator, filmávamos individualmente, para ele não se magoar". (Se nenhuma das tomadas fosse boa, não seria preciso refazer com os outros atores da cena.)

Entra a primeira candidata de uma fila de velhinhas que parecem saídas do Brooklyn dos velhos tempos. Ela se senta e Woody explica o papel.

"Mostre desdém", diz ele, depois que ela leu as primeiras falas. "Ele é seu filho, você ama o seu filho, mas mostre desdém, desde o começo."

Para outra: "Você ama o seu filho, mas ele é um verme. Seja desdenhosa com ele e muito desconfiada da mulher que ele leva para casa. Não tenha nada além de um lento, constante desdém por ele".

Uma diz: "É difícil ter desdém por você".

"Você chega lá", Woody responde, rápido no gatilho.

Outra, depois de ouvir a direção, encontra um contexto pessoal: "Então é falar com o canto da boca, que nem o tio Julie? O tio Julie é um tio meu".

Woody: "Quer dizer que vou conhecer o seu tio?".

Para cada uma ele dirá: "Muito bom. Agora, tente um pouco mais devagar", ou "Um pouquinho mais de desdém". Depois: "Bom, muito bom". E: "Muito bom. Agora, só de brincadeira, leia, com desdém por seu filho".

Quando a última candidata vai embora, ele diz: "Sabe onde esse filme vai repercutir? Em Israel. Vai ser ... *E o vento levou* de Israel".

OUTUBRO DE 1987

Com a filmagem de *A outra* em andamento, Woody faz uma comparação entre os atores americanos e os europeus durante uma conversa em seu apartamento.

É difícil encontrar apenas homens. Não um pistoleiro. Existem poucos. O Sam Waterston, em *Setembro*. O Denholm Elliott. Mas os atores americanos, que são tão bons quanto os de qualquer outro país – o De Niro, o Nicholson –, não têm suavidade. São muito carismáticos. Nós geramos heróis: Johns Waynes, Humphreys Bogarts, Jimmys Cagneys, e não temos muitos homens comuns, como, vamos dizer, o Fredric March. A nossa história fílmica é mitologia, enquanto na Europa grande parte é confronto entre adultos, uma história realista, em que se precisa de um homem. Os nossos atores são charmosos, bonitos e carismáticos demais. O Wayne, o Brando. Descobri isso pelo caminho difícil, fazendo o *casting*. Quando preciso de um homem comum de cinquenta, cinquenta e cinco anos, não consigo encontrar. O Dustin Hoffman chega perto.

O Sam Waterston é a constante em *Interiores*, *Hannah* e *Setembro*. *Ele* é um homem comum. Nos Estados Unidos, temos esse tipo de atores muito, muito especiais. O Robert De Niro é muito especial. É um dos maiores atores do mundo, assim como o Jack Nicholson. Esses caras têm muitas qualidades especiais. Mas encontrar um ótimo ator que possa fazer o papel de um simples redator publicitário é uma coisa muito, muito difícil. Temos alguns nos Estados Unidos. Acho que o George C. Scott é um grande ator, consegue ser convincente como um homem comum. Ele não precisa ser sexy, nem pistoleiro. Acho que o Dustin pode fazer uma porção de coisas. Ele é um ótimo ator cômico também. É muito talentoso. Pois é, o Sam é um sujeito com que contei muitas vezes para fazer o vizinho, para o ser humano comum, reconhecível, que não é um caubói e não dá a sensação de que anda armado e bate nas pessoas. É um dos poucos.

Com as mulheres não tem esse problema. Com tantas atrizes talentosas, é um prazer. Quero a Jane Alexander para fazer a cunhada, e o Max von Sydow como marido dela. Ele tem o nível certo de frieza. A Blythe Danner como Lydia. O John Houseman como o pai da Marion. Preciso de um homem mais jovem, com a voz igual à dele. [*Houseman sugere David Ogden Stiers para fazer o pai quando jovem.*]

O Max von Sydow fez um trabalho maravilhoso em *Hannah e suas irmãs*. Ele transbordava intensidade na tela. [*Ele faz Frederick, um artista apaixonadamente comprometido, de personalidade fria, que está envolvido com Lee (Barbara Hershey), a irmã bonita de Hannah.*]

O Max é tão bom que a equipe aplaude. Isso nunca acontece com um ator. O talento dele é muito vasto, é universal. Não importa se ele representa uma pessoa sofisticada ou não sofisticada.

Em *Hannah*, o papel do Michael Caine [*Elliot, marido de Hannah, que se apaixona por Lee*] não foi escrito para um inglês. Mas não havia nenhum ator americano que pudesse fazer um homem comum que é contador. Os homens americanos são perigosos e potentes. O Michael tem um jeitão de James Mason. Ele adora trabalhar e não para nunca. Ele se diverte tanto ao fazer um agente da CIA quanto um papel cômico.

Algumas vezes você contratou atores e não deu certo, em geral mais por deficiências no texto do que pelo desempenho deles.

É. O Chris Walken é um dos meus atores favoritos. Chamei ele para fazer *Noivo neurótico, noiva nervosa*, e estava louco para trabalhar com ele de novo. Acho que é um grande ator, inspirado. Estava na primeira versão de *Setembro*. Depois de algumas semanas de trabalho, ficamos muito amigos, almoçávamos juntos todo dia, mas não conseguíamos fazer que as coisas saíssem ótimas. Ele estava incomodado com algumas coisas e eu não achava que o jeito dele de fazer determinadas coisas era o certo para o personagem, ele se sentia estranho fazendo de outro jeito. Então a gente conversou e ele basicamente decidiu sozinho que em vez de fazer concessões e eu fazer concessões, a gente trabalharia em outra coisa, mais para a frente. Eu disse: "Tem certeza? Queria refilmar todas as suas cenas e dar um tratamento diferente para elas". Isso já me aconteceu antes.

O Michael Keaton foi o primeiro contratado para o papel do astro de cinema de *A rosa púrpura do Cairo*, que o Jeff Daniels acabou fazendo. O que aconteceu com ele?

O Michael Keaton era completamente anos 80, não 30. As pessoas sempre tentam achar que foi mais, mas não passou disso. Adorei ele em *Corretores do amor* [*1982*]. Acho que foi absolutamente fantástico. Queria muito fazer alguma coisa com ele, mas não foi dessa vez. Eu via os copiões diários e ele estava bom, mas não dava a sensação de um astro de cinema dos anos 30; era descolado demais. Mas acho que é um dos mais engraçados, um dos jovens inspirados.

O pintor "raivoso" Frederick, de *Hannah e suas irmãs*, foi especialmente talhado para Max von Sydow (com as mãos no bolso)

Você conseguiu contratar o Denholm Elliott para *Setembro*. Sei que era fã dele fazia tempo.

Fazia anos que eu queria trabalhar com o Denholm. A certa altura, eu quis que ele fizesse o pai em *Interiores* [*quem fez o papel foi E. G. Marshall*], mas não queria que fosse um inglês. Sempre achei fantástico. Vi uma porção de filmes com ele. Assisti ao Krogstad que ele interpretou em *Casa de bonecas* [*1973*], de Ibsen, e no filme do Clive Donner antes de *O que é que há, gatinha?* [*o filme é* Prisioneiro da ambição, *1964*]. Ele sempre é excepcional. Mas impossível de encontrar. Estava morando em Ibiza e não tinha telefone, era preciso telefonar para um bar, tal hora do dia. Acabei encontrando e perguntei: "Você sabe fazer sotaque americano?".

Ele disse: "Claro. Quer que eu faça?".

Eu disse: "Quero".

E então ele recitou "Hickory Dickory Dock".* Mas era absolutamente britânico. [*Woody fala "HICKORY DICKORY DOCK", com sotaque inglês, e começa a rir.*] Eu no telefone com ele num bar em Ibiza, e ele dizendo "Hickory Dickory Dock", e o sotaque é totalmente inglês.

Eu disse: "Bom, muito obrigado".

* Versinhos infantis ingleses, para ensinar as crianças a ler as horas no relógio. [N. T.]

E ele disse: “Então, vai me contratar? Queria saber”.

“Deixa eu pensar um pouco”, respondi. Conversei com a Juliet Taylor e disse: “Não estou conseguindo. Quero um americano para o papel e ele não é capaz de fazer um americano convincente”. Mas fiquei muito animado de ele estar disponível para *Setembro*. Passei anos querendo trabalhar com ele.

Vamos falar um pouco de *Setembro*. Durante a filmagem, você substituiu o Christopher Walken no papel de Peter, o redator de publicidade, pelo Sam Shepard. Depois de assistir ao primeiro corte, você refez o filme inteiro, com um elenco substancialmente diferente. Na primeira versão, o Charles Durning fazia Howard, o vizinho viúvo, mas na segunda foi o Denholm Elliott. O Shepard foi substituído pelo Sam Waterston. O Jack Warden foi chamado para fazer Lloyd, o marido médico, e o Elliott assumiu o papel do vizinho. A mãe, Diane, foi feita pela Maureen O'Sullivan, mas foi substituída pela Elaine Stritch. O que levou a tantas mudanças?

Quando comecei a escrever, tinha na cabeça a Maureen para a mãe e a Mia e a Dianne Wiest para a filha e a amiga. Acho que se fizesse o *casting* friamente, pensaria na Mia para qualquer um desses papéis. Mas como estava pensando na Mia junto com a Maureen, pensei automaticamente na Mia como filha da Maureen [*Maureen O'Sullivan e Mia Farrow são de fato mãe e filha*]. Nunca me ocorreu nenhuma outra forma, porque era para ser a Maureen e a Mia, e a Dianne para fazer a outra. Mas se eu soubesse desde o começo que ia ser a Stritch, a Mia e a Dianne Wiest, sei lá, ao acabar de escrever poderia ter me reunido com a Mia e a Dianne e perguntado: “Vocês duas leram isto aqui. Têm alguma ideia de como dividir os papéis?”. Porque acho que as duas são atrizes maravilhosas. A Mia é uma atriz de verdade. Claro que, no mesmo ano, ela é capaz de fazer aquela garota dos cigarros boba de *A era do rádio* e isto. E a Dianne é uma grande atriz, sem dúvida. É igualmente capaz. Fez a tia Bea [em *A era do rádio*] querendo arrumar marido, e aqui faz outra coisa, muito diferente. Então, eu ficaria contente em deixar as mulheres me comunicarem quem fazia quem. Mas como também estava concebido para a Maureen, nunca me ocorreu que a filha da Maureen poderia ser a Dianne.

Depois de uma tentativa frustrada em *Interiores*, Woody conseguiu que Denholm Elliott fizesse um papel em *Setembro*

Como a Maureen O'Sullivan via o papel?

A Maureen é valente, desbocada e cheia de ótimas tiradas, mas ao encarar o papel ficou meio hesitante, porque achava: Nossa, é um papel tão grande, será que consigo fazer? Tinha acabado de se recuperar de uma pneumonia, e depois teve uma recaída. Estava meio preocupada, mas não a ponto de não querer fazer. Foi ótima. Tinha uma qualidade muito interessante. Mas precisaria estar disponível para mais dez semanas de trabalho.

E aí, o que aconteceu?

Quando vi o que tinha filmado, quis fazer tudo de novo. Discuti a ideia com a Mia e ela disse: "Bom, a minha mãe nunca vai conseguir fazer de novo. Ela está no hospital, com pneumonia. E já se comprometeu com outra coisa, que talvez não consiga fazer, porque não está bem". E o Sam Shepard estava na Califórnia, para algum compromisso, e o Charles Durning estava em alguma outra coisa. Acho que talvez eu pudesse esperar todo mundo, mas na verdade não podia, porque tinha um cenário montado. Uma das razões desse filme ter sido muito fácil de fazer é que se passa inteiro num cenário só, e não custou nada voltar e usar o cenário de novo.

Então mudei o elenco. O Denholm tinha visto o papel de Howard representado. Eu tinha feito de propósito o Jack Warden um pouco excêntrico para um médico. Conheci muitos médicos, e nem todos são caras com óculos de armação de metal e testa comprida. Alguns são o tipo do cara que fuma charuto, usa conjunto esporte e é absolutamente brilhante. Então eu queria fazer esse tipo de médico, mais do que um acadêmico.

O que mudou no papel da mãe?
A Maureen é mais velha que a Elaine Stritch, e por isso era mais vulnerável e menos dominante. Dava mais pena. E isso é bom. Por isso é que acho que esse negócio podia ser feito de outras formas, que nem uma peça. A interpretação dela era muito boa, tinha uma qualidade muito natural. Você pensava assim: Coitada, ela vive de ilusões passadas. E achava: Ah, meu Deus, um dia ela foi bonita, mas isso é passado, e ela bebe, e é insegura. A Stritch tinha uma aparência mais forte, e a Maureen, uma aparência muito mais vulnerável, uma qualidade completamente diferente.

Existe algo inerentemente mais difícil no drama do que na comédia? Você usou um elenco enorme em *A era do rádio*, sem fazer mudança nenhuma, e, nessa obra com meia dúzia de personagens, quatro mudaram.
Pode ser coincidência, mas há alguma verdade nisso. Uma comédia é mais solta, mais rústica, não é um produto envernizado e acabado. Não é preciso ser tão perfeito, de certa forma. Numa obra séria, você pede ao público que vá com você, que se envolva emocionalmente, e se interesse, e não pode ter alguém rompendo essa realidade com uma representação ruim ou irreal. Então, a melhor coisa a fazer é chamar gente maravilhosa para o elenco. Mas mesmo quando você chama gente maravilhosa, de vez em quando, seja pela minha inabilidade em dirigir bem ou em estar em contato com eles, ou a inabilidade deles para captar determinado papel, mesmo que tenham feito bons personagens no passado, por alguma razão não dá certo. Então a sua escolha é deixar uma performance menos que perfeita ou substituir. E eu sinto sempre uma obrigação, com as pessoas que colocam dinheiro no filme, com a minha própria integridade artística e com todas as pessoas envolvidas, de fazer a substituição. Mas na minha vida fiz mais ou menos dezessete filmes [*isto é, até 1987*]; troquei pouquíssima gente.

Num filme como *Hannah e suas irmãs*, ou *Noivo neurótico, noiva nervosa*, ou *Bananas*, pode vir alguém e o nível de profundidade e sensibilidade da atuação não precisa ser tão alto. É gente falando depressa, esperta, fazendo graça, caindo e correndo, e você não repara tanto na imperfeição, por causa da balbúrdia, das piadas, da bobagem. Mas ao fazer algo em que a câmera está próxima, e tudo está tranquilo, as pessoas têm monólogos compridos ou longos lances emocionais, para tentar absorver o público naquilo, todo mundo precisa ser bom.

Você chamou o Gene Hackman para esse filme [*A outra*]. Quando ele fez uma das cenas, eu estava a menos de dois metros, e a atuação dele era eletrizante – dava para sentir alguma coisa no ar.

É força reserva. A gente sente que ele está viajando a cento e trinta quilômetros por hora e vem sendo brilhante, mas, se pisar fundo, é capaz de ir a quinhentos por hora. Dá para sentir a profundidade da força dele. Quando ele grita, não é só na superfície; você sente aquilo ir até o fundo dele.

MARÇO DE 1988

Woody está filmando *Édipo arrasado*.

A Mia Farrow está em tudo o que você vem escrevendo faz alguns anos. Observando a variedade de papéis que ela representou, fica muito claro o quanto é versátil.

Dá para escrever qualquer coisa para a Mia. Ela é uma atriz desse tipo. É mais uma atriz clássica, mas é capaz de fazer uma cantora barata e uma mãe dramática. A [*Diane*] Keaton também é capaz disso, em grande medida. Mas a Keaton tem um certo tipo de personalidade muito, muito espetacular, e é muito agradável na tela. O pró dessa personalidade é que é um dote único, tremendo. E o contra – e não acho que seja um contra tão grande assim – é que nem sempre é fácil perder essa personalidade quando você quer mergulhar num personagem. Mas ela sempre foi muito boa nisso. Ela também tem um amplo alcance. Mas como tem uma personalidade tão especial, não seria capaz de fazer uma italiana com tanta facilidade, se é que consegue, porque ela própria é forte demais. Mas é capaz de fazer muita coisa dramática. Foi sensacional em *Presente de grego* [*1987*].

A Mia cresceu com um pai que era diretor [*John Farrow*] e uma mãe [*Maureen O'Sullivan*] atriz, e começou a representar muito nova. Fez muito sucesso na televisão, naquele troço, ahn, aquela série, muito famosa... [*faz uma pausa de vários segundos*] ... *A Caldeira do Diabo*, com dezessete anos. E fez mais alguns filmes, pelo menos um deles foi um enorme sucesso, *O bebê de Rosemary*. E foi embora para a Inglaterra, fez vários espetáculos na Royal Shakespeare e depois ficou anos sem trabalhar. Tinha se aposentado e ficou fora do país, com as crianças. Aí, voltou. É uma atriz absolutamente profissional. Você pode pedir que faça uma mãe, ou a mulher do bandido, ou dar uma canção para ela cantar, e ela canta. É provável que haja uma porção de gente assim, mas a vez deles nunca chega.

Por ter essa envergadura, você concebe os papéis para ela?
Quando concebi esse filme originalmente, vi a Mia no papel principal. Mas não preciso pensar muito nela, porque sempre tem um papel para ela. Talvez seja mais pesado para ela do que seria, digamos, para uma das atrizes do Bergman, porque acho que quase tudo o que ele faz se enquadra numa categoria de drama pesado. Ele encontrou uma porção de grandes atrizes, e sempre pode contar com elas, e elas sempre conseguem fazer aquilo.

Mas o alcance do que eu tento fazer é muito amplo. Não digo bem-sucedido, mas amplo. E isso pesa um pouco para a Mia, porque um ano ela precisa fazer a Tina [*a mulher do bandido em* Broadway Danny Rose], ou a garota dos cigarros em *A era do rádio*, e aí, no ano seguinte, uma coisa bem dramática.

Quando começamos *A era do rádio*, não tínhamos a menor ideia do que íamos fazer quanto à personagem dela [*uma vendedora de cigarros de boate, com voz aguda e sotaque do Bronx, que se transforma numa famosa colunista de fofocas radiofônicas com uma fala sofisticada*]. Não sabíamos que voz ela ia fazer, nem nada. Na primeira cena que filmamos em *A era do rádio*, fiz umas trinta e cinco tomadas, e ela fez trinta e cinco vozes diferentes, e vi todas, e escolhi uma, a que usamos no filme. E é claro [*ele ri*] que essa cena nunca entrou. E quando ela se transformou naquela outra garota, a jornalista de fofocas, no dia em que filmamos ela fez meia dúzia de versões daquilo para mim. Só escolhemos a que íamos usar quando comecei a montagem.

Parece que você é capaz de pedir a ela que repita uma tomada ilimitadamente.
Sinto que posso fazer essas coisas porque somos muito íntimos. Posso fazer isso com a Keaton, com a Dianne Wiest. São mulheres com quem trabalhei muitas

vezes, de quem sou amigo, e elas gostam de mim, estamos todos juntos. Mas uma atriz como a Gena [*Rowlands*] eu não conheço tão bem. Tenho certeza que se fizéssemos dois ou três filmes e ficássemos amigos, poderíamos pedir qualquer tipo de coisa um para o outro, como fazem os amigos. Mas eu hesito com a Gena, porque a gente não se conhece bem e não quero me intrometer numa área em que ela talvez não queira intromissão, então preciso ser cauteloso. Já com a Mia, não tem absolutamente nada. Posso chegar para ela e falar: "Nossa, o que a gente fez ontem ficou péssimo. Vamos fazer hoje de novo", e "Isto aqui está horrível, vamos tentar de novo". Ela tem uma grande atitude.

Acha que ela mudou muito como atriz desde que começou a trabalhar exclusivamente com você?

Ela passou por uma mudança de vida no sentido profissional: no começo, estava acostumada com o mundo do cinema comercial. No cinema comercial você ganha o máximo possível. Procura o maior destaque possível. Tenta conseguir os melhores papéis possíveis. É avaliado pela bilheteria do último filme. É um mundo feio, bobo, na minha opinião. E aqui, quando nos conhecemos, eu disse: "Este mundo é completamente diferente, trabalha-se não pelo dinheiro, ou pelo nome no cartaz, mas só pelo prazer de trabalhar. Pode esquecer todas essas outras considerações. É só não pensar em dinheiro, não pensar em destaque, não pensar em egos". E ela não teve problema nenhum. Disse: "Ótimo, pouco me importa o quanto eu ganho, e estou pronta para trabalhar". E, é claro, a longo prazo isso acaba sendo melhor para a pessoa. Você esquece aquela bobagem toda e só trabalha.

O primeiro filme que fizemos juntos, *Sonhos eróticos de uma noite de verão*, não foi um sucesso. Mas isso não teve importância. Se tivesse sido feito no mundo comercial, por assim dizer, teria sido um problema para ela, ou para mim, o filme não ter dado dinheiro. Mas nós simplesmente fizemos, e quem gostou, gostou, e partimos para o filme seguinte, *Zelig*. E esse foi muito bem-sucedido. Então a gente pegou e foi para o próximo. Como eu disse, não estamos no mundo tradicional, de sucessos e fracassos, dinheiro, acordos, nomes em destaque determinando exclusivamente o financiamento do próximo filme. Estamos no mundo do trabalho estrito, de tentar dar o máximo. A Mia sempre esteve disposta a representar um papel principal árduo e trabalhar nele durante quatro meses, filmando todo dia, e estar perfeitamente feliz da próxima vez, com um papel de dez falas, se tanto, e em seguida partir para o próximo. E isso é bom para ela e para mim.

Por que *Sonhos eróticos de uma noite de verão* veio a ser feito antes de *Zelig*? Você não tinha escrito *Zelig* antes?

Tinha acabado de escrever o roteiro de *Zelig*, estava esperando umas semanas enquanto faziam o orçamento e pensei comigo: Enquanto espero, por que não escrevo alguma coisa? E me ocorreu essa pequena ideia. Achei que ia ser divertido levar algumas pessoas para uma casa de campo e simplesmente celebrar o verão, fazer tudo muito bonito, com puçá e quadras de *badminton*, piqueniques e borboletas. Então armamos isso. Orçamos só umas oito ou dez semanas para o filme. Então, como você sabe, tentamos filmar os dois juntos e encontramos alguns problemas. Terminamos antes de *Zelig* porque havia uma exigência climática no filme.

Escrevi o filme para a Mia, sabendo que ela poderia fazer o papel da psicanalista que trata Leonard Zelig. Ela estava supernervosa com o papel, porque era a primeira vez que trabalhava comigo. Disse que ia me decepcionar. Estava meio nervosa. Tremendo mesmo, para falar a verdade. Eu a tranquilizei, mas às vezes posso ser um pouco brusco, volta e meia erro na avaliação de que o ator vai se sentir seguro. Penso assim: O papel é seu. Acho você ótimo. Não teria te chamado ou te contratado se não te achasse ótimo. Então posso te dizer: "Ah, meu Deus, foi péssima aquela última tomada que você fez", e você pode me dizer: "Nossa, essas falas que você escreveu, ninguém consegue falar isso". Nem é preciso dizer que nós nos respeitamos e estamos trabalhando juntos, numa conversa livre e aberta, e eu vou ser muito crítico, e você pode ser muito crítico. A Mia não precisava se preocupar com nada. Eu sabia que ia ficar ótima. Nunca me ocorreu que fosse me decepcionar. Então não pensei comigo mesmo: Ah, meu Deus, querida, você está nervosa? Nunca me ocorreu.

Algum ator alguma vez já ficou furioso com você no set?

O José Ferrer ficou meio chateado comigo durante *Sonhos eróticos de uma noite de verão*. Eu me diverti muito com ele. Achei que ele era totalmente delicioso, sob todos os aspectos. Mas uma vez fiquei insistindo com ele na leitura de uma frase, repetida quinze vezes, e ele acabou me dizendo [*numa boa imitação de Ferrer*]:

"Agora *não consigo*, você me transformou numa *massa* de terrores". E pensei comigo mesmo: Meu Deus, você é o *José Ferrer*. Como eu posso te transformar numa massa de terrores? Você é esse ator maravilhoso, e só estou dizendo: "Não, não é exatamente assim que eu quero, fale de novo". Então acho que sou insensível, porque confio que eles devem saber que vou fazer pedidos.

Já pensou em ampliar o personagem que você representa?
Não. Se for o caso, eu me retiro. Sinto que não consigo fazer um filme dramático, as pessoas ririam. E isso eu entendo. Não posso fazer uma porção de papéis. No próximo filme – não este pequeno [Édipo arrasado], mas no próximo [Crimes e pecados] – eu preciso aparecer como ator, por contrato preciso fazer alguns.

Mas dentro do seu alcance, como você diz. Acha isso limitador?
Não é limitador, é o que sempre foi. Com certeza não se expande. Posso representar algumas versões do que sou, um personagem de Nova York. E existe uma pequena variação dentro disso. Posso representar momentos sérios numa comédia. As pessoas vão aceitar. Mas não num filme sério. Talvez eu tenha algum pequeno alcance dentro de mim mesmo. Eu seria convincente como um professor universitário, por exemplo. Poderia representar alguém que trabalhe na revista *The New Yorker*, ou que trabalhe em condições mais ou menos literárias. E poderia ser convincente como um *bookmaker* numa história do Damon Runyon.* Poderia ser também um cara que aposta nos cavalos, e um certo tipo de rato urbano ou malandro – um dedo-duro, ou um jornalista de esportes, ou um *bookmaker*, esse tipo de coisa. Mas é um pequeno âmbito urbano. Jamais poderia, nem quereria, fazer um papel realmente sério. Quer dizer, seria risível. Se tivesse feito *Interiores*, ou um dos maridos em *Gritos e sussurros*, todo mundo ia cair na gargalhada. Nunca iam parar de rir. Mas se for claramente uma comédia e eu estiver fazendo o público rir, e houver uma virada nos acontecimentos, triste ou dramática, posso de-

* Jornalista e autor de contos que constituem uma crônica da vida social da classe média nova-iorquina da primeira metade do século XX. *Guys and Dolls*, o famoso musical da Broadway, foi baseado em personagens de seus contos. [N. T.]

sempenhar de um jeito convincente. Mas começar sério, o público não quer ver. O público espera que eu diga alguma coisa divertida. E deve esperar isso mesmo, porque foi assim que eu me apresentei ao longo dos anos.

Além disso, o público não quer isso de mim nesse sentido: o Bob Hope, o Charlie Chaplin, eu quero ver esses dois fazendo o que os tornou conhecidos. É a mesma razão por que não quero ver o Marlon Brando em determinado tipo de papel, porque não é muito divertido para mim. Quando o Robert De Niro fez *O último magnata* [*1976*], fez bem, porque o cara é um ator nato. Mas é mais divertido ver o De Niro fazendo coisas como o Jake La Motta [Touro indomável], *Taxi Driver* e *Caminhos perigosos*. É um soberbo sociopata nas telas. Claro, tudo o que ele fizer, vai fazer bem, mas não é tão divertido para o público ver o De Niro num papel que o limite.

Você faz alguma coisa para se manter em forma como ator?
Não. Para mim é moleza. Não é representar. Você pode ligar a câmera agora e eu faço o meu papel. Essa é a beleza de não ter talento nenhum. Meu alcance é reduzido. Não é preciso absolutamente nenhuma atuação. Não estou fazendo agora nada diferente do que quando ligam a câmera. Para mim, o que faço como ator é a coisa mais fácil do mundo. Não digo que seja ótimo, mas para mim essa coisa modesta que faço é realizável sem esforço nenhum. Como disse, sou capaz de um momento dramático num filme cômico. Quando fiz *Broadway Danny Rose*, precisava andar por um corredor à noite e me dar conta de que o meu agenciado está me abandonando e preciso reagir a isso. É um momento bem representado, acho. Mas para mim é a coisa mais fácil do mundo. Tenho esse alcance minúsculo, e sei o que eu posso fazer. Isso se reflete nos papéis que escrevo para mim mesmo.

Chego de manhã, com as roupas da minha casa. Foi o que fiz na Broadway [*durante a temporada de* Sonhos de um sedutor]. Ia direto para o palco e fazia aquele personagem, e não havia nenhuma nota falsa, porque eu tinha me protegido completamente contra isso: não tinha escrito nem uma palavra que não conseguisse falar com meu jeito natural de falar. E se por acaso eu *tivesse* cometido um erro, eu mudava.

O que ajuda a explicar por que as pessoas sentem que você é o personagem que interpreta.

É. As pessoas pensam que a pessoa ficcional que criei sou eu. Não sou. Acontece que ela anda como eu, se veste como eu [*ri*], é isso realmente o que ela é. Quando fiz *Testa-de-ferro por acaso* [*filme de 1976, sobre as listas negras anticomunistas do cinema e da televisão, escrito por Walter Bernstein e dirigido por Martin Ritt. (Ambos foram vítimas do macarthismo, assim como diversos membros do elenco.) Woody faz o papel de Howard Prince, caixa de restaurante que um amigo de infância perseguido convence a servir de testa-de-ferro para ele, apresentando os roteiros do amigo como se dele fossem. Howard de início se delicia com essa fama recém-descoberta, mas acaba assumindo uma posição corajosa contra a injustiça das listas negras que destroem vidas*] e escreviam monólogos para mim, sempre fui capaz de colocar essas falas no meu próprio jeito de falar. Digo para todos os atores que trabalham comigo não se preocuparem com o diálogo, para falarem do jeito que quiserem falar. Sei que com isso vou garantir uma certa credibilidade na tela. Uma porção de atores diz: "As suas palavras são muito melhores do que eu diria". E na verdade não são. O que eles dizem tem muito mais impacto no público. Mas eles não confiam em si mesmos para isso.

Você parece muito tranquilo ao representar. Existem muitos atores capazes de te deixar nervoso quando está contracenando com eles?
Se eu me visse amanhã num filme com grandes atores que não conheço – a Meryl Streep ou o Jack Nicholson, digamos –, não me sentiria tão relaxado e livre. Não ia querer atrapalhar, ou desanimar, ou fazer qualquer coisa que pudesse incomodar atores como eles. Faria o meu melhor, mas não estaria totalmente à vontade contracenando com eles. Seria como tocar jazz com o Coleman Hawkins.

Nesse filme [Édipo arrasado] há uma cena de você voltando de um jantar espantosamente agradável com a Julie Kavner. [*O personagem de Woody, Sheldon, é acossado por sua mãe, que desaparece numa caixa chinesa durante um passe de mágica e reaparece como um espectro gigante no céu de Manhattan, futricando com os pedestres e ralhando com Sheldon por ter saído com um linda* WASP *(Mia Farrow) em vez de uma boa garota judia, que acontece de ser a personagem de Kavner.*] Você lê o bilhete dela e depois abre o frango embrulhado em papel-alumínio que ela mandou. O momento exige introspecção. Você pega uma coxa e

cheira. E, ao fazer isso, ouve-se "All The Things You Are". Você sabia que ia usar essa música enquanto estava fazendo a cena? Parecia superbem coordenada com a música. Você estava representando com a música na cabeça?
Eu sabia que usaria alguma música suave, mas não estava me coordenando com a música. Estava só representando, que nem outro ator qualquer. Pego o frango e sei que preciso cheirar e fazer uma cara romântica. Estou fingindo [*ri*]. Na hora, não penso que sou o personagem, não penso: Ah, meu Deus, eu amo essa mulher. Não estou vivendo o personagem. Sei que estou fingindo. Estou pensando: Legal, já esperei o suficiente. Larguei a carta, e agora estou aqui, parado, e vai ficar chato se eu não me mexer agora, porque larguei o bilhete, mas parece que dá tempo de reparar no lance do frango. Estou alerta: Fique desse jeito; não seja feminino demais. Não penso em motivação; penso na mecânica.

JANEIRO DE 2000

Nos últimos anos, Woody fez *Maridos e esposas*, *Um misterioso assassinato em Manhattan*, *Tiros na Broadway*, *Poderosa Afrodite*, *Todos dizem eu te amo*, *Desconstruindo Harry*, *Celebridades* e *Poucas e boas*. O trabalho de pré-produção de *Trapaceiros* está bem adiantado quando conversamos no Manhattan Film Center.

Vamos falar de alguns atores com quem você trabalhou recentemente.
Adoro o Jack Warden. [*Ele apareceu em* Setembro, Tiros na Broadway *e* Poderosa Afrodite.] É um ator maravilhoso, que tem uma envergadura enorme. É totalmente convincente na maior parte dos papéis sérios, e hilário na comédia. Adoro o John Cusack, acho ótimo. Adoro trabalhar com ele. Adorei quando trabalhei com ele pela primeira vez, em *Gritos e sussurros*. [*Ele faz uma pausa e ri do deslize.*] *Neblina e sombras*... Tive muita sorte. E adoro o Cusack em *Tiros na Broadway* [*no primeiro, ele fez um estudante; no segundo, um pretenso dramaturgo*]. É desses caras feito o Liam Neeson e o Michael Caine, incapazes de um momento sem graça na frente da câmera. Você dá lixo para o Cusack fazer e soa lindo, ele faz aquilo soar real. E a mesma coisa com o Liam, ele é incrível nisso. A gente tende a confiar no Michael Caine porque ele é grande faz muitos anos.

O John Cusack deu ao papel do escritor em *Tiros na Broadway* uma bela combinação de bravata artística e queda, ao se dar conta de que realmente não é um artista.
Ele é daqueles atores que deixam tudo grandioso. Do Chazz Palminteri [*que faz o valentão que na verdade é o artista*] eu nunca tinha ouvido falar, e a Juliet Taylor disse: "Você precisa encontrar com ele. Vai sair um filme em que ele está como ator, escrito por ele, chamado *Um bairro em Nova York*". E aí o Chazz entra pela porta e eu penso: Esse é o personagem que escrevi. Pega um contrato depressa e assina com ele. O Joe Viterelli [*o chefão da Máfia*] eu vi num filme e disse [*aprovando*] "Quem é esse cara?".

Acho que foi você quem dirigiu a Dianne Wiest [*que faz a diva da Broadway*], mais do que qualquer outra pessoa que eu me lembre.
Precisei representar boa parte daquilo para mostrar para ela. Ela ficava dizendo: "Não consigo fazer isso. Você precisa chamar outra atriz, não consigo fazer". E eu dizia: "Está brincando? Você é a melhor atriz do mundo. Onde eu vou encontrar outra atriz como você?".

Eu queria que ela fizesse com mais afetação do que estava fazendo. Para mostrar o que eu queria, entrei rebolando e disse: "Ah, *meu Deus!*", e fiz a cena. E ela disse: "É mesmo? Tanto assim?". E eu disse: "É".

Mas nas mãos dela não parece nem um pouco com o jeito que eu fiz. Ela ganhou um Oscar pelo papel.

Tem aquela fala recorrente, ótima, quando o Cusack começa a falar e ela, muito dramática, diz para ele: "Não fala nada".
Quando estava escrevendo, me lembrei da cena de *A rosa tatuada* em que a [*Anna*] Magnani fica sabendo que o marido foi morto, e ela fez aquilo de um jeito superdramático. Era realmente a maior atriz do mundo. E pensei que seria engraçado se a Dianne fizesse aquilo. Quanto mais ela fazia no filme, mais engraçado ficava. A Mary-Louise Parker no papel de namorada era incrível.

E tive a sorte de conseguir o Rob Reiner, porque era um papel pequeno [*Sheldon Flender, um boêmio*]. Ele deixou aquilo memorável. É perfeito para fazer um intelectual russo, comunista, que joga xadrez num café. O Jim Broadbent [*War-*

ner Purcell, o ator principal cada vez mais gordo da peça dentro do filme] também foi um achado. A Juliet disse que eu precisava encontrar com ele, e ele foi muito engraçado. Quando conheci, achei hilário. E a Jennifer Tilly [*Olive O'Neal, a atriz sem talento*] era muito engraçada improvisando. E, é claro, aquela outra, genial, a Tracey Ullman [*a atriz Eden Brent*].

A Lysette Anthony em *Maridos e esposas* foi uma escolha surpreendente para mim, porque ela é britânica, mas soava completamente americana.
Assim que a gente conhece, ela tem um sotaque britânico fortíssimo. Aí ela lê, e a pronúncia é completamente americana. Não precisou de treinamento nenhum. Lindíssima. Ótima.

Você me disse que foi difícil fechar o elenco de *Poderosa Afrodite*. Por quê?
Trabalhei muito no *casting* desse filme. Fui até a Inglaterra olhar as pessoas. Estava procurando alguém para fazer o chefe do coro [*o coro grego que dá conselhos e faz comentários*], e a Juliet e eu fizemos reuniões no hotel com a aristocracia real. Eu fazendo todos aqueles lordes e *sirs* lerem, um depois do outro. Eram todos ótimos, mas nenhum tinha a pronúncia que eu queria, então afinal resolvi escolher um americano, e a pessoa que me pareceu melhor foi o F. Murray Abraham. Ele parecia ter bastante autoridade shakespeariana, mas falava como um cara do Brooklyn. Olhei muitas mulheres inglesas antes de chamar a Mira [*Sorvino, a prostituta doce e amalucada que é mãe da criança adotada pelo personagem de Woody*], e muitas mulheres americanas também.

Pelo que eu soube, ela fez uma leitura para você em Nova York, mas precisou ir te encontrar pessoalmente em Londres, vestida a caráter, para você se dar conta de que era a pessoa que procurava.
O que mostra o quanto eu posso errar a mão. Igual com o Sylvester Stallone. Eu estava fazendo *Bananas* [*em 1970*] e pedindo para o pessoal de *casting* que me mandasse uns gângsteres. Me mandaram o Stallone e um outro garoto, e eu disse: "Não é nisso que eu estava pensando. Não são tão agressivos quanto eu queria". E os dois garotos disseram: "Por favor, Mr. Allen, dá uma chance, deixa a gente se maquiar". Eles voltaram em sessenta segundos e eu me dei conta do

imbecil que era. Pois é, por acaso a Mira estava na Inglaterra e perguntou se podia aparecer, entrou na suíte do hotel, de bota e minissaia. No instante em que ela entrou, achei que estava perfeita. Parecia adequada para o papel de prostituta sem ser vulgar demais. [*Ele ri.*] Francamente, não consegui entender como ela conseguiu passar pelo segurança. Então ela leu, não na voz da personagem, mas sem essa voz a atuação dela já era muito boa e convincente. [*A voz da personagem é como um sotaque carregado do Brooklyn que se torna aguda com gás hélio, e assim resulta cômico – o que abranda a grosseria do vocabulário e a torna quase ingênua. Ela ganhou um Oscar de melhor atriz coadjuvante.*]

Foi uma revelação para mim. Adoro a voz dela.

Parte do crédito por abrandar a irreverência de *Afrodite* vai para a Mira. Ela deu uma leveza ao filme, representou como se fosse um desenho animado. Aquela voz era toda ela. Tive alguns momentos difíceis durante a filmagem, que não contei para ela, porque pensava: Meu Deus, se não comprarem essa voz, eu estou ferrado. Mas eu comprei, e segui o meu instinto, e no fim eu – ou talvez devesse dizer ela – estava certo.

Ela usou aquela voz desde o primeiro dia. É muito meticulosa na construção de uma personagem, muito mais do que eu. Houve uma porção de momentos em que ela quis ficar sozinha, para pensar sobre a personagem dela. Ela construiu tudo com muito cuidado, muita inteligência, e eu não queria interferir demais. É inteligente e talentosa. Eu trabalharia com ela de novo, se tivesse o papel certo, porque ela faria com que eu me saísse bem de novo.

Quais outros papéis deram trabalho?

Foi bem difícil encontrar a esposa [*do personagem de Woody*], até conseguir a Helena Bonham Carter. Era alguém que eu só tinha visto naqueles filmes de época. É uma atriz maravilhosa. Assim que saiu daquelas roupas e foi para coisas como *Clube da luta* [*1999*] e *Conversas de mulheres* [*1999*], acho que ela ficou melhor do que nunca. A Juliet sugeriu o nome dela. Ela veio fazer uma leitura. Além disso, fazia um sotaque americano muito bom. E era perfeita. Era bonita e tinha classe.

Para conseguir o papel de Linda Ash, a doce prostituta de *Poderosa Afrodite*, Mira Sorvino foi se encontrar com Woody vestida a caráter. O papel lhe daria um Oscar

Vamos falar um pouco de *Todos dizem eu te amo*. Durante anos você quis fazer um musical, e quando fez, foi uma espécie de versão caseira, porque os atores cantam com voz normal, não como cantores treinados, embora, é claro, haja aqueles incríveis números de canto e dança, com profissionais de verdade.
A Julia Roberts foi ótima. É uma atriz maravilhosa, incrível de trabalhar. Eu *realmente precisava* dar uma levantadinha na cabeça para dar um beijo nela, claro, o que é uma das coisas, sabe, que me incomodam na vida.

A Drew Barrymore também foi sensacional [*no papel de uma garota de sociedade*]. De início, fiquei preocupado com a imagem que ela passava, de alguém que veio de um estacionamento de *trailers*; a Drew não tem a imagem do Upper East Side, no sentido em que a Gwyneth Paltrow tem. Mas a Drew estava disponível, e ouvi todo mundo que trabalhou com ela dizer que era tão talentosa e dedicada que ia botar a coisa para funcionar. Ela veio, e gostei muito dela. Leu muito bem, e pensei [*ele ri*] que poderíamos cobrir as tatuagens. E *foi* soberba.

O Edward Norton era desconhecido para mim. [*Ele faz o namorado mauricinho que, junto com um coro de dançarinos, irrompe numa interpretação de "My Baby Just Cares for Me" enquanto compra o anel de noivado na joalheria Harry Winston.*]
O Edward Norton foi uma descoberta. Veio junto com um milhão de caras que eu não conhecia, mas no instante em que fez a leitura, o papel, no meu entender,

era dele. Ninguém antes dele tinha lido com realidade ou convicção. Ele era igual a uma pessoa real fazendo aquilo. Não contei a ele que era um musical.

[*Incrédulo.*] Você não contou que ele ia precisar *cantar*? Contou para *algum* dos atores?

[*Completamente blasé.*] Nunca me ocorreu contar a ninguém, porque eu queria fazer um musical sem considerar se as pessoas sabiam cantar ou não. Liguei para o Norton algumas semanas depois e perguntei: "Você canta?". E ele disse: "Canto, acho que posso cantar um pouco".

Quando eu estava fazendo o filme, o pessoal do departamento de Música dizia: "Eles não sabem cantar!". E os distribuidores diziam: "Eles não sabem cantar!". E eu continuava dizendo: "É, eu *sei*, a ideia é *essa*. Cantar como cantam no chuveiro, que nem gente normal, a ideia é essa. Não quero que o Edward Norton comece a cantar e soe igual ao Pavarotti". Não chamei cantores. Chamei atores convincentes. E alguns cantavam – o Alan Alda, e a Goldie Hawn canta lindamente. Só a Drew falou: "Não sei cantar. Não tenho ouvido nenhum, não posso cantar". Então eu disse: "Tudo bem, no seu caso fazemos uma dublagem". E chamei uma das amigas da Soon-Yi para dublar a Barrymore naquela canção do filme. O Tim Roth [*que é inglês*] precisava cantar com sotaque americano, e o Dick Hyman [*que escreveu a música original*] dizia: "Ele não sabe cantar! Ele não sabe cantar!", e eu dizia: "*Tudo bem*" – a menos que fosse um miado e virasse um castigo.

A cena do final, com todo mundo fantasiado de Groucho Marx, é uma das minhas preferidas. E depois tem aquela cena elaborada e comovente no cais, com a Goldie Hawn [*que faz a ex-mulher do personagem de Woody, embora ele, ela e o marido dela sejam amigos próximos*].

O meu Groucho está nos genes, nos genes de família. Foi sorte minha a Goldie estar disponível. É uma das poucas pessoas que podem fazer tudo aquilo. Você quer alguém que dance, a Goldie dança. Ela canta, como eu disse. Quer alguém para improvisar, ela improvisa. Sabe representar, sabe fazer piada. É muito competente e talentosa. De início, eu tinha pensado numa das minhas cupinchas, como a Judy Davis, mas a Judy estava grávida ou coisa parecida.

Numa festa de *réveillon* em Paris, no musical moderno de Woody, todos dizem que são Groucho Marx

Aquela cena na beira do rio parece realmente complicada, não só pela exposição de juntar de novo o seu personagem e a da Goldie Hawn, mas pela dança que ela faz no ar. Foi muito complicado de fazer?
Foi legal, mas não complicadíssimo, quando filmamos no cais. Estive lá uma noite dessas, jantando, e olhei da janela do Tour d'Argent, pensei como o Carlo [*Di Palma*] tinha iluminado aquilo. Levou dias para fazer a iluminação. Alugamos todo o equipamento de iluminação da França. A Notre-Dame estava iluminada, e o outro lado do Sena estava todo iluminado, e o lado de cá estava iluminado. Devíamos ter quinhentas luzes. Normalmente já é iluminado, mas aquilo foi bem incrível.

***Desconstruindo Harry* originalmente se chamava *O pior homem do mundo*. Você tinha dito que o Harry Block é um escritor "perverso, raso, superficial e obcecado por sexo" que transforma em ficção sua vida e sua obra, e conquista a inimizade daqueles que um dia o amaram. As pessoas que tendem a procurar autobiografia na sua obra devem ter se divertido, embora quem te conhece saiba o quanto você é diferente do Harry.**
É, ele é um escritor judeu de Nova York – mas é um escritor travado, o que, já de saída, me deixa de fora – disposto a sequestrar o próprio filho, algo que não tenho coragem de fazer; que fica sentado em casa bebendo; tem problemas com a própria vida; chama prostitutas em casa toda noite; a mãe dele morreu no parto. Simplesmente não era a minha vida. Foi um personagem fictício que inventei. Tentei chamar outra pessoa para o papel – tentei *todo mundo*. Mas eu sabia que se outro ator fizesse, iam dizer que era eu, de qualquer jeito. Mesmo assim, acho que podia ter sido mais bem representado do que eu fiz. Primeiro procurei o Robert De Niro. Procurei o Dustin Hoffman. Procurei o Elliott Gould. Procurei o Albert Brooks. Falei com o Dennis Hopper. Não conseguia ninguém para fazer, por uma razão ou outra. Tal pessoa não estava disponível, outro queria muito dinheiro, outro não queria porque achava que era jovem demais. Enfim, menos de duas semanas antes do começo das filmagens, eu disse que faria.

Ficou contente com a Elisabeth Shue no filme? [*Ela faz a linda paciente da psiquiatra que é ex-mulher de Harry (Kristie Alley), com quem ele começa um romance.*]

Era uma atriz que eu adorava. Felizmente estava livre, e foi incrível. É uma pessoa ótima, foi convincente me idolatrando. Me conheceu no elevador – no filme. Era linda, sexy e uma excelente atriz.

Celebridades tem dois atores que estavam sendo intensamente celebrados na época que você fez o filme, a Charlize Theron e o Leonardo DiCaprio.
A Charlize Theron tem a umidade da tela, como eu gosto de dizer. Uma coisa que vem de dentro. Ela é linda e tem uma grande segurança, é superautoconfiante. Sabe como se apresentar. Somando aparência, segurança e talento, é um tiro certo.

O Leonardo DiCaprio não é uma moda passageira. Além de bonito, é um tremendo ator, no nível dos melhores – De Niro, Pacino –, um grande talento natural. É verdadeiro e cheio de intensidade, um grande improvisador. Tem belíssimos instintos. [*A voz fica tristonha.*] Faço o primeiro filme do DiCaprio depois de *Titanic* e não ganho nem um centavo [*ri*]. Eu estava saindo de *Todos dizem eu te amo* e *Desconstruindo Harry*. O musical foi muito popular na Europa, especialmente bem recebido na França, e era difícil de acompanhar.

No que o roteiro de _Poucas e boas_ difere da primeira encarnação dele, não produzida, _The Jazz Baby_, no que diz respeito aos principais personagens?
O estilo narrativo de *The Jazz Baby* era um anedotário de fofocas sobre um cara. A estrutura era a mesma. Alguns traços do personagem eram os mesmos. O principal músico de jazz era um cafetão, mas era diferente. Era muito menos divertido – não que este seja de morrer de rir –, e bem mais masoquista. A impressão que se tinha do original era que o músico era muito autodestrutivo, e isso é triste. Era um prato cheio de masoquismo, masoquismo germânico, no estilo do Emil Jannings. Precisa ter espírito para fazer aquilo. Precisávamos achar um sujeito parecido com o Django Reinhardt. Nada fácil.

Uma coisa que lembrei ao ler _The Jazz Baby_, muitos anos atrás, é o relacionamento entre a garota muda e o guitarrista egocêntrico, que foram tão bem interpretados pela Samantha Morton e pelo Sean Penn.
A Samantha Morton esteve nesta mesma sala. Quase não levou o papel. No minuto em que vi *Under the Skin* [*1997*] entendi que era ela que eu queria.

Em *O Escorpião de Jade*, Charlize Theron demonstra o que Woody chama de "umidade na tela"

"Gostaria que você interpretasse isso como o Harpo Marx", disse eu.

E [*começa a rir*] ela disse: "Quem é Harpo Marx?".

E eu disse: "*Harpo Marx*, aquele dos Irmãos Marx, que não fala".

E ela disse: "Quem são os Irmãos Marx?". [*Não ficou nisso. Aos vinte anos e originária de uma pequena localidade rural inglesa, ela contou à revista* Variety *que quando seu agente a informou de que Woody Allen queria conversar com ela, a resposta foi "Mas quem é Woody Allen?".*]

Percebi o quanto eu estava velho. Disse que ela precisava assistir aos Irmãos Marx porque ia gostar deles, e fechamos o contrato. Voltou para a Inglaterra e realmente assistiu aos Irmãos Marx. Na próxima vez em que nos encontramos, foi no set de filmagem. Ela fez uma imitação perfeita do Harpo Marx, e precisei explicar: "Não quero que você realmente *atue* como o Harpo Marx, mas essa é a ideia geral para esse personagem mudo. Ao contrário do Johnny Belinda".

Ela roubou a cena sem dizer uma palavra.

As pessoas me diziam: É muito difícil para uma jovem atriz representar sem falar. Respondi que sim, mas estava pensando comigo mesmo: Na verdade, não. É uma coisa em que uma atriz pode realmente cravar os dentes. Não existe nenhuma atriz por aí que não queira fazer uma muda ou cega, porque assim é que se tem alguma coisa para representar. [*Morton foi indicada para o Oscar de melhor atriz coadjuvante.*]

O Sean Penn foi a sua primeira escolha para o papel?

Foi a primeira escolha da Juliet. Pensei em outras pessoas porque o Sean quase nunca está livre. Ele tinha dito que queria trabalhar comigo, e aí cada vez que eu mandava alguma coisa, ele dizia: "Não, quero ficar com os meus filhos, acabei de fazer dois filmes, não posso trabalhar com você agora, estou devendo dinheiro". Eu tinha tentado em pelo menos dois outros filmes; não lembro quais, mas a Juliet deve saber. Pensei no Johnny Depp, mas nunca entrei em contato com ele para esse papel. O Nicolas Cage também foi um nome citado.

Na época, falaram de dificuldades entre vocês dois.

Como eu já disse, o meu relacionamento com o Sean Penn foi ótimo. Não vou hesitar em chamá-lo de novo. Acho que ele trabalharia comigo outra vez. Nunca tivemos um momento que não fosse civilizado. Ele sempre sabia as falas – podia ter estudado as falas cinco minutos antes de entrar no set, mas sempre sabia. Era muito aberto a sugestões. E como eu disse, dava suas próprias sugestões: se eu gostava, ótimo, se eu não gostava, ele nunca reclamava. Ele também me ofereceu um papel num filme que pretendia dirigir, então foi uma experiência muito positiva para nós dois.

Ele teve algum problema com o papel?

Em algumas cenas, como qualquer ator, mas achei que na maior parte do tempo ele levou a genialidade dele – porque *é* genialidade – para a representação. Noventa e cinco por cento do tempo ele fazia tudo ficar ótimo. Aprendeu todas as posições de violão, conseguia tocar aquelas músicas, como eu já disse. Ouvi ele tocar "Limehouse Blues" devagar, enquanto esperava para ensaiar, e foi incrível. É dedicado. Com a capacidade dele como ator, penetrou no que deveria ser um músico. Só teve umas duas cenas que não saíram ao meu gosto e refilmamos, e refilmamos, e voltamos duas semanas depois, e voltamos outra vez, duas semanas depois.

Qual era o problema?

Ele só não estava captando as nuances cômicas do jeito que eu escutava na minha cabeça. Eu sempre disse que se você raspar a superfície de uma cena que não funciona, noventa e nove por cento das vezes é por causa do texto. De vez em quando, está na atuação, de vez em quando na direção, mas quase sempre no texto. Então a minha sensação era de que eu estava impondo a ele um texto que, se ele não pegava, ninguém ia pegar.

Quais foram as cenas que precisaram de tantas retomadas?

A mais notável foi aquela na sala de bilhar, com as duas prostitutas. Aquilo, originalmente, era num hotel onde um dos caras estava brigando com uma garota e o Sean precisava intervir em defesa dela, porque agenciava as meninas. Essa cena não deu tão certo, então voltamos e filmamos de novo, e filmamos de novo, e a cada vez eu reescrevia. Finalmente, mudei a cena para a sala de bilhar. Mas ele estava sempre pronto; nunca disse: "Ei, o que é que está acontecendo? Já fiz essa cena três vezes". E sempre me deu mais do que eu poderia sonhar. Quando um ator faz as falas do jeito que ele fez para mim, é um presente.

Em *Trapaceiros* você representou ao lado de duas grandes comediantes.

Trabalhei com a Tracey Ullman, que é um enorme, enorme, enorme talento, e que ajudou muito. E a Elaine May é um ícone da comediante americana. Eu realmente me cerquei de grandes talentos.

Você e a Elaine May trabalharam, ambos, em boates nos anos 60, e o Jack Rollins era o agente do Nichols e da May. Vocês eram amigos na época? São amigos agora?

O caminho da Elaine e o meu se cruzavam algumas vezes nos anos 60 porque a Louise [*Lasser, segunda mulher de Woody*] estava fazendo um negócio chamado *The Private Bar* em Greenwich Village, com o Peter Boyle, e a Elaine era a diretora. Eu estava do outro lado da rua, no Bitter End. Acho que ela e o Mike [*Nichols; Nichols e May formaram uma dupla em 1957, e foram seminais para a comédia*] eram talentos tremendos. Não sou do círculo social da Elaine, mas sempre nos demos bem, e parece que gostamos um do outro, embora nossos caminhos raramente se encontrem. Eu a via mais quando cada um de nós fazia uma peça de um ato em *Death Defying Acts* [*1995*], porque ficávamos juntos na coxia, ou nos comiserando, ou nos lamuriando. [*O relacionamento com o diretor, Michael Blakemore, não era fácil. A peça de Woody era* Central Park West. *David Mamet completava a trilogia.*]

Quando escrevi, dei à personagem o nome de May, e a Elaine era a primeira escolha, assim como a Tracey. Zero problema com a Elaine. Ela chega na hora, sabe as falas, é capaz de improvisar com criatividade e está disposta a isso. Se você não quiser que ela improvise, ela não improvisa. É um sonho. Ela se coloca nas suas mãos. É genial, e eu não uso essa palavra levianamente. Está na voz dela.

A Tracey também é um monumental talento cômico – tem capacidade ilimitada. Duas mulheres hilárias.

Como foi atuar ao lado da Diane Keaton em *Um misterioso assassinato em Manhattan* depois de, o quê?, doze anos ou mais?

Acho que havia uma boa química entre mim e a Keaton. Realmente acho que nesse tipo de relacionamento, nesse tipo de equação, sempre estaríamos ótimos juntos. Sabe o que é interessante? Escrevi isso para a Mia, então tudo desmoronou e a Keaton entrou em campo. Ela é uma comediante tão forte, tão vibrante, que toda a ênfase mudou, e ela virou a engraçada. Se a Mia tivesse feito, eu teria sido o mais engraçado, porque sou uma pessoa mais naturalmente cômica do que a Mia. Mas o resultado dessa equação é sempre muito positivo quando a Keaton fica louca para seguir o cara e fazer as coisas todas e eu sou o que fica dizendo: "Calma lá". Ela é uma grande maníaca.

Nesse filme você trabalhou de novo com a Anjelica Huston, num papel muito diferente do que ela fez em *Crimes e pecados*.

Tive a sorte de conseguir trabalhar com a Anjelica porque ela é uma daquelas atrizes que tornam tudo real, e projeta inteligência, e eu precisava de alguém que projetasse inteligência. Algumas pessoas sabem fazer isso. A Jodie Foster faz isso. Grandes talentos. Tenho muita sorte.

Havia uma cena que foi cortada do filme, em que eu beijava a Anjelica, mas ela precisava sentar no sofá [*ele ri*], e aí eu entrava e dava um beijo nela [*ri mais*], porque se você pensa que se Julia Roberts era alta, [*com Anjelica Huston*] era como beijar, sei lá, o jogador de basquete Kareem Abdul-Jabbar.

Esta é uma forma tortuosa de perguntar sobre atuação cômica, mas um psiquiatra que te entrevistou escreveu que, de modo geral, você é infantiloide. Ele tem razão? Você se vê como infantil?

Entendo como posso ser percebido como infantil, mais do que infantiloide. Também me sinto mais à vontade com crianças, porque não confio nos adultos. [*Ri.*] Não que confie em muitas crianças. E não suporto bichos de estimação – de nenhum tipo. Mas isso não responde a sua pergunta. Talvez a minha falta de jeito social me faça parecer imaturo. Tenho fobias e uma ansiedade geral em relação a muitas coisas – jantares, conhecer gente, viajar [*ri*], o chuveiro. Sempre lutei com o trivial da vida. Talvez o psiquiatra a que você se refere não esteja muito longe da verdade.

Acha que isso te afeta como ator, principalmente como comediante?

Isso é mais ou menos igual a uma charada. Quando começa como comediante, você é criança. Muitos comediantes continuam crianças a vida inteira, e muitos permanecem fisicamente juvenis até a velhice. Se você olha para o Jerry Lewis e o Milton Berle [*falecido em 2002*] hoje, o jeito como eles se comportam, eles são crianças. Então, comediantes são crianças, e estão em busca da aprovação dos adultos. Alguma coisa acontece num teatro quando você tem catorze anos de idade e quer subir no palco e fazer a plateia dar risada. Você é sempre o suplicante, querendo agradar e conseguir risadas quentes. Então, o que acontece com os comediantes – eles vencem e ficam mil vezes mais ricos que seu público, mais famosos, mais idolatrados, mais viajados, mais cultivados, mais experientes, mais sofisticados, e já não são mais os suplicantes. Podem comprar e vender o público, eles sabem muito mais que o público, viveram e viajaram pelo mundo cem vezes, jantaram no Palácio de Buckingham e na Casa Branca, têm carro com motorista, são ricos e já fizeram amor com as mulheres mais lindas do mundo – e de repente fica mais difícil representar um personagem mais solto, porque não sentem isso. Ser um suplicante ficou muito mais difícil de vender. Se não tomar cuidado, é fácil ficar menos divertido, menos engraçado. Muitos fazem pose. Você consegue pensar em alguns assim, tenho certeza. Se tiver sorte, você cresce nos papéis que interpreta, como o Robin Williams, por exemplo. Ele cresce com o sucesso.

Acontece uma coisa estranha: você passa de bobo da corte a rei. É muito difícil, a menos que você não perca sua perspectiva. Alguém como o Chaplin realmente tinha esse problema. Vivia dilacerado. Podia representar o "homenzinho", mas na verdade havia se transformado em parceiro de reis e rainhas, o cara que achava que tinha declarações a fazer a respeito da pena de morte e do fascismo, de forma que não era mais muito engraçado. Na verdade, acho que ele foi péssimo nesses filmes.

Fica meio inadequado ver caras de sessenta, setenta anos andando com os pés tortos [*ri*]. Um problema interessante.

Até que ponto isso te afetou?

Acho que me afetou até certo ponto. Eu costumava sentar com a minha namorada no Thalia e no New Yorker para ver filmes estrangeiros na sexta à noite e tinha vinte anos de idade. Enquanto eles trocavam os filmes, eu pensava: Meu Deus, eu poderia subir aqui no palco e fazer esta gente rachar de rir. E depois eles provaram ser um grande público para mim, nas boates. Depois, com o correr dos anos, você obtém um certo sucesso – sucesso financeiro, sucesso da crítica, sucesso pessoal – e tenta elevar o seu trabalho. E é aí que eu caio fora, das maneiras mais embaraçosas. Às vezes consigo, mas costumo pular fora. Não posso pegar e amanhã começar a fazer uma série de filmes como *Um assaltante bem trapalhão* ou *Bananas*. Espero mais de mim mesmo, e o público também. Eles querem ouvir os meus comentários. É muito difícil manter isso em equilíbrio e não se transformar num caga-regras. E então, quando tento fazer um filme sério, posso facilmente cair – e já caí – nessa armadilha em que viro um falastrão, e é aí que tenho os meus fracassos mais vergonhosos.

ABRIL DE 2005

Woody recém-terminou *Match Point*. É o primeiro de três filmes seguidos que fará em Londres, depois um em Barcelona. O motivo imediato para filmar longe de Nova York é que os acordos financeiros mais favoráveis se encontram na Europa, mas é também nessas cidades que ele se sente confortável, e a chance de trabalhar com atores e equipe europeus lhe agrada.

Match Point é um dos poucos filmes que você não fez em Nova York. Como filmar em Londres e não no seu bairro?

Match Point foi fantástico, absolutamente fantástico de fazer. Não achei que seria, mas foi fabuloso. Em primeiro lugar, o tempo estava ótimo, porque era Londres no verão, então é fresco. Não tem aquele calor de matar daqui. Em segundo, porque em Londres você tem muito céu cinzento, o que é muito bonito para a fotografia. Terceiro, eles têm uma enorme quantidade de fantásticos atores e atrizes, que gostam de fazer pequenos papéis, e cada pequeno papel em *Match Point* é lindamente interpretado. É um presente de fato. E como não têm as mesmas limitações sindicais que nós temos, trabalham de um jeito muito mais livre. Não estou falando de exploração, mas um *stand-in* de iluminação pode pegar um megafone e orientar o trânsito por um momento. É que nem filmar com estudantes, no melhor sentido. Todo mundo faz tudo. Eles simplesmente não trabalham do modo regimental com que trabalhamos aqui. Por exemplo, quando saímos na rua em Nova York, temos um milhão de assistentes de direção controlando a multidão. Lá, não tem nenhum controle de multidão. Às vezes, alguém olha para a câmera e eles fazem outra tomada. É uma coisa muito solta, muito *relax*. É fantástico. Eu me diverti muito. E fiz um dos meus melhores filmes. Para mim, dizer isso não é pouca coisa.

Alguma outra diferença entre Londres e Nova York?

Para o ouvido americano, o inglês britânico soa muito bem. Os atores ingleses são maravilhosamente treinados. Soam ótimos ao falar as falas que você escreveu. Eu não estava fazendo um filme americano em Londres, estava fazendo um filme britânico, era uma história britânica. O filme que vou fazer este verão [*Scoop – O grande furo*] é mais sobre americanos em Londres.

Em que o financiamento europeu é diferente do americano?

Fazer filmes na Europa parece uma coisa boa para mim, porque nos Estados Unidos, por uma razão ou por outra, eles querem participar. Dizem assim: "Olha, não somos só o banco. Queremos saber do elenco, queremos ler o roteiro, gostaríamos de saber o que vamos receber" – e eu não sei trabalhar assim. Esses homens de negócios dos Estados Unidos se acham mentalidades criativas, e são o oposto disso. Querem garantia de sucesso financeiro no cinema, e os sucessos financeiros que conseguem quase sempre são uma questão de sorte. Fazem uma porção de filmes e alguns vão bem, a maioria não vai bem, eles realmente acham que estão dando contribuições criativas enquanto não passam de obstáculos tolerados pelas pessoas criativas que não estão em posição de mandar todos para o inferno. Não sabem nada sobre escrever, nem sobre direção, ou atuação, e querem interferir. Mas, na Europa, não estão acostumados ao sistema dos estúdios e ninguém lá se acha especialista.

A Scarlett Johansson é sua última descoberta.

A Scarlett não é nada menos que uma atriz maravilhosa. Eu era grande fã da Scarlett desde *Mundo cão* e *Encontros e desencontros*. Mas ela não foi a primeira pessoa que peguei para o papel. Pensei que, por causa da maneira como o dinheiro para o filme foi levantado, íamos precisar usar atores da União Europeia, então fiz todo o elenco do filme com ingleses e chamei a maravilhosa atriz britânica Kate Winslet. Mas quando chegamos perto da filmagem, e isso eu entendi perfeitamente, ela sentiu que estava trabalhando fazia muito tempo, negligenciando o filho, indo de um filme para outro, então quis passar um tempo com a família e saiu do trabalho. Escrevi um recado para ela assim: "Acredite, a minha maior prioridade também não é filmar, sem problema nenhum. Talvez um dia a gente possa trabalhar juntos em alguma outra coisa".

Naquele momento, tínhamos contratado tantos britânicos que a minha irmã [*Letty Aronson, produtora*] observou que já havíamos cumprido nossas obrigações contratuais com o fisco britânico e podíamos usar uma americana. Sentamos para conversar e pensamos que a Scarlett Johansson seria ótima. A Juliet descobriu que ela estava livre. Ela foi simplesmente direta e objetiva. Mandei o roteiro na sexta à tarde e domingo à noite ela estava dentro. Veio, experimentou o figurino, apareceu no set; naquele primeiro dia, fizemos uma cena muito difícil, e ela foi brilhante. É uma atriz maravilhosa. No correr dos anos, trabalhei com a Keaton, a Wiest e pessoas sensacionais. E muita gente com quem trabalhei brevemente foi maravilhosa: a Helen Hunt e a Téa Leoni, a Christina Ricci e a Radha Mitchell, uma depois da outra. Agora eu tinha a sorte de contar com a Scarlett.

Quanto você precisou reescrever para mudar a personagem de inglesa para americana?
Reescrevi um pouquinho, mas isso só ajudou a fortalecer a premissa.

A personagem da Scarlett, Nola Rice, começa como pura sexualidade autoconfiante, mas com o desenrolar da história isso aos poucos se transforma numa qualidade histérica, exigente. Foi fácil conseguir isso?
A Scarlett tem a qualidade de ser tão intrinsecamente adorável que na verdade eu precisei trabalhar com ela para que o público não ficasse furioso por ela ser morta. Precisei tomar muito cuidado com isso. Poderia ter chamado uma porção de atrizes, que a plateia pensaria: Estou do lado dele. Mas com a Scarlett, ela tem tanto charme, humor e vulnerabilidade, que tive de garantir que quando ele acabasse com ela o público aceitaria – não seria como matar a Mary Poppins.

É muito diferente de quando o personagem do Martin Landau arranja o assassinato da personagem da Anjelica Huston em *Crimes e pecados*.
É. A Anjelica é uma pessoa mais alta e mais velha, e tem uma qualidade totalmente diferente, uma presença muito mais dominante do que a Scarlett. A Scarlett é uma atriz mais jovem e vulnerável. A Anjelica era uma mulher adulta quando fiz aquele filme, talvez nos seus trinta e poucos anos, e a Scarlett não tinha nem vinte. Simplesmente *personas* diferentes.

A personagem da Scarlett realmente começa a ficar mais sombria na cena na frente do escritório, quando grita: "Você mentiu!", e está quase descontrolada de raiva e histeria.
Ela é ótima. Ela me estimula. É uma atriz fantástica. Na primeira cena em que trabalhei com ela, ela havia viajado durante a noite anterior e chegado a Londres de manhã. Foi direto para o *pub* e não ensaiamos, nem nada. [*É uma cena intensa, com Jonathan Rhys-Meyers (Chris), que está obcecado por Nola.*] Fez meio bêbada,

e as primeiras tomadas ficaram ótimas. Foi uma bênção. Como se todo mundo fosse de uma equipe só de estrelas.

O que a Scarlett tem que é tão eficiente?

Ela é sensual. Tem um rosto maravilhoso, cheio de personalidade, e bonita, é claro, um corpo fantástico, e na soma não dá para quantificar, como não dava para quantificar com a Marilyn Monroe – só dá para falar a respeito, mas captar, nunca. Vem tudo junto: a personalidade, a voz, a aparência, os olhos, o peso, os lábios, tudo vem junto, de um jeito em que o todo é, de alguma forma, maior do que a soma das partes, e estamos falando de algumas partes muito fantásticas. É uma combinação de natureza e nutrição, mas sobretudo natureza; são todos aqueles genes. É assim com qualquer estrela. Pode pegar ao acaso, seja a Nicole Kidman, a Marilyn Monroe ou a Julia Roberts. Alguma coisa mágica acontece.

Com os homens, você vê aqueles velhos astros do cinema, como o William Powell, o Humphrey Bogart, o Edward G. Robinson, esses caras não eram, entende, bonitos, no sentido convencional. Mas, por alguma razão, tudo se juntava no Bogart, e tudo se juntava no George C. Scott. Eles tinham *sex appeal* sem serem lindos. A Scarlett tem *sex appeal* e *é* linda.

Você conhecia bastante o trabalho do Rhys-Meyers?

Eu tinha visto *Driblando o destino* e sabia que ele era o que eu queria. Sabia também que ele era bom, mas não estava preparado para que fosse tão bom. Já sabia como a Emily Mortimer [*Chloe, a filha que se apaixona por Chris*], o Brian Cox e a Penelope Wilton [*os pais dela*] eram bons.

O Matthew Goode [*irmão de Chloe, que leva Chris para a família*] foi uma descoberta, porque eu tinha visto num vídeo. Perguntei: "Quem é esse cara?". E as pessoas disseram: "Bom, a gente não sabe, é um boa-pinta, mas não sabemos se é capaz de fazer esse tipo de coisa dramática. Pode ser divertido". Mas ele não só era capaz de fazer aquilo como encarnou o personagem lindamente, acrescentando suas próprias expressões idiomáticas e locuções. Fez um belo trabalho.

Match Point tem mais intensidade sexual que qualquer outro filme seu.

Existe atração sexual, mas você não vê nenhum sexo de verdade, nenhum sexo *hardcore*, e não vê ninguém ser morto. A intensidade sexual vem das duas estrelas. Coloquei os dois em situações que são sexuais até certo ponto; é mais sexy quando o Jonathan Rhys-Meyers esfrega as costas dela com óleo do que ver duas pessoas fazendo amor, ou quando ele derruba ela no chão, na chuva. Tem sexualidade sem mostrar nenhum sexo de verdade. Você capta a ideia. Assim é mais divertido. Sexo de verdade, você pode ver a hora que quiser. Parece um pistão ou uma britadeira, mas raramente é sexy.

Os atores entenderam os papéis depressa?

Não tive nenhuma conversa com ninguém. Não tive nenhuma conversa com a Emily, a Scarlett, a Penelope, o Brian, o Matthew. Eles leram, eles entenderam. De vez em quando, havia uma pergunta. A Emily me fez uma pergunta quando começou a fazer a personagem dela. O impulso dela era começar com muita doçura com ele [*Rhys-Meyers*], e eu disse: "Não faça isso. Fica doce demais. Você *é* doce. Só faça, pura e simplesmente. Isso já está dentro de você". Essa foi a única pequena orientação que tive de dar durante o filme todo. E assim que eu disse isso para ela... [*estala os dedos*]. Uma vez eu disse para o Brian Cox: "Pode falar um pouco mais alto?". E ele riu e disse: "Claro, claro".

Em *Match Point*, Woody só precisou pedir que Emily Mortimer não fizesse sua personagem Chloe tão doce: para ele, a atriz já é doce de nascença

MAIO DE 2005

Você me disse que, quando escreve, se transporta para a fantasia, mas quando está dirigindo, não; é só filmar aquele pedaço e guardar. E quando está representando?
Sempre me perco como personagem. Sou um ator muito limitado, mas sempre estou dentro do personagem. Então, se estou fazendo uma cena com alguém e começa um incêndio ou passa um avião lá no alto, eu automaticamente incorporo aquilo. Estou ali o tempo todo. Mas também me vejo fazendo aquilo, mesmo quando estou vivendo o momento. Eu estava representando uma cena [*em* Desconstruindo Harry] com a Kirstie Alley – uma atriz incrível e muito engraçada [*embora nessa cena eles estejam brigando*] – e com um tapa ela arrancou um copo da minha mão, e o copo quebrou. Eu reagi de acordo, porque estava na cena também. É sempre assim comigo. Por isso é que não tenho problema em inventar o diálogo enquanto estou fazendo. Para mim é fácil. Poderia improvisar um filme inteiro, se precisasse, porque na verdade é o que faço como escritor. É uma coisa que me vem com facilidade. Me vem com facilidade como pessoa, então não é grande coisa – nem garantia nenhuma de que vai ser bom.

Quando você estava filmando *Sonhos de um sedutor*, há uma cena no bar em que você engole uma dose de uísque e tem uma reação elaborada. A equipe inteira precisou se segurar durante a tomada e depois explodiu numa gargalhada quando o Herb Ross disse "Corta!". E você também riu. Você sabia que tinha sido tão engraçado?
Você faz você mesmo dar risada, porque o trabalho é sempre uma surpresa. Se estou em casa, escrevendo uma piada, tenho uma sensação de graça com ela, porque é uma surpresa para mim – vem do inconsciente. A mesma coisa com uma tomada. Também te faz rir porque, de alguma forma, é uma surpresa tão grande para você quanto para o cara da iluminação.

Você demora muito para decorar as suas falas?
Não decoro as falas. Quando termino um roteiro, já estou partindo para o

próximo filme. Terminei o meu roteiro deste verão [*Scoop*], entreguei há duas semanas, e provavelmente não vou mais olhar para ele. Pouco antes de rodar, dou uma olhada no que é a cena e falo o diálogo do jeito que quero falar. Sai do jeito que escrevi, ou próximo do jeito que escrevi.

Então fica guardado na cabeça, para ser facilmente recolhido?
É o que eu diria nessas circunstâncias. E poderia escrever alguma coisa, pensando em quais seriam os argumentos entre as pessoas que estão na cena, e depois deixar o roteiro de lado. Se reescrevesse a cena do nada, seis meses depois, ou três meses depois, escreveria praticamente o mesmo diálogo. Talvez não na ordem exata, mas vai saber. As mesmas reações estariam ali, em ambos os casos. Sempre foi assim.

Você sabia que a Scarlett estaria no filme novo [*Scoop*] quando sentou para escrever?
Sabia, porque ao terminar o último filme a gente conversou sobre fazer alguma coisa. Eu disse: "Você deveria fazer alguma coisa em que seja divertida, porque você é muito engraçada". Ela se manteve à disposição.

É notório que você não conversa com os atores no set, mas conversa com a Scarlett, e muito. Parece que você tem com ela a mesma relação fácil e brincalhona que tinha com a Diane Keaton.
Ela entra na categoria daqueles que sempre me ultrapassam. Não importa o que eu diga, ela vem e passa por cima numa frase. A Keaton é assim, e as minhas filhas Bechet e Manzie também. Toda vez que eu digo alguma coisa engraçada, ou que acho fantástica, a Scarlett, sem esforço nenhum, passa por cima de mim. Então, claro, um velho comediante como eu tem muito respeito por isso. Sempre fico perplexo com a velocidade e a eficiência com que ela reage. Tenho uma boa química com ela porque ela é muito brilhante, muito rápida, muito engraçada. E acho que fica segura – não que precise de segurança – com o evidente prazer que tenho com ela. Se sente segura por eu gostar tanto dela.

Mas é raro você sair com atores, inclusive ela.
É. A Scarlett diz que eu sou antissocial. [*Ri.*] Não sou antissocial. Simplesmente não sou social.

Em *Broadway Danny Rose*, quanto do filme é conscientemente uma declaração de amor a Jack e Charlie? [*Jack Rollins e Charles Joffe, agentes de Woody desde o final dos anos 50, são a encarnação da lealdade de Danny, assim como Woody é leal a eles, embora não o convidem para comer congelados de peru no Dia de Ação de Graças, como Danny Rose faz com seus clientes. Danny (Woody) é agente de performers das fronteiras mais distantes do show business: um escultor de balões, um tocador de harpa de vidro, pinguins esquiadores, um hipnotizador um tanto eficiente (consegue pôr o sujeito para dormir; já trazê-lo de volta do transe é uma coisa que ainda precisa ser dominada) e Lou Canova, cantor com um único e velho hit sobre indigestão, "Agita",* para quem Danny descola um retorno no Waldorf-Astoria Hotel. Lou, que é casado, quer que sua amante, Tina (Mia Farrow), durona, mas inteiramente sedutora, com um penteado louro que parece um monte de feno, óculos escuros permanentes, roupas berrantes e justíssimas e sotaque da rua, bronco, que é a nada sentimental viúva de um mafioso ("Foi ele que pediu!"), apareça no show, e Danny vai até Nova Jersey para buscá-la. O que acontece em seguida é uma aventura tipo Damon Runyon, contada por um grupo de comediantes reunido em torno de uma mesa numa lanchonete de Manhattan. Duas histórias entrelaçadas: o improvável romance entre a egoísta Tina e o altruísta Danny, que durante anos é a única pessoa a acreditar no talento de Lou; e a leviandade de Lou, que, ao sentir que afinal tinha chegado a sua oportunidade, troca Danny por um agente mais renomado. (Jack Rollins, que ficava com Woody em seus primeiros anos de comédia stand-up, noite após noite, numa mesa parecida, dissecando a apresentação e falando de comédia, está no filme, entre os comediantes da mesa.)*]
Eu conhecia muito bem aquele ambiente. Na verdade, o impulso de fazer o filme foi duplo. Primeiro, a Mia queria fazer o papel da Mrs. Rao, Annie Rao, que

* Em italiano no original. [N. E.]

a gente conhecia e via o tempo todo no restaurante. [*O Rao é um restaurante popular em Nova York.*] Queria fazer um tipo de personagem diferente, não um nova-iorquino letrado e neurótico. E um dos personagens que sou capaz de fazer, como já disse antes, é um malandro. Simplesmente [*ri*] é natural para mim.

Lembro só de uma cena curta do filme, em que ela não está de óculos escuros. Acho que é a única vez no filme inteiro em que dá para ver os olhos dela, quando acabou de sair do chuveiro.
Foi uma dificuldade fazer aquilo.

Realmente foi um jeito difícil de apresentar uma personagem.
É, mas os óculos deram *mesmo* muita personalidade e caráter à Mia. É que ela precisava representar sem os olhos. Se você olhar na tomada, está *incrivelmente* bonita. É uma das tomadas mais bonitas da Mia.

Existe uma velha máxima de que o diretor precisa se apaixonar pela atriz através da câmera para que o público também se apaixone. Você concorda?
Eu me empenho muito em determinados filmes para ter certeza que estou apresentando a atriz para o público do jeito que imaginei. Me dediquei muito à Christina Ricci em *Igual a tudo na vida*. Fiz a mesma coisa com a Scarlett em *Match Point*. Refiz três vezes a cena em que a Scarlett encontra o Jonathan Rhys-Meyers na mesa de pingue-pongue. [*É o primeiro momento em que o público a vê, e a tomada determina de imediato a beleza e a perigosa sexualidade dela, que são centrais na história.*] Mudei o cabelo dela, mudei a roupa, mudei o jeito de filmar, eu e o câmera conversamos a respeito. Mas para mim era muito importante apresentar a visão dela do jeito como eu sentia aquela personagem. Então eu me empenho muito nisso, sim.

Claro que às vezes não é preciso, mas outras vezes é importante para o filme que um dos personagens crie impacto. Às vezes, a eficiência da personagem feminina não precisa ser tão dominante, mas, nesses dois filmes, entre outros, a atriz principal precisava ser muito eficaz desde o início. Era preciso mostrar por que o Jason Biggs ficava tão obcecado pela Christina e tão ligado a ela, e aguentava as aventuras dela, e convivia com aquela mãe maluca, e suportava ser

Esquerda
Woody e Scarlett Johansson: uma relação fácil e brincalhona que lembra a que ele tem com Diane Keaton

Direita
Quando fazia comédia *stand up*, Woody passava noites numa boate, em torno de uma mesa como a desta cena de *Broadway Danny Rose*, discutindo piadas com o agente Jack Rollins, o segundo da direita para a esquerda

Christina Ricci em
Igual a tudo na vida;
Diane Keaton em
O dorminhoco;
Barbara Hershey em
Hannah e suas irmãs;
e Scarlett Johansson
em *Match Point*:
para Woody,
a primeira impressão
pode fixar uma atriz
na cabeça do público

enganado o tempo todo. Achei que a Christina tinha uma espécie de traço sexy, bonita, impositiva, que conseguiria fazer com que um sujeito se amarrasse nela. E a mesma coisa com a Scarlett.

Mas em *Scoop* ela faz uma semi*nerd*. Não me empenhei nem um pouco em fazer com que ela ficasse sexy. Só tive o cuidado de fazer com que parecesse uma garota de faculdade potencialmente atraente.

Mais alguma lhe vem à cabeça?
A Keaton, com aquela coisa verde no rosto em *O dorminhoco*. A Barbara Hershey em *Hannah e suas irmãs*. A gente precisa saber por que os caras sentem atração por elas.

Já pensou alguma vez em trazer um personagem de volta?
Já pensei que poderia fazer outra história, com alguns deles, mas *eu* não faria *Noivo neurótico, noiva nervosa 2*. Uma porção de gente andou interessada nisso ao longo dos anos.

Você nunca ficou tentado a fazer?
Não. Nem a Keaton.

A Julie Kavner como decoradora de interiores em *Alice* está muito engraçada.
Ela é a melhor. Trabalhei com a Julie uma porção de vezes. Foi a minha esposa na adaptação para a televisão de *Quase um sequestro. Ela* nunca decepciona. Está sempre preocupada, preocupada a ponto de se apagar para saber como vai ficar – e sempre fica sensacional.

Vamos falar de outros atores que você admira. Uma vez, você me disse que quer escrever um filme para o Hugh Grant. Vamos começar por ele. Em *Trapaceiros* você lhe deu um papel que vai contra o tipo dele, ou pelo menos contra aquele adorável desastrado que ele fez em uma série de filmes, e o transformou num canalha.
Ele é um ator de que eu sempre gostei. E foi tão bom quanto pensei que seria. Eu não tinha a menor dúvida de que ele faria um grande canalha, porque é encantador e habilíssimo.

O Wallace Shawn é alguém com quem você sempre conta.
O Wally é um ótimo ator, ótimo; não só engraçado, mas completamente convincente, confiável. Trabalhei com ele uma porção de vezes, e sempre dá certo.

Desde *Manhattan*.
Se estivéssemos no final dos anos 30, ou nos anos 40, o Wally seria um daqueles caras adorados, que apareciam em milhões de filmes e produziam na gente um efeito positivo no momento em que apareciam na tela. Você sabia que estava em boas mãos.

Com quem você não trabalhou, mas gostaria?
Sempre quis trabalhar com a Cate Blanchett. Achei ela ótima quando vi *O talentoso Ripley*. É ótima em tudo o que faz. A Reese Witherspoon.

E o Dustin Hoffman?
Eu sempre disse que o Dustin Hoffman poderia ter feito o papel que eu fiz em uma dúzia e tanto de filmes, e melhor do que eu fiz. Mas ele nunca está livre. Ele é sempre ótimo, mas sempre está trabalhando.

Vocês já conversaram sobre fazer um filme juntos?
Ele já revelou esse desejo. Conversamos uma ou duas vezes, mas nunca deu para juntar todas as coisas ao mesmo tempo. Em primeiro lugar, nunca pude pagar o que ele sempre ganha [*como os filmes de Woody são de baixo orçamento, os atores sempre recebem apenas o mínimo estabelecido pelo sindicato, poucos milhares de dólares por semana*], então ele precisaria estar a fim de trabalhar barato. Nunca chego nele quando está disponível. Lembro de ter chamado para um projeto ou outro, mas ele disse que tinha acabado de fazer um grande sucesso, e finalmente estava ganhando um bom dinheiro, depois de anos na labuta, mas ainda estava batalhando financeiramente, e o agente dele queria que fizesse alguns filmes em que pudesse ganhar dinheiro, entendi isso perfeitamente.

E o Jack Nicholson?
Chamei o Jack Nicholson para *Hannah e suas irmãs* e ele disse que tinha um

compromisso familiar com o John Huston – porque estava com a Anjelica –, para fazer *A honra do poderoso Prizzi*, se o filme saísse. Senão, estaria disponível. O filme saiu, ele ganhou um Oscar e o cara que eu consegui para o lugar dele, o Michael Caine… [*Ri.*]

Ganhou um Oscar.

Usar um ator inglês não foi a minha primeira escolha. Porque escrevi para um americano, queria um americano. Mas tive muita sorte em conseguir o Michael. O Michael Caine, eu sempre digo, é incapaz de um momento irreal. É desses atores que nasceram com graça diante da câmera, e é um ator de cinema realmente, realmente fabuloso. Isto é, tem tudo o que se pode querer para o cinema, um à-vontade total, e naturalidade. Nada nunca parece representado. Parece que ele está conversando o tempo todo, de um jeito bem real.

Quem mais se encaixa nessa categoria para você?

O Liam Neeson é um ator maravilhoso, também incapaz de um momento irreal. Trabalhei com uma porção de grandes atores, isso não é novidade. O Gene Hackman, trabalhei brevemente com ele, mas dizer que é um grande ator não é nenhuma novidade.

Trabalhei com um milhão de pessoas no correr dos anos e elas sempre foram maravilhosas. Esse é o meu segredo na direção de atores: contratar gente maravilhosa [*ri*] e levar o crédito. Você contrata o Ian Holm e a Gena Rowlands, e o que é preciso para tirar performances soberbas deles? Nada. Você só precisa dizer que horas eles precisam chegar, e fornecer café e os *doughnuts*. É isto o que eu venho fazendo a vida inteira: contrato gente que sabe fazer.

E eles fazem, e dizem nas entrevistas para a imprensa: "Ele nunca falou nada comigo. O tempo todo que eu estava lá, o cara não conversou comigo". É, porque eles são fantásticos. Se não fossem, eu teria falado com eles o tempo todo.

E o repórter diz: "Você estava ótimo no filme". E pensa: Bom, não é possível que não tenha falado com eles, ou ele tem esse jeito de trabalhar que é fantástico, e consegue grandes desempenhos dos atores, e parece [*ri*] que nunca fala com eles.

Mas a verdade nua [*ainda rindo*] é que contrato os atores e eles são fantásticos. O Michael Caine está fantástico em *O despertar de Rita*, o filme que ele fez logo antes do meu. É fantástico desde então. É sempre maravilhoso. Nunca precisei dirigir o Michael Caine.

Quando digo "nunca", para ser absolutamente sincero, muito de vez em quando eu falo para todo ator ou atriz: "Dá para parecer um pouco mais suspeito aí?", ou coisa parecida. Talvez uma ou duas vezes eu me atreva.

Alguns diretores têm necessidade de impor sua vontade ao ator.

Muitas vezes penso comigo mesmo: por que essa atriz está gritando com tanta raiva? Não é o que eu tinha em mente quando escrevi. Então eu digo: "Podia fazer mais devagar, e um pouco mais brando?". E a atriz faz. E faz bem. E eu digo: "Ótimo, obrigado". Depois, quando estou montando o filme, vejo que o jeito dela era o certo. Gritar *era* completamente correto para a personagem, e estava completamente dentro do contexto; eu é que estava amarrado à sensação que tive em casa, quando escrevi, mas o instinto dela ao ler o roteiro foi melhor do que o meu. Então, depois de passar por isso uma porção de vezes, parei de corrigir os atores quando eles não leem as coisas do jeito que eu queria, a menos que eu tenha cem por cento de certeza que é um desastre. Mas em geral vejo que eles me imporem a vontade deles funciona melhor do que eu impor a minha.

O John Huston e o Alfred Hitchcock me vêm à cabeça como dois diretores que eram bem duros com os atores.

Bom, não acho os desempenhos nos filmes do Hitchcock ultraespeciais. Alguns são maravilhosos porque os atores que ele usava são maravilhosos. O Cary Grant era um ator fantástico. E o Claude Rains.

O John Huston, por outro lado, tudo o que ele fazia, fazia direito. Se, impondo-se aos atores, ele conseguia aqueles desempenhos, então preciso admitir que esse era o jeito perfeito de ele trabalhar, porque o desempenho, nos filmes do Huston, é sempre soberbo, enquanto em Hitchcock muitas vezes é medíocre – embora eu adore os filmes dele.

Você fala muito bem dos atores com quem trabalha, enquanto ele é famoso por dizer que "os atores devem ser tratados que nem gado".

Pois então, para o tipo de filme que ele fazia, acho que, instintivamente, ele não

Woody e Wallace Shawn, um dos atores com quem o diretor mais gosta de trabalhar, em *Neblina e sombras*

queria o tipo de profundidade e complexidade do Marlon Brando. Os personagens dele não são desse tipo. Instintivamente, ele sabia o que era certo para ele. Mas não, não posso dizer que o Hitchcock fosse um grande diretor de atores.

A heroína dele era superestilizada — fria e loira.
Ele gostava disso, e funcionava para ele.

Nos seus filmes, encontra-se todo tipo imaginável de mulher nos papéis principais — a Judy Davis, a Diane Keaton, a Charlize Theron, a Mia Farrow, a Dianne Wiest, a Scarlett Johansson.
É, não tenho obsessão por um tipo. Acho a Charlize Theron linda, e a Christina Ricci linda; uma é loira e alta, e outra é morena e baixa.

Em 1989, quando estava fazendo *Crimes e pecados*, você falou do abismo entre a sua infância no Brooklyn e o que você se tornou, e me disse: "É uma coisa incrível quando lembro dos dias horríveis naquela escolinha, de volta pra casa, sentar à mesa com uma toalha de encerado, pensar que um dia eu fosse estar num filme com o Charles Boyer [*Casino Royale*] ou dirigir o Van Johnson. É tão inimaginável para mim que acho que dá pra dizer que, de certa forma, eu avalio perfeitamente bem tudo o que aconteceu. Um fato incrível como esse mantém a capacidade de me surpreender. Às vezes, quando olho no espelho, vejo a minha cara e digo: 'Você é o Allan Königsberg, do Brooklyn. Não deveria estar comendo no porão?'". [*Ri.*]

No entanto, quase todas as atrizes e atores do mundo gostariam de estar nos seus filmes. Você ainda tem a mesma reação? Na época em que ia aos cinemas Midwood e Kent, no Brooklyn, você pensava que um dia poderia ter praticamente quem quisesse trabalhando para você?
Não pensava nisso. Nunca pensei nisso. Sempre pensei assim: Dá-se um papel para uma pessoa e ela toma a decisão que acha melhor para ela naquele momento. Se estou oferecendo um papel para uma pessoa e alguém oferece dez milhões de dólares para fazer outro filme, ela escolhe o outro filme. E se a pessoa achar que fazer o meu papel não paga nada, mas vai servir de vitrine, de modo que consiga dez milhões de dólares no ano que vem, ela faz o meu filme.

Mas até hoje eu penso comigo mesmo no dia em que estávamos filmando *A rosa púrpura do Cairo* no Kent e eu pensei alto: Estou dirigindo um filme [*ri*] com o *Van Johnson*; estou dirigindo o *Van Johnson*. Sei que já falei disso antes. Só que ele não pode sequer imaginar, nem de longe, como é que eu me sentia com aquilo. Mas se alguém tivesse me dito, quando eu era criança, correndo pelas ruas de Flatbush – a East Fourteenth Street e a East Fifteenth Street – olhando a programação dos cinemas locais que os alfaiates e barbeiros afixavam nas vitrines, e lá dizia "Tal e tal filme, com tal e tal pessoa, e Van Johnson" – se alguém me dissesse: "Um dia você vai dirigir o Van Johnson num filme", eu simplesmente não ia acreditar. Certas coisas da minha infância eram... Quer dizer, se alguma coisa inimaginável na sua infância acaba acontecendo, é incrível. Para mim, não foi incrível jantar com o Ingmar Bergman. Foi uma experiência maravilhosa, mas não incrível desse jeito, vai ver porque eu me apaixonei pelos filmes dele na idade adulta. Mas quando a Mia e eu levamos a Eve Arden para jantar, eu não conseguia acreditar. Pensava: Meu Deus, a Eve Arden, a rainha das piadas inteligentes, com aquela voz maravilhosa, cresci com aquilo, aquela voz que eu achava tão engraçada quando tinha dez anos.

Tive essa sensação pela primeira vez em *Casino Royale*. Pensei: Meu Deus, estou num filme com o *Charles Boyer*, mas não era a mesma coisa, porque nunca me encontrei com ele. [*Pausa.*] E o David Niven, que eu conheci. O Niven não era nenhum ícone do bairro da minha infância. Era alguém que chegou mais tarde na minha vida e no meu gosto. Mas o Van Johnson... Lembro que quando estava fazendo *Tudo o que você sempre quis saber sobre sexo mas tinha medo de perguntar*, entrevistei o Lon Channey Jr. e pensei: Meu Deus, ele é o *Lobisomem*! Quer dizer, eu, sentado numa cadeira ali, em frente ao *Lon Channey Jr*. Então parece que eu nunca superei certas emoções de infância a respeito dessas pessoas.

Quando era criança você fazia comédias mudas, na frente do espelho, ou para os seus amigos? Como você aprimorou isso?
Isso não se aprimora. Ou você é engraçado ou não é. Acontece que os comediantes verbais, como o Groucho Marx, têm um instinto automático para serem fisicamente engraçados – no jeito de andar, quando dançam, quando correm pra lá e pra cá, ou pulam em cima da mobília. Se você é engraçado, é fisicamente engraçado.

O Marshall Brickman é um cara engraçado. Então, quando ele demonstra uma piada, é fisicamente engraçado. Isso parece uma supersimplificação, mas se você é engraçado, não é difícil. Se você sabe desenhar, sabe desenhar. Simples assim.

Não mesmo. Entendo. Lembro de ter te visto testando diversos jeitos de andar para o seu personagem do robô em O *dorminhoco*. O que me pergunto é se você trabalhava os seus números na frente do espelho, se praticava de algum jeito – ensaiava, por assim dizer.
Não, não, é só instinto. Dá para fazer uma plateia rir sem dizer nada – desde que você tenha os objetos adequados ao redor.

O que acontece na sua cabeça quando está fazendo comédia física? Você vive o que seria o diálogo tão bem que apenas reage às circunstâncias?
Não, você não pensa. É instintivo. Se estou sentado no palco e passa uma mulher linda, posso arrancar uma risada da plateia com o modo como reajo fisicamente a ela. Você sente na hora.

Era aí que eu queria chegar. Por exemplo, em O *dorminhoco*, você está lá, sentado, que nem um robô, e o cara com uma chave inglesa, torcendo a cabeça daqueles outros pobres robôs, e você é o próximo da fila. Você diz para si mesmo: O que eu pensaria se isto estivesse acontecendo? Ou você é capaz de deixar isso de lado e não fazer nenhuma intelectualização?

Disfarçado de robô, Mike Monroe, personagem de Woody em *O dorminhoco*

É tudo automático. Posso fazer agora. A mesma coisa que te leva a ser verbalmente engraçado te leva a fazer as coisas fisicamente engraçadas. Quem é engraçado é engraçado, e quem não é engraçado...

Precisa arranjar outro emprego.

Na verdade, tem uma porção de gente ganhando a vida com isso sem ser autenticamente engraçada. Em toda profissão, há os que são realmente bons. É certo que não me incluo nessa categoria, só estou dizendo que, em qualquer profissão, seja neurocirurgia, polícia, comédia, há uns poucos realmente bons, e pois é, o resto são basicamente trabalhadores que conseguem fazer, mas não são inspirados.

FEVEREIRO DE 2006

Em todas as nossas conversas, não lembro de Woody falar sobre a própria aparência num filme, com três exceções. Mencionou recentemente que fez um corte no nariz ao fazer a barba, no primeiro dia de filmagem de *Um assaltante bem trapalhão*, numa cena numa cela na Penitenciária de San Quentin. Diz que o corte é visível na tela, embora eu nunca tenha notado nas muitas vezes em que vi o filme.

Conto isso para Woody. Ele fica surpreso; talvez só seja visível numa tela de cinema, não num monitor de televisão. Ele então me conta sobre um ferimento.

Se você for ver *Sonhos de um sedutor*, tem uma parte em que o meu lábio inferior passou por uma biópsia.

Também nunca reparei nisso. Só depois que você falou, e eu olhei com cuidado, foi que vi que o seu lábio, por ter tocado clarineta pouco antes de rodar, está inchado em O *Escorpião de Jade*. [*Ele sempre tem uma espécie de saliência no lábio inferior, por causa dos milhares de horas soprando a palheta e o bocal.*]
É, eu nunca mais fiz aquilo. Foi terrível.

Sei que *Maridos e esposas* é um dos seus filmes preferidos, e é também o último dos treze que você fez com a Mia Farrow, grande parte sob medida para ela; por exemplo, a gravidez em *A outra*, por causa da gravidez na vida real.
É uma atriz maravilhosa. Todas as diferenças entre nós foram pessoais. Foi um prazer trabalhar com ela. Acho a Mia muito profissional. Eu gostava de escrever para ela porque tinha consciência de que ela era capaz de fazer coisas que não tinha oportunidade de fazer – como *Danny Rose*. Ninguém contrataria a Mia para fazer aquilo, porque não saberiam que ela é *capaz* de fazer aquilo, e *queria* fazer aquilo; sei disso porque tive uma relação amorosa com ela. Sempre foi autodepreciativa, me dizia que as coisas iam sair péssimas, mas aí acabava fazendo muito melhor do que se tivesse tido o direito de esperar.

Isso devolve a uma coisa que discutimos antes. Diversas vezes você escreveu algo especial para a Mia, mas em outras ocasiões, enquanto escrevia, você pensava: O que será que ela vai fazer com isto? Ou sentia que ela era capaz de representar quase qualquer coisa que você escrevesse?
Eu achava que o alcance dela era amplo, que podia fazer comédia e podia fazer coisa séria. Em *A outra*, um filme que não é lá muito alegre, ela está *ótima*, *ótima*. Mas como o filme apanhou, ela não recebeu os aplausos que merecia. Sabia fazer qualquer coisa que eu desse para ela. Estava sempre pronta para experimentar, como em *A era do rádio*, em que nenhum de nós fazia a menor ideia da persona-

gem dela quando começamos. Ela podia cantar uma canção se precisasse, e seria bem eficiente. E muito bonita, claro.

Além de *Zelig*, *A outra* e *Danny Rose*, que outros filmes você escreveu para a Mia, ou para encaixá-la?
É. Escrevi coisas sabendo que ela era capaz, e puxava as coisas para ela, mas não precisava puxar muito, porque era capaz de fazer todas muito bem. Foi uma boa experiência trabalhar com ela. Agora, sendo fatalista, é possível que, depois de todos esses filmes, já fosse demais mesmo. Quer dizer, treze filmes é muita coisa. Fiz uma série de filmes com a Diane Keaton, mas acabamos parando de trabalhar juntos, de modo geral. Então talvez tenha sido uma bênção para o público nós dois não trabalharmos mais juntos, porque eu tenho mesmo esse hábito de entrar numa trilha e ficar. Mas, sob o aspecto profissional, só tenho elogios para ela.

A Mia ia fazer *Um misterioso assassinato em Manhattan*, mas aí a Diane entrou em cena. Você disse que mudou um pouco os papéis.
É, como eu já disse, assim que a Diane assumiu, como era absolutamente engraçadíssima, virou o centro cômico do filme. A Mia podia fazer comédia e tinha um delicioso senso cômico. Mas eu era um comediante mais forte do que ela. A Keaton é uma comediante mais forte do que eu; tem uma personalidade mais magnética e engraçada. Eu podia trabalhar o ano inteiro e arranjar mil falas engraçadas para mim, mas na hora em que a câmera vira para ela, é isso que você quer ver.

Você acha mesmo?
Acho, absolutamente. Vejo isso o tempo todo. Percebo isso quando faço filmes com ela, e vejo nos filmes de outras pessoas – aquele com o Jack Nicholson e a Amanda Peet, *Alguém tem que ceder*, e *Tudo em família*; quando ela fez aquele filme com a Meryl Streep e o Leonardo DiCaprio, sobre o menino que está morrendo [As filhas de Marvin, *1996*]. Ela tem alguma coisa que funciona. As pessoas saem e dizem: "Nossa, ela é cinquentona, e é sexy", ou "Não gostei do filme, mas adorei ela".

Acho que, ao lado da Judy Holliday, ela é *a* maior comediante do cinema que já tivemos. Só que ela não escolheu seguir esse caminho de um jeito calculado. Foi em muitas direções diferentes e não se preocupou, mas se quisesse perseguir especificamente isso, teria sido em tudo uma comediante gigantesca, feito a Lucille Ball ou qualquer uma das outras. Para mim, é uma comediante de cinema muito melhor do que qualquer uma das que eram elogiadas na minha juventude, a Madeleine Carroll ou a Carole Lombard. Elas são ótimas, mas a Keaton é superior. É que ela nunca força; vem de dentro, às vezes de maneira não intencional.

O que ela diz quando você fala isso?

Ela acha que eu sou louco. [*Começa a rir.*] Em primeiro lugar, é muito autodepreciativa e modesta. E não tenho nenhuma credibilidade com ela [*sorrindo*], porque ela sabe o bobo que eu sou. Ela morou comigo e me conhece intimamente. Você perde a credibilidade ao morar junto, porque a sua parceira não pode deixar de notar que você não é [*rindo*] um ser humano apenas falível, mas também patético. Eu disse isso a ela muitas vezes.

Eu me diverti muito fazendo *Um misterioso assassinato em Manhattan* com ela...

Dá para ver isso na tela.

Porque adoro trabalhar com ela, e ela desperta o que há de melhor em mim, e eu desperto alguma coisa engraçada nela, existe uma química entre nós dois. E adoro fazer esse tipo de mistério de assassinato da Hollywood dos velhos tempos. Esse era exatamente desse tipo. Tinha tudo o que eu adorava nesses filmes quando cresci – um casal sofisticado de Nova York em seu apartamento esplêndido, e as frases inteligentes entre eles, e o perigo iminente. Tinha tudo o que eu adorava naqueles mistérios de assassinato românticos e inteligentes. Como sempre, o Alan Alda estava brilhante como suposto amante dela, e a Anjelica Huston, fantástica como sempre. A trama funcionou, e consegui fazer um *tour de force* final com os espelhos. [*O cenário da casa de espelhos em que o assassino leva um tiro é uma homenagem ao filme de Orson Welles* A dama de Shangai, *que é projetado no fundo.*]

Você não tinha o final quando começou a filmar, tinha?

Não. Não consegui encontrar um final por um bom tempo, mas acabei inventando um e escrevi. O assassino era originalmente um comerciante de selos, e eu mudei para dono de salas de cinema. Então introduzi toda aquela história de ser um cinema caindo aos pedaços, e você precisava ir atrás do pano e ver os espelhos. Nós construímos o cenário.

Eu me diverti fazendo esse filme. E saiu muito bom. É realmente um dos meus melhores filmes. A única coisa que pesa sobre ele é que é um filme de crime, de gênero, mas para mim isso não faz a mínima diferença.

Mas acho mesmo que é um dos meus melhores filmes porque tudo funciona. O romance funciona. O perigo funciona...

Você disse que a versão para a televisão de *Quase um sequestro* [1994], com você e a Julie Kavner, saiu muito melhor do que o filme com o Jackie Gleason e a Estelle Parsons [*baseado na primeira peça de Woody para a Broadway, produzida em 1966 e transformada em filme em 1969. É a história farsesca de uma família caipira de Nova Jersey, forçada a pedir abrigo na embaixada americana de um país comunista. Ele não participou da versão da Broadway, mas em 1994 tinha idade suficiente para fazer o pai*].

O original da Broadway, com o Lou Jacobi, era bem engraçado, mas o filme ficou horrendo. Pior do que qualquer outra coisa já mostrada em celuloide.

O que fiz para a televisão era melhor sendo o que era. As pessoas foram ótimas. A Julie Kavner [*a mãe*] foi maravilhosa, o Michael J. Fox [*o jovem diplomata que fica encantado pela filha*] foi maravilhoso, e o Dom DeLuise [*um padre que morou durante anos num hospício*] não deixa ninguém ficar com a cara séria. Quase não consigo trabalhar com ele, de tanto que me faz rir.

***Celebridades*. Você trouxe o Sven Nykvist de volta e filmou em preto e branco. Algumas pessoas dizem que o Kenneth Branagh faz uma imitação de você no filme. [*Ele faz Lee Simon, um jornalista que se infiltra brevemente no círculo das celebridades.*]**

Eu me diverti fazendo *Celebridades*, mas as pessoas foram supercríticas. A minha sensação é de que não gostaram do filme e ficaram procurando a razão – não conscientemente, mas emocionalmente – e ficaram presas nisso. Porque a verdade é que a personalidade natural do Kenneth Branagh é muito diferente da minha, e mesmo que estivesse me imitando, e não estava, *e daí?*

Ele estava fazendo um cara de Nova York, e como você faz um cara de Nova York, as pessoas tomaram um pelo outro.

É, esse filme vai ser julgado com muito mais objetividade daqui a alguns anos, quando as pessoas não estiverem mais tão interessadas em mim – não que eu esteja na consciência delas –, quando forem capazes de ver o filme e julgarem independentemente de o Branagh estar me imitando. Sempre achei que foi uma sorte conseguir o Branagh. O trabalho dele ficou muito superior ao que eu faria se tivesse feito o papel. É um grande ator. E acho que esse filme deu certo.

Esse filme foi um olhar sobre a celebridade na nossa sociedade: a obsessão pela fama, a celebridade, as poses que ela produz, o poder que ela produz e toda a obsessão pela maneira como as pessoas vão reagir a ela, e como ela leva a uma vida massacrante. A fama também leva a algumas coisas incômodas, mas minha opinião é que os benefícios são maiores que as coisas negativas.

Voltando ao Branagh, se eu assistisse a, digamos, *Desafio no Bronx* – gostei muito do filme –, e digamos que naquele filme o Chazz Palminteri fizesse Al Pacino, eu continuaria gostando. Gostei da *persona* dele na tela, gostei da história; não teria me incomodado. Mas o Kenneth não estava imitando, certamente não no sentido em que o Philip Seymour Hoffman recriou Capote. Mas isso virou uma coisa muito chique de dizer sobre os personagens dos meus filmes, que o John Cusack em *Tiros na Broadway* estava me representando, e o Will Ferrell em *Melinda e Melinda* estava me representando. Teve gente que disse até que o Jonathan Rhys-Meyers em *Match Point* estava fazendo o personagem Woody Allen. E eu apenas sorrio e digo: "Ahn, ahn" e sigo em frente. E essas são as pessoas que *gostam* do filme. A ideia de que o Jonathan era eu não podia ser mais cômica.

Não me importo, não me incomoda que alguém não goste de um filme meu, embora, claro, eu prefira que gostem. Quando, em busca de uma reação, mostro os meus filmes para as pessoas, o que eu gostaria que elas dissessem é: "Adorei", ou "Comecei gostando, mas depois perdi o interesse", ou "Achei chata a segunda parte". Gosto de reações simples. Mas se começam a analisar o filme e o que acham que está errado nele, eu é que perco o interesse. É muito difícil alguém descobrir o que está errado com o filme e por quê, e como autor ou diretor, sempre dá para argumentar com eles. Um exemplo que sempre dou, quando *Interiores* foi lançado: as pessoas me disseram que era solene demais, sério demais. É aí que fica esquisito. Você pode dizer que não existe nenhum humor em *Persona*, o filme do Bergman, e é um filme maravilhoso. Não tem muito humor em *Macbeth*. São muitos os exemplos de trabalhos em que não há um fiapo de humor, e são excepcionalmente fortes.

Mas o fato é que a pessoa assistiu e achou solene demais para si própria. Mas a crítica que pode ser feita a qualquer filme pode ser refutada de outro ponto de vista, e na comunidade crítica isso acontece muitas vezes. Então realmente não estou interessado nessas análises e discussões, porque sinto que todas são racionalizações para justificar uma reação emocional ao trabalho. Dois críticos podem ver o mesmo filme e escrever críticas opostas, e ambos estarem completamente corretos em seus argumentos. Então, o que é que se tem? Dois pontos de vista inteligentes em conflito. Então, quando mostro o meu filme a dois ou três amigos na minha sala de projeção, antes do lançamento, quero ouvir a reação emocional deles, não uma análise cerebral.

Sem querer, pulei *Trapaceiros*. O Michael Rapaport é alguém de quem você realmente gosta. [*Ele faz um malandro doce e burro. Fez também um pugilista doce e burro em* Poderosa Afrodite.]
É. Gosto porque ele não é só engraçado, é *verdadeiro*. É incapaz de uma leitura falsa. Ele é real.

E sabe mesmo fazer o bobo.
Ele tem uma grande *persona* boba. Esse foi um filme trivial. Um filminho bobo. Tem algumas risadas, porque eu era mais hábil, a ideia era inteligente, as piadas eram inteligentes, e fazer um malandro insignificante com ambições grandiosas estava dentro do meu alcance. É a diferença entre esse tipo de personagem e o investigador de seguros que fiz em *O Escorpião de Jade*. Não sou aquele cara, enquanto posso fazer com facilidade o ladrão pé-de-chinelo. [*Ele faz Ray, um ex-presidiário lavador de pratos que bola um esquema de enriquecimento rápido com a construção de um túnel até o cofre de um banco, a partir do porão de uma loja vizinha, com o auxílio de parceiros pouco inteligentes (Jon Lovitz e Michael Rapaport). A esposa, Frenchy (Tracey Ullman), manicure que por acaso faz* cookies *deliciosos e viciantes, se estabelece na loja para produzir e vender os* cookies *como fachada para a escavação*

O salão de espelhos no final de *Um misterioso assassinato em Manhattan*: uma citação cinematográfica de *A dama de Shangai*, de Orson Welles

do túnel. Tudo dá comicamente errado no roubo – eles não acertam o banco –, mas os biscoitos fazem tal sucesso que Ray e Frenchy ficam espetacularmente ricos, só até serem enganados por um marchand *melífluo (Hugh Grant) que seduz Frenchy. Mas Ray e Frenchy riem por último e renovam seu casamento.*]

Quando falamos ontem sobre o seu novo filme [*O Sonho de Cassandra*], perguntei se você ia atuar nele, e você respondeu: "Não, é pressão demais para mim na etapa da escrita. Só posso escrever determinado tipo de filme quando estou nele".

Quando escrevi *Scoop*, me coloquei no filme porque senti que não fazia um filme havia algum tempo, então precisava estar nele. Mas realmente não gosto da experiência de precisar garantir que, se estou no filme, haverá um personagem Woody Allen. Então jurei que não ia fazer isso. E também não vou atuar no filme que vou fazer em Barcelona, que vai ser um filme sério. Talvez não atue nunca mais. Quando estou concebendo um projeto, precisar pensar que é preciso ter um personagem Woody Allen me limita porque isso exige imediatamente que seja um certo tipo de filme. Não vou conseguir escrever *Gritos e sussurros* ou *Ladrões de bicicleta* e acomodar o meu personagem.

Agora, se tenho uma ideia brilhante na qual me encaixo que é uma beleza, e se for o tipo de filme que qualquer pessoa, ao fazer o *casting*, dissesse: "Ah, você precisa conseguir o Woody Allen para esse papel", então, tudo bem, eu faço. Mas não estou olhando para esse lado neste momento, procuro não me limitar, não precisar acomodar nada, muito menos uma coisa tão opressiva como eu mesmo.

Você estava pensando nisso quando fez *Scoop*?
Quando terminei *Scoop*, pensei comigo mesmo: Que chatice. Estou perdendo tempo com esta comediazinha enquanto poderia fazer outro trabalho como *Match Point* – outra coisa, mais substancial. Por que estou perdendo o meu tempo com isto?

Só que eu gostaria de ter chegado a essa conclusão vinte e cinco anos atrás, mas não cheguei. E não sei se teria conseguido implementar isso com tanta facilidade, porque havia uma pressão feroz de muita gente em cima de mim, para fazer comédia. Não havia como escapar daquilo. Agora isso já não importa tanto. O financiamento para os meus dois últimos filmes veio do exterior, o financiamento *deste* verão é estrangeiro, o financiamento do *próximo* verão é estrangeiro, e essa gente não faz pressão nenhuma sobre mim para fazer nada além de um filme bom. Agora também, por acaso, com o sucesso financeiro de *Match Point*, os possíveis investidores não saem correndo quando digo que vou fazer um filme sério. Eles pensam: Ah, não é uma certeza que eu vá perder. É possível que dê algum dinheiro.

Acha que vai sentir falta de representar?
Não, porque não senti quando não representei, e houve momentos em que fiz dois filmes – em dois anos – e não significou nada.

Não dá a sensação de ser o final de um capítulo e o começo do próximo?
Estou no cinema a minha vida adulta inteira, quase, e não acho que nela haja nada de que vou sentir falta. Fico feliz em fazer filmes, desde que alguém queira me financiar. Mas se amanhã eu não conseguisse financiamento, me contentaria escrevendo peças, ficaria muito contente em sentar em casa e escrever um romance, e talvez, nessas circunstâncias, tentar escrever uma autobiografia, ou um livro de memórias. Gosto de trabalhar, de escrever.

Uma consequência de uma vida inteira no cinema é que, no rumo em que a indústria está, fica presa à árida obrigação de promover o seu filme. Hoje em dia custa tanto dinheiro fazer e anunciar um filme que não se pode simplesmente entregar para eles e deixar que fiquem segurando a sacola; você precisa ser decente e ajudar um pouco. Isso implica viajar, responder perguntas, ser entrevistado, tentar dizer para as pessoas que o seu filme é ótimo sem dar a impressão de que está dizendo que ele é ótimo. É muita bobagem. Muitas vezes, o pessoal do marketing quer fazer anúncios que apelam para o mínimo denominador comum – embora isso aconteça desde que comecei –, e dizem: "Estamos vendendo Fords, não Rolls-Royces". Então, de uma boa parte da vida de cineasta eu não vou sentir falta.

Como eu disse, gosto de fazer filmes. Isso me mantém distraído e ocupado. Mas posso me distrair e me ocupar de outras maneiras. Agora é conveniente. Não é preciso levantar cedo – eu estava conversando com o Marshall Brickman outro dia e ele acabou de fazer esse sucesso [*com o musical da Broadway* Jersey Boys], e estava dizendo como a nossa vida é boa. O teatro fica a quinze quadras da casa dele, ele levanta num horário sossegado, vai a pé até lá, reescreve e vê o fruto do trabalho imediatamente. Isso está muito longe das exigências de um filme, sair lá, na rua gelada, com as câmeras, às sete e meia da manhã, filmar e precisar isolar quarteirões, parar o trânsito, criar chuva, e fazer isso dia após dia.

E atuar em filmes de outras pessoas?

Seria ótimo, mas ninguém nunca me convida. Sempre quis fazer isso, embora não fosse gostar de, digamos, ir ao Turcomenistão para atuar num filme. Durante todos os anos em que estive no ramo, não recebi praticamente nenhum convite, e aceitei quase todos os que me fizeram: um filme do Paul Mazursky, eu fiz [Cenas de um shopping, *1990*]; me ofereceram *Testa-de-ferro por acaso* [*1976*], eu fiz; me ofereceram o filme do [*Alfonso*] Arau [Juntando os pedaços, *2000*], eu fiz. Pessoas me pediram favores – apareci num filme do Stanley Tucci [Os impostores, *1998*]; o Doug McGrath me pediu que ajudasse num papel minúsculo, eu fiz [Um agente como a gente, *2000*]. Para mim, não é um grande problema.

Adoraria que alguém chegasse e dissesse: "Estou fazendo um filme em Nova York, e você seria perfeito para fazer o professor universitário, ou o psicanalista, ou o *bookmaker*" – ou, nesta altura, o Gramps, aquele adorável velho filósofo da linguística [*risos*] – "e estamos dispostos a pagar um bom dinheiro para fazer isso, porque você é realmente o melhor para o papel. O único para o papel". Seria ótimo. Mas não acontece, e não vai acontecer.

NOVEMBRO DE 2006

Woody terminou a montagem de O *Sonho de Cassandra*. O elenco tem Ewan McGregor (que é escocês), Colin Farrell (irlandês) – ambos aperfeiçoaram o sotaque inglês de classe baixa para seus personagens –, Tom Wilkinson e Sally Hawkins (ambos ingleses). E uma novata.

A Hayley Atwell [*que faz a atriz em quem Ewan McGregor está interessado*] é desconhecida para mim.

Você nunca viu a Hayley Atwell porque é o primeiro filme dela. Sugeriram muitas mulheres para esse papel, mas eu não me sentia confortável com nenhuma. Ficava recebendo pilhas de fitas de vídeo com testes de atrizes inglesas. A maioria era errada, por uma razão ou por outra, e então vi a da Hayley. Para mim, parecia bonita de um jeito interessante. A aparência dela não era comercial, era apenas uma aparência bonita, interessante, e era boa atriz. Então, trouxemos a Hayley para Nova York e ela fez uma leitura para mim, mas nem precisava ter se dado ao trabalho, porque eu não traria alguém a Nova York de avião se não tivesse certeza de que ia ficar com ela. Se trago alguém de avião, é porque realmente vou contratar. A pessoa pode estragar tudo se não for o que eu pensava, ou se for péssima – e de vez em quando isso acontece, mas não com gente que trago de avião. Pode haver um ator ou atriz que eu tenha visto num filme e pensado: Ah, ótimo. E trago para cá, e quando eles vão embora, fico meio chocado e digo para a Juliet: "Acho que não deveríamos contratar". Mas isso só acontece raramente.

Levou tempo para montar o elenco?

Na verdade, montar o elenco foi fácil. Sou grande fã do Tom Wilkinson faz um bom tempo; só foi preciso acomodar a agenda dele, porque já tinha férias planejadas com a família. A Juliet sugeriu o Ewan [*McGregor*], que eu não conhecia muito bem. Tinha visto no palco em *Guys and Dolls*, e gostei, mas só tinha visto um filme com ele, muito tempo atrás. E o Colin Farrell eu não conhecia nada. Só tinha visto no filme do Terry Malick, e estava de barba. [*Ele fez o capitão John Smith em* O novo mundo *(2005)*.] Ambos me foram sugeridos. Encontrei o Colin durante sessenta segundos. Veio me ver. "Oi", ele disse, "aqui estou. Tudo bem,

O Sonho de Cassandra foi o primeiro filme da britânica Hayley Atwell

acho que agora você quer que eu vá embora". Eu disse [*rindo*]: "Quero". Ele foi, e eu disse: "É perfeito".

No começo, eu não tinha certeza se queria que eles tivessem a idade deles, ou se queria dois garotos de vinte e um anos, mas senti que assim a história seria melhor. O Colin é realmente uma coisa séria. E o Ewan, igual. O Ewan pode fazer qualquer coisa. Se você der um carro de época para o Ewan, ele entra com tudo e arranca cantando pneu. Se precisar voltar e dar um cavalo-de-pau com o próximo carro antigo, ele faz. Se precisar pilotar o barco, ele pilota. [*Ri.*]

Aquela cena debaixo da grande árvore, em que o Farrell reage começando a tremer quando se dá conta do que o tio está pedindo.

Eu ganho o crédito pela direção onde esses caras estavam fazendo o que sabiam. Se eu tivesse achado errado, teria interrompido, mas não interrompi. Achei: Nossa, ótimo. Olha o que eles estão fazendo com o meu roteiro. [*Ri.*] Sou um cara sortudo.

A Sally Hawkins [*que faz a esposa de Farrell*].

O pessoal de *casting* inglês me mostrou uma atriz, e eu estava achando que ia precisar contratar aquela, porque não tinha ninguém melhor, mas eu achava que poderia ser melhor. Pedi que me mostrassem mais uma porção de gente, e lá estava a Sally. No segundo em que vi a fita dela, não havia dúvida de que era a pessoa certa.

Algum dos atores tem aquele tipo de sotaque de classe baixa na vida real?

Acho que a Sally tem. [*Pausa, começa a rir.*] Você sabe [*ri mais*] que eu não converso com eles.

4 FILMAGENS, SETS, LOCAÇÕES

VERÃO DE 1973

Este é um breve período de baixa. *O dorminhoco* está perto de ser lançado e Woody vai começar a escrever *A última noite de Boris Grushenko*. Até agora, ele é famoso pelas comédias rasgadas. Seus primeiros dois filmes, *Um assaltante bem trapalhão* e *Bananas*, são essencialmente monólogos cômicos filmados: uma *gag* verbal ou visual em cima da outra, sem muita atenção para os aspectos artísticos. Mas em algumas partes de *Tudo o que você sempre quis saber sobre sexo mas tinha medo de perguntar* e em *O dorminhoco* inteiro, ele prestou mais atenção no visual, e é intensa a sensação de que não pode apenas ficar fazendo o mesmo filme repetidamente. (Uma amostra da riqueza e variedade de seu trabalho nas próximas três décadas começará em seu filme seguinte, *A última noite de Boris Grushenko*. E continuará no sério *Interiores*, depois em *Manhattan*, a rica celebração da cidade de Nova York e da música de George Gershwin. Para mencionar apenas alguns de uma ampla gama de estilos e tópicos que estão por vir, haverá também o pseudodocumentário *Zelig*, a reflexão sobre fantasia e realidade nos anos da Depressão *A rosa púrpura do Cairo*, as memórias de infância de *A era do rádio*, o áspero *Maridos e esposas*, o musical *Todos dizem eu te amo* e o dramático *Match Point*.)

Preciso pensar que estou aprendendo o tempo todo. Não posso pensar: Pronto, é isso aí, sou um cara que faz comédia surrealista e é isso o que vou fazer. Ao contrário, sinto que nos próximos anos tenho de experimentar diversos tipos de comédia.

Parece que o seu desenvolvimento tem sido mais instintivo e evolutivo do que estudado. Alguma vez pediu conselhos a outros diretores?

A alguns. Conversei com o Arthur Penn antes de filmar *Um assaltante bem trapalhão*. Mas li muito pouco sobre cinema. Não tenho formação técnica até hoje. Existe uma mística disseminada pela indústria do cinema, de que a formação técnica é um problema sério. Dá para aprender câmera e iluminação muito depressa.

Cursos de cinema não adiantam nada. É o que está em você. Se alguém tem alguma coisa a dizer como diretor, dirá. Encontrará os meios. Estou cercado por uma porção de peritos em filmes. Posso dizer a esses caras o que eu quero e voltar no dia seguinte para fazer de novo, se for preciso. Não dá para aprender a filmar que nem o Bertolucci em dois dias – é uma coisa inata. O conteúdo, porém, é dele – o estilo é um bônus. É o que você diz, não como diz. Se você tem um filme não-engraçado, a aparência dele não tem importância; não vai fazer a menor diferença. O que manda é o senso comum quando você olha pela câmera.

A sequência italiana de *Tudo o que você sempre quis saber sobre sexo mas tinha medo de perguntar* parece um bom exemplo da sua tentativa de fazer coisas diferentes. Você me disse que a Louise Lasser leu o roteiro, e ao dizer a ela que a sequência tinha sido cortada em favor de outra, sobre Onan e sua esposa, que você queria que ela fizesse com você, ela insistiu para que fosse colocada de volta.

Foi. Ela disse que achava ótima, muito mais engraçada e estilosa do que eu pensava. E começamos a conversar. Eu via a sequência rodada em estilo camponês. Via no estilo do Vittorio De Sica. Nunca me ocorreu fazer a sequência como um filme italiano contemporâneo. A premissa é que numa cidade pequena a esposa de um cara não consegue gozar, e eles pedem conselhos a um padre na igreja. Eu via a coisa estritamente como camponeses numa aldeia siciliana, e seria filmado em preto e branco, no estilo de *Roma cidade aberta* e *Ladrões de bicicleta*.

Aí ela disse: "Não, não. Estou escutando passos num grande corredor e vendo Ferraris, coisas assim".

E eu disse: "Você ficou louca; não posso trabalhar assim, porque esse tipo de gente não teria esse problema, nem consultaria um padre".

Discutimos e discutimos. E ela disse: "Por que você não faz com italianos ricos e modernos?". E então, de repente, o nome do Antonioni começou a piscar, e eu disse: "É".

Tentei a Paula Prentiss e o Richard Benjamin para fazer o casal [*eles eram casados um com o outro*], tentei o John Cassavetes e a Raquel Welch, e essas e outras pessoas estavam ocupadas. Por fim, resolvi fazer eu mesmo com a Louise. E então comecei a visualizar; tinha mais e mais ideias. Comecei realmente a sentir aquele filme. Adoro a sequência. Algumas tomadas são cheias de estilo. A tomada de logo depois que saio do casamento e ela está no apartamento, me esperando na frente das venezianas, é linda. A cor é fantástica. Parece uma versão satírica de uma tomada do Bertolucci. É escura, e tem um vaso com umas flores roxas, e a veneziana na frente da janela, a luz atravessando. Uma parte é bem europeia. [*Ele ri.*] Outra parte não é tão boa. Enfim. [*Woody e Louise falam um italiano macarrônico, com legendas em inglês.*]

Levamos três horas em cada um daqueles planos, mas eu não precisava fazer nada, a não ser me preocupar em imitar um certo estilo. Se fizesse uma tomada dessas em *O dorminhoco*, se o Miles Monroe [*o personagem de Woody*] está conversando com o doutor Tyron [*membro do submundo*] e a câmera vai para a contraluz, e o Miles fica enquadrado entre duas folhas de uma árvore – não serviria, porque removeria a comédia da cena.

Um bom exemplo é a direção do Mike Nichols de uma peça na Broadway: simples, rápida, limpa, leve, perfeita. Já a direção do [*Elia*] Kazan, algo como *J.B.*, com a iluminação recortada e os focos fechados, é divertido de fazer, mas mata a comédia.

Pois na comédia o essencial não é tirar a atenção da risada?

Uma comédia precisa de risadas para sobreviver. Não tem como escapar disso. Não é difícil conseguir uma ou duas, mas é difícil conseguir noventa minutos de risadas num ritmo rápido o bastante para as pessoas não se encherem. É tão difícil que você tenta de tudo. As pessoas sempre dizem que você precisa ter personagens interessantes para a história. E, claro, definitivamente você deseja ter personagens interessantes, tudo fica maravilhoso – *se* as risadas vierem. Mas se as risadas não vierem, todas essas coisas não querem dizer nada. Já se não tem estilo, mas tem risadas, então você tem uma boa chance de obter um filme satisfatório.

Em *Sonhos de um sedutor*, embora o filme tenha sido dirigido pelo Herbert Ross, você conseguiu uma boa dose de trama e viradas de personagens.

Sobre *Sonhos de um sedutor*, é preciso lembrar que o filme é cheio de risadas. Toda a questão dos personagens e toda a trama não significariam nada se não houvesse uma enorme quantidade de risadas. Além disso, para começar, era uma peça, e no teatro você escreve personagens. Bem depois que eu tiver morrido, as pessoas vão poder se acomodar na cama, assistir a *Sonhos de um sedutor* na televisão e dizer: "Ah,

Na sequência italiana de *Tudo o que você sempre quis saber sobre sexo mas tinha medo de perguntar*, uma sátira a Antonioni

essa é uma história bonitinha dos anos 60", do mesmo jeito que hoje eu assisto a *Aconteceu naquela noite*, esse tipo de filme. Não que eu ache que *Sonhos de um sedutor* seja ótimo – não é. O mais provável é que as pessoas se acomodem na cama e digam: "O que mais está passando?".

O tipo de filme que eu faço, com exceção de *Sonhos de um sedutor* e do tipo de filme que o Chaplin e os Irmãos Marx faziam, não é bom para a televisão, nem para assistir em casa. [*Aqui ele se refere às suas primeiras comédias; seus filmes a partir de, digamos,* Noivo neurótico, noiva nervosa *ficam bem na televisão, porque não visam tanto a gargalhada.*] Acho que a pessoa quer ir para um cinema lotado; lá existe uma grande expectativa comum e uma experiência de grupo. Quando você vê esses filmes em casa, eles não prendem o seu interesse. Posso ver *Diabo a quatro* num cinema, muito mais do que *Aconteceu naquela noite*. Mas quando estou em casa assistindo tevê, preciso de uma história. O Alfred Hitchcock uma vez me disse isso. Perguntei a ele qual era a diferença entre os programas de televisão e os filmes dele, e ele disse que na televisão a história é tudo.

Além de *Sonhos de um sedutor*, os seus filmes são muito mais naturalmente para o cinema do que para o palco.
São. *O dorminhoco* e o filme de sexo são basicamente eu trabalhando como comediante, com material feito sob medida para mim. Preciso ser o comediante de *O dorminhoco*. O filme é sobre um comediante, assim como os filmes do Groucho são sobre o Groucho Marx. *Diabo a quatro* não é um filme que você possa contratar atores para fazer. O que torna *O dorminhoco* engraçado sou eu, desde que eu faça o filme ser engraçado. Já *Sonhos de um sedutor* é uma experiência completamente diferente. Escrevi a peça, ela foi representada com sucesso por outras pessoas no palco, e poderia ser mais bem representada do que por mim. É muito mais convencional, um gosto mais popular.

Por outro lado, as pessoas me dizem: "Nunca mais faça esse tipo de filme – não é o tipo de filme para você". Depois de *Sonhos de um sedutor*, recebi cartas de pessoas que diziam: "Pois é, parece que você agora se esgotou". Mas eu não hesitaria, digam o que disserem, em fazer outro filme como *Sonhos de um sedutor*. Quero variar. Não acho que as pessoas devam fazer um único tipo de filme. Acho que é um erro.

[*Em 2006, ele acrescentaria:*] Quando fiz *Noivo neurótico, noiva nervosa*, um monte de gente achou que eu tinha me esgotado, ou cometido um erro terrível, porque o tipo de filme para mim era *Bananas*, *Um assaltante bem trapalhão*, *A última noite de Boris Grushenko*, esse tipo de filme maluco. Qualquer coisa que fosse menos que um monte de piadas malucas, anárquicas, incomodava essas pessoas. Lembro disso muito claramente com *Noivo neurótico, noiva nervosa* porque não eram só cartas estranhas e bobas que chegavam pelo correio, mas também de gente que eu conhecia. O Charlie Joffe me disse: "Xi, os meus amigos estão achando que você está perdendo tempo com isso". Claro, isso aconteceu demais quando fiz filmes sérios. O Bobby Greenhut vinha me contar que as pessoas diziam a ele: "Por que ele vai querer fazer um filme *desses*?". E o [*diretor*] Joel Schumacher – um amigo que pensava no meu bem – me disse, a respeito de *Setembro*: "Por que é que você haveria de *querer* fazer um filme desses?". Acho que para muita gente é inexplicável por que eu gostaria de fazer alguma coisa tão distante do que se reconhece que faço o tempo todo, que não sou capaz de fazer bem, e para a qual não existe mercado, mesmo que eu faça direito. É a opinião deles, mas sempre respondo educadamente: "Talvez você tenha razão", e continuo fazendo.

COMEÇO DE SETEMBRO DE 1987

Apartamento de Woody. Ele está para começar a filmagem de *A outra*, mas antes precisa tomar uma decisão crucial.

Ainda estou indeciso se filmo em preto e branco ou em cores. Ontem, tive uma longa conversa com o Jeff Kurland, o figurinista. Ele está hesitando, mas tende ligeiramente para o colorido. Achou que o preto e branco colocaria de cara uma ligeira distração para o público, e quem precisa disso? Um por cento para um lado ou para outro já valeria a pena.

Fale mais desses problemas.
Eu poderia fazer uma escolha arbitrária e rodar em preto e branco, porque adoro. O lado bom é que na parte das sequências de sonho daria uma sensação melhor,

mas não tão literal. Por outro lado, o preto e branco distancia um pouco. Quero que o público se envolva emocionalmente com alguns personagens. Não quero parecer pretensioso – mas essa é a minha menor preocupação. Estou tentando tomar a decisão certa para o filme. Percebo uma história mais envolvente em cores. Mas a única razão para isso ser verdade é que o preto e branco agora é uma raridade. Nesta nossa época, o preto e branco tem um peso sobre o filme, porque é diferente. Não quero que as pessoas entrem, se sentem na poltrona e fiquem distantes. Quero que se sentem e assistam, não que se sentem e digam: "Nossa, por que será que é preto e branco?". Quero que simplesmente venham e assistam ao filme.

Acho que as pessoas acham que filme em preto e branco é muito antiquado.
É. Alguns setores do público não vão ver filmes em preto e branco; acham que é inferior, ou que você não tinha dinheiro para fazer colorido; ou simplesmente não gostam de preto e branco. Mas esse não é o tipo de público que eu quero. Acho que fico muito bem sem eles. Eles não têm a menor sutileza, se uma coisa tão elementar como essa é um problema.

Estou trabalhando diversas considerações sobre o aspecto do filme. Tem um tom outonal; posso usar roupas pretas e cinzentas, mas filmar em cores. Isso dá certo no estúdio, mas assim que você vai para a rua, ou para um restaurante, vira um problema. Não dá para repintar a cidade; você precisa filmar como ela é. Por outro lado, é fácil fazer uma coisa como *Setembro*, rodada num único set. Nesse filme, efetivamente usei uma certa escala de cores, e funcionou muito bem.

Dá para controlar o aspecto de um filme de época – luz de velas, antiguidades. Uma casa moderna tem televisão, telefones, essas coisas. Uma sala de época é muito diferente – luminárias Tiffany ou lampiões a querosene. Tem uma poesia que não se encontra nas salas contemporâneas. Aqui, eu estou numa situação contemporânea, então não tenho certeza se trabalhar em cores vai ser uma contribuição eficaz. Preto e branco seria. Mas aí vemos a Gena Rowlands em cena, andando em preto e branco. Pode ser interessante, mas também é distante. É difícil pesar essas coisas.

[*Duas semanas depois, tocando na costumeira sessão das noites de segunda-feira com sua banda de jazz no Michael's Pub, ele diz durante um intervalo: "Agora estou tendendo para a cor. Não tenho certeza, e não é definitivo".*]

Duas semanas mais tarde, Woody está à cata de locações em Snedens Landing, comunidade de classe alta à margem do rio Hudson, um pouco acima de Manhattan, dias antes do começo da filmagem de *A outra*. O diretor de fotografia Sven Nykvist está de calça de lã pesada, camisa com mangas arregaçadas e jaqueta de couro pendurada no braço. Woody está de roupa cáqui e jaqueta marrom surrada. A cada parada, Woody puxa Sven de lado e explica rapidamente a cena a ser filmada. Ambos escutam mal com o ouvido direito, de forma que, ao falar, um tende a dar voltas em torno do outro, para tentar aproximar o ouvido bom da boca do outro.

Neste momento, estão olhando uma casa para o personagem de John Houseman, que faz o pai de Marion, a personagem de Rowlands. Há um pequeno barracão nos fundos, depois do gramado, um pouco de mato alto e ervas daninhas. Sven sai andando no meio do mato e dá a volta numa árvore.

"O Sven está procurando ângulos ou um lugar para fazer xixi?", Woody pergunta.

Sven quer que Woody veja uma coisa. "Ângulos", diz Woody, com resignação, "sorte minha." Ele vai depressa pelo mato até onde Sven está. Depois que os dois conversam por um momento, Woody sai correndo o mais rápido possível e bate os pés algumas vezes, para sacudir qualquer pedacinho de mato que tinha ficado grudado. Sua ansiedade traz à lembrança uma frase de um de seus monólogos de palco: "Eu sou dois com a natureza".

Dentro da casa, eles vão de quarto em quarto. O papel de parede da sala de jantar é carregado demais, mas Santo Loquasto, o diretor de arte, diz que pode dar um jeito nele. Sven observa a luz que bate em parte da escada. Não gosta do contraste entre os batentes brancos das portas e a cor de ameixa das paredes, mas gosta da parede da biblioteca. Woody enxerga um jeito de trabalhar a sala no filme.

"Temos a opção de levantar depois do jantar e entrar aqui para olhar os quadros", ele diz. E acrescenta para Santo: "Ponha uns livros melhores na biblioteca". Sven se apoia na porta, olha a luz.

Woody comenta a casa: "É maior do que eu quero, mas é interessante".

Sven, também interessado, replica: "E podemos deixar menor, usando lentes maiores, se você quiser".

A grande janela quadrada com vitrô no patamar da escada lança uma luz rica

Sven Nykvist, o diretor de fotografia de Ingmar Bergman que trabalhou em quatro filmes de Woody

em que todos reparam. Quando o rapaz da locação e eu ficamos sozinhos por um minuto, ele diz: "Não conta pra ninguém, mas os vidros vermelhos da janela são gelatinas deixadas por um comercial que foi filmado aqui alguns anos atrás".

Embora a filmagem seja iminente, a questão de usar preto e branco ou cor continua sem solução. Enquanto os carros partem de volta para Manhattan, para olhar uma casa em Greenwich Village para um possível cenário, o diretor de produção está ao telefone, organizando um palco, câmeras, motoristas e outros membros da equipe para um possível teste a ser filmado no dia seguinte. Só depois de vinte minutos andando pela casa é que Woody se decide contra o preto e branco, porque todas as opções e considerações discutidas com Nykvist e Loquasto são sobre cor.

O carro que leva Woody de volta a seu apartamento passa pelo Central Park e para no semáforo, perto da rotatória para a East Seventy-second Street. O sol do fim da tarde aprofunda todas as cores; o verde-brilhante das árvores, o preto denso da rua, o amarelo-vivo do táxi parado à nossa frente. A inclinação do sol é tal que as janelas do táxi parecem pretas; não dá para ver ninguém dentro. Mas então o braço direito da passageira se ergue e se apoia na cabeça dela, alto o bastante para a luz que bate na parte de cima do táxi refletir na pele marrom e nas unhas vermelhas dela. O braço fica emoldurado pela janela, em tonalidades muito ricas. "Olha só esse braço!", Sven exclama. "O carro estava vazio, e de repente não está mais!"

Woody sorri e diz: "É o braço de Buñuel".

FIM DE OUTUBRO DE 1987

A outra está em produção há algumas semanas.

É esse o filme que você imaginou?
[*Deixa escapar uma risadinha.*] Assim que ouvi a voz da Mia no primeiro copião diário, pensei: Ah, este não é o filme que eu queria fazer. Dentro da cabeça, a gente ouve de um determinado modo, absoluto. Mas até agora *é* o filme que eu concebi.

Este é o seu primeiro filme com o Sven. Como vocês se prepararam para trabalhar juntos, de modo que ele soubesse o visual que você queria e você pudesse receber as ideias dele?
Não gastamos uma tonelada de tempo no visual do filme. Foi osmose, de certa forma – procurar locação, ir jantar, ir juntos ao cinema, mais algumas discussões formais de duas, três horas, em que examinamos o roteiro página por página. As duas decisões mais importantes foram: filmar em preto e branco ou em cores, e se os sonhos e flashbacks teriam tratamento diferente. [*Não.*] Depois tivemos minidiscussões nas locações.

Assistiram a alguns filmes juntos?
Vimos três filmes. Assistimos não por pesquisa, mas para passarmos um tempo juntos. Vimos *Órfãos* [*1987, de Alan J. Pakula*]. Depois vimos *Setembro* e *A era do rádio* – que ele já tinha visto –, e eu vi *O sacrifício* [*1985, de Andrei Tarkovski*], que ele fez. Assistimos também a *Atração fatal* [*1987, de Adrian Lyne*] e *Perigo na noite* [*1987, de Ridley Scott*]. Todos levaram a conversas sobre o que funcionava. A nossa conversa é agradável. Depois, quando o filme estiver em andamento, vou ver o que o diretor de fotografia rodou, e das duas, uma: ou é maravilhoso, ou horrível. Mas o Gordon Willis, o Carlo Di Palma, o Sven – esses caras não decepcionam.

No decorrer dos anos notei que você tem aversão pelo azul. Por quê?
Sempre prefiro um quadro quente. O azul é fatal. É muito traiçoeiro. Nunca usei com o Gordon. É muito frio. Este filme é meio monocromático. Amarelo esmagaria. Marrom viraria lama. Branco era perigoso para o Gordon. O Sven disse que em

Gritos e sussurros [*de Bergman*] era um prazer, porque um filme vermelho é inerentemente quente. Quando fizeram a correção de cor e tiraram o vermelho dos rostos, as paredes conservaram o vermelho, porém deixaram um bom tom de pele.

Quanto vocês precisaram se adaptar um ao outro?

O Sven é rápido – e maravilhoso, claro. O único ponto que precisamos trabalhar juntos foi que, depois de tantos anos fazendo os filmes do Bergman, ele é preocupado demais com o ator. Filmar o ator é um grande pré-requisito para o Bergman. O ator, o ator, a luz iluminando o rosto e garantindo que você está vendo o ator.

Estou interessado no ator, claro, mas tenho um interesse maior no quadro geral. Então, numa cena como aquela em que o Gene Hackman e a Gena estão no fim de um corredor e ele sobe a escada, o Sven iluminou mais do que eu gostaria, e não me dei conta disso enquanto estava acontecendo.

Conversamos depois e eu disse: "Nossa, está tão claro, tão brilhante. Pensei que ia ficar escuro no alto daquela escada, só com a luz que entra pela janela do fundo. Escolhi aquele corredor por isso".

E ele disse: "Se a luz fosse essa, nunca veríamos o rosto dos atores. Seria uma imagem muito bonita, mas não veríamos o rosto dos atores".

Onde você fica entre o estilo do Sven e, digamos, o do Gordon Willis?

Fico no meio. O Gordon é muito dedicado ao quadro inteiro e não se preocupa com o rosto dos atores. Ele se preocupa com uma coisa completamente diferente na iluminação dele. Adoro isso, é ótimo. O Sven foi treinado e estimulado em outra direção. E eu fico, de certa forma, no meio disso. Quero ver o rosto dos atores até certo ponto, mas estou muito, muito mais disposto a não ver do que o Sven é capaz de imaginar, ou do que o Bergman estaria. Eu estaria perfeitamente disposto a fazer aquela cena sem que desse para ver o rosto dos atores, e desse para ver apenas a luz vindo pela janela e eles no escuro, e aí, quando a câmera avançasse, você veria o rosto deles um pouco melhor. Não quero uma ruína, mas iria muito mais longe do que o Sven está acostumado. Mas esse é o único ponto em que discordamos. Não estou dizendo que nos desentendemos, mas precisamos discutir como queríamos fazer essas coisas. Tudo o mais pareceu natural, porque gosto de planos-sequência [*a cena filmada numa tomada contínua*], sem coberturas [*tomadas de outros ângulos, closes individuais de atores e tomadas por cima do ombro do ator com quem o outro está falando*], e ele também.

Como você disse, é a maneira europeia, determinada, porque existe pouco dinheiro para o orçamento e, portanto, menos tempo para armar as tomadas.
É. O Gordon tem um estilo muito americano. É incrível. Ele teria sido sensacional para trabalhar com o John Ford ou alguém assim. As tomadas dele são lindamente iluminadas, quer dizer, feito Rembrandt [*entre os seus filmes, estão as três partes de* O poderoso chefão]. Ele adora pintar com a luz. Já o Carlo está em constante movimento e fica entre os dois. O Sven gosta de movimento, mas não é tão comprometido com o movimento quanto o Carlo, e o Carlo é um belo iluminador de climas. O Gordon é provavelmente o melhor técnico de direção de fotografia do mundo. Veja *Zelig*, por exemplo – todas aquelas lentes diferentes e o material de cinema antigo.

O Sven tem um temperamento muito brando, mas, pelo que sei, o Gordon pode ser temperamental.
[*Ri.*] Já vi ele tão bravo, logo de manhã, que mal conseguia falar. Mas nunca ficou bravo comigo.

O seu primeiro filme com ele foi *Noivo neurótico, noiva nervosa* [1977]. Parece que foi um grande professor para você.
Quando comecei a trabalhar com o Gordon, eu só tinha feito dois filmes. Estava tentando aprender o meu jeito e melhorar. Estava começando a pensar mais em termos do aspecto do filme, e acho que dá para perceber uma ligeira melhora em *Tudo o que você sempre quis saber sobre sexo mas tinha medo de perguntar*, e uma melhora bem maior em *O dorminhoco*. Depois, em *A última noite de Boris Grushenko*, eu estava trabalhando com o Ghislan Cloquet, aquele maravilhoso diretor de fotografia belga, e houve um grande progresso. Sempre quis um desenvolvimento gráfico, e não apenas rodar em termos funcionais.

Senti que aquilo era, teoricamente, uma história russa, e devia ter um certo estilo dos filmes russos – as grandes sequências de batalha e os ângulos de câmera estranhos –, e isso faria parte do filme. Mas ainda era uma comédia, afinal de contas. Foi um dos meus filmes mais engraçados, pelo que me lembro. Prefiro esse a *Um assaltante bem trapalhão* e *Bananas*. É mais integrado, tem uma linha narrativa. Mas sempre tive um senso de estrutura, mesmo quando as pessoas pensavam que não, como em *Bananas*. Elas simplesmente não conseguem ver isso, porque acham que é só piada-piada-piada-piada-piada.

Então, quando digo gráfico, quero dizer não só obter a informação ali na tela – o plano conjunto de nós dois, o seu close, o meu close – sem nenhum senso de linguagem cinematográfica. Eu realmente fiz isso nos meus dois primeiros filmes, porque a única coisa com que podia contar era a comédia. Eu sabia que era engraçado, e que as minhas piadas eram engraçadas, e sabia que, se mostrasse para o público, o público ia rir com elas. Sobrecarregá-las com qualquer coisa externa seria autodestrutivo – e é mesmo, se você está fazendo esse tipo de filme. Aí, quando ganhei segurança, quis encontrar jeitos mais gráficos, mais cinemáticos de contar uma história, sem tanto medo de fazer alguma coisa que pudesse atravancar as piadas. Então, depois de um tempo, fiquei mais e mais interessado em brincar com aquilo e arriscar mais. Quando fui fazer *Noivo neurótico, noiva nervosa*, a iluminação ficou mais escura por causa do Gordon Willis, e eu tinha personagens com falas fora de cena. Não se tratava de filmar o que estava debaixo do nariz. Aprendi muito com ele. Tive sorte porque aprendi muito [*sobre montagem*] com o Ralph Rosenblum e com o Gordon, e os dois são mestres em suas áreas.

A técnica é uma coisa inata, como um senso de estilo, ou é desenvolvida?
Técnica é uma coisa que você aprende. Sabe o que é? É como jogar bola, ou jogar bilhar, ou tocar piano, de repente você chega a um ponto em que consegue fazer aquilo. Você atravessa essa linha da técnica e de repente percebe que consegue realmente fazer a coisa. É a mesma coisa que aconteceu com fazer filmes. Um dia, fui ver e tinha atingido uma certa técnica de fazer filmes e estava interessado em melhorar e trabalhar com aquilo. E agora sei o que fazer para realizar um filme. Uma pessoa pode confiar e investir o dinheiro dela em mim porque sou capaz de fazer um filme. Não vai precisar se preocupar se vou acabar com todo mundo olhando para a mesma direção ou coisa parecida.

Quando esse avanço começou?
Comecei a notar depois de *Noivo neurótico, noiva nervosa*. Senti logo depois desse

filme. Isso, de certa forma, se consolidou em *Interiores* [*1978*] e, quando cheguei a *Manhattan* [*1979*], senti plenamente. Então, acho que houve um salto à frente quando fiz *Hannah e suas irmãs* [*1986*]. Em *Setembro* [*que será lançado em breve*], acho que está ainda mais avançado.

Setembro é um filme que acho que rodei melhor do que qualquer outro anterior. Fiz com a maior sofisticação, porque estávamos todos naquela casa e a câmera se movimentava constantemente, e havia milhões de coisas que aconteciam fora do quadro, coisa que eu nunca teria feito nos meus primeiros filmes. E agora sinto que uma certa técnica foi incorporada e já nem penso nela. Posso entrar no set e acontece de maneira repetida e instintiva. Não preciso nem gosto de saber especificamente o que vou filmar naquela manhã. Não penso nisso. Entro e alguém diz: "Tudo bem, a primeira cena que vamos fazer é a entrada dela no apartamento". E olho em volta, e simplesmente fica óbvio para mim o que quero fazer.

Agora, para fazer um filme com a aparência de *A era do rádio*, digamos, é preciso ser muito cuidadoso no planejamento visual; o cenário e a direção de arte são importantes. Mas num filme como *A outra*, você vai para locações e encontra as melhores possíveis, refaz a pintura ou troca a mobília, para criar consistência com um certo estilo, mas não é um grande desafio de direção de arte. O filme não é sobre isso. É sobre gente, e gente sentada na sala, conversando e pensando.

Como você e o Gordon resolviam as tomadas?

O Gordon e eu chegávamos ao set, eu dizia para ele como queria filmar, e quase todas as vezes ele concordava comigo. Mas às vezes ele dizia: "Não, vai ficar pretensioso se a gente fizer assim", ou "Isso vai ficar muito cafona", e me explicava por que achava aquilo. E a minha sensação é que ele estava certo, porque fazia sentido. Se algumas vezes eu achava que não fazia sentido – o que era raro –, então eu filmava dos dois jeitos, ou, quando via o que tínhamos filmado e tinha reservas, filmava de novo. Mas o instinto dele é tão bom que, em quase todos os casos em que me corrigiu em alguma coisa, a correção foi boa.

Não podemos esquecer que eram comédias, e em geral eu sei como quero rodar. Por exemplo, em *Noivo neurótico, noiva nervosa*, quando sou apresentado à Keaton, sei que quero nos ver jogando tênis, e é óbvio que quero o plano aberto. E quase sempre era completamente lógico. Mas havia ocasiões em que eu dizia a ele: "Ei, se a gente filmar a Keaton assim, vou estar fora de quadro quando fizer a minha piada". E ele dizia: "Tudo bem, eles *te ouvem*". [*Ri.*]

Parece que vocês tinham um bom relacionamento.
Eu tinha um bom relacionamento com ele. Era um prazer trabalhar com ele.

É extremamente meticuloso. Isso é necessário ao trabalho que ele gosta de fazer em termos de iluminação. Neste momento da minha vida, prefiro trabalhar de um jeito mais solto. Quando comecei a trabalhar com o Gordie, o jeito meticuloso dele me ajudou. Era uma boa disciplina e me ajudou a aprender. Depois, quando a pessoa já absorveu tudo aquilo, tem vontade de romper as regras e começar a trabalhar de outra maneira.

Uma semana depois. Woody está filmando num restaurante em Greenwich Village. A equipe instala a parafernália para tapar o sol, de forma que a luz da rua fique difusa; Woody não quer que o sol interfira na iluminação da tomada. Enquanto eles trabalham, ele diz: "O sol é a desgraça da minha existência. Detesto o sol. Detesto de manhã, quando eu acordo. Detesto no verão. É carcinogênico. Estava passeando no parque ontem, e tinha gente por todo lado, que nem na pintura de Seurat [Tarde de domingo na ilha da Grande Jatte]. Mas o sol estraga tudo, brilhando em cima daquilo".

Enquanto o pessoal da iluminação arma os parassóis, Sven diz: "Parecia tão fácil, e é sempre tão complicado".

A luz não é o único problema. É uma cena longa, com a personagem de Gena Rowlands e a cunhada, que lhe pede dinheiro, mas a conversa soa falsa. "O problema", diz Woody, "é fazer essas palavras escritas soarem como uma conversa humana. Escrevo tudo com a minha inflexão, então se eu é que tivesse de falar essas falas elas soariam totalmente naturais. Mas para outra pessoa, com uma cadência diferente, leva tempo para conseguir que soe direito."

No Manhattan Film Center, dias depois. Woody e Sven Nykvist foram assistir aos copiões diários da filmagem da véspera. Woody senta em seu lugar de sempre, na namoradeira debaixo da janela de projeção. Sven, eu e os outros estamos nas cadeiras de veludo encostadas nas laterais da sala. O clima é tenso. Quase todo dia há problemas no modo de o laboratório revelar o filme, e estão preocupados que hoje saia algo errado. No dia anterior, uma segunda, as tomadas de sexta-feira estavam com muito amarelo e vermelho. "Na Europa", diz Sven, "nunca mandamos revelar o filme no fim de semana, porque eles trocam de chefe e a mudança de pessoa sempre implica alteração no tempo de revelação."

[*Ligeiramente incomodado por ter havido problemas com o laboratório.*] Sempre tivemos sorte com o DuArt. Eles sabem que sempre gosto de tons quentes e fazem assim, mas com essas cores [*cinza-amarronzado e tons escuros relacionados*] o vermelho ressalta das paredes.

SVEN NYKVIST Toda vez que sento para assistir a um copião, penso: Será que vou ficar com vergonha? Desde que eu era moleque e estava começando. Mas isso é bom. [*Esfregando os olhos, jogando a cabeça para trás, como numa oração.*] Por favor, ah, por favor, que o copião esteja bom.

As tomadas, feitas num teatro, são um desastre. Estão pelo menos um ponto escuras demais, mesmo para Woody, que não se importa que os rostos fiquem meio escurecidos. Na primeira cena, com Sandy Dennis e Ian Holm, é difícil saber quem são eles. A câmera está longe demais, numa tentativa de mostrar o palco. Woody diz para Sven: "Não devemos nos prender tanto às convenções do teatro. Pode começar e depois corta para o rosto de um e de outro, para a gente saber que são a Sandy e o Ian".

Na terceira tomada, uma discussão, não há luz suficiente no rosto da atriz. Woody quer ter certeza que o rosto dela ficou marcado numa tomada anterior.

"Coitado do Sven", ele diz várias vezes, com uma tomada após a outra tendo sido copiada incorretamente.

Sven liga para o laboratório e diz que mediu a luz no rosto dos atores como se estivessem num estúdio normal. O gerente do laboratório diz que as tomadas foram deliberadamente copiadas mais escuras devido a um mal-entendido e se oferece para refazê-las durante a noite.

Depois, o produtor Bobby Greenhut, Woody e Sven param na frente da sala de projeção, conspirando sobre o que fazer. Frustrados, concluem que vão precisar esperar até a nova cópia voltar, na manhã seguinte, para decidir se refilmam ou não. Woody diz: "Queria que um dia a gente viesse e os copiões estivessem ótimos, copiados direitinho, em vez de apanhar assim todo dia".

Depois, aponta o polegar e o indicador da mão direita para a testa, como quem empunha uma arma.

"Cinema", diz, "você tem todo esse trabalho para um crítico te dar três abacaxis, sei lá."

OUTUBRO DE 1989

Bleecker Street Cinema de Greenwich Village. É o primeiro dia de filmagem do que agora se chama *Brothers* [Irmãos], mas vai se transformar em *Crimes and Misdemeanors* [Crimes e pecados]. Os membros da equipe, na maior parte veteranos de muitos filmes de Woody Allen, se cumprimentam e falam de outros primeiros dias, de coisas filmadas ou não filmadas, e das vezes em que o primeiro dia não rende nada. Hoje, eles realmente vão conseguir colocar alguma coisa na lata.

"É feito o primeiro dia de aula", um deles me diz, "mas nós todos ficamos com o mesmo professor."

"Quantos estão aqui juntos?", outro pergunta. "Catorze? Está na hora de abrir uma nova turma." Os dois riem.

Bobby Greenhut e Woody param na calçada oposta ao Bitter End, onde Woody se apresentou como comediante *stand-up*, e tentam pensar na primeira tomada de *Manhattan*. Decidem começar na página um, no restaurante Elaine's. A conversa muda para a época das boates.

Você ainda encontra alguma daquelas pessoas com quem se apresentava no Village e adjacências quando fazia monólogos?

A Judy Henske [*cantora folk*] é uma das poucas pessoas que perdi de vista e com quem gostaria de ter contato. [*Ri.*] Ela se casou e mudou para Connecticut ou Vermont, e tinha um haras. Era ótima. Muito, muito inteligente, e muito engraçada – inteligente mesmo, e muito lida. Era o tipo da morena magricela e grandalhona de Chippewa Falls, Wisconsin. Foi de onde eu tirei o nome em *Noivo neurótico, noiva nervosa*. O pai dela era médico.

Eu sempre estava com ela, éramos próximos. Depois, ela casou com um cara do Modern Folk Quartet. Nunca mais vi, nem soube nada a respeito dela.

Mas era muito inteligente. De brincadeira, procurei o livro mais seco, menos romântico que pude encontrar, e dei para ela algo como *Legislação Imobiliária da Pensilvânia*, um desses livros que você compra numa baciada. E ela leu! Lia qualquer coisa que aparecesse na frente. Sempre entendia as piadas. Nunca deixava escapar uma referência – fosse Proust ou Joyce, ela sabia. Era uma moça bem-educada, brilhante. A Keaton me fazia lembrar dela.

JANEIRO DE 2000

Pré-produção de *Trapaceiros* em andamento.

Alguma questão com preto e branco ou cor desta vez?

Trapaceiros vai ser em cor. O preto e branco é um problema hoje em dia, embora de vez em quando eu goste de rodar em preto e branco. Os laboratórios são muito inadequados para o preto e branco e têm muitos problemas técnicos: estática no filme; quando você faz emendas, elas descolam, e você precisa mandar isolar o filme inteiro, porque a temperatura da lâmpada derrete o material preto e branco quando passa pelo projetor.

Tenho certeza que *Todos dizem eu te amo* sempre foi em cores. Parece o tipo de filme que dá para saturar com diferentes matizes.

Ah, é. *Todos dizem eu te amo* é o tipo do filme que você pode fazer parecer muito vivo. Filme realista é que não dá. Quando digo realista, quero dizer que acontece nas ruas de Nova York. Se as ruas são musicais, é outra história. Ou de época. *Trapaceiros* parece não ser complicado. É legal. Já num musical dá para caprichar, porque tudo é muito romantizado. Tive a sorte de filmar em Veneza, porque os poucos dias que passei lá estavam nublados, e foi no pico do verão. Tudo o que se passa em Veneza foi filmado lá, com exceção de uma pequena cena de conversa que fiz numa mansão nas East Nineties Streets, em Manhattan. E tudo de Paris foi em Paris, exceto o interior do quarto do Hôtel Ritz. Não deixaram a gente filmar lá, então fizemos aqui no Plaza. Originalmente, quis chamar o filme de *Christmas at the Ritz* [Natal no Ritz], mas eles não quiseram que o Ritz fosse usado assim – e isso é gente que gosta de mim. Não podiam ter sido mais gentis comigo no Ritz.

Fazia anos que a ideia de fazer um musical estava flutuando à minha volta. Queria fazer um musical sobre gente rica e o Upper East Side de Manhattan, e queria que fosse um daqueles musicais antigos, com famílias, mas no Upper East Side de hoje seria muito diferente: uma família composta de casais divorciados, maridos e esposas anteriores. Queria que fosse descaradamente sobre os ricos do Upper East Side, porque achava que daria uma boa atmosfera para um musical.

Íamos filmar [*a cena em que o personagem compra uma aliança de casamento que tem um movimentado número musical com um grupo grande*] na Tiffany's, mas eles não queriam que a gente dançasse em cima dos balcões de vidro. Dissemos que íamos colocar o nosso próprio vidro e proteger tudo, só que eles não queriam que dançassem em cima. Disseram que podíamos dançar nos corredores e ocupar o espaço todo, mas fomos à Harry Winston e eles ofereceram total cooperação, e foi mais tranquilo.

E *Um misterioso assassinato em Manhattan*? Você acabou fazendo o filme que tinha imaginado?

É daqueles filmes que saíram exatamente como eu tinha imaginado. Considero um sucesso. Muito divertido de fazer, o tipo do filme no qual eu adorava me perder quando era criança. Achei uma boa cena de clímax com aquela de *A dama de Shangai*. Eu estava tentando encontrar uma daquelas cenas de *tour de force* que sempre deixo de fora dos meus roteiros e digo: "Vamos encontrar uma cena de *tour de force*", e aí falei para o Santo: "Preciso achar uma locação *tour de force*". [*Ele ri.*]

Rodamos uma porção de cenas na chuva nesse filme. Não tem sol no filme. Parece que em Nova York está sempre chovendo.

Você usou o Zhao Fei como diretor de fotografia em *Poucas e boas*. Pelo que sei, ele não fala quase nada de inglês. Foi um problema?

O Zhao Fei está tentando aprender inglês. Convidamos para o próximo filme, mas

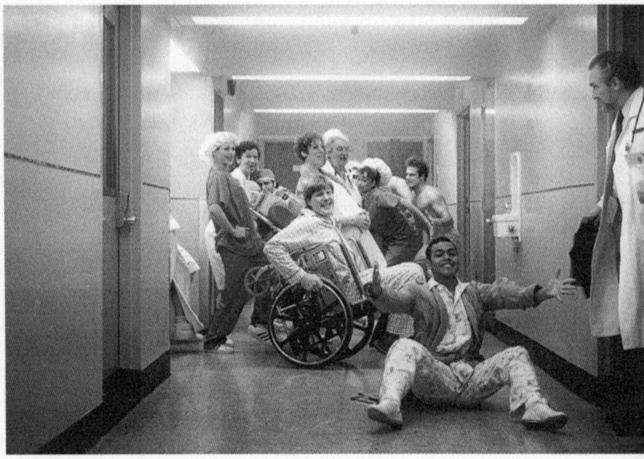

Todos dizem eu te amo: o musical moderno que Woody filmou em Nova York, Veneza e Paris teve dança e cantoria na joalheria Harry Winston e até mesmo num hospital

depende da agenda dele. As pessoas ficam me dizendo: "Chama alguém que fale inglês", mas isso não me importa. O Carlo Di Palma fala um inglês limitado.

ABRIL DE 2005

De modo geral, como você decide se vai filmar em preto e branco ou em cores?
Manhattan foi sempre concebido em preto e branco, assim como *Celebridades* e *Broadway Danny Rose*. Cada filme que fiz assim, eu via em preto e branco. Engraçado como valorizam essa bobagem. As pessoas me param na rua e perguntam: "Quando você vai fazer seu próximo filme?".

E eu digo: "Em junho".

E elas perguntam [*ansioso*]: "Preto e branco? Cor?".

Supervalorizam isso aí. Para mim não importa se um filme é em preto e branco ou em cores. Centenas de filmes que a gente adora na vida são em preto e branco, centenas são coloridos. É o tipo de estética que você usa para contar a sua história. Se você é dos que acham que filmes em preto e branco são um tanto inferiores, não se dê ao trabalho de assistir a *Cidadão Kane*, ou *Ladrões de bicicleta*, ou *A grande ilusão*, nem a nenhum dos primeiros filmes do Bergman, ou *O tesouro de Sierra Madre*, ou *Relíquia macabra*, ou *Pacto de sangue*. Existe uma grande beleza na fotografia em preto e branco. Existe uma grande beleza na fotografia em cor.

Quando o Santo Loquasto recebe o roteiro?
Mando o roteiro para ele no mesmo momento em que mando para a Juliet [*Taylor, a diretora de elenco*]. Então ele precisa fazer a mágica dele. O trabalho dele é realmente difícil, porque tem de respeitar um orçamento. Faz décadas que ele está comigo. Era cenógrafo e figurinista de palco, mas começou a fazer os figurinos para mim porque o Mel Bourne fazia os cenários, e aí o Mel acabou indo para outro projeto e não estava disponível, então o Santo fez os cenários. [*Bourne fez seis filmes entre 1978 e 1984, de* Interiores *até* Broadway Danny Rose.] É incrível o que eu jogo em cima do Santo: este filme vai ser nos anos 20, em Nova York, aquele vai ser filmado na cidade inteira. *Poucas e boas* se passa no país inteiro – Chicago, Nova York, Atlantic City, Califórnia –, mas eu nunca quero dormir fora

Um diretor de fotografia chinês que não falava inglês: a experiência de Woody com Zhao Fei (aqui, em *Poucas e boas*) o levou a criar um personagem semelhante em *Dirigindo no escuro*

de casa nem por uma noite, então ele faz parecer que estamos lá. Ele não tem dinheiro, e você olha o filme e vê a Califórnia, vê os estúdios com as palmeiras, e vê a viagem pelo país, e vê Chicago, e a carne sendo empacotada e as vacas. Nisso o Santo é milagroso.

A maioria dos diretores pega um roteiro e tem de responder a duas perguntas básicas: "Sobre o que é isto?" e "Como eu vou contar isto aqui?". Mas você não.
Nunca consigo recriar na vida real o que imagino quando estou escrevendo um roteiro. Lembro que quando o Bergman estava escrevendo *Luz de inverno* [*1962*] ele foi àquelas igrejas todas com o Sven e disse: "Essa é a luz que eu quero". Pois então, não sou tão dedicado assim. Também quero uma certa luz, mas não faço nada para conseguir. Então penso comigo: Gostaria de uma luz sépia suave, que vem quando o entardecer começa a baixar num dia de verão. Mas não vou ao Central Park na véspera, espero e digo: "Esta é a hora certa para conseguir essa luz". Se consigo a luz naquela noite, ótimo; se não, reescrevo a cena ou encontro outra solução.

[*Durante a filmagem de* A outra, *em 1987, Sven Nykvist me disse:* "Luz de inverno *é o filme favorito do Bergman. Mudei o meu estilo de filmar com esse filme: não havia sombras, a não ser no fim, onde elas têm um significado. Comecei a usar rebatedores para conseguir a luz certa. Então me dei conta de que para cor também funcionava."*]

Filmar uma cena exige uma série de decisões prévias: escolha da lente, da abertura, densidade da cor etc.

Não penso em nada disso. Eu não saberia distinguir uma abertura de diafragma de outra. Sei o que eu quero e sou capaz de descrever. Não faço ideia de como conseguir isso. Tenho de falar para o diretor de fotografia e ele tem de conseguir para mim. Só que armo a composição das minhas tomadas. Existem diretores que não olham pela câmera; confiam no diretor de fotografia. Eu jamais conseguiria fazer isso. Resolvo a tomada que quero, e aí o diretor de fotografia olha o que eu propus e me diz: "Está ótimo", ou "Não ficaria um pouquinho melhor se aqui, em vez de fazer uma panorâmica, a gente subisse com a *dolly* para esta parte?". E eu digo "sim" ou "não", ou "tem razão", e conversamos um minuto. Depois, ele ilumina a cena geral, aí trago os atores e ele diz aonde eles devem ir, e eles me dizem: "Tenho de ir ali?" – embora em geral digam: "Tudo bem". Mas de vez em quando eles dizem: "Não posso ir até a lareira, parar e depois vir para cá?". Em geral digo que sim, e fazemos um pequeno ajuste na iluminação. E rodamos. O diretor de fotografia sabe o tipo de luz que quero por causa das conversas que temos antes de o filme ser rodado.

Quando você olha o roteiro antes de filmar tudo está claro para você?
Quando termino um roteiro e digito, posso ficar com o roteiro em casa e trabalhar nele, porque tenho tempo antes de começar a rodar. Mas chega um certo ponto em que os atores querem o roteiro, e querem o roteiro fechado, para que possam decorar as coisas. Quando termino a versão escrita *final* de um roteiro, nunca mais olho para ele; às vezes, nem fico com uma cópia. Então, digamos, três semanas, um mês antes de rodar, fecho o roteiro, pelo menos para começar o filme. Vejo a cena no dia em que vou filmar. É completamente claro para mim; não importa em que ordem eu filme. Não vejo nenhuma vantagem em rodar um filme cronologicamente. Gosto de rodar para todo lado, que nem um quebra-cabeça. Mas de vez em quando eu pergunto: "O que foi esse último corte? Qual foi a última tomada que fizemos desta cena? Queria dar uma lembrada". Se foi um close do rosto de uma atriz, por exemplo, não quero começar outra cena com um close do rosto dela. Mas só isso.

Você acha que para os atores faz muita diferença o filme ser rodado na sequência?
Não. Acho que eles são profissionais e são pagos para rodar fora de sequência – é

assim que se faz a maioria dos filmes. Alguns atores acham que começo de propósito com uma cena emocional exigente, ou com uma determinada cena, para alguém poder entrar no papel. Mas, para mim, por onde começar, começou.

MAIO DE 2005

O Santo Loquasto fez os cenários de uns vinte filmes seus. Ele te mostra desenhos e maquetes durante o processo?
Quando vamos construir alguma coisa, mostra, porque ninguém quer fazer despesas antes que todos estejamos de acordo. Ele recebe o roteiro, e não tem orçamento, e não pode escolher locações muito longe, para onde seja preciso viajar, porque à noite eu gosto de dormir na minha cama. De vez em quando, ele precisa construir alguma coisa, mas não é muito frequente, porque não temos muito dinheiro para trabalhar. Mas, quando constrói, faz todos os detalhes, inclusive a folha de papel em cima da mesa. Quando fizemos as minhas peças de um ato *Riverside Drive, Old Saybrook* [*2003*] e *Central Park West* [*1995*], conversei com ele sobre o cenário e falamos, falamos, eu tinha muitas ideias. Aí, ele foi embora e [*ri*] voltou com uma coisa completamente diferente, que era maravilhosa, e muito além de qualquer coisa que eu tivesse pensado ou imaginado.

***Neblina e sombras* exigiu um cenário e tanto, quase oito mil metros quadrados construídos a partir do nada no Kaufman Astoria Studios, no Queens. [*Um lugar escuro e melancólico, projetado para parecer uma cidade do antigo Leste europeu, com toques dos cenários dos filmes de terror clássicos de Hollywood. Ruas de paralelepípedo molhadas (pedras falsas, cobertas com poliuretano de alto brilho) que levam a sinistros becos sem saída; uma igreja que parece não um lugar de oração e refúgio, mas sim uma sinistra prisão.*]**
O maior cenário já construído em Nova York.

E havia toda aquela neblina [*na verdade, uma decocção de soja que subia de tambores de óleo ocultos*].
É [*ri*], e sempre que alguém aparece com um câncer de algum tipo, não tem

dúvidas de que foi provocado por aquilo. Nós todos estávamos respirando aquilo, e o funcionário do meio ambiente do governo verificou e considerou absolutamente seguro.

Os seus sets geralmente exigem a aparência de vida contemporânea numa locação.

Encontramos um lugar que sirva, e aí o Santo faz o apartamento inteiro contrastar com os outros, de forma que quando a gente vê dois ou três apartamentos num filme, eles não parecem o mesmo. Até no apartamento mais simples que se escolhe, o Santo tem trabalho a fazer. Precisa levantar uma parede falsa aqui; porque o lugar é grande demais para uma família pobre, ou uma porta falsa, ou sofitos [*recurso arquitetônico para esconder instalações elétricas*], para ter luz.

Você precisou construir um cenário complexo para *A rosa púrpura do Cairo*.

Maquiamos um quarteirão inteiro e construímos o lado de fora do cinema. Construímos todas as nossas fachadas naquele quarteirão. O interior era um cinema de verdade. Ironicamente, como acho que já mencionei, era o Kent Theater [*no Brooklyn*], que foi muito importante para mim na infância porque era, como a gente sempre dizia, o último reduto. Quando um filme saía de cartaz no Kent, ia para os arquivos, para uma cápsula do tempo. E sempre dava para ouvir o trem de carga no Kent. A pessoa estava assistindo a um filme e ouvia um trem de carga [*ri*] passar durante cinco minutos.

Uns quinze anos atrás nós conversamos sobre os seus diretores de fotografia, mas eu gostaria de ter uma ideia do que você pensa deles agora. Você fez oito filmes com o Gordon Willis, a partir de *Noivo neurótico, noiva nervosa*. O que aprendeu com ele? E por que o escolheu?

Ele era um grande *cameraman* americano na época, tinha morado em Nova York e estava disponível. Alguém nos apresentou e tivemos uma boa conversa no meu apartamento, resolvemos que íamos fazer o filme juntos. Trabalhamos juntos muito bem. O Gordie despertou meu interesse em rodar com a tela preta [*quando não há imagens e tudo o que o público ouve é a voz dos atores, como em* Manhattan, *quando Ike e Mary vão aparecendo aos poucos, durante uma viagem pelo panorama celeste do planetário Hayden*]. Era chamado de "o príncipe das trevas". Ele me iniciou na beleza fotográfica do escuro.

A gente desenvolveu um vocabulário nosso, e eu sabia que ele nunca iria querer fazer um determinado tipo de tomada, e ele sabia que eu ia odiar certas coisas, então não sugeria aquilo.

Uma vez você me disse que o Carlo Di Palma era tão relaxado quanto você ao definir uma tomada.

O Carlo gostava de trabalhar do jeito que eu trabalho. O Carlo é o oposto do Gordon, no sentido de que o Gordon tem uma técnica prodigiosa, além do gênio artístico. O Carlo era um primitivo absoluto, catava milho. Ele punha uma luz aqui e olhava. Experimentava outra coisa, punha uma luz em outro lugar e de alguma forma chegava a uma iluminação muito bonita. Não aprendeu em escola nenhuma. Era operador de foco em *Ladrões de bicicleta* [*o membro da equipe que ajusta o foco da lente da câmera durante uma tomada, para manter a pessoa mais importante da cena ou uma parte da cena sempre no foco*], e começou assim. O Carlo tinha uma sensibilidade artística, um belo olho para a cor, um belo olho para a composição, para o movimento, mas era um primitivo total. Para mim foi muito fácil trabalhar com ele. Ele adorava a mobilidade da câmera, e eu também adorava isso naquele momento.

O Carlo capta muito bem a personalidade quando fotografa rostos.

Ele tem boniteza no trabalho dele, então faz os atores ficarem bonitos. O Gordon também pode fazer isso, mas se interessa mais pelo quadro geral. Então, se o quadro é bonito, uma atriz pode estar três quartos no escuro, vê-se apenas um pedaço do rosto dela, e a moça pode não estar iluminada do modo mais lisonjeiro para ela, mas o quadro geral é superbonito. O Carlo era muito lisonjeiro com as mulheres que fotografava, muito cuidadoso em fazer com que ficassem bonitas.

Qual outra diferença entre eles?

O Gordon era muito, muito organizado. A gente chegava, as caixas de lentes tinham sido descarregadas do caminhão, as luzes estavam lá. Ele realmente administrava as coisas [*estala o dedo duas vezes*] como alguém que sabe o que está fazendo. O Carlo era que nem eu. [*Ri.*] Chegava de manhã e era feito o governo francês, como a gente costumava dizer – um país governado pelos Irmãos Marx. Sentávamos lá e ficávamos pensando no que fazer aquele dia.

"Sabe que cena é?", ele perguntava.

"Não, você sabe?"

"Bom, o sol está ali, mas quando a gente for rodar ele vai estar lá, então vamos fazer assim. Acha que vai ficar bonito?"

E eu armava a tomada e o Carlo, assim como o Gordon, diria para mim: "A sua tomada está muito boa", ou "Eu não faria a tomada desse jeito, eu mudaria assim". Era raro o Gordon dizer: "É uma tomada horrível", mesmo que *quisesse* dizer isso. Mas em geral seria: "Acho que ficaria melhor se começasse com isso, e em vez de terminar a *dolly* ali, avançar um pouco mais". E o Carlo fazia igualzinho.

Tem as tomadas de uma cena em *Hannah e suas irmãs* em que se veem as três [*Mia Farrow, Dianne Wiest* e *Barbara Hershey*] conversando numa mesa de restaurante, enquanto a câmera circula em volta delas três vezes, mostrando as três individual e coletivamente. Um amigo que tem uma agência de propaganda me disse que as pessoas copiam essa sequência em comerciais o tempo todo. O que você me diz?

Primeiro eu girei com a *dolly* em torno da mesa, para armar a tomada, e lembro de ter pensado comigo mesmo: Bom, não posso ficar girando e girando. Mas dá para cortar e ir para um close, e cortar, e ir para um close uma terceira vez. Aí, quando olhei aquilo antes de armar, pensei: Se elas estiverem conversando naturalmente, não tem como fechar o tempo todo na pessoa certa. E a Barbara Hershey disse: "E daí? Você não está na pessoa que está falando, é uma tomada de reação". E pensei comigo mesmo: Bom, Barbara [*ri*], você não só é *bonita* [*ri mais*], mas essa é uma ideia *muito boa*. Tem razão, *não importa*, ou *importa*?

Mas, sabe, fiquei completamente insatisfeito com essa tomada no copião. Achei que ficou pretensiosa. Por fim o "está ótimo" prevaleceu. Acho que eu estava errado e houve alguma coisa que não consegui enxergar.

Demorou para armar a tomada?

Durante o fim de semana, um sujeito da equipe fez um trilho redondo com tubo de borracha, para a câmera girar e podermos virar direito. Os trilhos de metal são como aqueles dos trens Lionel, não são exatamente redondos. Demorou um pouco para iluminar, porque foi preciso cercar a mesa. Mas depois que fizemos a primeira, as outras duas foram fáceis, porque eram mais fechadas.

Foi preciso uma porção de tomadas?
Não foi difícil. Não gosto de fazer muitas tomadas. Não era uma tomada de precisão e havia boas atrizes: a Dianne Wiest, a Barbara Hershey e a Mia.

Desde *Noivo neurótico, noiva nervosa* você tem usado personagens falando fora do campo.
Como eu disse, o Gordon me ensinou isso. Lembro que estávamos armando um plano em que o Alvy e a Annie estão rompendo o relacionamento e dividindo os livros, e eu disse: "Nenhum dos dois está em campo no momento em que falam. Tudo bem?". E ele disse: "É, fica ótimo, claro, não tem nada de errado nisso". Se tivesse dito: "Não pode fazer isso, o quê que você está pensando?", eu não teria feito. Mas, a partir do momento em que obtive o *imprimatur* dele, sempre conseguimos fazer isso nos filmes seguintes, e até hoje faço. Em todo filme há pelo menos uma cena em que não tem ninguém em campo, só falas. Eu sempre encaixo uma, em homenagem ao Gordon.

Outro dia, eu estava andando na esteira, zapeando pelos canais, e passei por *Igual a tudo na vida*. Era aquela cena em que o Jason Biggs está no telefone, falando com a Christina Ricci, e aí ele sai de campo e só se vê o interior da casa dela.

Existem coisas que você faz só para se divertir?
Tem um certo tipo de tomada que fazemos em todos os filmes. Pessoas andando na rua, na direção da câmera, aí elas chegam perto e a câmera começa a subir na *dolly* [*puxada para trás por um membro da equipe*]. Essa é uma. Outra é com as pessoas andando na calçada, e a câmera está na calçada oposta, paralelamente. Certos clichês eu venho usando ao longo dos anos.

Algum novo?
Bom, nos últimos anos – sempre fiz planos-sequência – desenvolvi planos-

O "primitivo absoluto" Carlo Di Palma foi um dos colaboradores mais afinados com Woody: cuidou da fotografia de onze de seus filmes

sequência *realmente* longos. Não falo daquele tipo de *tour de force* que os caras fazem com uma Steadicam e que não acabam nunca. Falo da cena em *Igual a tudo na vida*, com o Jason e a Christina na casa, junto com a Stockard Channing, em que as pessoas entram e saem de campo e as combinações são complicadas. O Jason entra no banheiro e some; a Christina entra e sai de campo; depois o Jason, depois a Stockard; depois o Jason volta; depois não se vê ninguém, porque o Jason está atrás de uma coluna. Passei a coreografar bastante assim nos últimos anos, porque é gostoso e me poupa de fazer coberturas [*closes e tomadas de relação; a cena fica completa numa única tomada*]. Ensaio com o diretor de fotografia a manhã inteira, faço a iluminação complicada e aí paramos para almoçar, voltamos e fazemos a cena, eliminamos sete páginas em cinco minutos.

É tão diferente da ideia da MTV, de um corte a cada meio segundo, que acabou contaminando os filmes.
Gosto de ir sem cortes até onde a cena aguenta. Se dá para segurar, ótimo.

O Carlo me disse uma vez que aprendeu a usar as cores com a mãe dele, que era florista. Estou pensando nas cores que escorrem dos filmes dele.
É, e das roupas dele. Quando o Marshall Brickman conheceu o Carlo, ele me disse: "Esse cara deveria ser o astro do seu filme", porque o Carlo estava sempre elegante, atraente, um pavão. Quando vinha até a cidade para fazer filmes, eram oito baús

de roupa: as gravatas, tudo. Você não bota uma fé. Vi fotos dele quando era jovem – era lindo. Tinha uma sensibilidade incrível para a cor, para as roupas. Era um ótimo fotógrafo de *still*, adorava ir a museus e olhar as pinturas.

Ele deve ter adorado fazer *A era do rádio*, que é realmente colorido.
É, cores profundamente saturadas. Essa é a direção que tomei quase a minha vida inteira ao fazer filmes. O Gordon, o Carlo, o Darius Khondji, o Zhao Fei, todos fazem isso. O único para quem isso não vinha naturalmente era o Sven, mas depois ele disse que adorava fazer filmes quentes.

Hoje mesmo eu estava no telefone com a diretora de arte inglesa do meu próximo filme [*Scoop*]. Era a primeira vez que eu falava com ela. Ela disse que ficou surpresa com as cores quentes de *Match Point* porque o diretor de arte, com quem havia trabalhado muitas vezes como assistente e que ela adorava, sempre usava cores superfrias. Ele fez isso porque foi uma exigência minha. Acontece que eu adoro cores quentes. É um gosto pessoal. Não estou dizendo que não existam filmes que não tenham cores quentes e sejam bonitos. Existem. Mas pessoalmente, sem que isso seja uma declaração sobre filmes ou sobre cor, gosto de filmes profundamente saturados, quentes, no sentido do que o Matisse achava, que quando você olha uma pintura, deve ser como sentar numa poltrona; um quadro deve ser uma poltrona confortável para os seus olhos. Então, quando você vê o trabalho feito por toda essa gente de que estamos falando, é tudo muito quente – e a correção de cor nessa direção, ainda mais. Às vezes, o laboratório telefona e diz: "Você quer assim tão quente?".

Mas parece que todos os seus diretores de fotografia conseguem esse aspecto quente de diferentes maneiras.
É, cada um tem uma técnica diferente. O Zhao Fei [*diretor de fotografia de* Poucas e boas] usava tanta luz que não dava para acreditar. Alguém que estava no prédio gravando um programa de televisão achou que não usavam tanta luz na tevê. Mas, se você olha o filme, as cores são lindas.

Isso me lembra a camisa profundamente amarela que o Sean Penn usa algumas vezes.
Fizemos a correção de todas essas tomadas em termos de amarelos e vermelhos,

para enfatizar essas cores. Não deixamos os atores usarem azul-claro ou coisas difíceis de aquecer.

Metaforicamente você tirou o seu diploma de fotografia com o Gordon. Depois de oito anos com ele, quando passou para o Carlo, aprendeu coisas novas com o Carlo?
Ah, sim, o estilo de composição dos dois é muito diferente. O Gordon seria ótimo para fotografar um filme do Kurosawa, já que ele adora que os atores determinem o movimento da câmera. E aquelas imagens lindamente enquadradas, que não são tão fáceis de fazer com movimento e conservar a iluminação brilhante como ele gosta. Porque se você está compondo uma tomada fixa [*tomada sem movimentos de câmera, ou dentro de uma área confinada*], dá para iluminar até os dentes. Mas se a tomada precisa ir para lá, depois vir para cá, não dá para virar as luzes para cá para deixar isto bonito e depois ir para lá, então começa a ficar difícil. O Carlo era obcecado pelo movimento, não gostava de nenhuma tomada que não tivesse algum movimento, e chegava a sacrificar a luz em favor da mobilidade.

O Carlo deve ter adorado a câmera na mão e todo o movimento de *Maridos e esposas*.
Maridos e esposas não passou de uma experiência divertida. Foi um filme que eu queria que fosse feio. Não queria que nada combinasse, ou fosse refinado, ou bem montado. Queria que fosse um filme desagradável de assistir.

Ao escrever o roteiro, suponho que pensou em rodar assim. O aspecto combina com o assunto.
É. Pensei que queria fazer um filme espasmódico, desarticulado e sem refinamento sob todos os aspectos.

Quando você se reuniu com o Carlo antes de *A era do rádio*, precisou explicar para ele o que queria?
Não precisei falar nada naquele momento. Ele sabia que eu gostava de tudo muito quente o tempo todo, e que num filme de época poderíamos realmente exagerar um pouco. E íamos ter todas aquelas locações fantásticas, ligeiramente distorcidas

pela memória, ou enfatizadas pela memória, de modo que a iluminação não precisa ser realista, dá para iluminar lindamente, então saiu bom. Estávamos em Rockaway, e, sempre que filmamos numa praia, espero os dias nublados. Se o dia está cinzento, as ondas quebram, e as praias são abertas, fica lindo. Acho que filmar na praia é bem bonito e filmar no campo não é bonito. Não gosto muito de filmar no campo.

Claro, muita gente faz o campo ficar incrivelmente bonito. Em alguns daqueles filmes ingleses e em Stanley Kubrick, é de morrer, é superbonito. Mas, para o meu gosto pessoal, minha filmagem favorita é na praia, em dias cinzentos.

O Carlo rodou também *Todos dizem eu te amo*. Notei que você fez os números de dança em planos gerais, assim como a maioria das outras sequências.
Usei planos gerais mesmo. Por exemplo, "Makin' Whoopee" foi filmado num hospital. Acho que o Bobby Greenhut planejou três dias para filmar aquilo porque era um número musical e tinha muita dança. Mas nunca filmei assim, e hoje não filmo assim. Filmei tudo numa tomada única, o número de canto e dança inteiro, que foi o que eu fiz com praticamente tudo no filme.

Quando vejo um filme, quero ver os dançarinos na minha frente, de corpo inteiro. Detesto quando cortam os pés. Detesto quando cortam para o rosto. Não gosto de tomadas de ângulo. Quero ver do jeito que eu veria se pagasse dez dólares e fosse ao City Center e os dançarinos estivessem na minha frente. Direto, entende? Depois, fiquei sabendo que o Fred Astaire também não permitia cortes nos números dele. Era tudo o que eu queria, direto, simples, no proscênio e sem cortes. E rodei em quarenta e cinco minutos. A Graciela [*Daniele, que coreografou o coro grego de* Poderosa Afrodite] ensaiou os bailarinos e então fizemos duas tomadas, talvez, e fomos embora.

Você passou anos falando que queria fazer um musical e finalmente fez. Mas em vez de um musical antiquado, este é mais como um dos seus roteiros de costume, mas com interlúdios musicais.
Não era igual a *Agora seremos felizes*, onde todo mundo era muito bom. Era uma família moderna. Os pais eram liberais com limusine que lutavam por causas e no verão iam para os Hamptons, e as filhas do casal divorciado vinham e ficavam com o pai. Esse era o ambiente que eu queria mostrar. E queria introduzir

a psicanálise, porque é um dos aspectos da vida dessas pessoas: os Hamptons, o Zabar's [*famoso empório de alimentos*], a Frank Campbell [*casa funerária na Madison Avenue, popular entre os ricos*], porque a morte também faz parte dessa equação.

Encontrou alguma resistência para o resultado final?
Eu me diverti muito fazendo o filme, mas quando mostrei para o Harvey Weinstein [*então chefe da Miramax, que distribuiu o filme nos Estados Unidos*], que pagou um monte de dinheiro sem ter visto nada, ele detestou.

Por quê?
Em geral ele é muito bondoso com os meus filmes [*Tiros na Broadway*, *Poderosa Afrodite*, *Celebridades*]. Sempre que mostro um filme, ele adora. Mas com esse, ele caiu no grupo de pessoas que sentem que num musical as pessoas precisam saber cantar. Mas no fim ele foi muito legal. E eu fui muito resmungão. Ele queria que eu tirasse o único palavrão, quando dizem *filho-da-puta*, porque aí poderiam estrear no Radio City Music Hall. E eu não tirei. Não é assim que faço os meus filmes. Então, no fim ele foi legal e lançou o filme muito bem.

MAIO DE 2005

Começamos a conversar sobre *Match Point*, que Woody concluiu há pouco e logo será apresentado no Festival de Cannes.

Você ficou dentro do prazo e do orçamento?
Fiquei. Dentro do prazo e ligeiramente abaixo do orçamento. E no começo todo mundo estava em pânico, porque era um país estrangeiro, gente nova e parecia superapertado, mas ficamos ligeiramente abaixo do orçamento e fizemos pequenos efeitos especiais, e fiz todas as refilmagens que quis ao longo do processo, sem ficar economizando, fiz sem pensar as minhas tomadas na chuva e tudo o que queria, e ainda assim funcionou. Agora, isso é uma vitória da equipe inglesa e do jeito de trabalhar dos britânicos.

Deu para usar locações ou você precisou construir uma porção de cenários?
O interior do museu e o teatro de ópera foram construídos porque não se pode simplesmente entrar e filmar uma ópera.

Foi libertador trabalhar em Londres, num ambiente completamente novo?
Não foi libertador. Sempre me sinto livre. Só filmo em Nova York porque sou preguiçoso e porque é conveniente para mim. Gosto de comer nos meus restaurantes favoritos e dormir na minha cama. Essa é que é a verdade. Adoro ir a Londres por uma semana, para ir ao teatro e ver os amigos, mas não adoro passar vários meses lá. Mas acabou sendo uma experiência tão fantástica que vou repetir neste verão.

Acho que poderia fazer filmes em qualquer lugar. Fiz filmes com equipes na Hungria; fiz com equipes na Itália e na França. Como já disse, sem gozação, fazer filmes não é uma ciência espacial. Não é a coisa mais difícil do mundo. Você tem o seu roteiro, as equipes do mundo inteiro trabalham bem. São profissionais, são tão profissionais em Paris quanto em Budapeste, na Inglaterra, em Nova York ou na Califórnia. Se você sabe fazer, então não é tão difícil. Com bom senso, você consegue fazer.

Se começam a ter chiliques, se é uma grande experiência com temperamentos e loucura, se é uma desculpa para viver a vida de determinado jeito, então vira uma encheção, a começar pelas estrelas que vêm e querem os massagistas, o maquiador, os assessores delas pagos pela produção.

Outra noite vi *A rosa púrpura do Cairo*. O Gordon Willis conseguiu aquela luz crua de que você sempre fala, de quando a gente sai do cinema, a luz inflexível da realidade.
Eu queria deliberadamente sair para uma situação muito desagradável para ela [*Cecilia, a garota que se perde na fantasia dos filmes, vivida por Mia Farrow*]. O Gordon conseguiu fazer isso. Tínhamos falado disso como um objetivo, conseguir essa sensação – descrevi para ele, sair do cinema e de repente estar no mundo real em toda a sua feiura.

Não falamos sobre o filme em preto e branco dentro do filme, o verdadeiro *A*

***rosa púrpura do Cairo*, em que os atores conversam com a plateia e o personagem do Jeff Daniels sai da tela e entra na vida real.**
A parte em preto e branco foi fácil, o difícil foi conseguir que as pessoas do filme dentro do filme se ajustassem com as pessoas na plateia com quem conversam. Isso exigiu muito trabalho, muito trabalho no papel. Era matematicamente complicado.

Houve alguma preocupação especial em fazer o filme dentro do filme?
Bom, quando o filme dentro do filme cobria a tela toda, ou não correspondia a uma conversa com ninguém, não havia problema nenhum.

Era projeção de verdade, num cinema com uma plateia?
Não me lembro se tínhamos espaço suficiente no Kent para fazer retroprojeção. Acho que só usamos projeção normal.

***A era do rádio* foi o filme seguinte com o Carlo Di Palma. Mais uma vez, um filme exuberante.**
Como eu já disse, é muito mais fácil, muito mais fácil ser exuberante e bonito num filme de época. Acho que todos os filmes de época que fiz são bem bonitos. Talvez o filme contemporâneo mais bonito que fiz, de uma beleza simples, tenha sido *Simplesmente Alice*. Quanto aos meus outros filmes, em geral são os filmes de época – sem contar os em preto e branco, que para mim têm sua beleza própria –, *Poucas e boas* é bonito, e *O Escorpião de Jade* é muito bonito, *A era do rádio*, *A rosa púrpura do Cairo* e *Tiros na Broadway*. Pode-se lidar com o passado com roupas estilo estereotipadas e luz âmbar, veludo vermelho, e isso dá uma sensação nostálgica. Já no material contemporâneo, o sujeito atravessa a rua e, sabe, tem parquímetros, aparelhos de televisão, máquinas de lavar roupa, caminhões de lixo, pichação nas paredes – não é tão fácil. Mas num filme de época, se o personagem vai andar na rua, você escolhe um quarteirão bonito, onde as casas pareçam antigas e a luz seja âmbar. Num filme contemporâneo, a luz não é âmbar. Ela precisa parecer realista.

Simplesmente Alice é o único que estilizamos tanto que, se você assiste sem o som e só olha as cores e as imagens, é bem bonito.

A propriedade da família de *Match Point* é um lugar bem bonito, tanto os interiores como os exteriores, com aquele grande campo de trigo na cena apaixonada da Scarlett e do Jonathan na chuva.

Eu não sabia como ia filmar aquela cena com a Scarlett e o Jonathan. Aquilo foi inventado na hora. Eu não tinha escrito que era na chuva, nem no campo de trigo. Primeiro, foi escrito para a noite, fora da casa, no jardim, em algum lugar. Escrevi para noite, mas quando fomos procurar a locação, eu disse: "Ah, não quero sair no campo à noite. [*Ele ri de si mesmo.*] Vamos mudar a cena para a tarde, porque não gosto de filmar à noite, e com certeza não vou querer andar pelo *campo* à noite". Então passei para a tarde, e ia fazer no jardim. Depois pensei comigo: Bom, já fizemos uma cena no jardim, não quero voltar ao jardim. Então pensei: Talvez com ela não devesse ser aquele tipo de sexo bonito, talvez devesse ser mais erótico. Ele pega a Scarlett no estábulo, derruba no chão, com os cavalos ali, e é o tipo de sexo realmente sujo. E então as pessoas disseram: "Ah, você não vai querer fazer nos montes de feno, os montes de feno já foram usados demais". Eu disse: "Pois é, é verdade". E aí a Sarah [*Allentuch, assistente dele na época*] disse: "Que tal o campo de trigo?". Então pensei: Talvez a chuva...

Quando ele derrubava a Scarlett no chão, o trigo achatava, e foi a terceira tomada que eu usei. Foi a tomada em que mais aproximei a *dolly*, e na hora eu estava pensando: Faça uma cena *sexy*. Realmente faça alguma coisa com ela. Precisa parecer mais *sexy* do que está parecendo. Não quero que ele tire a roupa dela, mas quero conseguir certo erotismo na cena. E eles avançaram um pouco mais, e foi essa a tomada que usei.

A essa altura eles deviam estar com bastante frio, depois de tanto tempo molhados.

Estavam com frio. O Jonathan era cavalheiro demais para dizer qualquer coisa, e aguentou com forte virilidade. Mas [*ri*] a Scarlett, sabe, queria me matar, foi engraçado.

A intensidade dessa cena é oposta a uma de *Hannah e suas irmãs*, com o Michael Caine e a Barbara Hershey, que você resolveu não usar, porque nesse caso seria o tom errado para o filme.

Uma das cenas mais fortes de *Match Point*, entre os cunhados Chris e Nola, foi praticamente improvisada num campo de trigo perto da locação

É. Havia uma cena de sexo maravilhosa com o Caine e a Barbara num barco ancorado. Era muito bem representada, mas fazia o Caine parecer perverso demais. Eu queria que gostassem dele. Mostrar muita agressividade nele não era o que eu queria, no final das contas.

Como você desenvolveu essa preferência por planos-sequência longos?
[*Rápido.*] Por preguiça.

Você já disse. Tem certeza que não há outras razões?
É isso mesmo. Eu sinto assim: estou aqui, será que quero mesmo filmar essa cena? Como o Michael Green [*assistente de câmera de longa data e então operador de câmera*] sempre me dizia: "Outra pessoa levaria dois dias para filmar essa cena". Ele não falava como um elogio. Mas eu achava o seguinte: Não vou filmar essa cena, que tem três ou quatro pessoas, depois duas tomadas duplas [*com duas pessoas*], e mais duas duplas, e mais uma dupla, mais uma dupla, uma individual, um close, uma por cima do ombro [*para manter parte de um ator em quadro enquanto o outro fala*] – vamos ficar o dia inteiro aqui, hoje e amanhã, fazendo essa cena. Não tenho paciência nem concentração. Não aguento ouvir a cena tantas vezes. Planejo a tomada e conseguimos colocar toda a informação, terminamos e seguimos em frente. E isso me manteve sadio no decorrer dos anos. Por isso é que consegui trabalhar em tantos filmes sem ficar com uma grande sensação de tédio.

Mas não é por nenhum valor artístico?
Não. Pode-se contar a história de muitas maneiras. Dá para contar a história com cortes [*intercalando diferentes tomadas*] de um jeito bem eficaz, e dá para contar a história sem cortes de um jeito bem eficaz. As duas maneiras têm suas vantagens. Se você não faz cortes, o ator tem a oportunidade de representar cinco ou seis páginas do roteiro e não precisar fazer de novo. Por outro lado, ao fazer os closes, eles podem vir a ser mais eficazes, podem compensar alguns erros. Mas a minha escolha pende para o lado do plano-sequência porque sou preguiçoso e justifico isso esteticamente dizendo: "O ator tem a oportunidade de dizer seis páginas do roteiro", e "Dá para fazer um plano interessante". Mas a verdade é que

o Eisenstein, entre outros – o Hitchcock –, não fazia planos-sequência. Fazia vinte milhões de cortes, e muito brilhantemente.

É uma forma maravilhosa de assistir a um filme, ter essa sensação de estar na sala enquanto o plano-sequência se desenrola.
Muitos diretores filmam uma tonelada de material, cobrem tudo e entregam para o editor. Não dá para errar com essa atitude. Mas muitas vezes fica sem personalidade e sem nenhum toque individual.

O engraçado é a frequencia com que não reparam no meu uso do plano-sequência. Muita gente veio falar comigo depois de *Tiros na Broadway* para dizer: "Adorei você ter feito todos aqueles planos-sequência", e eu disse: "Faço isso em todos os meus filmes há dez, quinze anos". E as pessoas diziam: "*É mesmo?*".

Vamos falar dos operadores de câmera por um segundo. Você e o diretor de fotografia decidem o que deve ser o plano e como deve ser iluminado, mas o *cameraman* e o operador de foco são os caras que têm de captar o movimento e focalizar do jeito que você quer, muitas vezes quando os atores estão em ação. O Dick Mingalone foi seu operador de câmera durante muitos anos, e o Michael Green fazia o foco antes de se tornar operador.
O Dick era um operador de câmera maravilhoso, assim como o Michael Green. Eu sempre armava esses planos elaborados, e a última coisa que queria era um cara que, quando o ator representa, diz: "Não peguei isso. Podemos fazer de novo?". Claro, de vez em quando todo operador de câmera diz: "Errei. Precisamos fazer de novo". Mas não é frequente.

Fico perplexo em ver como eles são bons, porque algumas das suas tomadas são muito complicadas – e eles fecham o zoom e colocam as lentes na abertura certa e acompanham a ação. É uma verdadeira coreografia. Aí deixam para trás aquele plano e memorizam o próximo.
É. Eu mesmo não consigo fazer isso. Digo para eles algo como: "Na Scarlett, e depois que digo isto, vem para mim, depois fica em mim essas três frases e volta para a Scarlett ali, aí duas falas você depois volta para mim". E eles fazem. Eu acharia um trabalho desesperador, sobretudo quando eles têm de

ficar no alto de um prédio, ou num helicóptero, ou no frio de congelar. É um trabalho duro.

Quais são os prós e os contras de filmar, digamos, em Londres, onde era tudo locação e, digamos, *Setembro* ou *Neblina e sombras*, em que você construiu um cenário e podia controlar tudo? Estar num lugar de verdade dá uma verossimilhança que não se pode construir?
Dá. Quando comecei, só pensava em filmar em lugares reais. Depois, quando aprendi um pouco mais, comecei a pensar e ver que o diretor de arte tem razão, que eu devia construir algumas coisas porque me daria todas as vantagens e ninguém veria a diferença. No geral, tem-se muito mais controle num estúdio, mas psicologicamente você pode atolar. É igual a ir para um escritório. É mais divertido ir para o Central Park, fazer os seus planos, levantar acampamento e ir até a Broadway, fazer um plano e ir para algum outro lugar.

Como eu disse, sou um cineasta preguiçoso. Não gosto de lugares sujos ou perigosos. Não gosto de trabalhar em calor ou frio excessivo. Enquanto outros cineastas são bem mais dedicados, têm um roteiro ou um projeto em mente e dizem: "Ei, preciso ir para o Afeganistão por dois meses". Vão para o Afeganistão, constroem seu próprio cineminha lá e mandam levar filmes, mandam levar comida, vivem lá.

[*Representa duas pessoas.*] "Vai fazer *Lawrence da Arábia* e passar dois anos no deserto?"

"Com certeza."

Não é para mim. Eu pego a ideia para *Lawrence da Arábia* e [*faz mímica de amassar um pedaço de papel e jogar fora*] – mando direto para o picotador de papel.

Durante algum tempo em *Simplesmente Alice* você usou cenas na Índia, mas foi metragem de *stock shots*. Sempre achei que o filme é visualmente maravilhoso.
É em grande parte um tributo ao Carlo e ao Santo. Era um filme contemporâneo que eu queria puxar para o lado poético. O Santo construiu os cenários e também achou locações maravilhosas para mim, e o Carlo iluminou tudo com aquela luz quente, de modo que ficou bom. Outro dia, eu estava zapeando pelos canais de televisão e vi o filme, parei um segundo e desliguei o som, fiquei só olhando por sessenta segundos,

Broadway Danny Rose:
uma "comédia italiana"
em preto e branco

nem isso, e lembrei de muitas coisas bonitas. Lembro daquele apartamento que o Santo construiu porque não conseguimos encontrar um apartamento; é banhado em luz quando você olha. [*Há também uma transparência muito convincente – um painel pintado – que faz parecer que Manhattan está bem do lado de fora da janela, incendiada pelas luzes noturnas.*] O filme tem cenas ótimas. O ator chinês [*Keye Luke*] era fantástico.

Outro dia você me disse que sempre se refere a *Danny Rose* como "o filme italiano"...

[*Interrompendo.*] Porque vi esse filme como uma comédia italiana em preto e branco. E provavelmente foi por isso que fiz em preto e branco. Porque as pessoas me diziam: "Não sei por que fazer em preto e branco, porque os personagens, o que eles vestem, ficariam tão melhor em cor. Daria para ver as camisas e paletós. Por que arrumar essa dor de cabeça do preto e branco?". Mas por alguma razão eu via em preto e branco porque queria fazer um filme italiano dos anos 50. E o Gordon Willis entendeu na hora. Ele disse: "Para mim também parece que fica melhor em preto e branco".

Você conseguiu fazer comédias com estilo. Outro dia, eu estava no avião para vir te encontrar e assisti a uma comédia que tinha uma iluminação completamente chapada, brilhante.

É. Eles não perdem tempo com isso – e talvez, sob certo aspecto, tenham razão – porque pensam assim: por que pôr tanto tempo e esforço *nisso aí*? Queremos pôr o nosso tempo e esforço é nas piadas, na velocidade, na música. Quando o Jerry

Jerry Lewis, que aqui fotografa Woody no lugar de Johnny Carson no programa de tv *The Tonight Show*, se interessou em dirigir *Um assaltante bem trapalhão*

Lewis faz uma coisa brilhante, quer que fique brilhante, iluminada. Não quer nenhuma besteira artística competindo com ele. Não quer que ninguém na plateia ache: Ah, que bonito esse *chiaroscuro*. Quer que você veja ele fazendo o negócio dele. Feito o Charlie Chaplin, que queria tudo brilhante, e bem na sua cara.

Essa é uma coisa que ele já conversou com você quando discutiram a filmagem de *Um assaltante bem trapalhão*?
Não. Nunca conversei com ele sobre isso, mas observei nos filmes dele. O diretor de fotografia com quem ele trabalhava dava exatamente o que ele queria. Se você assiste a um filme do Jerry Lewis, um filme do Charlie Chaplin, um filme do Buster Keaton, nunca vai ver aquela iluminação bonita, o claro-escuro, as sombras, a profundidade, o escuro, essas coisas todas. Os filmes do Keaton são lindamente fotografados, mas não são artísticos, nem pretendem ser.

NOVEMBRO DE 2005

***Neblina e sombras* precisou de um tratamento especialmente estilizado.**
Foi um tributo ao Carlo. Eu sabia, quando fiz o filme, que ninguém ia querer assistir: um filme em preto e branco, uma história existencial situada na Alemanha dos anos 20, filmada em estúdio. Quando o Eric Pleskow [*chefe da Orion*] viu o filme, disse: "Preciso confessar que toda vez que venho ver um dos seus filmes fico

realmente surpreso de eles serem todos diferentes". Ele estava procurando alguma coisa para dizer. Mas, então, foi uma coisa que eu quis fazer, e esperava que houvesse gente suficiente para assistir, para o pessoal do estúdio não me encher.

Houve uma grande mudança de *Neblina e sombras* – uma comédia dramática alemã em preto e branco – para *Maridos e esposas*, com a câmera se movimentando o tempo todo.

É, eu queria fazer um filme sem nenhuma relação com a beleza nem com regra alguma. Queria apenas fazer o que eu precisasse fazer, como cortar no meio das cenas. Foi um daqueles filmes que funcionaram como um talismã, porque antes de fazer resolvi que ia ser áspero e de qualquer jeito. Eu não ia me importar com a montagem, não ia me importar com ângulos, não ia me importar com integração. E então nós filmamos, e se eu estava representando uma cena com alguém, ou se alguém estivesse representando uma cena e a cena era muito boa, mas ficava chata, e depois ficava muito boa de novo, nós simplesmente cortávamos o meio [*bate as mãos*] e juntávamos as partes.

E *Desconstruindo Harry*?

[*Longa pausa enquanto pensa.*] Não foi um filme difícil de fazer. Lembro de cortar partes desse filme. Era comprido demais.

E *Tiros na Broadway*?

O Carlo adorou rodar *Tiros na Broadway*. É o tipo de filme que ele adorava, porque era de época, colorido, então a luz não precisa ser realista, precisa ser no estilo da época, então ele fez aquilo realmente bonito. [*Pausa para pensar de novo.*] E esse filme não teve grandes problemas. Uma coisa que refilmei foi a cena na MacDougal Alley [*em Greenwich Village*], no finalzinho. [*Há muitos personagens, alguns na rua, outros nas janelas, do outro lado da alameda.*] Filmei e movimentei a câmera, movimentei a câmera e movimentei a câmera. E aí fui para casa e pensei: Provavelmente não vai funcionar desse jeito, eu deveria fazer [*estala os dedos*] e editar. E fiz isso, e depois de ter juntado a companhia inteira outra vez, voltei para a tomada original.

Você me disse que ficou muito surpreso de *Dirigindo no escuro* não ter sido mais apreciado.

É, porque para mim é um filme muito engraçado. É um dos meus filmes mais bem-sucedidos em termos de uma ideia devidamente executada. A garota [*Téa Leoni*] está ótima. Claro que o George Hamilton [*como executivo do estúdio*] é sempre fantástico, eu sempre quis trabalhar com ele. [*Ele faz Ed, um tipo hollywoodiano que chama Val (Woody) de "lixo" pelas costas, depois acrescenta, muito cara-de-pau: "Mas não estou dizendo isso como ofensa".*] Quer dizer, todo mundo nesse filme era ótimo. E aquele rapaz chinês [*Barney Cheng, como o intérprete do diretor de fotografia de língua chinesa Lu Yue*] que eu encontrei era superengraçado. E o cara que fazia o produtor, o Treat Williams [*noivo da ex-mulher de Val, feita por Téa Leoni*]. Pensei que era uma ideia muito engraçada e a coisa toda funcionou, fiz o filme e foi bem-feito. Acho que se as pessoas tivessem ido assistir ao filme, teriam gostado. Mas não foram ver.

Você teve problemas com o diretor de fotografia Haskell Wexler e ele foi substituído depois de duas semanas. Quer contar por quê?

Foi uma coisa sem importância. Engraçado, vi uma entrevista com o Elia Kazan outro dia e ele estava falando de *Terra de um sonho distante* [America, America, 1963], que é um filme brilhantemente fotografado, porque o Haskell Wexler é um tremendo fotógrafo. É um dos filmes mais lindamente fotografados. E ele disse: "Eu não me dei bem com o diretor de fotografia. Nunca trabalharia com ele de novo. Mas é ótimo". E então entendi que ele poderia ser [*breve pausa*] difícil. E descobri que na verdade ele era um sujeito adorável, cheio de energia e cuidados com o filme, mas [*longa pausa*] eu não me dava com ele. Ele era tão... tão dedicado, tão fanático, que ficava me trazendo listas de mudanças que eu deveria fazer no roteiro, e não parava de me aporrinhar para que eu fizesse tomadas. "Por favor, vamos fazer esta só para mim. Eu sei que você não quer, mas faça só para mim", ele dizia. E depois de duas semanas, ninguém conseguia mais aguentar. Então eu disse: "Isto aqui não vai funcionar". Mas o cara é um diretor de fotografia genial, isso nem se discute.

Como você encontrou o Wedigo von Schultzendorff, que você chamou para substituir?

Em *Dirigindo no escuro*, George Hamilton fez um personagem sempre presente na vida de Woody: um exigente executivo de estúdio

Alguém tinha recomendado o Wedigo para mim. Disseram que tinha acabado um filme e que eu ia gostar dele, que era fácil de trabalhar e, sendo europeu, tinha um bom toque europeu. A gente se encontrou, gostei dele e ele veio sob condições muito difíceis – sem tempo de preparação nem nada – e fez um ótimo trabalho.

É, ficou um filme bonito.

Mas ninguém foi ver. Não sei o que vai acontecer a longo prazo. Quer dizer, ninguém foi ver *Broadway Danny Rose* também, mas agora muita gente já viu, e para muita gente é o meu filme de que mais gostam.

Não falamos de algumas pessoas. Você chamou o Vilmos Zsigmond para *Melinda e Melinda*, cujo trabalho você adorou.

Bom, todo mundo sempre gostou do trabalho do Vilmos. Eu precisava de um diretor de fotografia para filmar *Melinda*. O Carlo ou estava doente, ou não vinha para Nova York na época. O Darius Khondji, com quem eu tinha trabalhado [*em* Igual a tudo na vida] estava fazendo um filme em algum lugar. Olhei a lista disponível e reparei no nome do Vilmos. Então telefonei para ele. Ali estava a chance de trabalhar com um dos grandes de todos os tempos.

E o Zhao Fei?

O Zhao Fei foi fantástico, um talento maior. Trabalhamos com um intérprete. O único problema com o Zhao Fei é que na China não há limite de tempo e de dinheiro para fazer um filme, então ele não entendia por que os americanos correm, correm, correm. Não entendia que estávamos gastando cem mil dólares por dia, cento e cinquenta mil dólares por dia. Na China, eles vão e vão, seis ou sete meses, fazem o que querem. Então foi difícil para ele não dizer: "Preciso de cem luzes, preciso disto, preciso daquilo, por que estamos indo tão depressa?".

E eu nem sou tão rápido. Trabalhei com gente que demora preparando as coisas, como o Gordon Willis. Mas foi difícil. Fizemos três filmes e adorei trabalhar com ele. Acho que ele ganhou tanto dinheiro com esses três filmes que resolveu ficar na China. Outra coisa é que acho que ele não adorava vir fazer filmes aqui, embora gostasse do dinheiro. Eu me dei muito bem com ele, a comunicação não foi um problema no set. Eu nunca falo com ninguém.

Você usou a imagem dele como exemplo em *Dirigindo no escuro*, com aquele diretor de fotografia chinês que não fala inglês.
É, usei, porque achei que era engraçado. Se eu não fosse um diretor que tem uma porção de títulos, se fosse um diretor estreante, duvido que o estúdio se sentiria seguro em usar um diretor de fotografia que não entende inglês. Mas eles aceitam com vários diretores, que fizeram muitos filmes.

Anos atrás você me disse que você e o Sven Nykvist viram juntos alguns filmes antes de rodar *Crimes e pecados*. Com o Zsigmond e os outros você teve reuniões prévias sobre o visual do filme?
A menos que seja ditado pelo roteiro, como eu digo, não é uma ciência espacial. Para fazer um filme como *Melinda e Melinda* não há realmente exigências especiais.

Você usou dois visuais bem distintos, um para a comédia, outro para o drama.
Mas isso foi simples, foi uma discussão de dois minutos. Foi muito rápida e muito cordial.

Ele tem setenta e cinco anos e ainda trabalha com força.
É. Não parecia nada com o que eu imaginava. Achei que viria um húngaro grande, impositivo, louco. Ele não era nada assim. É pequeno, alegre, agradável, um sujeito inteligente. Foi um prazer trabalhar com ele.

E o Remi Adefarasin, com quem você fez *Match Point* e *Scoop – O grande furo*?
O Remi é muito doce. É um cavalheiro, zela muito pelo filme, muito dedicado. Ele é da escola de iluminação do Sven Nykvist, é só jogar uma luz em algum lugar e em cinco minutos está pronto – e fica ótimo. Alguns deixam lindo de morrer com mil luzes. Outros fazem ficar bonito sem nada. Só depende da sensibilidade.

Algum tempo atrás, estávamos falando de ideias e influências para filmes específicos e você me disse para puxar o assunto de novo. Mais alguma lhe veio à cabeça?
Quando eu estava fazendo *A rosa púrpura do Cairo* lembro de ter sido influenciado por *Amarcord* [*filme de Fellini, de 1973, que se passa numa pequena cidade italiana nos anos 30*]. Lembro da imagem de uma cidade com um cinema e personagens maiores do que a vida. Queria esse tipo de sensação para o filme, nostálgica, melancólica.

Em *Memórias* também foi Fellini em todas aquelas caras fantásticas?
Foi. Bom, a coisa mais importante para mim no *Memórias* foi aquele fim de semana de cinema para a Judith Crist [*em 1973*].

Na Tate Modern, em Londres, Woody e Remi Adefarasin, o diretor de fotografia de *Match Point* e *Scoop – O grande furo*

No rosto dos fãs do diretor Sandy Bates, protagonista de *Memórias*, uma referência aos bizarros personagens de Fellini

Eu me lembro.
Pensei assim: Isto seria uma ideia muito engraçada. Um sujeito vai fazer um fim de semana de cinema e todo mundo lá pede autógrafo para ele, pede para ele ajudar com isto, e se poderia ler aquilo, e se poderia fazer isto, e eu completamente fora do meu ambiente, perdendo o pé. Estou lá, fazendo o melhor que posso como um favor para a Judith Crist, de quem gosto muito, e pensei que daria um filme engraçado. Isso realmente foi a grande inspiração para o filme.

Mas muitos espectadores e críticos ficaram pessoalmente ofendidos com ele, porque acharam que povoando o filme com personagens fellinianos esquisitos você estava expressando o que você acha *deles*, que seriam uma espécie de gente estranha que queria que você só fizesse comédias, como fizeram com o Sandy Bates, o diretor que você fez no filme.
Tentei mostrar a plateia como incômoda, vista pelos olhos de um sujeito que está tendo um colapso. Ninguém nunca me incomodou àquele ponto na vida, nem eu vejo o público com nenhum desdém.

Na verdade, sempre considerei o público mais esperto do que eu, e nunca hesitei em usar referências eruditas ou esotéricas em piadas, acreditando que o público seja capaz de entender. Se eu realmente achasse que meu público é "gente estranha", como você diz, nunca teria mostrado tipos daquele jeito, e teria sido bem mais político para evitar ser tão ingênuo. Dito isso, se o público saiu com a impressão de que eu tinha uma visão amarga a respeito dele, eu é que não consegui ser claro – e é lógico que o que eles concluem é mais importante do que as minhas tentativas ineptas.

Esse provavelmente foi o seu filme mais incompreendido quando saiu, e talvez ainda seja.
É. Eu queria fazer um filme estiloso. O Gordon e eu gostávamos de trabalhar em preto e branco, e eu queria fazer um filme sobre um artista que teoricamente deveria ser feliz. Ele tem tudo na vida – saúde, sucesso, riqueza, fama –, mas na verdade não tem nada, é muito infeliz. A questão central da história é que ele não consegue se acostumar com a ideia de que é mortal, e que a riqueza, a fama e a bajulação em torno dele não vão preservá-lo de forma significativa: ele

também vai envelhecer e morrer. No começo do filme, ele é visto dando uma declaração séria, embora seja um cineasta de comédias.

Claro, essa parte é naturalmente identificada comigo, muito embora a história seja totalmente inventada. Eu nunca tive os sentimentos do protagonista na vida real. Quando fiz *Memórias*, não sentia que era um cineasta muito querido, cuja vida era infeliz e tudo à minha volta era terrível. Achava que era um cineasta respeitável e as pompas do sucesso – como disse em *Celebridades* – na verdade superam as adversidades. Nunca fiquei travado, nem tive muitos conflitos, nem fiquei melancólico – embora sempre tenha feito esse personagem. Fiz de novo em *Desconstruindo Harry*. Aquele personagem também é escritor, mas não tem nada a ver comigo. Claro, o público não me conhece – só conhece o personagem que eu apresento para criar conflito e risadas.

E então em *Memórias* ele vê o coelho morto na mesa da cozinha [*aos onze minutos da história há uma cena em que a cozinheira colocou na mesa um coelho para preparar para o jantar. "Quantas vezes eu já te disse que 'coelho, não'?", ele diz, frustrado. "Não quero coelho. Não como roedores... Eles soltam pelos."*] e, quando vê o coelho, a visão da morte o leva a uma série de pensamentos. Daí em diante [*mais setenta e oito minutos*], o filme todo acontece na cabeça dele. Fotografado de forma exagerada, porque está na cabeça dele. Você vê todos os conflitos da vida dele, com a mulher com quem pensa se casar, com a outra mulher por quem está apaixonado, a nova mulher que o lembra da primeira. E vê todo o lado negativo da celebridade: a pessoa sem privacidade, todo mundo pensa que ela pode ajudar, que ela é a resposta a todas as suas preces. Acham que não existem limites para o que a pessoa pode fazer. No entanto, só dá para fazer muito pouco de real significação. Nós todos sofremos e nos enraivecemos impotentemente com a condição humana, mesmo se temos sucesso. Eu exagerei esses problemas e ansiedades, procurando todo tipo de uso ficcional para causar risadas. [*Pausa.*] Não é divertido ser um grão de poeira no espaço. Isso é que é de fato [*ri*]. Isso é o que a gente é, um membro de uma espécie fracassada.

De todo modo, o que o público de *Memórias* pensou foi: Ah, esse cara está mostrando como os membros da plateia são idiotas. Claro, eu não sentia que a minha plateia era idiota, absolutamente. De todos os cineastas em atividade – e mesmo como comediante *stand-up* – sou dos que sempre acreditaram que o público é letrado, e pelo menos tão inteligente ou, mais frequentemente, mais inteligente do que eu era. Nunca achei o público burro ou grotesco. Estava sempre pedindo aprovação porque, como já disse, acho que o público é mais esperto do que eu, mais culto do que eu, mais maduro. O público no filme não passava de uma representação exagerada daquilo que alguém que não consegue avaliar o próprio sucesso poderia imaginar sob a pressão de ser um sucesso, e ainda assim ser incapaz de ficar imune às tragédias da vida ou ter uma boa relação amorosa.

Mas foi mal interpretado. As pessoas tomaram o caminho do menor esforço, e não posso dizer que a culpa seja necessariamente delas. Se pagam dez dólares pelo ingresso, resistência não é o caminho que querem. Sem dúvida o erro foi meu se não deixei suficientemente claro o que queria dizer.

Você teve a oportunidade de usar todas as artimanhas cinematográficas.

É, eu queria que fosse estiloso. É um filme de sonho; uma tentativa poética. Não estou dizendo que deu certo, mas a intenção era poética, então você não fica preso a uma história realista. Dá para contar de forma realista a história de um sujeito que tem tudo e está infeliz, certamente, mas tentei fazer isso num nível mais fantástico.

Se você se dispuser a dar uma chance ao filme, ele retribui com algumas recompensas. É denso. Mas, como em todos os filmes, livros, peças de teatro, se você não prende o espectador logo no começo o filme não tem nenhum sentido, e todo o meu papo a respeito de boas intenções não quer dizer absolutamente nada.

No fim, era o filme que você queria fazer? Você ficou satisfeito?

Faz muitos anos que não assisto, mas quando terminei estava muito satisfeito com o filme, e naquele momento era o meu filme favorito. Não sei o que eu sentiria por ele hoje. Sei, quando vejo as minhas performances em boates e na televisão, que realmente não gosto muito delas. Então acho que se revisse os meus filmes, embora pudesse ter gratas surpresas aqui e ali, na maior parte ficaria bem arrasado.

Onde você encontrou todos aqueles atores com aquelas caras únicas?

Nós simplesmente paramos pessoas na rua e pusemos no filme. Se alguém tinha uma cara boa, dávamos um cartão vermelho com o nosso número de telefone, e noventa e nove por cento dos que nos procuraram foram contratados.

Esse filme foi lançado depois que você tinha feito seu primeiro filme dramático, *Interiores*, que levou muita gente a reclamar que você estava se afastando dos filmes estritamente cômicos. Parece que você se divertiu um pouco com a ideia de um cineasta conhecido pelas comédias querer fazer filmes sérios.

Olha, eu nunca me levei a sério. Achei que era engraçado fazer umas piadas sobre a minha própria vontade de fazer drama, mas o que acontece é que as pessoas sempre pensam que é profundamente autobiográfico quando você usa as poucas experiências que teve. Não são nada autobiográficas, no sentido de que muitas vezes não expressam os seus verdadeiros sentimentos, mas vão para onde a piada é mais forte. Como já observei muitas vezes, havia grandes questões em *Manhattan* e *Noivo neurótico, noiva nervosa* que exprimiam mais a visão do Marshall Brickman do que a minha. Mas as pessoas simplesmente não sabem que o John Wayne fora de cena é diferente de representando.

Claro, o oposto exato da questão dramática aconteceu quando fiz *O Escorpião de Jade*, *Dirigindo no escuro* e *Igual a tudo na vida* [*entre 2001 e 2003*]. As pessoas perguntavam: "Por que ele está fazendo essas comédias leves?". [*Ri.*] Mas nunca se pode ir pelo que as pessoas dizem. Você precisa fazer o que tem de fazer no momento, e se as pessoas gostam, sorte sua; se não gostam, azar o seu.

FEVEREIRO DE 2006

Vamos falar de *Simplesmente Alice*, que veio entre *Crimes e pecados* e *Neblina e sombras*.

Simplesmente Alice tinha um certo estilo. Eu só queria que fosse uma lenda. Podia haver uma sequência divertida aqui e ali – como no momento em que ela fica invisível –, mas só isso. Agora, se funciona nesse nível ou não, não posso garantir. Sempre trabalho com orçamento baixo e em circunstâncias limitadas, então não posso comparar com um filme realmente estiloso, em que esses caras põem um monte de tempo e dinheiro na direção de arte.

Não tenho nenhum [*pausa*] afeto especial por *Simplesmente Alice*. Não *detesto* o filme. Nunca penso nele. [*Lembrando.*] A Mia ficou ótima com aquele chapéu vermelho; o Alec Baldwin, claro, é sempre ótimo. O Bill Hurt também. Mas é um filme.

Acabei de ver *Todos dizem eu te amo* e queria perguntar sobre a experiência em filmes em múltiplos países. Você trabalhou em Paris e Veneza, além de Nova York.
A filmagem foi tranquila. Todos os prognósticos negativos foram – como sempre no *show business* – incorretos.

Quais eram esses prognósticos negativos?
Que eu demoraria seis vezes mais para filmar em Veneza, porque você tem de se amontoar no barco o tempo todo, e foi seis vezes *mais rápido*, porque era preciso ficar apinhado no barco. Não tem trânsito e chega-se à locação seguinte em sessenta segundos, enquanto em Nova York você leva sessenta minutos. Ir para países diferentes vai custar caro.

Teve muitos problemas com refilmagens?
Acho que refilmei algumas coisas, mas com o passar dos anos faço menos e menos refilmagens. Uma, porque não tenho dinheiro. Mas foi mais que isso. Refilmo durante o processo. Se não gosto do copião na quinta-feira, refilmo na sexta. Não espero até o fim da filmagem, como fazia antes. Quando atuava com a Keaton, ou com a Mia, eu sabia que sempre podia contar com os dois protagonistas de um dia para outro. Agora, já não sei. Essas pessoas podem estar fazendo um filme na África e não consigo trazer de volta. Então tento ficar alerta para isso. Tento antecipar os problemas e fiquei um pouquinho mais esperto, então posso enxergar alguns buracos que no passado me obrigavam a refilmar.

JULHO DE 2006

Em Londres, acompanho Woody para ver o copião de *Scoop – O grande furo*. Sua produtora inglesa o encontra na porta e alerta que ele poderá achar uma cena num discreto clube londrino muito profundamente vermelha e amarela, saturada demais de cor. Fico surpreso com a preocupação dela; Woody me falou com grandes detalhes sobre seu amor pelas cores fortes, e isso é visível em alguns de seus filmes, como *A era do rádio* e *Poucas e boas*. Conversamos depois da projeção.

Você não vai rebaixar o tom da cena, vai?
Não, claro que não. Adoro do jeito que está. Sempre erro para o lado da cor quente, do vermelho e amarelo. O problema é que aqui estamos fazendo cinema alternativo. Eles acham que estão fazendo o Alfred Hitchcock. Eu acho que estou fazendo o Bob Hope.

NOVEMBRO DE 2006

Woody terminou *O sonho de Cassandra*. Seu diretor de fotografia foi Vilmos Zsigmond, com quem ele trabalhou em *Melinda e Melinda*. Um ponto crucial do filme é quando os dois irmãos (Colin Farrell e Ewan McGregor) encontram o tio rico (Tom Wilkinson) para pedir dinheiro e descobrem que, em troca, ele quer que os dois matem um sócio em negócios que vai revelar seus crimes financeiros. A cena acontece sob a proteção de uma árvore. A maior parte da cena é um plano único, e no decorrer do plano a câmera mostra não apenas as várias conversas, mas o crescente nervosismo e desconforto de Farrell ao ouvir o tio e o irmão falarem de assassinato.

Como foi trabalhar com o Zsigmond outra vez? Parece que você agora tem outras preferências na maneira de filmar.
O Vilmos é um dos maiores diretores de fotografia. Ele adora coisas elaboradas, desafiadoras. Se assistir a *Dália negra*, aquele é o território dele; ele exercitou a musculatura cinematográfica nesse filme. Eu sou mais simples do que aquilo, e não queria nada elaborado nesse caso. Mas para mim o teste de um diretor de fotografia é invariavelmente a iluminação. Planejar a tomada, compor a tomada, ele pode fazer isso, eu posso fazer isso, podemos fazer juntos. Mas o que diferencia os homens dos meninos é a iluminação, e ele é fantástico na iluminação.

Ele está na linha do Sven Nykvist, que faz com muito pouco, ou na linha do Zhao Fei, que usa muita luz?
Ele fica assim no meio. Não precisa de uma tonelada de equipamento [*faz uma pausa e ri*], mas *não acha ruim* se tiver bastante. Está acostumado a fazer grandes filmes e a usar gruas e efeitos, e a dizer: "Fazemos isso depois, digitalmente". Trabalhar com ele é fácil.

O pedido que o tio rico faz aos sobrinhos em *O sonho de Cassandra*, em troca de uma ajuda financeira, acontece sob uma árvore que lembra a do Jardim do Éden

Como aconteceu aquela tomada debaixo da árvore?
Era uma cena de conversa muito longa. A história triste de Colin, depois Tom escuta o pedido de dinheiro de Ewan, depois ele faz o seu grande pedido. É muito diálogo ali, e eu estava tentando encontrar um jeito de quebrar em blocos. Na vida real, imaginei que o tio levaria os dois para o hotel, mas isso não se prestava a nada interessante. Então, pensei em repartir a cena e colocar todos num parque, porque haveria privacidade, e se começasse a chover isso acrescentaria um certo charme à cena, e ela iria para algum outro lugar.

Quando eles estavam fazendo a cena debaixo da árvore, com a chuva caindo, pensei que podíamos rodar em torno da árvore com a *dolly* e ver os três. Foi preciso cortar umas folhas para fazer a tomada. Instalamos os trilhos da *dolly*. Tínhamos de obter a quantidade certa de chuva para que eles ficassem molhados, mas protegidos debaixo da árvore. Fiz só duas tomadas. Para mim, o problema mesmo era fazer o operador de câmera e o maquinista pararem no momento exato em que o ator dizia alguma coisa. Na primeira vez, eles chegaram um pouco antes, mas na segunda chegaram exatamente na hora, e os atores também.

A árvore do Jardim do Éden me veio à cabeça quando assisti à cena.
Não tive essa intenção, mas pensei, sim, que algumas pessoas iam ver aquela árvore como o nascimento de uma ideia do mal.

5 DIREÇÃO

MAIO DE 1973

Woody está filmando parte de *O dorminhoco* em Denver e adjacências. Está tudo pronto para uma cena de quarto com Woody e a atriz Chris Forbes. É uma paródia de um romance cinematográfico: o homem que trata de parecer perfeito e assume a aura mais cavalheiresca possível; a mulher suave, sedosa e desejável, langorosamente esparramada na cama.

Woody ensaia a cena algumas vezes. Olha num espelho, põe o quepe de aviador, fixa o bigode e enrola no pescoço um cachecol de seda branca que ficará esvoaçando ao ventilador que há fora de cena. Então, ele se vira para a equipe.

"Vejam o que eu vou fazer. Vou me arrumar, borrifar perfume no quarto duas vezes. Aí o ventilador faz o cachecol voar, e ela está sentada na cama comendo iogurte, ou morangos com creme, ou o que eles estiverem comendo. Aí eu avanço, começo a trabalhar em cima dela um pouco, dou umas mordidas, e o ventilador sopra cada vez mais forte... Nós realmente temos um ventilador, não?"

Ele olha para o contrarregra, que diz que tem um ventilador, mas que, pelo que Woody está dizendo, não vai soprar nem metade do que é preciso.

"Quero algo como um tornado", Woody diz a ele. O contrarregra sai correndo para alugar dois grandes ventiladores. Woody volta-se para a equipe.

"Precisamos de um quilo de gelatina, ou um sundae gigante, com uns cinco quilos de sorvete", continua. "Ela precisa estar comendo na cama com uma colher enorme."

Conferem com o responsável pelo *catering* e trazem quatro quilos de queijo cottage e algumas fatias de laranja. Trazem, cheia de queijo, a tigela de plástico transparente que no almoço continha salada para cinquenta pessoas, junto com uma colher adequada. Woody aprova, ainda pensando.

"Sabe", ele reflete, "para mim seria engraçado se eu pudesse abrir um cubinho quando estiver em cima dela, e lá de dentro sair um homenzinho que corre pelo corpo dela todo."

Os ventiladores chegam e passam num teste, mas Woody ainda está pensando.

"Tem uma grande surpresa à sua espera, Chris", diz ele, com um ligeiro sorriso. Depois acrescenta para ninguém em particular: "Seria engraçado se eu estivesse com um *snorkel* e roupa de mergulho em vez do uniforme de aviador". A equipe dá risada. Woody sorri. "Vocês acham que estou brincando, mas não estou."

O encarregado do guarda-roupa e o policial destacado para cuidar do trânsito e da multidão nas filmagens entram na viatura e saem voando pela cidade, as luzes piscando, a sirene soando, em busca do equipamento.

"Sou famoso por isso", diz Woody quando a equipe se afasta para esperar. "Por isso não é divertido fazer parte da minha equipe. Mas também não dá para fazer tudo com antecedência. As coisas me ocorrem quando estou no set, e é uma pena deixar de fazer uma coisa quando dá para fazer."

Chega a roupa de mergulho. Woody veste e caminha com os pés-de-pato, depois para por um segundo, espia pela máscara. "Se as pessoas não derem risada disso, então eu desisto", diz. A cena é rodada. A equipe rola de rir quando gritam "Corta!".

Mas, por alguma razão, a graça do momento não se traduz no filme. O riso não está lá quando ele projeta a cena durante a edição, e a cena não chega à versão final. Ele não fica especialmente surpreso de não ser engraçado no filme o que era engraçado ao vivo – isso acontece com frequencia –, ainda que a ação seja exatamente a mesma. Uns dias depois de filmar a cena do quarto, ele faz a seguinte observação sobre a diferença entre representar diante de uma plateia e representar para a câmera.

O texto para monólogo é diferente de roteiro de cinema, na medida em que você precisa fazer você mesmo. Você sobe num palco e descobre que acaba escrevendo parte do monólogo lá em cima – você começa a editar depressa. Sobe com dez piadas e na piada quatro percebe que a cinco não vai render uma risada; você não está mais num quarto fechado, fazendo cosquinhas em si mesmo. É totalmente instintivo. Você sabe que se fizer um pouquinho mais de caretas eles vão continuar rindo, mas se fizer uma careta um centímetro maior, fica excessivo.

O seu corpo determina o que fazer. Quando estive na Sicília promovendo *Bananas*, a plateia inteira falava italiano e eu subi no palco. Eu tinha certeza que ia conseguir fazer todo mundo rir. O instinto é diferente de escrever numa sala. Claro que isso não quer dizer que sempre vou ser engraçado, mas o que faço é diferente do que era no momento em que concebi aquilo.

Mas isso não tem nada a ver com filmes. Algo acontece no filme que a coisa ganha outra dimensão, boa ou ruim. Sei que quando caí ontem estava fazendo a coisa certa, que as pessoas daqui achariam engraçado. [*A queda, ao contrário da cena do quarto, passou para o filme e rendeu uma bela risada.*] Sei que se houvesse mil pessoas na plateia e eu estivesse no meio de uma peça e caísse daquele jeito, conseguiria belas risadas. Mas não posso garantir que vá sair assim no filme. Isso é que é de enlouquecer. Estamos todos à mercê dos copiões diários. Eu assisto e penso: Nenhum desses jeitos de andar é engraçado, e vou refilmar todos, e depois, quando for montar o filme e cortar para esses jeitos de andar, os dois piores dos copiões vão provocar as risadas mais fortes. Por isso é que comédia no cinema é tão difícil.

Uma ou duas semanas depois da cena do quarto, ele está nas Montanhas Rochosas, acima de Denver, preparando a tomada com ele e Diane Keaton caminhando pela floresta. A manhã está ensolarada. A temperatura é de menos de 6 graus negativos. O chão está quase todo coberto de neve. Woody, embrulhado num casaco de náilon forrado, não está feliz.

"Odeio isto aqui", ele diz, mas na verdade não se refere ao local específico. "Se estivesse em Los Angeles, estaria detestando, não ia esperar a hora de voltar para Nova York, onde provavelmente nada está acontecendo mesmo."

Ele e o diretor de fotografia David Walsh olham pela câmera. A tomada está quase boa. Eles experimentam uma lente de 250 mm, depois uma de 100 mm. Woody resmunga consigo mesmo. Experimentam outra lente.

"O problema é que quero fazer bonito e engraçado, e as duas coisas se anulam", ele diz, frustrado. "É um saco."

(Me vem a cabeça o que o produtor dele, Jack Grossberg, disse uns meses atrás, quando Woody estava filmando a muito estilizada sequência italiana de *Tudo o que você sempre quis saber sobre sexo mas tinha medo de perguntar*: "A borboleta saiu – e tem cabelo vermelho".)

Woody e Walsh tentam outro ângulo: "Artístico demais". Depois outro. Woody olha pela câmera outra vez, seguido por Walsh, depois por Roger Sherman, o *cameraman*.

"Você está tão incomodado com essa tomada quanto eu?", Woody pergunta a Walsh. "Não? Então vamos discutir. Acho que precisa mais de sensação de árvores. Não tem árvores suficientes no quadro."

Walsh não defende a tomada. Em vez disso, ele, Woody e o assistente de direção Fred Gallo saem numa caminhonete, para procurar outras possibilidades. Quando voltam, nós conversamos.

Fazer a cena ficar bonita é um dos seus problemas, mas quais são suas outras preocupações?
Fundir bons desempenhos com uma boa história exige grande habilidade. Enorme refinamento. Mas não tem nenhum mistério do ponto de vista técnico. Milhões de pessoas que foram ao cinema a vida inteira poderiam fazer um filme. Tecnicamente, elas são maravilhosas, podem dirigir muito melhor do que eu. Fazem tudo sair lindamente; a fotografia é ótima, os filmes delas são lindos. Mas o que falta a elas, como a muitos diretores de comerciais de televisão que fazem filmes, é que não têm um senso dramático ou um senso de comédia. Por isso é que os filmes do Buñuel podem ser horríveis e ainda assim ser obras-primas, porque o que é absolutamente importante é o conteúdo. Qualquer pedaço de lixo que é lançado parece ótimo, porque o diretor pode sair e contratar um diretor de fotografia de primeira, e um editor de primeira, e todos sabem o que fazer.

Ele espera que *O dorminhoco* atraia um público maior do que seus primeiros filmes. Um dia, pouco antes do lançamento, em dezembro de 1973, vou visitá-lo em seu apartamento. O filme foi mostrado a críticos de Los Angeles na noite anterior, e um pouco antes, naquele dia, ele ficou sabendo que Charles Champlin, do *Los Angeles Times*, gostou muito; está contente porque com *O dorminhoco* Woody tenta mudar para um novo terreno, e está mais abertamente ambicioso do que jamais vi. (Depois de *Noivo neurótico, noiva nervosa*, ele vai parar de ler críticas.)

O dorminhoco é um filme que qualquer menino dos Estados Unidos pode ver e achar engraçado. É bem o tipo do filme que eu via quando era criança e adorava. Não quero ficar confinado ao humor intelectual, principalmente porque não tenho nenhuma credencial intelectual. O Chaplin tem algumas piadas superdescoladas na obra dele. Estou cansado de ser considerado especial para a multidão da Third Avenue.

Não acho que eu seja um comediante especial. Acho que tive com o meu cinema o mesmo problema que tive com os meus números de boate: acredito que, se a plateia está lá, vai gostar da apresentação ou do filme. Gosto de sentir que tenho uma base comercial ampla, como o Chaplin, por exemplo. Gostaria de fazer uma série de filmes comercialmente aceitáveis. Em vez de estrear em pequenos cinemas de Nova York e saber que o filme vai se pagar, gostaria de estrear um espetáculo como estreia um filme do James Bond e receber milhões de pessoas para assistir. Gostaria que o filme fizesse trinta milhões de dólares [*os filmes dele, até essa data, fizeram apenas alguns milhões*]; não para mim – pode ir tudo para a fundação contra o câncer. Não há razão para isto aqui ser um objeto de arte. Não é arte. [*Mas não haverá estreia no estilo Bond, com seus filmes em 2 mil ou mais cinemas, embora venham a existir muitos filmes financeiramente bem-sucedidos, entre eles* O dorminhoco, Noivo neurótico, noiva nervosa, Hannah e suas irmãs, Manhattan *e sobretudo* Match Point, *que rendeu mais de 80 milhões de dólares no mundo inteiro.*]

E acho que dei uma virada com *O dorminhoco*. Ouvi dizer que a revista *Scholastic* gostou do filme. Ouvi dizer que a revista *Parents'* gostou do filme. Estou contente com isso. Ouvi dizer que a *Seventeen** adorou o filme, e que o Vincent Canby [*crítico do* New York Times] também gostou.

(*O que Woody desejava para o filme em grande parte se realizou. Rendeu mais de 18 milhões de dólares apenas no lançamento nos Estados Unidos – cerca de 60 milhões de dólares em valores de 2007 –, mais uma soma considerável em todo o mundo, para a televisão e vendas de* DVD.)

NOVEMBRO DE 1987

Woody está fazendo a marcação de cena para Philip Bosco e Gena Rowlands numa sequência de flashback/sonho em *A outra*, filmada num teatro na Broadway. É uma sala simples. Paredes de tijolos sem reboco, palco preto, poltronas vermelhas.

Depois de fazer os movimentos dos atores, Woody vai até a câmera, para ter certeza de que filmarão corretamente. Ao ensaiar a coreografia, Rowlands

* *Scholastic*: revista da universidade católica de Notre-Dame, no Estado de Indiana; *Parents'*: revista voltada para temas ligados a família, gravidez e bebês; *Seventeen*: revista para garotas adolescentes. [N. E.]

começa a frase: "Para. Não consigo mais viver assim", depois pergunta a Woody: "Você quer que eu venha até aqui?". Fala outra frase e depois: "Onde quer que termine?". Os movimentos dele são elegantes ao se deslocar depressa pelo palco, mostrando os passos aos atores.

São 65 membros da equipe, além de outros, nas poltronas do teatro, fora do alcance da câmera. Woody aponta para eles e diz: "Tem mais pessoas aqui do que as que vão ver o filme".

Nas primeiras tomadas, ele deixa Bosco e Rowlands fazerem a cena do jeito que cada um imaginou, depois os movimenta do jeito que quer, e eles trabalham a cena. Ele fica de cócoras ou de pé, observando as tomadas, de vez em quando cochicha com o cameraman, Dick Mingalone, enquanto a câmera roda.

Essa cena será refeita três vezes até Woody ficar satisfeito, ciente de ter os melhores ângulos para a panorâmica entre os dois atores: aqui, de novo, em dezembro, depois em janeiro, no Union Theological Seminary, no norte de Manhattan, perto da Columbia University, e mais uma vez em meados de fevereiro. Durante uma das refilmagens, pergunto quanto ele reescreve ao filmar.

Basicamente eu filmo o roteiro. Gosto de ter um primeiro tratamento em filme e depois ver onde estou. Descubro coisas radicais, que nunca descobriria de outro jeito. Um roteiro não passa de um guia para o trabalho a ser feito.

Você acha que tem estilos próprios de escrita e direção?

É difícil saber qual é o seu próprio estilo. Se eu pintasse um quadro e não pusesse o meu nome nele, você saberia que era meu? Agora, claro que se estou no filme, é uma pista importante [*ri*]. Mas se não estou no filme, você saberia que era meu? Se você viu *A rosa púrpura do Cairo*? Não sei dizer. Sempre tento encaixar o estilo do filme no conteúdo.

Acho que tenho os meus clichês. Por um lado, acho que eu, muito claramente, tenho uma tendência urbana. Em todos os meus filmes, você vê gente andando e falando, na rua, em restaurantes e morando em apartamentos. Sinto que há certos assuntos e questões que se repetem nos filmes, embora talvez não no mesmo. E acho que nos últimos dez ou doze anos, mais ou menos, desenvolvi um estilo de fotografia que, com exceção de um filme como *Zelig*, é marcado por planos-sequência muito longos, e por nunca filmar nenhuma cobertura de nada. Sei que já te falei sobre isso.

Você está fazendo esse filme com um diretor de fotografia extraordinário, o Sven Nykvist, que é o epítome do estilo europeu de cinema que você tanto admira. Vocês dois gostam de contar com longos planos-sequência em que se veem dois ou todos os personagens falando, em vez de cortar de um para o outro, como na maioria dos filmes americanos.

Outro dia, o Sven me perguntou por que os diretores americanos fazem tanto o plano-sequência quanto a cobertura de cada personagem – e por essa razão ele não gosta de fazer filmes aqui. Os únicos motivos que consegui dar a ele foram: um, os filmes americanos sempre foram em grande parte narrativos, com muita trama, e esse é o jeito mais simples de contar uma história. E dois: sempre houve filmes de estúdio industriais, de forma que sempre houve uma fórmula opressora para garantir que nada saísse errado. Todo mundo cumpria a marca, todo mundo tinha a quantidade certa de maquiagem, havia o plano-sequência, a cobertura. Sempre foi muito importante para os produtores que houvesse muitos closes das estrelas. Até hoje você ouve os produtores reclamando que os astros não têm closes suficientes, querem que o dinheiro deles renda com essa gente.

Já os filmes europeus nunca fizeram isso. Quando eu comecei, fazia esse tipo de filmagem porque não conhecia nada diferente. Quando fiz *Um assaltante bem trapalhão*, cuidei para ter coberturas porque mais tarde, na sala de montagem, descobri que ter opções para cortar poderia me poupar muita dor de cabeça. Depois, quando fui ficando mais seguro e mais relaxado com a filmagem, comecei a abandonar isso, e eu diria que quando fizemos *Manhattan* isso acabou. Lembro de simplesmente emendar um plano-sequência no outro em *Manhattan*. A mesma coisa com *Hannah e suas irmãs*. E neste filme também. Estamos na nossa terceira, quarta semana de filmagem, e não houve uma única cena no filme em que haja cortes de vai-e-vem entre as pessoas.

Ninguém vai sentir falta disso se eu fizer o meu trabalho direito. Às vezes fica meio complicado, como em *A outra*. Na sequência de sonho [*uma cena de dois minutos com Marion e Larry, o homem que ela mais amou, mas acabou repelindo*] você vê o Hackman, e depois a Gena entra, e é uma tomada dupla; ela sai, e é uma tomada individual dela, que atravessa o quadro e some, e o Hackman entra. E de certa forma você está fazendo closes da estrela, mas não daquele jeito grosseiro. Você está dando às pessoas oportunidades na tela. Uma porção dessas coisas já estava em *Setembro*.

O que mais no estilo de filmagem europeu te atrai?
Os filmes europeus, inclusive os do Bergman, têm um corte mais rústico. As equipes americanas são pedantes. Uma das coisas de que gosto nos filmes europeus é a falta de perfeição. Os atores ficam fora de foco de vez em quando. Os cineastas europeus nunca têm dinheiro, então não têm tempo para atingir essa sensação decorativa, lustrosa. Os movimentos de câmera nem sempre são perfeitos, o zoom pode dar um salto. Gosto disso, em geral. [*Em* Maridos e esposas, *feito doze anos depois, os movimentos da câmera na mão são tremidos de propósito.*]

FEVEREIRO DE 1989

Poucas semanas depois, no apartamento de Woody.

Você terminou há pouco um filme dramático [*A outra*], feito com muita sutileza, e agora está fazendo uma comédia rasgada [*Édipo arrasado*]. Hoje, quando assistimos aos copiões, você lamentou que parte da sua infelicidade com a cor do filme viesse do fato de que a comédia precisa ser filmada com luz mais brilhante do que o drama.
Em filmes sérios dá para fazer coisas muito bonitas, muito poéticas. Como a sequência de *A outra* com o Gene Hackman no teatro, ou a Gena no apartamento vazio. Um jeito de movimentar a câmera, e as composições são poéticas, a montagem é poética, você tem o tique-taque dos relógios e um certo ritmo hipnótico. Mas neste tipo de comédia não dá para fazer isso. Precisa ser [*estala os dedos duas vezes, rapidamente*]. Se as pessoas na Columbus Avenue estão olhando para a minha mãe [*que se materializou no céu*], você não quer que a câmera vá de rosto em rosto. Você quer [*estala os dedos outra vez*] alguém gritando alguma coisa. E quando vamos para a minha casa ou para a casa da Mia, ninguém quer

um apartamento incrível, com fachos de luz entrando pela janela. Tudo precisa rolar com circunstâncias mundanas ao fundo, senão não é engraçado, então tudo no filme fica sujeito à premissa cômica. Não pode ter nada no meio do caminho. É preciso simplificar bastante na comédia, porque mesmo sendo divertido fazer coisas sentimentais, elas sempre estragam as risadas. Tudo se torna um veículo para dar passagem à boa frase cômica.

E o diálogo no drama?

Bom, precisa ser exato, claro, principalmente hoje em dia. Nos primeiros filmes, eram, digamos, caubóis nas planícies, e havia muito pouco diálogo. É bonito. Mas os tempos modernos exigem diálogo. As pessoas se expressam verbalmente. Isso é verdade também para os filmes do Bergman. Quando ele fica menos verbal, vira de época. Então *Gritos e sussurros* é muito, muito não verbal. É maravilhoso – as pessoas naquela casa. Mas em Nova York, ou em qualquer cidade, as pessoas falam, então tem muito disso nos meus filmes. Nos meus filmes, ninguém persegue ninguém, nem luta em fachadas laterais de prédios, e não existem momentos de tensão extrema entre as pessoas como existem entre as irmãs na casa de *Gritos e sussurros*.

Você escreve, dirige e monta todos os seus filmes, e atua em muitos deles, e também escolhe a música de praticamente todos, o que acho que se encaixa muito bem na definição de cineasta autoral.

Li uma entrevista com o Steven Soderbergh, que fez *Sexo, mentiras e videotape* [*recém-lançado com estardalhaço*], um filme que adorei. Ele disse que não acreditava na teoria do cinema de autor porque isso te dá poder demais. Não sei o que isso quer dizer. É óbvio que existem pessoas que você poderia chamar de cineastas-autores, querendo dizer apenas que o filme é claramente um produto deles, cem por cento. É a expressão deles. Não sei por quê, como diretor, ele tem objeções ao poder. Ele não vai pensar assim se um cara do estúdio tentar alterar o trabalho dele.

Mas você sabe muito bem como é não ter poder suficiente. Por exemplo, quando disse ao David Merrick, que estava lá, de terno de empresário, te di-

zendo o que funcionaria em *Quase um sequestro*: "Ganhei mais de um milhão de dólares na vida por não ouvir homens de terno azul-marinho"; ou quando o seu material estava sendo retalhado pelo Charlie Feldman e outros em *O que é que há, gatinha?*.

Em geral eu mantenho relações civilizadas com todo mundo. É muito raro eu ficar zangado numa situação profissional. Não fiquei zangado nem com o Merrick quando respondi para ele. Não era uma situação feia. Não fiquei tão zangado assim. Teve aquela vez em *O que é que há, gatinha?* em que mandei alguém se foder. Ou foi o Feldman, ou um dos subalternos dele.

Eu tinha uma visão menos caridosa do Feldman do que do Merrick, de longe. O Feldman era considerado um daqueles caras sedutores, maravilhosos e difíceis no trato, mas era um príncipe, comparado com outros produtores. Mas eu não vi isso direito. Pensando agora, ele poderia ter sido pior.

Eu não tinha experiência em ver os copiões, e não entendi que eles sempre parecem horríveis, porque não têm os efeitos de som e de mixagem, e são um material seco, horrível. Aqueles caras estavam mutilando o meu roteiro e me dizendo o que era engraçado e o que não era. Então fiquei frustrado e soltei o verbo.

Mas agora não tem ninguém te dando ordens. Existe algum aspecto negativo em ter liberdade total?

Acho que a parte mais difícil é o diagnóstico. Quando tenho uma ligeira sensação de insatisfação, quando não tenho total clareza sobre o que está me incomodando. Acho que o filme que vou projetar hoje à noite [*uma versão remontada de* A outra; *alguns dias antes, uma projeção o fez perceber que ainda não tinha os personagens corretamente equilibrados*] estará muito mais ao gosto daqueles que assistiram na outra noite, que fizeram objeções à narração excessiva.

***A outra* chega perto do filme que você visualizou?**

Não, não chega. Quando você trabalha numa coisa como esta, que leva seis meses, um ano, e exige tanta gente e tamanha coordenação artística nos figurinos, nos atores, no texto, na direção, na iluminação e tudo, até certo ponto, a menos que tenha sorte ou que um feliz acidente aconteça, ou que você seja um gênio absoluto – mas é difícil imaginar que isso aconteça com qualquer um –, um projeto começa a ganhar vida própria. Certas coisas não se preveem. Às vezes, o projeto ganha uma vida própria ruim, e ou você mata o filme e pode seguir para alguma outra coisa, ou muda o filme. Mas outras vezes o filme ganha uma vida interessante que é mais plena do que você pensou no começo, e você fica com aquilo.

Por exemplo, originalmente pensei que a Marion seria uma pessoa fria, cercada de gente mais cálida. Mas não foi essa a impressão que se formou quando filmamos. E eu não tinha certeza. De início, me ocorreu que aquilo era ainda mais interessante do que eu tinha planejado, porque ela não ficava tão chapada. Então comecei a acrescentar cenas para mostrar a profundidade dela. Acrescentei aquela com a Kathryn Grody, em que ela diz que a Marion é uma professora fantástica, porque eu queria deixar a Marion muito legal. Talvez eu tenha desequilibrado demais a balança. Mas o filme continua crescendo organicamente. Agora, estou começando a desenvolver um relacionamento entre a Martha Plimpton [*que faz a enteada de Marion*] e ela. Originalmente, não fazia sentido a Martha dizer para o namorado: "Ela é muito crítica". [*Embora mais tarde descubra que não é o caso.*] Então vi que aquilo era uma coisa certa para desencavar. Agora, vou fazer mais algumas cenas com ela, para que no fim do filme ela esteja telefonando na festa, coisa que eu não tinha antes. E depois ela vai com a Marion até a antiga casa da família. Tirei a discussão filosófica na entrada da casa, de que eu não gostava e que não ia para lugar nenhum. Vai ter também uma cena no final, em que ela e a Marion se encaminham para uma melhor compreensão uma da outra, então isso terá evoluído para um relacionamento. E não é exatamente o que escrevi de início. [*Sorri.*] Isso se chama atrapalhação.

No cinema parece que você tem mais espaço com o que escreve, que pode mudar na hora.

No livro do Kazan ou no do Bergman, não lembro qual, o autor diz que uma peça de teatro é literatura, linguagem, mas um roteiro de filme é arquitetura – de fato é uma planta baixa –, e está certo. Escrevo o roteiro depressa, como você sabe. E depois ajusto, como no momento em que eu estava filmando na galeria de arte, quando entendi que precisava de um momento da Gena com a Mia – não quando elas se conhecem, mas quando veem os Klimts e Schieles. Pois então, primeiro filmei aquela cena elaborada, fazendo uma panorâmica da galeria inteira, e elas conversam sobre o primeiro marido da Gena. Mas ficou horrível. Não chegou nem ao primeiro corte. Eu sabia que precisavam estar na galeria de arte, porque era para lá que elas iam. Então disse a elas: "Precisamos voltar para a galeria". Mas não tinha nenhuma ideia de cena, absolutamente nenhuma.

Então fui para a galeria com as duas atrizes e pensei: Bom, elas precisam estar meio que se conhecendo, só falando de arte. Mas ficou chato. Tudo estava iluminado, e elas paradas na frente dos quadros. E naquele momento me ocorreu que ali poderia ser o lugar para a Gena dizer: "Talvez eu volte a pintar". E isso de repente deu mais sentido ao momento. Ambas responderam à ideia imediatamente. Então improvisamos. Escrevi para elas no verso de um envelope, igual ao Discurso de Gettysburg,* e elas fizeram rapidinho. E agora virou uma linda ceninha no filme. [*Marion está procurando um presente de aniversário para comprar, entra numa loja e encontra Hope chorando diante de um grande pôster da pintura de Gustav Klimt que mostra uma mulher nua e grávida, de cabelo vermelho. Hope (também grávida) diz que a pintura a deixa triste. Marion lhe diz que a pintura pretende passar o sentimento oposto – é intitulada* Esperança.*** As duas conversam um pouco sobre suas próprias tentativas artísticas e Hope, repisando um tema do filme, diz: "Acho que nós todos imaginamos como poderia ter sido".*]

No momento, porém, eu estava pensando comigo mesmo: Bom, talvez eu devesse levar as duas de volta para a galeria e fazer mais daquilo. Isso já me aconteceu muitas vezes, filmar mais e depois jogar fora, porque entendi que estava bom do primeiro jeito, que a própria brevidade da nova cena contribuía para o seu sucesso; só porque é uma boa ideia, não quer dizer que você precise elaborar em cima dela. Às vezes dá, às vezes não.

O que você aprendeu com esse filme?

Acho que definitivamente vai me ajudar para o próximo. Este é um filme difícil de fazer com sucesso; as exigências são rigorosíssimas. Se você faz uma comédia, pode cronometrar as risadas na projeção e saber onde estão os problemas. É mais solto e mais flexível. Com uma coisa assim, você se dirige a uma plateia bastante

* Discurso que Abraham Lincoln fez de improviso em 19 de novembro de 1863, após a Batalha de Gettysburg, decisiva para o final da Guerra de Secessão. [N. E.]

** Em inglês, "hope". [N. E.]

sofisticada. É uma obra original; não é como lidar com uma peça de teatro, com a qual se teve a possibilidade de definir o que funciona. Uma história dramática não pode ter falhas – se você vê pequenas falhas, é fatal, enquanto numa comédia não é terrível. Quanto mais aberta a comédia, mais flexibilidade você tem. Você pode se dar bem com assassinato em *Bananas*, mas menos em *Hannah e suas irmãs*, e ainda menos neste. É o mais exigente, porque é um drama entre pessoas bastante intenso e lida com problemas adultos. É facílimo errar no texto, facílimo, porque é difícil escrever bons dramas. Com certeza é difícil para mim.

Depois, uma vez que você escreveu um bom drama, precisa conseguir que os atores executem aquilo adequadamente; eles não podem ser implausíveis de jeito nenhum. E a qualidade deles é muito, muito importante. Você precisa ser mais seletivo do que na comédia. Qualquer pequena característica que o ator tenha se torna muito significativa na obra. Se um ator tem um ligeiro traço de maldade, ou um traço ligeiramente adorável, na tela isso se torna muito, muito significativo no personagem.

Os personagens mudam durante a filmagem ou, mesmo sendo você quem escreveu os personagens, eles acabam te confundindo?

Eu sei quando dou um passo errado. Dá para ver no copião quando alguma coisa está errada. Mas não sei exatamente o que estou fazendo; só sei que não está certo. Então digo para o ator: "Só faça o que está fazendo". A Hannah era uma personagem que nem a Mia nem eu entendemos no início, e no final também não. Jamais conseguimos concluir se a Hannah era realmente uma pessoa boa, adorável, o sustentáculo da família e a coluna vertebral que mantinha tudo integrado, ou se não era boa. Na primeira cena, o pai [*Lloyd Nolan*] diz: "Devemos tanto à Hannah este maravilhoso jantar de Ação de Graças". E ela se vira e diz para a irmã: "Você vai fazer o teste de canto?". A Mia pediu a minha orientação e não fui capaz de dar. Só consegui dizer: "Bom, faz a cena e deixa eu ver como você faz instintivamente, talvez eu possa mudar alguma coisa". Mas muitas vezes fico assim, no escuro.

Até que ponto é fácil ou difícil dirigir a si mesmo?

Não é nada. Se você está numa cena com uma ou três outras pessoas, ou sentado numa sala, ou fugindo delas – seja lá o que for –, está fingindo que faz aquilo autenticamente. E enquanto faz pode sentir se está autêntico ou não, se alguém está por fora. Você pode simplesmente ver a cena. Uma atriz entra e bate a porta, e ou parece falsa fazendo isso, ou parece completamente real.

Dá para sentir na hora. É como estar no palco com o público. Você sabe quando está engraçado e quando está perdendo a atenção. Não dá para não sentir isso. Isso não quer dizer que você sempre consiga atuar de maneira perfeita. Não funciona exatamente assim, porque você representa a cena e sempre fica preso aos limites do que consegue fazer. Digamos que eu esteja causando medo ou pânico – não vai ser medo ou pânico [*ri*] tão bom quanto o Marlon Brando causaria. Mas eu sei, enquanto estou fazendo, qual é o meu melhor e o meu pior.

Você tende a repetir os mesmos atores, tanto em papéis maiores como em papéis secundários, como a Diane Keaton ou a Mia [*isso foi cinco anos antes de eles romperem*] e, digamos, o Wallace Shawn. Você acha que quando as pessoas se conhecem bem na vida isso passa de alguma forma para a tela?
Acho. Quando você conhece as pessoas, é o que eu sinto, fico mais relaxado e me sinto mais confiante. Acho também que existe uma química entre a Diane e mim, assim como existe com a Mia, e com o Tony Roberts. Se estou fazendo um filme com eles, ou com a Dianne Wiest, ou a Judy Davis, me sinto solto como ator, porque sinto que eles trabalharam comigo e estão dispostos a fazer outro filme comigo, então não podem ter detestado tanto assim.

PRIMAVERA DE 2005

Manhattan Film Center. Estamos na sala de projeção, que não mudou ao longo dos anos. As paredes e as poltronas estofadas ainda são de veludo verde-abacate; a namoradeira dele, debaixo da janela de projeção, ainda está forrada com o mesmo tecido bege e pretinho, embora o estofado seja novo. A coleção de discos, completa e eclética, com música dos anos 20, 30 e 40 fica em gavetas abertas ao longo de uma parede. Num canto há caixas cheias de detritos de um de seus últimos filmes. Ficamos sentados, como sempre, em poltronas, um na frente do outro, ao lado da coleção de discos. Ele também não mudou perceptivelmente. As roupas são as mesmas — veludo, sapatos pesados e sérios, um suéter de cashmere surrado. Está com setenta anos.

Prepara-se para ir à Inglaterra filmar *Scoop – O grande furo*. O que filmou lá no verão de 2004, *Match Point*, será mostrado em Cannes dentro de umas duas semanas. Woody, excepcionalmente satisfeito com o filme, vai se dispor a dar uma batelada de entrevistas. A frase que repete com frequencia ao falar do filme é "Nós simplesmente tivemos sorte".

Foi realmente apenas sorte?

Foi, não passou de sorte. Os atores se encaixaram, pessoas de que eu nunca tinha ouvido falar revelaram-se ótimas. Se precisávamos de um dia de sol, fazia um dia de sol. Se precisávamos de um dia cinzento, fazia um dia cinzento. Tudo o que foi preciso para a filmagem simplesmente funcionou. Se precisávamos de uma locação, encontrávamos. Não tivemos ansiedade no filme.

Vai usar o mesmo grupo no próximo filme?

Uma porção de gente. Alguns eu não consegui, porque estão trabalhando em outros países.

Todas as decisões sobre um filme — locação, elenco, montagem etc. — ficam por sua conta.

Ficam. Têm de ficar. Mas não é tão difícil assim. Você escreve um roteiro e sabe a história que quer contar, porque escreveu aquilo. Então você apenas sai e escolhe as locações que parecem as melhores para contar aquela história, procura os atores que vão fazer o melhor trabalho. É só procurar ter algum bom senso. É óbvio que esta locação não funciona, e aquela sim, e que esta atriz é muito piegas para o papel.

É notório que o Hitchcock fazia *storyboards* para os filmes dele. O Scorsese faz. Nunca te vi com um. Você faz?

Não. Não tenho a menor consciência. As pessoas acham que estou brincando quando digo isso, mas é verdade. Sou um cineasta muito preguiçoso. Quando trabalhei com o Paul Mazursky, como ator, em *Cenas de um shopping* [*1990*], ele era supermeticuloso, superensaiado, sabia cada plano antes de começarmos a produção. O Hitchcock fazia *storyboard*, o Jerry Lewis faz *storyboard*, o Marty talvez, não sei.

Eu chego ao set de, digamos, *Maridos e esposas* – e é claro que o Carlo Di Palma era o tipo da má companhia, porque era tão relaxado quanto eu. Então, talvez eu veja que vamos fazer a cena em que o Sydney Pollack conta para a Judy Davis que vai se divorciar dela. Então, olhamos em volta e vemos que o sol está aqui a essa hora, então dizemos: "Vamos filmar nessa direção". E aí eu digo: "Nossa, se pelo menos houvesse um vaso grande aqui", [*ri*] e o Santo [*Loquasto, seu diretor de arte*] diz: "Por que você não me *disse* isso?". E eu respondo: "Eu não sabia, acabei de pensar nisso *agora*". E ele: "Vamos ver o que eu posso fazer".

Mas nunca planejo nada. Nunca ensaio ninguém. Nunca dublo ninguém [*regravar o diálogo e fazer coincidir com o movimento labial do ator na tela*]. Não rodo muitas coberturas, como já disse. As pessoas acham que isso faz parte do meu estilo, mas na verdade é o estilo de um homem preguiçoso. Um cineasta com mais consciência pegaria e, como você sabe, filmaria a conversa, a dupla, as individuais, os planos por cima do ombro. Não faço isso. Rodo as tomadas duplas e sigo em frente. Uma vez, muito de vez em quando, posso dizer, pouco antes de a gente ir embora, alguma coisa como: "Faz só uma tomada rápida desse cinzeiro, para o caso de eu precisar ir de tomada em tomada". Mas quase nunca faço isso.

O Doug McGrath [*seu parceiro em* Tiros na Broadway] me perguntou, quando fiz *Maridos e esposas*, por que eu tinha filmado daquele jeito. Ele era um cara jovem tentando aproveitar a minha experiência, tentando captar qualquer pretensa sabedoria que eu tivesse acumulado ao longo dos anos como diretor. E acho que ficou decepcionado comigo – com certeza ficou assustado – quando eu disse: "Porque sou preguiçoso". Eu queria fazer um filme em que não tivéssemos de esperar. Tínhamos uma câmera na mão e só usamos isso. Eu corto quando quero cortar e introduzo algo que queira. Não me importava a beleza da coisa. Fiz sem nenhuma sensação de fazer um filme com propriedade. Fiz depressa, sem esforço, sem consciência. Queria voltar para casa logo, para praticar a minha clarineta, para ver os Knicks, para comer.

Por isso, quando digo, ao longo dos anos, que a única coisa que se põe entre mim e a grandeza sou eu mesmo, sou absolutamente sincero. Tive mais oportunidades do que ninguém. Me deram dinheiro e liberdade durante trinta e cinco anos para fazer o que eu quisesse: um musical? Tudo bem. Uma história de detetive? Bom. Um drama? Claro. Outro drama, embora o primeiro tenha fracassado? Vai em frente. Tudo o que quiser.

Portanto não há razão para eu não ter feito grandes filmes. Ninguém vinha e me dizia que precisava fazer este ou aquele assunto, ou que queriam ver o meu roteiro, ou que não podia contratar determinado ator, ou que queriam ver os copiões diários, ou a montagem. Nada. Tive carta branca durante trinta e cinco anos e nunca fiz um grande filme. Não está em mim fazer um grande filme; não tenho visão em profundidade para fazer isso. Não digo para mim mesmo: Vou fazer um grande filme e vou ser intransigente. Se for preciso, trabalho noites a fio e vou aos extremos da Terra. Esse simplesmente não sou eu. Eu gostaria de fazer um grande filme, desde que isso não atrapalhe a minha reserva para o jantar.

Não quero ir viajar. Não quero trabalhar até altas horas. Quero voltar para casa a tempo de jantar, tocar a minha clarineta, ver o jogo, ver os meus filhos. Então, nessas circunstâncias, faço o melhor filme que posso. Às vezes, tenho sorte e o filme sai bom. Às vezes, não tenho sorte e não sai bom. Mas com certeza fui, não irresponsável, mas preguiçoso.

Uma vez você me disse que escuta as vozes dos personagens durante todo o tempo em que está escrevendo e, depois, a primeira palavra pronunciada no set muda tudo, completamente, porque aquela não é a voz que você ouviu.

É. Na maioria dos casos, o filme vai ficando mais e mais afastado do original à medida que progride. Uma das coisas boas de estar na Inglaterra [*ri*] é que as vozes inglesas soam muito melhor. Como eu já disse muitas vezes, quando não preciso enfrentar o teste da realidade, quando estou em casa escrevendo, posso imaginar uma discussão que acontece na beira de um píer, entre o George C. Scott e o Paul Newman. Aí faço o filme e consigo gente boa, mas as vozes não soam como o Newman e o Scott, e o píer não tem a aparência que eu tinha imaginado – ele não pode saltar do píer porque [*ri*] quebraria o pescoço. Aí, ele tem de correr até o fim do píer e fazer alguma outra coisa.

Fica tudo evoluindo, evoluindo, ou, mais frequentemente, involuindo, e esse é o problema. Noventa por cento do material é pior do que você concebeu. Dá, de vez em quando, para conseguir uma risada com alguma coisa que não se esperava que fosse produzir uma risada, mas com muito mais frequencia você não consegue a risada onde tinha certeza que haveria. Está sempre apostando contra a mesa.

Isso acontece em todos os filmes?

Em quase todos. Um dos poucos em que não aconteceu foi *Match Point*. Parecia que eu estava realmente enfatizando aquilo enquanto montava. O Tennessee Williams escreve *Uma rua chamada Pecado*, dá para o Kazan, que monta com o Marlon Brando e intensifica aquilo, deixa bonito [*ri*]. Eu não faço isso. Tenho uma outra atitude. Escrevo e imagino [*ri*] que vai ser bom, enquanto não é tão fantástico assim.

Começo a fazer e toda a preguiça, cada um dos meus erros, estraga dez coisas que seria concebível que funcionassem. Estão pagando pelo seu trabalho. É como quando o rebatedor é eliminado com os homens na base. É muito perturbador.

E a mesma coisa vale para os artistas?

É. O artista sempre está na mira. De início, você não consegue entender. Você diz: "Ei, eu só tentei fazer um filme. Talvez tenha chutado para fora, talvez não seja tão bom, mas por que você me odeia tanto?". Só que a verdade é que você merece esse opróbrio. Quando assisto ao filme de outra pessoa, faço a mesma coisa. Na realidade, você tem de entender que, se faz um filme, uma peça, um livro, o que for, e não é bem-sucedido ou não agrada a alguém, vai ser execrado, e não terá o direito de esperar que não seja. Ele tem o direito de te execrar, e você não tem o direito de esperar ser nada além de um objeto de desprezo. Te pagam para acertar o gol, e não acertar a bola neles.

As pessoas às vezes se referem a um "fracasso honroso". Mas isso é uma bobagem. É igual a um time que perde um jogo por um ponto – é um fracasso honroso, mas mesmo assim fica na coluna dos perdedores. [*Faz uma careta, depois sorri.*] Estou me sufocando aqui com essas analogias esportivas?

Deixa eu puxar um assunto novo. Olhando para trás, você acha que alguns projetos nascem condenados, por mais que você reescreva e refilme?

Certos projetos estão condenados desde o começo, sim. Morrem no papel. Às vezes, você tem uma ideia para um filme e enquanto está avançando não sabe, mas está afundando ali mesmo, ou porque calculou errado, ou entendeu errado, e o público nunca, jamais, vai comprar aquilo. Ele simplesmente não sente do mesmo jeito que você.

Abrindo um parêntese, o maior choque pessoal para mim, de todos os filmes que eu fiz, foi *Dirigindo no escuro* não ser considerado uma comédia extraordinária, de primeira linha. [*Um diretor de cinema, representado por Woody, de repente fica cego por causa da ansiedade em salvar sua carreira.*] Fiquei perplexo de não ter encontrado nenhuma resistência. Achei que era uma ideia muito, muito engraçada, e achei que realizei a ideia perfeitamente bem, que era engraçado, e que a Téa [*Leoni, a ex-mulher e atual executiva do estúdio que financia o filme*] estava ótima. Achei que era uma ideia simples, engraçada, que funcionava, que podia ter sido feita pelo Charlie Chaplin ou pelo Buster Keaton, o Jack Lemmon, o Walter Mathau. Não achei que tivesse estragado a ideia em nenhum momento – na atuação, na filmagem, nas piadas, nas situações.

Quando mostrei para as primeiras pessoas, autores de filmes, disseram: "É maravilhoso. É um dos filmes mais engraçados que você fez". Mas as reações subsequentes não foram assim. E fiquei muito chocado. Mais uma vez, não foi importante para mim financeiramente, de jeito nenhum. Foi um filme barato, negociado no mercado internacional, e talvez tenha dado algum dinheiro. Para mim, foi a maior surpresa de todos os filmes que fiz, porque geralmente não adoro o meu produto final, mas desse eu gostei. Não acho que muita gente vá concordar, mas eu colocaria esse filme perto do topo das minhas comédias.

Você alguma vez se surpreendeu de as pessoas se apegarem a um filme que para você não significava tanto?

Já. As pessoas realmente se apegaram a *Manhattan* de um jeito que achei [*ri*] irracional. E *Noivo neurótico, noiva nervosa* foi um filme muito adorado. Quer dizer, é bom, mas já fiz filmes melhores que esse, embora ele possa ter um calor, uma emoção a que as pessoas responderam.

Você vem fazendo filmes há bastante tempo já. O que muda na paisagem?

Bom, cresci indo ao cinema e adorando filmes. E agora a cultura que vivemos não é cinematográfica, na verdade. Não é uma cultura de gente que espera o próximo filme do Truffaut ou do Bergman. Esse fenômeno não existe mais. Não há mais os filmes do Fellini. A maior parte dos caras que controlam a indústria é bem triste. Alguns diretores muito bons emergem, mas têm de lutar e batalhar. Mas não há aquela sensação de todo mundo ir ao cinema de arte e no dia seguinte ficar falando do filme. E praticamente todos os heróis da minha juventude já morreram. O Truffaut foi embora. O Bergman ainda está aí, mas está velhinho. O Buñuel e o Kurosawa foram embora. O Fellini foi embora e o De Sica foi embora. Houve um tempo em que você queria trabalhar e conseguir a aprovação deles, ser um deles. Essa era a fantasia.

A mesma coisa no teatro. O Arthur Miller se foi, o Tennessee Williams se foi, todo esse fenômeno teatral se foi. Houve tempo em que eu queria trabalhar no teatro e ser um desses dramaturgos, mas não existe mais uma paisagem de que se possa fazer parte. Os bons dramaturgos não funcionam na mesma arena. A estrutura da apresentação deles é diferente. Estão em alguma casa off-Broadway, e se tiverem sorte, e se a peça for um sucesso, levam para a Broadway. E não acontece mais de no dia seguinte a cidade inteira estar falando disso, e ser um espetáculo obrigatório, interessante e afetar as pessoas. A mesma coisa no cinema.

As gerações mais novas não são tão chegadas a cinema, não são letradas em cinema, nem conhecem os grandes filmes, a ideia que fazem do que são os filmes bons mudou. Não estou fazendo nenhum juízo de valor; apenas é diferente da minha. O cinema de que eles gostam não me interessa. Não estou dizendo que não existam alguns filmes bons todo ano, existem – mas fazem centenas de filmes, e uns dois ou três filmes americanos bons se esgueiram pelo meio, em geral de gente independente, mas no mais das vezes são os filmes europeus ou estrangeiros – podem ser iranianos, chineses, mexicanos agora – que são interessantes. E só você assiste. Telefono para a Keaton em Los Angeles e digo: "Você viu isso?". E ela diz que não foi lançado lá, ou que não sabe onde está passando.

Você tem sua própria sala de projeção, mas vai ao cinema para fazer parte da multidão e vivenciar o filme junto com ela?

Não vou muito ao cinema. Isso costumava ser parte da alegria que eu tinha, ir ao cinema. Todo o ritual era divertido para mim. Gostava de olhar as garotas bonitas, e de olhar os caras, de ouvir as conversas, a expectativa aumentando, e então o filme. E depois, se você adorava, mal podia esperar voltar para casa e contar para os amigos. Mas esse fenômeno não existe mais; hoje existe uma dinâmica social diferente. As pessoas alugam vídeos; elas vivenciam o material de um jeito diferente. Isso não me interessa tanto.

Uma vez você mencionou que para muita gente *Broadway Danny Rose* é o seu melhor filme. Quais são os *seus* favoritos entre os seus próprios filmes?
Gosto de *Match Point* e de *A rosa púrpura do Cairo* [*pausa*]. *Maridos e esposas.* [*Fica cauteloso.*] É possível que se revisse todos os meus filmes – se realmente *assistisse* – eu pensasse: Ah, do quê que eu gostava tanto? Não creio que aconteça, mas talvez eu tivesse uma boa sensação por algum de que não gostava. É difícil imaginar isso. Não digo de um jeito autodepreciativo. Só que é difícil imaginar que, se eu não gostava de um filme, fosse assistir vinte e cinco anos depois e pensasse: Ei, não era tão ruim quanto eu pensava. É inconcebível, mas posso ver o contrário acontecendo com mais facilidade, que é a razão por que prefiro não ver os meus filmes.

Ainda gosto de *Memórias* – isso agora baixou um grau – e de *Zelig* [*longa pausa*].

E de *Um assaltante bem trapalhão*, por ser o seu primeiro filme?
Não vejo *Um assaltante bem trapalhão* há muito tempo, então não sei, mas não creio que ficaria entre os meus favoritos. *Um misterioso assassinato em Manhattan* é um filme de que gosto muito. Não sou um bom juiz, mas quando tento lembrar acho que *Match Point* deu certo, acho que *Maridos e esposas* deu certo, acho que *A rosa púrpura do Cairo* deu certo. *Tiros na Broadway* também. Não há correlação entre o meu gosto e o do público. Isso é verdadeiro para os meus filmes e para os de outras pessoas, mesmo os clássicos. Não sei te dizer o quanto o meu gosto pessoal é idiossincrático porque [*ri*] isso confirmaria os piores sentimentos das pessoas por mim.

Tenta.
Não quero ferir a sensibilidade de ninguém, mas [*pausa*] vou dar uma amostra para você, só uma amostra, mas não insista para ir além disso.

Tudo bem.
Quando a Aljean Harmetz estava escrevendo o livro sobre *Casablanca*, ela me telefonou, por causa de *Sonhos de um sedutor*. E eu disse: “Eu sou o cara errado para

entrevistar, porque nunca consegui assistir ao filme inteiro. Nunca vi, sério. Ele nunca prendeu minha atenção o suficiente para que eu assistisse inteiro".

Agora, as pessoas que estão lendo isto vão pensar: Quem esse idiota pensa que é? Sabe, ele faz todos aqueles filminhos de merda e não consegue assistir inteiro a um filme muito superior a qualquer um dos que fez.

Não estou dizendo que elas estariam absolutamente corretas ao dizer isso. Estou só expressando minha opinião. Tenho muitas opiniões que seriam surpreendentes para você e me fariam parecer ainda mais idiota.

Vamos pegar o seu gosto pelas coisas de que podemos falar, em torno das quais você realmente gravita. Sei que você adora *Uma rua chamada Pecado*. Pode me dar alguns exemplos do lado positivo do seu gosto idiossincrático?

Bom, se eu fizesse uma lista dos dez melhores filmes já feitos, com a exceção de *Cidadão Kane*, não haveria nenhum outro filme americano.

O que haveria nela?

A grande ilusão, *Ladrões de bicicleta*, *Rashomon*, *O sétimo selo*, *Morangos silvestres*, *Os incompreendidos*, *A regra do jogo* – vou precisar escrever. Sabe uma escolha idiossincrática minha? Um dos melhores filmes americanos para mim foi *A colina dos homens perdidos*.

Com o Sean Connery e o Ossie Davis [de *Sidney Lumet*, 1965].

Ninguém assistiu. Muitos, muitos filmes menores são mais reverenciados. Agora, um dia vou te contar todos os filmes e estrelas icônicos que nunca significaram nada para mim. E nunca neguei que todos os diretores, escritores e atores [*ri*] fazem um trabalho melhor do que o meu. Não é uma questão de eu me sentir superior à pessoa, absolutamente. Estou falando de estar em casa uma noite e sentir vontade de assistir a alguma coisa, certas coisas consideradas ícones eu dispensaria.

> [*Uma breve digressão: um ou dois meses depois, Woody me manda o que chama de sua "lista de insônia" de filmes favoritos, com este bilhete:*

Quando acordo durante a noite, para aplacar o meu pânico existencial, faço listas mentais. Isso às vezes me ajuda a voltar a dormir. Quase sempre as listas são de filmes – acrescento ou subtraio títulos, substituo. Meus gostos não me parecem nada excepcionais, a não ser na área das comédias de enredo faladas, na qual pareço ter pouca tolerância para qualquer coisa, certamente não para os meus próprios filmes.

QUINZE DOS MEUS FILMES AMERICANOS FAVORITOS, SEM NENHUMA ORDEM PARTICULAR:

O tesouro de Sierra Madre
Pacto de sangue
Os brutos também amam
Glória feita de sangue
O poderoso chefão II
Os bons companheiros
Cidadão Kane
Fúria sanguinária
O delator
A colina dos homens perdidos
O terceiro homem (inglês)
Interlúdio
A sombra de uma dúvida
Uma rua chamada Pecado
Relíquia macabra

DOZE DOS MEUS FILMES EUROPEUS FAVORITOS E TRÊS FILMES JAPONESES FAVORITOS:

O sétimo selo
Rashomon
Ladrões de bicicleta
A grande ilusão
A regra do jogo
Morangos silvestres
8 1/2
Amarcord
Trono manchado de sangue
Gritos e sussurros
La Strada
Os incompreendidos
Acossado
Os sete samurais
Vítimas da tormenta

(Nota: Tirando *Cidadão Kane* da lista de cima e passando para a de baixo, seria a minha lista dos melhores filmes de todos os tempos.)

As comédias mudas são todas as do Buster Keaton e do Charlie Chaplin.

Enfileirando uma lista de musicais, há muitos de que eu gosto, mas aqui, deitado na noite escura e impiedosa, os melhores me parecem:

Cantando na chuva
Agora seremos felizes

Eles formam uma classe própria como filmes musicais americanos. Logo atrás vêm:

My Fair Lady
A roda da fortuna
Um dia em Nova York
Oliver!

Ponho as comédias em duas categorias – filmes de comediantes que podem ser horríveis, salvo pelo trabalho do comediante, e filmes de comédia que têm trama. Os filmes de comediante ou filmes mais tolos e deslavados que sempre me fazem rir são:

Diabo a quatro
Os quatro batutas
Os gênios da pelota
Uma noite na ópera
Um dia nas corridas
Monsieur Beaucaire
Quem mal anda, mal acaba
Never Give a Sucker an Even Break
A grande noite de Casanova
Apertem os cintos... O piloto sumiu!

Das comédias de trama faladas, hesito em contar a minha lista porque o meu gosto é excêntrico, e há um certo número de comédias que adoro que me fariam parecer tolo, ou deveria dizer, mais tolo, aos olhos do mundo. Além disso existe um certo número de ícones da comédia que nunca fizeram nem nunca me farão dar uma risada, e não gosto de ferir os sentimentos de ninguém que gasta um dinheiro suado fazendo comédias para a tela, ou mesmo os seus descendentes. Admito que a minha lista tem sempre *O sheik branco* em primeiro lugar, e quando penso nas comédias americanas a minha convicção é de que não existe nenhuma melhor do que *Nascida ontem* e *Ladrão de alcova. A loja da esquina* também é danado de bom (recebo uma porção de olhares atravessados quando digo às pessoas que *Nascida ontem* é a melhor comédia americana de palco de todos os tempos, mas é o que eu acho. Logo em seguida vem *A primeira página*, a peça de teatro). Depois dessas quatro, a minha lista de insônia fica perigosa para consumo público, com umas poucas escolhas previsíveis e muitas pessoais. A propósito, a minha lista jamais inclui as minhas próprias comédias, não porque eu me considere fora da competição, mas porque ainda preciso fazer a lista.

Fim da breve digressão.]

Lembro que uns trinta anos atrás você estava em Los Angeles, fazendo ou *Tudo o que você sempre quis saber sobre sexo mas tinha medo de perguntar*, ou uma parte de *O dorminhoco*, acho, e alugou uma sala de projeção do Beverly Hills Hotel para projetar *Monsieur Beaucaire, Minha morena linda* e *A grande noite de Casanova*, acho. Você estava mostrando os filmes para a Diane Keaton, entre uns poucos outros, e lembro do seu completo e absoluto prazer em compartilhar esses filmes de Bob Hope com quatro ou cinco de nós que, em alguns casos, estávamos assistindo àquilo pela primeira vez.

Monsieur Beaucaire é um filme engraçado. Quando você liga a televisão e vê um velho filme do Bob Hope, em qualquer um deles há alguns maus momentos, alguns momentos datados. Mas é preciso olhar além disso. É preciso olhar os bons momentos dos melhores filmes. Alguém pode me dizer: "O *que* você vê no Bob Hope? O que tem de engraçado nos caras numa ilha, vem um gorila, pega todos e leva embora?". Pois é, realmente esse é um momento bobo, não é engraçado. Mas há frases, longos momentos, longas cenas em *A grande noite de Casanova*, em *Monsieur Beaucaire*, em qualquer filme do Hope, que são maravilhosos, e a habilidade dele aparece brilhantemente, brilhantemente. Talvez o filme fique bobo, mas ele raramente fica. As pessoas sempre pensam nos *road pictures*, os filmes de estrada [*The Road to Singapore* (A sereia das ilhas), *The Road to Morocco* (A sedução do Marrocos), *The Road to Rio* (A caminho do Rio) *e outros com Bing Crosby, entre 1940 e 1952*], mas os filmes de estrada não eram os grandes filmes, embora tivessem alguns bons momentos.

Mas quando o Hope se tornou um astro tão grande ou maior do que o Crosby, há momentos em *A princesa e o pirata* e nesses outros que mencionei, momentos em *Road to Bali* [*De tanga e sarongue*] e *O gostosão*. Às vezes, é só um minuto. Às vezes, são cinco minutos. Às vezes, são grandes cenas num filme, grandes cenas.

Uma das minhas cenas favoritas está bem no comecinho, quando eles estão no camelo, cantando "*We're off on the road to Morocco*".
Pois é, a música em todos esses filmes era ótima. Sabe, esses caras eram maravilhosos talentos musicais. Você vê o Bob Hope ou o Jerry Lewis dançando, eles são ótimos. Uma vez, vi o Jerry Lewis fazer uma imitação do Fred Astaire. Era *assombroso*. Quando ele quer, é um ótimo bailarino. São artistas de *vaudeville*. E o Groucho também.

Você diz que quando representa é transportado para a cena. O seu lado diretor está alerta nesse momento? Ou é depois que o lado diretor sabe se a cena funcionou ou não?
Você tem a história e está rodando um pedaço dela fora de sequência, e o seu compromisso é garantir que as páginas que está rodando naquele dia sejam bem-feitas. Tudo o que você pensa é em fazer aquela coisinha bem-feita e deixar guardada, para voltar a ela depois, quando for juntar o filme todo.

Não preciso estar olhando de fora, porque planejei a tomada; sei onde cada coisa vai estar, então sei que a mecânica da tomada funciona. Sei que não vai ser um problema. É só uma questão de saber se a atuação da cena vai funcionar.

Não faço uma porção de tomadas, como costumo dizer, porque [*ri*] me chateio muito depressa. Mas se eu fizer vinte tomadas de alguma coisa, antes de entrar na sala de montagem sei que a seis e a dezoito são as realmente boas. É muito raro eu errar nisso.

E você tem plena consciência da sua atuação também?
Completamente.

Quando um ator está lutando com uma fala ou com uma cena, e você fez cinco ou seis tomadas e ele simplesmente não consegue, você chega a dizer: "Vamos copiar esta", mesmo sabendo que não vai usar, para o ator ter o alívio de saber que você tem pelo menos uma tomada?
O que eu digo é: "Tudo bem, está ótimo. Essa foi boa". Depois, quando pego a cena, falo para a *script girl*: "Não vamos copiar essa". Tenho o hábito incômodo – para os atores – de interromper a cena na metade. Quando eles erram, não tenho a paciência de ir até o final. Penso assim: Por que deveria? Já estamos ferrados mesmo. Mas às vezes, depois que faço isso duas, três ou quatro vezes, percebo que é melhor parar e deixar ir do começo ao fim, por pior que esteja.

Lembro de uma vez em que uma atriz não conseguia fazer a cena; você precisou refilmar outro dia. Parecia que não tinha jeito de ajudar o trabalho dela naquele dia.
[*Com uma careta.*] É, não por mim. Sempre ouço histórias de um diretor que consegue um desempenho brilhante dessas pessoas que antes nunca mostraram brilho, ou de crianças. Não consigo. Não sou uma dessas pessoas que conseguem tirar uma atuação brilhante de alguém que já não tem aquilo em si. Simplesmente não sei como fazer isso. Até hoje me deixa pasmo. Trabalho com o ator e experimento todos os tipos de subterfúgio, chego até a dizer as falas em voz alta, para ele ou ela ouvirem como eu gostaria que fosse.

Alguma vez você já tirou um ator do set para tentar ajudar o trabalho dele?
Já, houve momentos em que pedi ao assistente de direção que tirasse todo mundo do set e me deixasse ficar lá com o ator e brincar com a coisa. Mas prefiro a medicina preventiva: o melhor jeito de curar o câncer é não ter câncer, entende? E o melhor jeito de conseguir um bom desempenho é contratar um ator que seja capaz.

Os atores chegam a dizer: "Queria ensaiar, passar algumas semanas em torno de uma mesa, lendo as falas e formando um grupo"?

Não. Você não pode esquecer que os atores em geral são tão inseguros e ficam tão contentes de arrumar um trabalho que têm medo de afirmar os desejos deles – se bem que eu estaria aberto a isso, se afirmassem. [*Pausa e sorriso.*] Mas a ensaios, não. Eles não precisam ter medo, só que vários são medrosos. Mas a maior parte não tem nenhum problema em não fazer ensaio nenhum. Ao longo dos anos encontrei o meu jeito e consegui ótimos desempenhos de atores – não preciso *tirar* isso deles. Os atores entram, não ensaiam, têm apenas as partes deles [*as cenas deles, e não o roteiro inteiro*], às vezes entram no set [*estala os dedos*] e vão assim, são simplesmente maravilhosos. E quando veem o filme, não podem ficar mais satisfeitos com o próprio desempenho. Então, ninguém nunca reclamou de mim a esse respeito, nem antes, nem durante, nem depois. Ninguém nunca disse: "Se a gente pelo menos ensaiasse mais isso".

Ninguém nunca reclamou de não receber o roteiro inteiro. Conto para eles como eu trabalho, e mesmo as estrelas que não precisam se preocupar se vão ser despedidas acham que tudo bem. Muita coisa no nosso negócio é lixo, a começar pelas muitas, muitas reuniões, e o tempo sem fim para conseguir tocar o projeto, e o dinheiro gasto, e as pretensões. Pois é, é só uma questão de bom senso, de juntar todo mundo e fazer. Isso é provado o tempo todo por pessoas que não têm dinheiro nenhum, não têm tempo nenhum, se juntam e fazem um trabalho perfeitamente bom.

Por que você não ensaia?

Por várias razões. Uma delas é que me enche. Outra é que basicamente sou um ator cômico; não gosto de fazer a cena até precisar fazer.

Quando eu estava na Broadway com *Sonhos de um sedutor*, odiava ensaiar. O Joe Hardy [*o diretor*] nos fazia repetir e repetir, e eu odiava, mas quando a plateia estava lá, a dinâmica mudava. A eletricidade mudava. Você faz para eles. Se liga neles. Uma química diferente se instala.

***Maridos* e *esposas* tem a cara de um filme em que nenhum dos movimentos da câmera, e inclusive boa parte do que os atores fazem, foi ensaiado, ou mesmo combinado com antecedência.**

O Sydney Pollack fez o filme. Como foi usar como personagem central um diretor que atua de vez em quando?
Foi uma coisa espinhosa para mim, porque eu não podia contratar alguém para um papel tão grande sem fazer uma leitura. Mas eu pensava comigo: Meu Deus, vou fazer o Sydney Pollack ler. E se ele não ler bem? Vou dizer: Sydney, você não vai ficar com o papel? Eu não sabia o que fazer. Claro que ele não podia ter sido mais simpático e compreensivo. Disse: "Me diga se não estiver bom. Não tem problema". Fez com a maior facilidade. E, é claro, assim que começou a ler, foi fantástico.

Você usa um narrador para a história, como faz em muitos de seus filmes. Ele existia desde o início?
O narrador sempre esteve lá. Eu queria uma espécie de estilo de documentário para o relacionamento, e no estilo de documentário vêm as entrevistas. [*Jeffrey Kurland era não só o entrevistador, mas o figurinista desse e de diversos outros filmes.*]

Mas você usa narrador para filmes de estilo não-documentário. Por quê?
Isso vem de duas coisas: ou da minha época de comediante de monólogos, ou do meu desejo de escrever romance. Mas sou muito ligado na voz da pessoa que conta a história. Sei que o Billy Wilder disse isso dele mesmo. Ele usou isso em *Pacto de sangue* e *O crepúsculo dos deuses*. E sinto a mesma coisa. Sinto que me dirigir à plateia, ou conversar com ela na voz do autor ou do personagem principal, é um meio de pegar a todos e conduzir pela experiência junto com o narrador – já que o narrador geralmente sou eu, mas nem sempre.

Mais alguma coisa a respeito de *Scoop – O grande furo* que seja novidade hoje, em termos do que você pretendia ou queria ter obtido?
Não, a única coisa que tenho contra *Scoop* é uma falta de ambição autocomplacente. Acho que não escarafunchei esse filme. Acho que o filme é bonitinho – as piadas são engraçadas, todo mundo representa bem, o público vai dar umas risadas e não vai querer acabar com a minha raça ao sair do cinema. Mas não é ambicioso o bastante. Eu queria fazer uma comédia e me divertir, e mostrar a Scarlett engraçada, contar algumas piadas eu mesmo, e mimar um pouco a mim mesmo,

e acabo com o que no fundo, pois é, é uma comédia ligeira, uma sobremesa. Não vale mais que isso.

FEVEREIRO DE 2006

Você me contou que quando mostrou diversas ideias para o Doug McGrath escolher para fazer uma colaboração com você, ficou surpreso de ele escolher *Tiros na Broadway*.
É. Porque não seria a que eu teria escolhido.

A ideia de que você gostava era uma história política, certo?
Era uma história política, uma sátira que ele não achou grande coisa. Mas ele realmente gostou de *Tiros na Broadway*, então fomos em frente, e saiu muito bem-sucedido. O que fez a história foi a ideia de que o bandido – que é o artista de verdade – mata a garota porque a atuação dela está arruinando a peça.

Fez muito sucesso por causa de algumas coisas. Uma, a fotografia do Carlo era muito bonita. E era de época [*1920*]. Ele sempre conseguia tornar as coisas de época bonitas. E era um *grande* elenco. Todo mundo no elenco, como em *Match Point*, contribuiu para o sucesso do filme. A Dianne Wiest foi brilhante, como sempre.

Pela maneira como você descreve, você dirigiu a Wiest mais do que talvez qualquer outro ator.
Porque ela não conseguia encontrar por onde começar. Ela começou [*pausa*] *hesitante*. Os atores às vezes fazem isso. Lembro das três meninas [*Natalie Portman, Gaby Hoffman e Natasha Lyonne*] no musical que fiz [*Todos dizem eu te amo*], quando elas estão na loja e entra o cara bonito. Eu precisei me *matar* para dizer: "Não, vocês três têm de fazer *assim*" [*faz mímica de quase-histeria*]. Às vezes, a atuação é hesitante porque o ator está inseguro e não consegue acreditar que eu queria que fizesse tanto. O meu instinto para o excesso é muito forte. Então ponho a mão no rosto [*faz um gesto muito amplo*] e quero ver eles irem até o fim. Realmente até o fim. Então eu esperava que as meninas atuassem daquele jeito,

e elas não fizeram. Foram muito mais suaves, muito mais inibidas. Por fim consegui que fizessem, e ficou engraçado na tela.

A mesma coisa com a Dianne Wiest em *Tiros na Broadway*. Não precisei dirigir nada com ela, a não ser aqueles primeiros sessenta segundos. Eu ficava dizendo: "Você realmente precisa fazer que nem a Norma Desmond, realmente exagerada". E nas primeiras vezes acho que ela não acreditou que eu queria tão estúpido como estava demonstrando, mas eu queria, porque nas mãos dela ficou realmente fantástico.

Quando você falou disso pela primeira vez eu tinha entendido que era uma coisa maior.

O que aconteceu de importante [*ri um pouco*] foi no set, mas ela realmente conversou comigo a respeito disso algumas vezes antes de rodarmos. Disse: "Não estou segura com isto aqui. O que você quer? Você acha mesmo que eu devo fazer essa personagem?".

Mas ela também é uma daqueles atrizes parecidas com as meninas que eram minhas colegas na escola. Elas diziam [*representa uma adolescente*] "Ah, eu fui supermal na prova". E eu saía dizendo: "Já eu arrebentei", e elas tiravam 100, e eu tirava

Kenneth Branagh, Joe Mantegna e Judy Davis em *Celebridades*: Woody garante que não chegou a trocar cem palavras com ela, mas juntos fizeram quatro filmes nos anos 90

Tracey Ullman e Woody filmam o longo plano-sequência de *Trapaceiros*: correndo contra o pôr-do-sol

55. Bom, a Keaton era assim, a Mia era assim e a Dianne Wiest era assim: elas não sabem, não sabem, não sabem, mas no fim são brilhantes. [*Dianne Wiest ganhou o Oscar de melhor atriz coadjuvante pelo papel de Helen Sinclair, a diva da Broadway.*]

A Judy Davis se encaixa nessa categoria?

A Judy Davis é um caso especial. Ela e eu nunca tivemos nenhuma comunicação, porque não houve necessidade. Acho que nunca trocamos nem cem palavras na vida, e fizemos três ou quatro filmes juntos [*Simplesmente Alice*, *Maridos e esposas*, *Desconstruindo Harry* e *Celebridades*]. Agora, se fôssemos jogados juntos numa locação, numa casa ou algo assim, poderíamos trocar algumas palavras sem jeito durante sessenta segundos. Mas nunca precisei fazer nenhuma direção com ela. Ela entra no set realmente feito uma grande atriz – intimidante de tão grande para mim.

Como assim?

Tenho medo de dizer qualquer coisa para ela, porque não quero atrapalhar o trabalho dela, não quero dar uma orientação errada, não quero que fique zangada comigo, não quero incomodar [*começa a rir*], não quero fazer barulho. Ela entra no set *fantástica*. Faz o negócio dela *fantástico*. Ela é sempre dez vezes mais fantástica do que escrevi no papel. Ela volta para o camarim e não nos vemos, nem falo com ela até ela voltar para o set outra vez.

Isso por mútua aceitação?
Não tem aceitação porque a gente não conversa. [*Ri.*] Acho que ela gosta de não ser incomodada por um diretor, e eu [*ri*] morro de medo dela. Ela é intensa. [*Pausa*]. Num dos filmes que fez comigo, ela estava amamentando. Uma porção de atrizes está amamentando nos meus filmes. Acho que em *Poucas e boas* a Uma Thurman estava amamentando.

Eu estava lendo o livro do Richard Schickel sobre o Kazan, que é a melhor biografia de uma figura do *show business* que já li, e o Kazan dirigia de um jeito muito diferente do meu. Passava um bom tempo com as atrizes. Ele queria isso, e elas queriam isso dele. Tenho a sensação exatamente oposta.

Claro, acho que não existe um jeito certo ou errado. Consigo desempenhos muito bons do meu pessoal, mas raramente ou nunca falo com eles. E ele conseguia desempenhos excelentes do pessoal dele passando *muito* tempo com eles. O que acho é que se tivesse trabalhado com alguém como o Marlon Brando, que teria sido absolutamente intimidante para mim, nunca teria falado com ele. Quer dizer, o Kazan passava séculos conversando com ele. Agora, eu teria falado com ele se estivesse fazendo um personagem com sotaque britânico e eu não quisesse isso, ou se cometesse algum *tremendo* erro – como se a Judy Davis ou a Dianne Wiest viessem e, de repente, começassem a atuar com sotaque húngaro, ou gaguejando. Mas se um ator vem e representa com o bom senso que o papel exige, nunca falo com ele.

Havia um plano complicado em *Trapaceiros*, com você e a Tracey Ullman na cobertura, contra o pôr-do-sol, que você evidentemente tinha apenas uma ou duas chances de conseguir.
Era difícil porque primeiro tínhamos de fazer um plano de localização, aberto. E fizemos o plano aberto, e todo mundo começou a gritar como sempre fazem, em pânico, como se o *Titanic* estivesse afundando. "Vai logo, o sol está se pondo!". [*Começa a rir.*] "Vai logo, põe a câmera aqui!" E você literalmente vibra feito um diapasão e tem três minutos para fazer, então faz, e depois assiste ao copião e deseja que tivesse com sol suficiente. Acho que fizemos um corte ali em algum lugar, e quando se faz um corte é preciso correr para colocar a câmera e rodar imediatamente no meio da cena, senão se perde a continuidade de luz – para não se notar o movimento do sol.

Você foi contagiado pelo nervosismo de armar o plano?
Fui, fui. Eu principalmente. Fico maluco porque sou o cara que mais sofre. Se não conseguirmos, vamos precisar voltar lá, e alguém grita comigo que estou gastando dinheiro demais, e que preciso sacrificar algum outro aspecto do filme.

Você ficava mais nervoso como ator ou como diretor?
Como ator, não; como diretor, como a pessoa encarregada do projeto, sim. Nunca me preocupo com a representação. Se tenho um problema, invento o diálogo. Nunca me preocupo com o que vou dizer. Isso nunca é um problema.

Vamos nos deter um minuto no seu amor por Nova York, Manhattan em particular. Eu me lembro – tenho quase certeza de que foi durante a filmagem de *Crimes e pecados* – de você procurando imagens filmadas da Nova York antiga, que você disse que podia "demonstrar de maneira totalmente tendenciosa que a cidade era mais bonita naquela época". Sempre existe uma homenagem a Nova York nos seus filmes, pelo menos nos que são feitos aqui, que eram todos, até bem recentemente. Por exemplo, tem um trecho de *Hannah e suas irmãs* em que o Sam Waterston faz uma excursão arquitetônica com a Carrie Fisher e a Dianne Wiest, e em *Maridos e esposas* o Liam Neeson faz a mesma coisa com a Judy Davis e a Mia Farrow. A cidade de Nova York constitui um verdadeiro personagem nos seus filmes.
Pois é, adoro a cidade, sempre adorei e, toda vez que tenho uma oportunidade de mostrar a cidade de um jeito elogioso, eu mostro. Consegui mostrar a arquitetura em si naquela cena com a Carrie Fisher e a Dianne Wiest, e no musical [*Todos dizem eu te amo*] consegui mostrar a cidade nas quatro estações. As pessoas me falam: "Nós não conhecemos a Nova York que você nos mostra. Conhecemos a Nova York do Scorsese; a Nova York do Spike Lee nós entendemos".

Mostro Nova York seletivamente, com o coração. Sempre fui conhecido como um cineasta de Nova York que evita Hollywood, e na verdade difama Hollywood. Ninguém vê que a Nova York que eu mostro é a Nova York que só conheci nos filmes de Hollywood com que cresci – coberturas, telefones brancos, ruas lindas, a orla, passeios de carruagem pelo Central Park. Os moradores locais me dizem: "Cadê essa Nova York?". Bom, *essa* Nova York existe nos filmes de Hollywood dos

A Nova York de Woody é uma cidade que ele aprendeu a amar no cinema, como nesta cena de *Manhattan*, inspirada no filme *Nasci para dançar*, de 1936

anos 30 e 40. A Nova York que Hollywood mostrou ao mundo, que nunca existiu de verdade, é a Nova York que eu mostro ao mundo, porque é a Nova York pela qual me apaixonei. Um amigo me perguntou, quando me viu sair da minha casa em *Hannah e suas irmãs* – mostrando lindas portas preto e branco na East Seventy-second Street – "Onde *ficam* esses lugares? Vi Nova York nos seus filmes com estrangeiros e fãs na Bélgica, na França e na Itália. Quando vim a Nova York, queria ver a Nova York que passei a amar nos seus filmes. É mais bonita nos filmes do que na realidade".

De fato, é, quando escolhi retratar Nova York como personagem num filme de forma significativa foi em *Manhattan*. Fiz o filme em preto e branco porque a maioria daqueles filmes com que cresci era em preto e branco. E naqueles filmes você vê boates e o tipo de rua de que estamos falando; os atores caminhando por Riverside Drive ou pela Park Avenue, ou saindo de casa com casacos de pele e entrando em táxis. E, sabe, aquele lugar em que o Jimmy Stewart atravessa o parque naquele filme [Nasci para dançar, *1936*] cantando "Easy to Love" – a canção do Cole Porter –, foi exatamente onde coloquei a cena com a Mariel Hemingway e eu na carruagem em *Manhattan*, porque foi de lá que tirei a cena. Sinto que nesse sentido não devo nada à realidade nos meus filmes. Essa é a minha visão da cidade, e estou criando uma obra de ficção, é isso o que quero criar.

6 MONTAGEM

JUNHO DE 1972

Woody está na salinha de montagem improvisada no andar superior do escritório duplex de seus agentes, Jack Rollins e Charles Joffe, na West Fifty-seventh Street, em Manhattan, perto do Carnegie Hall. Rodeado por prateleiras que contêm mais de trezentas caixas de filme, ele está sentado com sua barra de chocolate, a sobremesa do almoço (um "filé de cacau", como ele diz), um olhar impiedoso e seu editor, Jim Heckert. Estão curvados sobre a moviola, máquina de edição de filmes anterior à era digital, com uma pequena tela acoplada, tentando fazer um primeiro corte de 25 minutos para uma sequência de *Tudo o que você sempre quis saber sobre sexo mas tinha medo de perguntar* que na versão final não vai durar mais do que quinze minutos. Há milhares de metros de filme para escolher. Como grande parte do diálogo é improvisada, cada tomada tem falas ligeiramente diferentes. Eles passam uma hora para montar cerca de um minuto de filme. Se um deles não gosta de alguma coisa na tela, o outro em geral concorda. Pergunto se essa é a norma.

"Nos oito meses em que montamos *Um assaltante bem trapalhão* e agora este, nunca tivemos um desentendimento sério, tivemos?", Heckert pergunta.

"Isso porque nenhum de nós dois sabe onde estão as risadas", Woody responde, olhando fixamente as imagens na tela, em busca de risadas.

Depois acrescenta, com um suspiro: "Bom, se não der nada certo, podemos transformar isto aqui numa série de seis deslumbrantes *spots* de rádio".

Este é um novo tipo de filme para você. Em *Um assaltante bem trapalhão* e *Bananas*, assim como nos filmes de dois rolos dos Irmãos Marx, do Buster Keaton e do Charlie Chaplin, o comediante e a risada são as únicas coisas que contam. Fotografia, trama, iluminação, acabamento e cenários são secundários. A câmera é colocada na frente do comediante e ele se solta.

O jeito seguro de fazer o meu tipo de filme é subordinar tudo à risada. Basicamente, ou você faz isso ou não sobrevive, porque ninguém vai se importar se a sequência está bonita, só se ela funciona. Usei cenários bem iluminados e tomadas descomplicadas nos meus primeiros filmes e deliberadamente nunca movimentei a câmera em *Bananas*. Esta é a primeira vez que me disponho a fazer um filme ficar bonito sem sacrificar a risada. Não lindo, como *My Fair Lady*, mas com algum estilo.

VERÃO DE 1973

"Escavar uma cova no cemitério deve ser mais engraçado de assistir do que ver dois caras cortando uma comédia", diz Ralph Rosenblum, enquanto ele e Woody montam *O dorminhoco*, em Nova York. Rosenblum, montador de 25 filmes, entre eles *O homem do prego*, *Mil palhaços*, *Longa jornada noite adentro* e *Primavera para Hitler*, fez a edição final de *Um assaltante bem trapalhão* e depois *Bananas*. Hábil montador, além de realista, diz que independentemente de como ele e Woody editem o filme, no final o modo como a plateia vai ver o produto acabado "se reduz, em última análise, a um projecionista italiano ou judeu que fica lendo o *Daily News* enquanto o gerente liga e diz: 'Ei, Eddie, acerta o foco!'".

Rosenblum e Woody juntaram forças quando Woody ficou insatisfeito com o corte original de *Um assaltante bem trapalhão*. Rosenblum sugeriu que Woody usasse música mais alegre; que incluísse pedaços de uma longa entrevista com os pais do malandro pé-de-chinelo Virgil Starkwell (Woody), cuja maior parte havia sido eliminada, como uma ponte engraçada entre segmentos que não se entrosavam com naturalidade; e que acrescentasse mais das entrevistas do narrador Jackson Beck com Virgil, para dar a liga à mistura. (A narração passará a ser um dos recursos favoritos de Woody. Em *Zelig*, *A era do rádio* e *Maridos e esposas*, entre outros, ela é o fio que liga a história.) No entanto, foi preciso disponibilidade para os dois continuarem trabalhando juntos.

"Encontrei com o Ralph na rua quando estava fazendo *Bananas*", Woody me conta depois, "e ele disse: 'Você nunca mais me procurou depois de *Um assaltante bem trapalhão*'. Eu disse: 'Pois é, achei que você tinha vindo ajudar no final e não estava disponível'. Ele disse: 'É, não estava mesmo'".

Enquanto Woody trabalha numa sequência, Rosenblum, homem corpulento, de óculos grossos de armação preta e barba grisalha aparada, trabalha na sequência seguinte; depois, um mostra a sua montagem para o outro e juntos eles fazem algumas mudanças.

Para Ralph Rosenblum, não importa como ele e Woody editem, o modo como a plateia vai ver o filme "se reduz a um projecionista italiano ou judeu que fica lendo o *Daily News* enquanto o gerente liga e diz: 'Ei, Eddie, acerta o foco!'"

["Woody é o contrário da maioria dos autores-diretores que têm problemas em jogar alguma coisa fora", Rosenblum me diria quinze anos depois. "Seu senso de propriedade como escritor é inexistente. Ele era impiedoso com o que jogar fora. Em *Bananas*, eu brigava para manter as coisas no filme. Ele não estava preparado para lidar com todo o filme que tinha rodado. Não conhecia nenhuma das nuances da edição, o que deixar, o que eliminar, o que abreviar, o que transpor. Tecnicamente, era muito difícil de editar. Como cineasta, tinha menos controle sobre o que estava fazendo. Filmava esquetes. E tinha menos segurança. Não era o caso de seguir a história, que era nonsense. Era o caso de tentar preservar todos os vários elementos de alguns esquetes muito engraçados. Eu detestava quando não conseguia fazer algum deles funcionar. Mas ele aprendeu. Agora, não precisa de ninguém como eu."]

Há uma tremenda quantidade de película filmada – cerca de 240 rolos, ou quarenta horas. Isso precisa ser reduzido para cerca de noventa minutos.

"Para mim, a coisa mais importante para arrancar do Woody era o que ele considera a sua melhor leitura de uma piada ou o seu melhor desempenho", Rosenblum continua. "Não consigo lembrar de nada que ele tenha refilmado que não tenha sido com ele mesmo."

No entanto, em muitos casos, a primeira tomada é a melhor, pelo menos enquanto a cena permanece inalterada. Às vezes, como no final de *O dorminhoco*, grande parte é reescrita, depois refilmada, e fica melhor que o original.

"Mas quando se trata da coisa física", Woody diz, um dia, depois de refilmar uma cena, "sempre sinto que a primeira tomada será a melhor, igual a levantar pesos – a primeira pegada é a que vai ser a mais forte. Quando eu estava lutando na fazenda do futuro [Woody se envolve numa briga com um zelador e eles repetidamente escorregam numa casca de banana de 2,5 metros], as primeiras tomadas foram realmente bem. E depois, quando assisti, pensei: Ei, não achei que eu soubesse fazer isso tão bem. Vou voltar e aperfeiçoar de verdade. Mas nenhuma das tomadas refeitas ficou tão boa, mesmo eu tendo o benefício de ter visto a coisa anterior e saber que era engraçado. Nunca melhoro nenhuma dessas coisas."

Woody projeta versões do filme para amigos ou amigos dos amigos e observa onde a plateia como um todo deixa de reagir. Então, por mais que gostem individualmente da cena ou da piada, ele corta fora. Uma cena eliminada, uma sequência de sonho numa planície de sal do deserto de Mojave, poderia ser, visualmente, a melhor do filme.

NOVEMBRO DE 1987

Estamos no Manhattan Film Center. Woody e Susan Morse, conhecida como Sandy, sua montadora desde *Manhattan* (1979), trabalham nas cenas 42 e 43 de *A outra*, que ficam a cerca de um terço do filme. Trabalham conversando suavemente, de maneira ordenada. Três assistentes de edição garantem a metragem necessária a qualquer momento. Woody está relaxado, mas rigoroso. Ele olha de perto cada fotograma, experimenta obstinado variante após variante de uma cena, até sentir que está o melhor possível. Como no princípio de sua carreira, não tem nenhum sentimentalismo em relação a falas e tomadas, independentemente do quanto goste delas; se não funcionam, são eliminadas.

Ao longo da parede, acima da máquina de edição, há pranchetas de 28 por seis centímetros com o número de cada cena ao lado de uma descrição sucinta.

Os assistentes de edição cumprem diversas tarefas em bancadas de 7,5 metros por seis. Catorze tomadas e restos de cortes presos nos buracos de projeção com clipes abertos pendem de uma barra horizontal para dentro de um cesto de lona semelhante aos sacos de roupa suja de hotel. Outros oito rolos de tomadas estão em cima de um balcão; três em cima de uma das duas montadoras Steenbeck, que são moviolas modernas. (Woody diz que a segunda Steenbeck foi uma grande ideia, porque "podemos fazer mais — e porque um dia eu vim aqui louco para avançar com o trabalho e a máquina estava quebrada".) A ordem predomina em todos os momentos. Em questão de segundos, um assistente de edição é capaz de encontrar uma tomada solicitada de uma hora para outra.

A cena é uma em que Gena Rowlands segue Mia Farrow, mas é difícil mostrar as duas na distância adequada. Enquanto olha as várias combinações, Woody nunca diz que alguma coisa está boa. O máximo que pode acontecer com uma boa escolha é murmurar: "Essa não está tão ruim".

A minha tendência é esquecer de vez a tomada com a lente de cem milímetros. Faz parecer que a Gena está mais perto do que está.

SUSAN MORSE Vamos só dar uma olhada. [*É um plano de pés. Mia entra na sombra, o quadro fica todo preto, depois os pés aparecem.*]

Vamos tentar começar com ela saindo do preto. [*Não fica bom.*] Não dá a sensação de movimento. Deixa ela entrar e sair da sombra. Não estamos criando distância suficiente entre elas. Parece que a Mia tinha de estar no quadro junto com a Gena [*diante de uma janela iluminada por onde ambas passam.*]

SUSAN MORSE Quer usar a segunda tomada da *dolly*? [*A câmera se desloca para acompanhar a ação.*]

[*Experimentam e balançam a cabeça, aceitando.*] Vamos terminar bem, porque isso tudo funciona, de uma forma ou de outra. A questão é a seguinte: uma combinação é mais divertida que outra? Os dois primeiros cortes até que passam. No terceiro, precisamos fazer alguma coisa. A gente quer ver a distância entre elas. A única tomada que não olhamos é o plano geral da semana passada. Vamos dar uma olhada e ver se ele é mágico?

[*Funciona bem, mas o corte seguinte não traz ajuda para a progressão da cena. Ele sacode a cabeça, ainda olhando a tela.*]

Não está suave. [*Faz uma pausa para pensar um minuto.*] Vamos esperar e pensar nisso. [*Nenhuma solução se apresenta e ele fala com resignação.*] Com o conjunto de sabedoria da *script girl*, minha e do Sven [*Nykvist, o diretor de fotografia*], mesmo isto aqui não ficou lá essas coisas.

SUSAN MORSE [*Nada disposta a admitir a derrota.*] Não está tão ruim quanto você pensa.
[*Ligeiramente animado com o otimismo dela*] Vamos falar disso. Podemos usar os pés da Mia, depois a última parte da tomada da Gena.

SUSAN MORSE As opções são a cinquenta [*milímetros, lente usada na tomada*], a fixa [*sem movimento de câmera*] e a cem [*milímetros, lente usada na tomada*]. Tem também a sombra [*de Mia Farrow na parede*].
Na cem, já perdemos o barco. [*Uma das frases favoritas dele, querendo dizer que é tarde demais para fazer alguma coisa. Mesmo assim, concorda em olhar. Depois continua.*] Podemos tentar da Mia para a Mia – da cem para a esquina. [*Duas tomadas de diferentes perspectivas, com lentes diferentes. Ele fala, enquanto Sandy está preparando a cena.*] Se funcionar, vai ficar muito melhor para nós. Podemos ir para a cinquenta e mudar a sombra para o ponto onde você queria experimentar, ou trocar a sombra pelos pés [*a tomada dos pés dela andando*], porque os pés são menos arriscados. Se a gente conseguir a fluidez desse corte, vai nos ajudar. [*Mas depois de ver isso ele ainda está infeliz.*] Filosoficamente falando, não te incomoda ela sair nessa direção e depois virar numa curva fechada para a outra? [*Ela vai numa direção na primeira tomada, depois se desloca em ângulo diferente na seguinte.*]

SUSAN MORSE Para mim seria um problema se houvesse um ângulo agudo aqui.
É exatamente isso que está acontecendo. [*Uma pausa enquanto assiste.*] Isso vai funcionar. Estou sentindo que vai. [*A montagem agora mostra Mia atravessando a rua, corta pouco antes de ela chegar à esquina, depois a pega na faixa de pedestres. Fica uma cena mais integrada.*] Está melhor. O olho corre mais fluido. [*Ele faz uma pausa, sorri.*]

Nesta sequência de *A outra*, um complicado quebra-cabeças que Woody e Susan Morse levaram horas e horas para montar

Fico com essa. [*Mas quando assiste de novo, o sorriso desaparece.*] Não funciona. Vou ter de filmar isso de novo. Tentamos de todos os jeitos concebíveis e está sem graça.

SUSAN MORSE [*Ainda não disposta a desistir*] E o plano geral [*que revela muito mais espaço à direita e esquerda de Mia*], e depois a tomada de cem [*milímetros, mais fechada*]?

[*Esperançoso outra vez*] Uhm-hum. Vamos dar uma espiada. O que também pode funcionar, embora eu não goste de cortar assim, é fazer uma dupla edição do plano geral [*usar partes do plano geral duas vezes na mesma cena. Decidem experimentar mesmo assim. Enquanto Sandy e os assistentes juntam os pedaços dessa versão, ele continua*]. Se a montagem funcionar direito aqui, então a lógica está certa, e a Gena não fica parecendo uma boba por chegar à esquina. [*Mas depois que assistem, ele não se entusiasma.*] Simplesmente não é uma sequência bem editada. Acho que não funciona. Você poderia tentar a sombra aqui, para ver se funciona e ter uma sensação da coisa. [*A sombra é introduzida. Ele de repente se anima.*] Acho que vai funcionar. Tivemos sorte com essa parede – a textura e a geometria. [*Há uma pausa enquanto ele se anima ainda mais.*] Estou começando a sentir melhor agora. [*Ele se afasta da máquina de edição.*] Então a muito discutida tomada de cem milímetros encontra o rumo da lata de lixo, relegada ao rolo de sobras para sempre.

[*Duas horas e vinte minutos se passaram. Ele se levanta para ir à sala do escritório, enquanto Sandy e os assistentes se preparam para a próxima cena. Num aparte, ele diz, com um toque de perplexidade: "Quando o Sven e o Ingmar estavam filmando* Cenas de um casamento, *eram obrigados a rodar vinte minutos de filme utilizável por dia, porque não tinham dinheiro para se demorar. Chegavam de manhã, ensaiavam, filmavam dez minutos, almoçavam, ensaiavam, filmavam mais dez minutos".*]

Mais adiante na mesma semana, Woody e Sandy estão trabalhando na cena em que Marion escuta o irmão Paul num barracão. É uma manhã de outono, as folhas em tons brilhantes de vermelho e laranja. O que vemos primeiro é um menino, depois a câmera faz uma panorâmica para fora da porta e Marion adulta entra em quadro pela porta de tela. Woody queria que a câmera fosse para uma silhueta de Paul, mas o barracão era pequeno e cheio de coisas, foi difícil demais conseguir o ângulo certo. Em vez disso, ao ver o que tem, Woody dá um soco na mesa, depois afunda o rosto nas mãos. "Merda, vou me matar. Isto é tão prosaico em comparação com a tomada que eu queria fazer. Pensei nela na hora, e agora é tarde demais. O ator está com uma peça em Filadélfia, seria um problemão voltar até aqui, e além disso, não temos mais as folhas."

Eles continuam e montam o que está ali.

SUSAN MORSE Ainda quer a música no fim disto aqui?
[*Calmo, agora.*] Agora não precisamos mais. O plano funciona.

Faz uma pausa e nós dois vamos para a sala de projeção, onde podemos sentar e conversar. Na área de escritório, entre a sala de montagem e a sala de projeção, Jane Martin, sua assistente e grande amiga, está xerocando os roteiros do *Mary Tyler Moore Show.*

[*Bastante surpreso*] Por quê?

JANE MARTIN Para ver como se escreve uma *sitcom*.
Imaginei que você ia querer saber como *não* se escreve uma *sitcom*.

Nos acomodamos em duas poltronas.

A maior parte das pessoas com quem você trabalha nos seus filmes está com você há muito tempo.
Não vejo razão para mudar se as pessoas estão fazendo um bom trabalho. Prefiro relações duradouras.

Sem dúvida é o caso da Sandy Morse. O Jim Heckert trabalhou em alguns filmes no começo. O Ralph Rosenblum fez seis, e este é o décimo segundo da Sandy. [*Ela fará 22 filmes antes de ir embora, em 1999.*]
O Jim Heckert fez *Tudo o que você sempre quis saber sobre sexo mas tinha medo de perguntar* porque filmei na Califórnia, onde ele mora. Mas senti uma relação

mais profunda com o Ralph porque fiquei próximo dele – pelo menos profissionalmente – em *Um assaltante bem trapalhão* e depois em *Bananas*. Além disso, ele morava em Nova York e em vários sentidos falávamos a mesma língua. O Ralph e eu nos separamos depois de *Interiores*. Ele tinha outros interesses, então achei que devia procurar outro editor, e para ele também foi bom. Procurei entre os principais montadores e aí recebi um telefonema da Sandy, dizendo que queria trabalhar comigo. Pensei: Não tinha me ocorrido trabalhar com ela. É bem jovem.

Mesmo ela estando constantemente com você e o Ralph na sala, como uma das assistentes dele, parece que você mal a conhecia. O que te fez se decidir por ela?
Ela é naturalmente uma pessoa de fala mansa. Estava trabalhando apenas como assistente, ou mesmo como segunda assistente, pelo que sei. Nem lembro. Sei que ela ficava pendurando restos [*trechos cortados de tomadas e não usados*] e separando pedaços de filme que não seriam mais usados. E eu realmente gosto de me sentar lá e montar. Então uma noite recebi um telefonema da Sandy. Antes disso, eu mal havia trocado duas palavras com ela. Ela disse: "Se você não tem um editor, eu adoraria trabalhar com você". E pensei comigo: Por que não? Eu acompanho toda a edição, não entrego para ninguém. Isso pode dar absolutamente certo, porque é uma moça nova e eu não vou precisar trabalhar outra vez com alguma espécie de excêntrico. O Ralph tem as pequenas loucuras dele. Eu disse para a Sandy: "Por mim, tudo bem, mas queria que você soubesse que quero poder trabalhar aos domingos e a qualquer hora, e não quero sair para o almoço – você conhece aquela história com o Ralph: 'Meio-dia, vamos fazer nossa hora de almoço'". Ele sempre olhava para mim e dizia: "Pois é, vamos terminar o filme uma hora mais tarde. Você entrega em catorze de março, às duas da tarde, em vez de uma". [*Ele ri.*] Isso me deixava louco. Ela não estava em posição de dizer não, porque queria passar de assistente a montadora, e estava em busca de uma oportunidade. A Sandy cresceu em segurança. Ela realmente controla a sala de montagem e é imensamente responsável. Temos um ótimo relacionamento. Foi uma grande sorte minha ela telefonar aquele dia, porque nunca teria me ocorrido chamar a Sandy, sendo tão jovem.

Como está se sentindo com *A outra* até este momento?
Até agora tem sido uma das coisas mais tranquilas que fiz em muitos anos – abaixo do orçamento e pronto para as refilmagens. E neste ponto estou otimista sobre o filme no seguinte sentido: as cenas individuais saíram boas. Juntar todas é outra coisa, inteiramente diferente, e quando olho o resultado final, a minha sensação pode ir desde uma esmagadora decepção, que *pode* acontecer, até uma surpreendente excitação, que *nunca* aconteceu. O mais provável é que vá da esmagadora decepção até um ponto intermediário, onde se pensa: Bom, uma parte funciona lindamente, mas é evidente que ou não constrói um clímax grande o bastante, ou começa muito devagar, ou tem cenas demais numa enfiada, ou não sabemos o suficiente sobre o personagem para fazer funcionar. Em geral, a minha experiência tem sido que são mais coisas individuais do que um grande problema, e você simplesmente quer morrer. Na primeira vez que assisti a *Setembro*, eu sabia que precisava fazer tudo de novo. Senti isso com *Zelig* quando vi pela primeira vez. *Manhattan*, duas semanas depois que o filme saiu, eu queria comprar de volta. Lembro de dizer ao Jack Rollins [*empresário dele*]: "Com a cancha que tenho, não consigo acreditar que tenha feito esse filme".

Nesse e em muitos outros filmes você corta bastante no tempo, para lá e para cá.
É fácil brincar com o tempo no cinema. Não é como no palco, onde você está preso a estar presente ali naquele momento. É feito um romance em que você pode estalar os dedos e estar mil anos antes ou depois. É muito mais difícil no palco. Isso foi feito até certo ponto em *A morte do caixeiro-viajante*, e deu bastante certo, mas é difícil e exige grande habilidade.

Como você costuma se sentir depois que monta um filme e projeta o primeiro corte inteiro pela primeira vez?
Eu sempre, sempre tive uma sensação de desapontamento ao ver os filmes pela primeira vez. Por isso é que tenho certeza que vou ficar decepcionado quando assistir a este filme. Claro, as cenas individuais estão lindamente editadas, mas a questão, claro, é como elas se somam. Grande parte do meu trabalho é feita retrabalhando, reescrevendo, remontando, como em *Hannah*

e suas irmãs, onde toda a segunda festa de Ação de Graças foi feita depois da filmagem inicial.

Uma semana depois, estamos assistindo aos copiões da cena 74, o sonho de Marion [*Gena Rowlands*], em que ela entra na sala de um psiquiatra e vê Hope [*Mia Farrow*], depois seu pai [*John Houseman*]. Foi originalmente filmada com Marion conversando com o psiquiatra, depois ele saindo de campo, e depois visto mais tarde. A cena foi refilmada de modo que o psiquiatra ficasse ao fundo, ligeiramente desfocado. É um plano contínuo de Marion entrando no hall, ela abre a porta, vê Hope e o médico, escuta os dois, vê Hope sair e depois seu pai entrar.

Assim é mais eficaz e tem mais clima de sonho, mas houve uma rara falha de comunicação com o *cameraman* sobre o ponto para o qual Marion devia olhar depois que seu pai entra. Parece que olha para um lugar onde ele não está; a equipe de câmera pensou que era assim que Woody queria. Além disso, o olhar dela é catatônico, e não curioso como Woody acha que deveria ser. Ele normalmente não diz nada até terminar o copião, mas agora ele solta: "Meu Deus, para onde ela está *olhando*?".

As várias tentativas com Sandy de cortar em torno do olhar vazio não funcionam, porque Woody não quer o pai entrando no quadro vazio. Como vai ser preciso refilmar, Woody e Sven conversam na sala de montagem sobre como fazer para a tomada ficar mais fechada – há mais teto e paredes do que o necessário – e também como mostrar o rosto do pai quando ele entra, assim como o rosto de Marion, para todo mundo saber que é o pai dela e não um paciente mais velho qualquer. Dois assistentes de montagem examinam as tomadas para ver se alguma tem um ângulo que possa render um bom corte. Woody e Sandy projetam as tomadas insistentemente. Durante esses quinze minutos, Sven fica perto, observando, enquanto o produtor Bobby Greenhut e o diretor de produção Joe Hartwick se mantêm um pouco afastados, temendo os custos de mais um dia de filmagem, mas sentindo que não há como evitar. Depois de decidir que não há alternativa senão refilmar, Woody se levanta e diz: "Bom, avante, e para o lado".

A necessidade de refilmar significa que John Houseman, que tinha volta marcada para o dia seguinte, pois até um momento atrás seu trabalho havia terminado, vai agora atrasar sua partida. Todo mundo aceita essas mudanças com calma e serenidade.

"Depois de anos e anos disso, você se acostuma e não é tão deprimente", Greenhut diz depois. "De cada dez filmes, em nove você ficaria com aquele corte [contornaria o problema deixando o pai entrar no quadro vazio] que Woody e Sandy encontraram. Mas ele quer que fique perfeito. A Orion [que financia e distribui o filme] sabe que fazemos isso, mas provavelmente não a esse ponto. Mas desde que a gente fique dentro do orçamento, tudo bem. E ninguém da produtora assiste aos copiões, então não vão saber."

JANEIRO DE 1988

Woody esperava ter um primeiro corte do filme para mostrar agora, mas me diz que ainda falta um pouco. "Ainda está meio picotado. Vi o primeiro rolo [um rolo dura dez minutos] e não estou satisfeito com muita coisa. Eu ficaria desanimado se projetasse o filme inteiro agora. Tem muitos cortes [tomadas individuais dentro de uma mesma cena] e cenas faltando. Acho que consigo consertar as coisas com dez dias de refilmagem. São mais problemas técnicos que qualquer outra coisa, principalmente no começo. Há uma enorme disparidade entre o que a Marion [a personagem principal e narradora] diz e a maior parte do que nós filmamos. Se deixássemos como está, o filme não acabaria nunca. Preciso deixar o começo mais sucinto para encaixar com a narração."

Pergunto se ele pode explicar o problema básico. "O filme começa devagar porque há uma porção de apresentações. Fiz uma porção de cortes e usei um recurso que não uso há muitos e muitos anos, uma sequência pré-títulos [mostrar parte do filme antes dos letreiros], e espero que isso vá apressar o começo." Quando pronto, ele terá reduzido à metade a narração do primeiro rolo.

Depois de um considerável trabalho adicional, ele assiste ao primeiro rolo inteiro outra vez. Anima-se durante a projeção. "Já estou gostando cem vezes mais", diz, depois de alguns minutos. "Ela está com muita energia, e o filme avança muito mais depressa com esses cortes." Mas depois que os dez rolos são projetados e o filme termina, ele diz: "Uma grande ideia para uma comédia foi sacrificada no altar da arte".

Por sugestão de Sandy Morse, ele usou o terceiro movimento das "Trois gymnopédies", de Erik Satie, como música de abertura. Experimenta "A morte e a donzela", de Schubert, mas não gosta de imediato: "É movimentada demais, movimentada demais. Volta para o Satie".

Woody apoia a cabeça no braço direito, em cima da Steenbeck, ouve as tomadas da narração emocional de Hope [Mia Farrow]. Depois de ouvir todas, diz: "Traz a Mia de volta. Ela está chorosa demais. Vamos precisar fazer de novo. Quero que ela leia mais devagar, mais tranquila. Ela pode chegar às lágrimas no fim, mas agora está histérica demais, e isso não é interessante". Depois de alguns segundos, acrescenta: "É difícil julgar o que se quer esclarecer e consolidar para o público. Não quero perder nada que possa dar ao público um pouco de conhecimento que torne mais interessante assistir a este filme".

No dia seguinte, Woody está de volta à sala de edição com a narração de Mia regravada. Alguma coisa ainda não está certa. "É enlouquecedor", ele diz. Experimenta uma tomada que se detém em Marion muito mais tempo antes de ir para a voz de Mia. O efeito é retardar a ação, que é o que ele quer. Ele continua: "O ideal que queremos é que fique no meio, entre a angústia chorosa de ontem e a leitura mais branca de hoje. Estou tão obcecado com isso porque, se a plateia não aceitar, se este momento não der certo, não temos nada". Ele experimenta outra variação. "É como no texto: a gente fica obcecado em cima de algumas palavras, mas em filme é muito mais complicado."

Depois de mais de duas horas de colocação da narração e afinação da cena, ele diz, sem emoção: "Não vai funcionar". Depois: "Tem alguma coisa errada aqui". Depois: "O quê que está errado aqui? Tenho quase certeza que é a narração da Mia. Ainda está mais rápida do que eu gostaria".

Depois de alguns minutos, ele experimenta de novo.

Passa mais uma tarde mudando cenas de lugar ou propondo novas ideias. Uma das sugestões implica trocar ou mudar a ordem de treze cenas. Por fim, ele se afasta da Steenbeck, ainda sem saber direito qual é o problema.

Levanta-se para ir embora e encerrar o dia. "Graças a Deus", diz, ao sair pela porta, "o público só vê o produto acabado."

No começo de fevereiro, ele finalmente tem uma edição que está disposto a mostrar a uns poucos amigos. Enquanto ocupam seus lugares na sala de projeção, ele diz, ao irmos para os nossos: "Se eu tivesse feito direito, teria feito dois filmes: este e um cômico, no qual escuto a Keaton ou a Mia e corro para fazer tudo o que elas quiserem. Esse seria o que faria dinheiro e teria sucesso, e este aqui seria o que eles vão cortar para fazer palhetas de tocar guitarra".

JULHO DE 1988

Uma sala de mixagem na Forty-seventh Street com a Broadway. É o primeiro dia do processo de mixagem de todos os sons de *A outra*, além de incluir os sons secundários, como passos, portas fechando e assim por diante. Woody quer ver como está indo o trabalho, supervisionado por Sandy Morse. Dois técnicos estão sentados diante de um console computadorizado com centenas de botões. Os técnicos rodam os primeiros sete minutos do filme. Woody diz que uma fala na próxima tomada está um pouco limitada e pede para mudarem o balanceamento do som em algumas outras, porém, no mais está tudo bem. Com uma advertência, ele diz a Sandy e aos técnicos para continuarem como vão indo. "Nada de surpresas. Nada de grilos, nem gente dando a descarga, nem pássaros cantando."

No carro que nos leva de volta à casa dele, vamos conversando sobre as semanas de montagem e refilmagem de algumas cenas que ele fez.

A gente quer fazer mudanças no filme, não na página impressa. Muda-se tudo o que é possível na página impressa, mas no fim, é preciso fazer o filme, editar tudo e colocar a música – então você olha. E de repente tudo fica claro. Você entende que só precisa de uma ceninha minúscula, e aí a plateia entende que você ama a garota. Não precisa de quatro cenas. Meus filmes são feitos de fato depois que consigo fazer esse primeiro tratamento da montagem. Depois, vem aquele momento horrível em que você projeta o primeiro corte e pensa: Isto está chato. Não é tão ruim nesse estágio, porque dá a sensação de que é possível arrumar as coisas. Mais tarde é que fica brutal, quando não dá mais para arrumar nada.

Você planeja isso nos seus orçamentos, ou trabalhar desse jeito é uma espécie de luxo?

Não é luxo, porque eu preciso me limitar ao orçamento ao fazer isso. Um filme respira, é orgânico, e você vai com ele aonde ele te leva. Quando estamos fazendo o orçamento, o Bobby [*Greenhut*] diz: "É um filme de dez milhões de dólares". Eu calculo que preciso de oito milhões, mais dois milhões de refilmagens. Então as refilmagens estão previstas desde o começo.

FEVEREIRO DE 1989

Woody e Sandy estão sentados à Steenbeck, editando *Crimes e pecados*. É o terceiro filme numa rápida sucessão; o trabalho frequentemente se sobrepôs em *A outra* e *Édipo arrasado*.

Sandy propõe uma mudança na ordem da cena. Woody se levanta para dar uma olhada na decupagem cena a cena na viga da parede acima deles, que tem uma lista de trechos de ação ou diálogo, e está marcada com cores para o ator principal. Por exemplo: 37. Babs para Cliff: "Não posso dizer"; 39. Jack e Judah: "Um atacante?"; 65. Judah vê os olhos de Del; 73. Culpa: Judah c/ Jack.

"Este não é o nosso filme", Woody diz, intrigado, olhando na extrema esquerda. "Cadê o nosso filme?" Sandy ri e diz: "Tem três filmes aí, e são todos nossos".

Há quinze colunas de listas. A primeira tem trechos de *Édipo arrasado*. A quinta tem material de *A outra*. Da dois à catorze, é *Crimes e pecados*.

Woody filmou a maioria das cenas como planos-sequência, o que ao mesmo tempo limita suas escolhas e torna a montagem mais fácil. Está preocupado porque parte do filme ficou palavrosa. "Dá para disfarçar isso com movimentos de câmera e caminhadas, mas é muito diferente de filmes sem palavras, como *Gritos e sussurros*", diz ele. "Mas este é um filme de época, não lida com a sociedade high-tech contemporânea. As pessoas andam, sentam, falam. São palavras, não atos."

Ele volta a uma cena do começo do filme, em que Cliff, o personagem dele, volta para casa depois de assistir a um filme com sua sobrinha, Jenny, e a esposa,

Wendy (Joanna Gleason), pergunta onde ele estava. Ela está melhor na primeira tomada, e Woody, na segunda.

Você talvez goste mais da segunda.

SUSAN MORSE Na verdade, da primeira.
Ela está mais brava na primeira. Eu estou melhor na segunda.

SUSAN MORSE [*Sorrindo.*] Achou que eu ia gostar mais da segunda porque nela você está melhor?
[*Dá de ombros e sorri de volta.*] Não tem nada em jogo aqui. Não é uma das minhas grandes frases que estou matando.

MARÇO DE 1989

"Bom", diz Woody, depois de ver montada a primeira versão de *Crimes e pecados*, "a boa notícia é que ficou melhor do que eu pensava, a não ser por alguns cortes e ajustes obviamente necessários. A má notícia é que a história minha e da Mia não funciona." (Os dois se conhecem; trabalham juntos num documentário; ele se apaixona por ela.) Mas ele não está aflito. "Talvez eu nunca tenha me sentido tão bem neste estágio. Pelo menos não estou com vontade de detonar tudo."

O filme terminado é o mais reescrito e refilmado de seus filmes até agora. Ao longo das semanas seguintes, ele joga fora um terço inteiro da história e reforma a narrativa e a trama; por fim, terá refilmado, pelo menos uma vez, oitenta das 139 cenas. Na versão original, Hally (Mia Farrow) trabalha como assistente social geriátrica, e não como a produtora de televisão que faz no filme acabado; é casada com um editor de revista que a plateia fica conhecendo e também tem um caso com um homem que a plateia vê brevemente como Cliff (Woody), que também é casado, e cuja sobrinha, Jenny (Jenny Nichols), a segue em segredo pelo Central Park (ela não é casada na versão final do filme, nem está tendo um caso); o documentário que Cliff faz para poder passar mais tempo com Hally, por quem se apaixonou, é sobre ex-artistas de *vaudeville*, pacientes num asilo em que ela trabalha, não o engraçado e nocivo filme-dentro-do-filme que ele faz sobre seu cunhado Lester (Alan Alda); e o final mostra Cliff se fazendo passar por produtor de televisão numa cena de casamento cheia de clima, para poder alimentar uma ligação com uma aspirante a atriz, feita por Sean Young, com quem ele é surpreendido numa posição indelicada quando uma cortina do salão de baile se abre acidentalmente: o personagem dela não aparece no filme acabado. A última tomada da versão original é dele com Jenny, sua única amiga de verdade; na versão final, é a sequência com Cliff e Judah (Martin Landau), o oftalmologista que se dá bem com o assassinato de sua amante, Del (Anjelica Huston); a plateia vê que ele está em paz com seu crime — e isso leva ao rabino Ben (Sam Waterston) dançando com sua filha no casamento dela. Além disso, a história com Cliff e Jenny é muito mais forte na primeira versão do que na final, assim como a história de sua irmã em busca de romance, Babs (Caroline Aaron).

A reforma do filme começa, naquilo que passou a ser uma prática usual, com Woody e Sandy Morse na sala de projeção dele. Ao longo de várias horas seguintes, eles discutem como remodelar o filme.

Sobre a história de Judah, ele pergunta: "Fomos rápido demais?".

"Você não vai querer um monte de explicações para deixar as coisas mais lentas", diz Sandy.

"Certo. Uma das questões é saber se o aspecto religioso no começo está forte o suficiente. Colocado de outra forma, queremos deixar mais claro o argumento do filme: nenhum poder superior vai nos punir pelos nossos erros, se conseguirmos nos safar? E, sabendo disso, você precisa escolher uma vida justa, ou será o caos, e é porque tanta gente deixa de fazer isso que existe o caos. Daí prosseguimos para comprovar ou reprovar isso."

Os dois andam pela sala. Woody continua pensando alto, infeliz porque, nas duas primeiras cenas de Judah e Del, que ameaça revelar que Judah se apropriou indevidamente dos fundos de uma associação de caridade, se ele terminar o caso, Del está histérica. Depois ele pensa na cena de Judah com seu irmão Jack (Jerry Orbach, que arranja para Del ser assassinada). Ele está insatisfeito com um Judah tomado de culpa que diz: "Como nos tornamos o que somos?", e quer refazer.

"O Judah é secular, mas há uma fagulha da religião, daquela época em que empurram a gente para isso quando era criança", diz ele. "Sinto que recebemos dois blocos de informação no começo: Judah e seu segredo [o caso com Del] e também a coisa religiosa. Quero juntar tudo numa coisa só no começo. Eu tenho o flash dela na cabeça dele enquanto ele está fazendo o discurso?" (O filme começa com Judah recebendo uma homenagem por seu trabalho beneficente.)

Depois de uma hora e meia disso, eles pedem o almoço e passam para Hally (Mia Farrow). Woody continua caminhando enquanto fala.

"O que queremos com a Mia é a linha essencial: a gente se conhece, eu me apaixono. Descobrir que ela é casada é um atraso, mas ainda é viável." Ele se detém para pensar e conclui: "É um obstáculo introduzido artificialmente — o marido dela que eu não sei que existe. Encontro uma garota, alguém que se pensaria madura e sóbria demais para o Lester, e ela acaba com ele. Então eu convenientemente deixo de notar a aliança de casamento durante pelo menos uma semana. Não tem mais nenhuma consistência na história com a Mia. É todo o jogo lento de informação arbitrária".

"Para mim, o que está faltando é só uma sensação de que ela pode ir até você", diz Sandy. "Queria que você tivesse mais razão do que tem para ter esperança. Queria mais intimidade na cena do champanhe [depois que Hally conta a Cliff, em sua sala de montagem, que a televisão pública está interessada no filme sobre um professor que ele vem filmando há anos] e no clube de jazz [aonde Cliff, sua esposa, Hally e o marido vão uma noite. Na versão final, a cena é com Cliff, sua mulher, Hally, e Lester].

Woody sacode a cabeça. "Aqui não tem nenhuma trama especial com a Mia. Tudo está se fragmentando, tentando encontrar alguma coisa." Ele experimenta, sem sucesso, diversas direções para encontrar um caminho. "A ideia original era que ela é casada e está tendo um caso. Por quê? E o que isso nos dá?" Ele trabalha as ramificações de diferentes diálogos e conclui que precisa perder a divertida e bonita cena em que Cliff e Jenny seguem Hally pelo Central Park. "Me parte o coração não poder ir atrás dela."

Woody agora refaz cenas falando alto com diferentes vozes. "A surpresa tem de ser que ela escolhe ele. Em comparação, a história de Judah tem coisas muito maiores acontecendo." Depois de um longo silêncio, ele experimenta algumas cenas possíveis com Lester e o professor, mas acaba vazio, depois passa para as cenas com a irmã de Cliff. Durante a hora seguinte, repassa possíveis diálogos para diversas cenas e depois volta ao problema de Cliff e Hally.

"Isto serve para alguma coisa?", ele pergunta, experimentando outro rumo. "Eu sou casado e me apaixono por Hally porque o meu casamento não é muito feliz. E ela é solteira, estou me apaixonando por ela e o Lester está largando dela de um jeito superficial, e ela finalmente me diz: 'Você é casado', e eu penso que é isso o que está atrapalhando, quando na verdade ela só está sendo educada. Depois ela vai a Londres, para fazer um programa sobre povos estrangeiros..." Ele ergue as mãos. "Não adianta. É masoquista demais, que nem um filme alemão dos anos 20."

No meio da tarde, depois de discutir muitas variações de trama e mudanças de personagem, ele tem uma ideia clara do que precisa fazer. "Pode ser uma especulação neurótica", diz, "mas gosto de espremer e espremer até onde dá para ir. Seria autodestrutivo não fazer isso." Encolhe os ombros. "O pior que pode acontecer é as pessoas se chatearem comigo e me custar dinheiro."

São dez cenas para reescrever e refilmar, conferir e providenciar a disponibilidade de atores e locações. "Só precisamos de uns truques", diz Woody. Aparece um pequeno sorriso. "Uns truques de um milhão de dólares."

SETEMBRO DE 2005

Você se envolve com os detalhes de cada etapa do filme, e notei que não delega nenhuma parte da sua criação, chega até a montar um primeiro corte com tomadas que já selecionou.

Para mim, o cinema é um produto feito à mão. Outro dia, estava assistindo a um documentário sobre montagem na televisão e os muitos cineastas maravilhosos que eram bons editores, e todo mundo falava brevemente sobre a maneira como eles montavam. Anos atrás, entregavam tudo a um editor. Ou tem gente que conheço que termina de filmar e sai de férias, deixa o editor fazer um tratamento; depois volta, confere e faz as suas mudanças.

Eu não consigo fazer isso. Seria impensável para mim não estar presente em cada centímetro do filme – e isso não tem nada a ver com ego, nem com vontade de controlar; eu simplesmente não consigo imaginar nenhum outro jeito. Como eu poderia não estar presente na montagem, na musicalização, uma vez que sinto todo o projeto como um grande projeto de escrita? Você pode não estar escrevendo à máquina quando passa da fase do roteiro, mas quando está escolhendo locações e o elenco, e no set, na verdade você está escrevendo. Escrevendo com filme, e escrevendo com filme quando junta na montagem e coloca música. Para mim, tudo faz parte do processo de escrever.

Isso faz todo o sentido do mundo para mim. Não consigo imaginar não fazer todas as mudanças na página.

Mas tem gente que faz filmes maravilhosos que assiste aos copiões com o editor, aponta as tomadas de que gosta, depois vai passar três semanas em Little Dix Bay, se diverte, volta e o editor apresenta as tomadas que ele escolheu, alinhadas, em ordem, e com algum bom senso. Aí, eles dizem: "Não, não, não. Está ótimo, mas esse plano está longo demais". Eu simplesmente não sei fazer isso.

Sempre procuro um corte mais sutil de primeira. Não me faz nada bem fazer um corte bruto. Não aprendo nada. A minha ideia é cortar o filme tal como ele vai ficar pronto, o melhor que eu conseguir, logo da primeira vez, e depois ver o que fiz de errado. Claro, sempre fiz um milhão de coisas erradas; simplesmente não sei que fiz. Então começo a eliminar.

Como é ter escrito o roteiro, ter atuado nele, filmado durante vários meses, visto os copiões todo esse tempo, depois ir para a sala de montagem onde você vai se ver, ter de avaliar a si mesmo como ator?

É muito fácil. Você assiste a si mesmo e diz: "Estou horrível aí", "Péssimo aqui", "Completamente falso nessa", "Aí, acho que estou bastante bem, é completamente convincente para mim, e acho que estou divertido, e sem exagerar nem fazer caretas demais". Não é difícil escolher as coisas boas. Claro, às vezes estou sentado aqui com um editor e talvez alguma outra pessoa, e às vezes a outra pessoa diz: "Sei que você adora a tomada dois, mas preciso dizer que...", e aí você assiste de novo, e às vezes a pessoa tem razão, e eu digo: "Bom, tudo bem, se você prefere a oito, para mim as duas são boas, mas vamos usar a oito".

Não é difícil. O difícil é quando falta inspiração, quando a minha visão do filme inteiro está errada.

Vi *Sonhos de um sedutor* outra noite e notei que há pausas embutidas para as risadas.
Foi provavelmente a montadora [*Marion Rothman*] do Herb Ross [*o diretor*] que fez assim. Não faço isso porque não confio que as risadas vão estar lá. E para mim ritmo é muito importante, então nunca faço isso. Mas os Irmãos Marx faziam.

É, eles elaboravam muitos de seus filmes em temporadas ao vivo e sabiam exatamente onde iam estar as risadas antes de filmar.
Eu não posso fazer isso.

***Um assaltante bem trapalhão* é completamente dedicado às piadas. Fica claro que você sabia enunciar a piada verbalmente. Acredito que o seu desafio era encontrar a melhor maneira e enunciar a piada visualmente.**
É. Foi fácil montar a maior parte. O problema era como eu usava – ou não usava – a música. Peguei o filme sem música e mostrei para plateias nas piores circunstâncias. Gente que você traz da rua e faz entrar, entende.

Uma vez você me disse que pegou doze soldados da United Service Organizations e levou para a sala de projeção na Broadway.
Foi. Eles não me conheciam, não havia música no filme, eles assistiram ao primeiro corte, ainda com marcas de lápis de edição – e eu entrei em pânico, e comecei a tirar coisas do filme porque achei, pela reação deles, que não eram engraçadas. E então acabei cheio de problemas com o filme, e a companhia produtora me disse: "Por que não chama o Ralph Rosenblum? Ele é um sujeito brilhante e vai te ajudar com isso".

O Ralph tinha um senso de humor fantástico. Ele adorou as piadas e a comédia. Foi como abrir as portas e deixar entrar uma lufada de ar fresco. Ele disse: "Você está louco de tirar essas coisas, são muito engraçadas", e colocou tudo de volta. E disse: "Você precisa de música por baixo disso. Pega uns discos e põe alguma música provisória por baixo", e me mostrou como fazer. De repente, o material começou a ganhar vida. Ele disse: "*É claro* que você vai querer morrer ao mostrar um primeiro corte sem música para doze soldados de Montana".

Qual foi a contribuição dele para o filme acabado?

Quantitativamente, oitenta por cento do filme foi o que eu dei a ele. Mas os vinte por cento que ele fez salvaram o filme e transformaram o fracasso em sucesso. O que ele mais fez foi me mostrar que eu não precisava fazer as coisas literalmente; podia fazer muito rápido, muito depressa. Por exemplo, eu tinha um bloco de material que era engraçado, mas fazia o começo do filme avançar muito devagar. [*Os primeiros oito minutos e meio, narrados por Jackson Beck, nos apresentam Virgil, um menino pequeno cujos óculos são pisados por crianças agressivas e adultos idem; que escolhe o violoncelo (mas o professor observa que "não tinha nenhuma noção do instrumento. Ele* soprou *nele") e vai tocar numa fanfarra; que furta uma arma de uma casa de penhores para roubar um carro-forte, e só durante um tiroteio com os guardas descobre que a arma na verdade é um isqueiro. A sequência termina com ele entrando na Penitenciária San Quentin, e os letreiros correm sobre a imagem.*] Ele deixou o começo exatamente como é, mas tirou os letreiros e colocou depois. Então você entra, o filme começa e você está vendo as cenas passando, e [*estala os dedos*] os letreiros começam, de forma que todo o material que vem antes dos letreiros na verdade não gasta o tempo da plateia. E assim você assiste a vários minutos de filme engraçado, a história contada sem nenhum custo para o ritmo do filme. Agora, nem num milhão de anos teria me ocorrido fazer uma coisa dessas.

Sem falar no instinto para a montagem, que na realidade era o meu instinto de contador de histórias na escrita, aprendi tudo com ele. Não poderia ter tido uma escola melhor do que ele. Sempre digo que fiz escola com dois caras: o Gordon Willis e o Ralph Rosenblum, que me ensinaram muito sobre cinema. Agora, quando rejeito alguma coisa deles, algum preceito deles, eu pelo menos sei o que estou fazendo. Só posso fazer isso porque eles me explicaram direitinho o jeito certo de fazer.

Ao trabalhar nos seus vinte e dois filmes entre 1979 e 1998, a Sandy trouxe alguma coisa nova para você? Você mudou muito seu jeito de montar?

A Sandy e eu, ambos, acho, aprendemos muita coisa juntos. Lutamos com milhões de problemas nos filmes. Ela sempre esteve ali comigo, me ajudando a resolver os problemas, demolindo as minhas ideias, ou estimulando, e apresentando as dela. Muito frequentemente pedimos ao Jack [*Richardson, escritor*], marido dela, para vir dar uma olhada no filme, e ele fazia críticas muito consistentes. Ela foi uma ótima montadora.

A Sandy tinha o mesmo senso de ritmo e o senso de humor do Ralph?
Tinha a sua própria sensibilidade. Ela também ajudava em termos de problemas de relacionamento. Volta e meia tinha bons *insights* sobre o que era romântico e o que não era.

Lembro de ver vocês dois montando *Crimes e pecados*. Personagens eram eliminados e novas histórias introduzidas. À medida que o trabalho avançava, empilhavam-se ao lado da sala de projeção cada vez mais caixas de filme com cenas de personagens que não estavam mais no filme. À medida que assistia às diferentes montagens, eu me dava conta de que havia me apegado a algumas daquelas pessoas, muito embora as histórias delas não funcionassem mais.
É. Cortamos gente dos filmes o tempo todo, quase nunca por algo que tenha a ver com o desempenho delas, mas estritamente pelo que faz a história funcionar melhor. Claro que o ator, inseguro por natureza, sempre acha que é o desempenho. Sempre acha que foi cortado porque não estava bom, ou que não levou o papel porque não leu bem ou não servia. Mas a verdade é que raramente é por causa disso. É alguma outra razão, que em geral se deve a mim. Ou escolho a pessoa errada no teste, ou, quando vejo o filme e penetro nele um pouco mais, aquela pessoa passa a parecer errada. Ou, na maior parte das vezes, escrevi mal e não me dei conta até estar de pé, sendo filmado.

No decorrer dos anos, eliminei muita gente. Eliminei a Vanessa Redgrave de *Celebridades*, e ela é a melhor atriz que pode haver no mundo. Evidentemente não teve nada a ver com o desempenho dela.

***Manhattan* foi o primeiro filme da Sandy. Foi um dos difíceis ou foi bem direto?**
Não difícil demais, mas normalmente difícil. Alguns são simples, alguns são

muito difíceis. Precisei fazer algumas refilmagens para esse filme. Precisei refilmar o final para dar certo.

Você lembra como era o primeiro final?

Bom, as últimas tomadas sempre foram as mesmas. [*Tracy está para partir para seis meses de trabalho no teatro em Londres. Isaac de repente se dá conta do que está perdendo e pede para ela não ir; ele não quer que "mude essa coisa que eu gosto em você". Ela diz que precisa tomar o avião, e aí: "Por que você não disse isso semana passada? Olha, seis meses não são tanto tempo assim. Nem todo mundo se corrompe. Olha, você precisa ter um pouco de fé nas pessoas". Ike olha para Tracy com ar intrigado, depois sorri. A orquestração de "Rhapsody in Blue" cresce, e o filme corta para uma série de tomadas de magníficos* skylines *de Manhattan.*] Mas faltava um clímax, em que eu ia a uma sala de aula e enfrentava o Yale. Aquilo nunca esteve ali. [*Yale é feito por Michael Murphy. Os dois homens estão envolvidos com a personagem de Diane Keaton. Na sala há esqueletos completos de um ser humano e de um macaco, aos quais Woody faz algumas referências engraçadas numa cena que é em grande parte dramática.*]

Os esqueletos estavam no roteiro ou aconteceu de estarem na sala de aula?

Acho que só estavam lá. Eu não teria pensado neles ao escrever. Como eu estava dizendo outro dia, as pessoas que vendem roteiros precisam escrever uma porção de detalhes. E escrevem: *Plano dele subindo a escada. Rosto sério. Corta para o esqueleto na classe que combina com seu rosto.* Elas realmente precisam projetar o filme para as pessoas que estão dando o dinheiro. Nunca fiz isso, então o que eu acho é que a classe era daquele jeito. Você vê uma coisa e usa, entende.

Eu diria que *Crimes e pecados* está entre os que foram difíceis de montar.

É. Em *Crimes e pecados*, achei que a parte do crime [*ri*] era muito interessante. Acho que as pessoas ficavam envolvidas. A certo ponto, pensei: Ei, quem se importa se houver outra história rolando [*uma mais cômica com Cliff*]? Eu devia ter feito só esse filme. Às vezes, ainda penso nisso. Como eu já disse, a ideia original era que a Mia e eu estivéssemos fazendo um documentário em asilos de velhos; visitamos pelo menos um de que me lembro e filmamos nele. Mas a história toda não deu *nada* certo e precisei refilmar toda a parte de "pecados".

A montagem, do jeito que você descreve, é contar a história – é uma parte secundária do texto, algo que tem de ser feito para corrigir a história. Por exemplo, como conversamos, depois de projetar o primeiro corte do filme, você reescreveu o papel do Alan Alda inteiro e acabou com um filme-dentro-do-filme absolutamente devastador sobre ele, feito pelo seu personagem.
É. Ele era o meu cunhado chato. Na primeira versão, o canal 13 [*New York City Public Broadcasting Service*] estava fazendo um filme sobre ele e se ressentia do fato de que todas as suas fontes legítimas eram seduzidas pelo encanto dele. E então eu tive a seguinte ideia: por que eu não faço o filme e integro mais a história? E aí isso foi feito.

Qual foi outro difícil?
Ah, *Zelig* foi muito, muito difícil.

Por causa dos aspectos técnicos?
Não. A parte técnica de *Zelig* não foi difícil, no entanto, é o que intriga muita gente. Acho que o Gordon Willis finalmente conseguiu a primeira indicação dele para o Oscar de melhor direção de fotografia por esse filme – o que é uma piada, porque exigiu relativamente pouco esforço dele. [*Uma segunda indicação veio em 1991, por* O poderoso chefão III]. Ele revolucionou o cinema em vinte outros filmes e não foi reconhecido, enquanto o trabalho dele em *Zelig* foi ótimo, como sempre, mas não foi nem *de longe* tão complexo como muitos dos meus filmes. Acendemos as luzes que os noticiários deviam usar e rodamos. Então a parte técnica do filme e fazer com que parecesse velho não foi difícil.

O problema com *Zelig* era que, por causa das limitações desse tipo de história, não tínhamos acesso à vida privada das pessoas reais com quem Zelig aparece; só se pode mostrar essa gente subindo uma escada, entrando num carro ou num banquete.

Os filmes da sala branca, portanto [*em que a psiquiatra Eudora Fletcher grava suas entrevistas com Leonard Zelig*], foram um grande golpe de sorte. Quando eu finalmente montei tudo, o filme durava [*ri*] quarenta e cinco minutos. Eu não podia esticar os noticiários e as tomadas de documentário porque não podia fazer cenas entre pessoas. Então precisei inventar digressões, e história, e outras coisas para fazer. E até hoje é um dos meus filmes mais curtos.

Oitenta minutos.

E mais: eu precisava manter coisas engraçadas acontecendo. Foi um dos meus filmes de maior sucesso. Por sucesso quero dizer que eu tinha uma visão de algo e consegui realizar. A verdade mesmo, porém, é que eu ia fazer o filme sem usar a técnica de documentário. Ia fazer uma história realista, sobre alguém que se transforma em quem quer que esteja a seu lado. Eu gostava da ideia de alguém querer ser tão querido que desiste da própria personalidade em favor de quem esteja a seu lado. Então, se você estava com pessoas que gostaram do programa de Mark Hellinger ontem à noite, você diria: "Ah, é, sim, gostei muito". Mas se estivesse com pessoas que detestaram, diria: "Ah, não gostei". Isso vai ficando cada vez maior, até que acaba levando ao fascismo, porque você desiste inteiramente da sua personalidade para ser parte do grupo, para se misturar no grupo.

O conteúdo do filme não atingiu tão profundamente quanto a técnica, de início, porque naquele momento essa técnica era meio surpreendente: fazer um documentário de época em preto e branco. E com o passar dos anos, com o filme passando muito na televisão, as pessoas assistem, a questão do filme começou a ficar clara. Havia alguma coisa por trás do filme.

E quanta gente esqueceu que eu tinha usado essa técnica em *Um assaltante bem trapalhão*? Não era nada novo. Comecei a minha carreira cinematográfica fazendo um documentário.

Quais outras montagens difíceis lhe vêm à cabeça?

Houve problemas individuais numa porção deles. *Noivo neurótico, noiva nervosa* foi extremamente difícil, porque começou como um filme de fluxo de consciência de Alvy. Mas, como eu disse, quando o Marshall Brickman viu o primeiro corte – ele era coautor do filme –, não conseguiu acompanhar.

Essa é a montagem que você jogou no reservatório de água de Los Angeles?

Não. Esse foi *O dorminhoco*. Quando eu estava fazendo *O dorminhoco* na Califórnia, havia cenas que eu detestava tanto que não queria que ninguém mais visse. Claro, idiota que eu era, não joguei o negativo no reservatório. O negativo estava depositado numa câmara, em algum lugar. Mas joguei uma cópia no reservatório.

Você me disse que o seu instinto desde *Um assaltante bem trapalhão* tem sido de não montar um filme enquanto está filmando. Por quê?
Para mim são duas fases completamente diferentes. Ao fim do dia, eu estou cansado, irritado, quero ir para casa e viver a minha vida. Não quero ir para a sala de montagem e começar a ficar obcecado com o filme. Gosto de pegar o material filmado inteiro e então começar do nada, montar o filme. É assim que funciona para mim.

Se corto enquanto estou fazendo, haverá duas vertentes de pensamento. Uma é que poderia economizar algum dinheiro, porque iria vendo os meus erros enquanto estava no processo e poderia consertar. Mas a outra é que eu ficaria obsessivo e poderia nunca mais parar de filmar. Pela mesma razão, não trabalho com um monitor de vídeo, embora muita, muita gente trabalhe. Funciona bem para os outros, mas não funcionaria para mim. Tenho essa fantasia de ir, olhar no monitor de vídeo e depois voltar e filmar de novo, e filmar de novo, e de novo.

Mas como você disse a respeito das pessoas que viram a primeira versão de *Noivo neurótico, noiva nervosa* e sempre queriam saber mais sobre a história de Alvy e Annie, o que conduz o filme é o relacionamento entre aqueles personagens.
É, existe um impulso implacável, como um Pac-Man que vai te devorando o tempo todo, de saber o que acontece depois. É isso que as pessoas realmente querem ver nos filmes e no palco. Por mais abstrato que você faça o filme, por mais que você disfarce e modernize, é que nem o jazz. No jazz existe uma melodia e você quer voltar a ela. Mesmo as pessoas que fizeram jazz moderno, como o Charlie Parker, têm um respeito enorme pela melodia. Podem pirar, mas têm a melodia ali. E quando os músicos acabaram abstraindo tanto que não se percebe mais a melodia, as pessoas perderam o interesse pelo jazz, em grande medida.

A mesma coisa é verdade no cinema ou no teatro. É ótimo ser novo e original na estrutura, mas você sempre precisa voltar para o que acontece depois, porque é isso que os espectadores querem saber. E isso era verdadeiro em *Noivo neurótico, noiva nervosa*. O filme estava cheio do que eu achava na época que eram ligações e viradas muito inteligentes. Eu pensava: Ah, isso é brilhante, e corta para aquilo bem logicamente, do ponto de vista do fluxo de consciência. Mas quando você perde o fio do que acontece em seguida, é muito chato para a plateia.

Não se pode confundir as artes do tempo com a pintura. Na pintura, você pode olhar um Jackson Pollock e viajar muito com ele, e essa viagem pode acabar em dois segundos – ou duas horas, se você se dá ao trabalho de ficar lá parado esse tempo todo. Mas no teatro ou no cinema, onde a música acompanha o tempo, a plateia precisa se envolver com alguma coisa e avançar.

Muito tempo atrás, você me disse que quando está editando, precisa terminar um filme como quem apaga um incêndio, porque quando você chega ao fim, o tempo entra em colapso.

Na comédia, sim. Quando você está fazendo uma comédia, o público concede muita boa vontade nos primeiros vinte minutos, talvez, e aí você realmente precisa fazer um esforço para conquistar o resto. Vai ficando mais e mais difícil. Eles já estão lá sentados há uma hora, depois uma hora e quinze minutos, e não querem fazer mais nenhum investimento.

Ao cortar e recortar *Noivo neurótico, noiva nervosa* você perdeu alguma cena de que gostava especialmente?

Tínhamos uma cena de jantar com a Colleen Dewhurst que ficou longa demais. Mas depois havia uma cena em que eu estava sentado com os pais da Annie e a Annie está assistindo televisão, e claramente a minha influência sobre ela é a antítese da criação que os pais lhe deram. Estamos conversando sobre alguma coisa e de repente a Annie fala duramente para eles: "Pois é, a quantidade afeta a qualidade". E eles dizem: "Quem disse *isso*?". E ela diz: "Karl Marx". E então Mrs. Hall diz, de um jeito ingênuo: "Ah, tive um sonho bem esquisito outra noite. Foi muito engraçado. Eu estava no sonho, e o papai também, e ele estava tentando consertar a televisão, eu desci e ele ficou bravo, tirou a antena da televisão e quebrou". Era uma cena muito engraçada, que girava em torno da ingenuidade de pessoas que não têm nenhum senso de interpretação freudiana. Deixei no filme durante algum tempo, mas não chegou ao corte final.

Um assaltante bem trapalhão foi difícil para você. *Bananas* foi mais fácil?
Bananas foi bem mais fácil, porque enquanto avançava, eu pensava [*estala os dedos*]: Não se preocupe com nada aqui. Eles vão rir disso. Vamos colocar uma música aqui e vão adorar. É, foi bem mais fácil.

E *Interiores*?
Interiores tinha muitos problemas. Eu era inexperiente em fazer aquele tipo de filme. Queria fazer *Interiores* hoje. Poderia fazer um filme indiscutivelmente bom, acho. Eu tinha brigado muito, porque queria fazer um drama e não queria fazer o que se passava por drama no cinema popular americano, entende? Não queria um melodrama. Queria fazer um drama no sentido mais pesado, mais europeu. [*Faz uma pausa e sacode a cabeça.*] Tive uma grande ideia e captei uma porcentagem do potencial disso, mas agora eu realmente conseguiria fazer...

O que você faria agora?
O principal é que eu teria feito o filme muito menos poético e muito mais realista. Também introduziria a Maureen [*Stapleton*] no filme muito, muito mais cedo, e faria os conflitos grandes e perversos desde o começo, para o filme estalar em conflito do começo ao fim. Ali, eu estava trabalhando com diferentes tons. Então o Ralph e eu trabalhamos muito, muito. Na verdade, o primeiro diálogo desse filme [*E. G. Marshall, no papel de Arthur, o marido da perturbada Eve, interpretada por Geraldine Page, olha pela janela uma vista panorâmica do* skyline *de Nova York, de costas para a câmera. Em narração, ele diz: "Eu tinha abandonado a faculdade de direito quando conheci Eve. Ela era muito bonita. Muito pálida e reservada em seu vestido preto... Nunca nada além de um único colar de pérolas. E distante. Sempre calma e distante"*] vinha de uma cena setenta páginas adiante no roteiro. Agora, num filme poético, você pode ter mais liberdade para fazer isso.

[*Poucos dias depois, ele acabou o primeiro corte de* Scoop — O grande furo *e não está bem-humorado. O filme claramente não é o que ele esperava.*]

Eu quase sempre fico decepcionado depois da primeira projeção. [*Pequena risada.*]

É o momento da ducha de água fria. Nunca é tão maravilhoso quanto você esperava. E este certamente não é.

Tem salvação?

[*Longa pausa.*] A minha sensação sincera é que não. Isso não quer dizer que não seja um sucesso comercial. [*Será.*] Por que alguns fazem sucesso é um mistério para mim.

Quando você assiste só aos pedacinhos, primeiro na moviola e agora na tela do computador, tem ideia de como vai ser, ou é difícil saber até ter juntado tudo e olhar o todo?

Quando estou montando [*suspira*] não faço a menor ideia de como vai ficar. Não. Você está juntando aquilo, é tudo muito autoelogioso, confiante, seguro, otimista, e aí você vê o que inventou. [*Ri, irônico.*] E o seu coração para. Está sempre comprido demais, sempre lento demais. Invariavelmente as coisas que você pensou que eram engraçadas não são muito engraçadas, e coisas que você achou que eram maravilhosas não são maravilhosas, as relações que você pensou que iriam em certa direção não vão. Sabe, tudo o que pode dar errado dá errado, e nada é tão bom quanto você esperava que fosse.

Este é um exemplo de quando você sente que a direção não está à altura?

Não. Não sinto que eu tenha dirigido mal. Sinto que montei bem. Nenhum diretor do mundo teria feito melhor com o material que escrevi. Quer dizer, sim, algumas cenas outros podiam ter feito melhor, e algumas cenas eu fiz do melhor jeito possível. Mas é o texto, quase sempre é o texto. É difícil escrever uma coisa entre uma hora e meia e duas horas de duração que seja interessante, nova, original, convincente e comovente. É aí que todo mundo desiste, e eu também, com certeza.

Alguma cena em particular que você possa me contar que viu e disse: "Ah, nossa, isto simplesmente não vai funcionar"?

Bom, posso dizer o seguinte: o primeiro corte tinha duas horas e catorze minutos, e agora está com uma hora e quarenta.

Então o que você eliminou?
Um monte de lixo. Muitas cenas do filme eu achava engraçadas – perseguição, seguir pessoas, cenas românticas com o Hugh Jackman e a Scarlett, e muitas piadas minhas que achei chatas.

Você se viu desejando poder refilmar, agora que está de volta a Nova York?
[*Pensativo por um momento.*] Sim, é uma pena. [*Pausa.*] Não sei se faria muita diferença, mas algumas cenas eu poderia refilmar. Quando vai avançando na montagem, você começa a *sentir* na máquina de montagem que quer mudar o lance seguinte, que não quer parar e esperar fazer, e eu olho para a montadora, ela olha para mim e nós dois sabemos a mesma coisa: quem quer parar para *aquilo* agora?

NOVEMBRO DE 2005

Assisti a *Scoop – O grande furo*. Nos encontramos no Manhattan Film Center para discutir o filme.

***Scoop* acabou com noventa e um minutos – o padrão de suas comédias – depois de um corte impiedoso. Alguma coisa em termos de edição que você gostaria de observar?**
O problema predominante foi manter o filme em movimento. É uma comédia, e uma comédia *leve*, ninguém quer muita coisa além de uma história leve, que tem de rolar divertida. Se empaca, é a morte.

O excesso de explicações sobre a Scarlett e a colega de quarto dela desapareceu, e você cortou muita coisa do relacionamento e do arranjo com Hugh Jackman.
É. Aprendi isso – nunca aprendi isso, observei e não aprendi – na minha primeira peça, *Quase um sequestro*, em que escrevi uma tonelada de material extra. Existe uma tendência a escrever demais, para esclarecer e desenvolver as coisas. Escrevi umas cinco páginas entre o Tony Roberts, que fazia o filho do embaixador, e a filha do Lou Jacobi e da Kay Medford, e a segunda família entra com a

filha jovem, ela olha para ele, ele olha para ela [*estala os dedos*], não precisa de nada disso. Era tudo supérfluo. Dava para ver que um estava atraído pelo outro e cinco páginas de diálogo soporífero viraram pó.

Esse tipo de coisa continua verdadeiro para o cinema. Eu aprendi [*ri*] mil vezes e sempre estrago, e foi isso o que eu fiz nesse filme.

Tudo o que você precisa saber está na projeção.

Certo. Você pensa que a plateia não vai pegar, então explica, esclarece, mas a verdade é que a plateia está *sempre* à sua frente. [*Ele sorri.*]

O que acredito que seja uma ajuda para terminar uma comédia como quem apaga um incêndio.

[*Sorri de novo.*] Quando penso em terminar um dos meus filmes como quem apaga um incêndio, às vezes sinto que poderia colocar o negativo dentro de uma casa e tocar fogo.

7 TRILHA SONORA

OUTUBRO DE 1973

Marca registrada do cinema de Woody Allen é o uso quase exclusivo de jazz americano e canções populares de 1900 a 1950 e o recurso à música clássica para grande parte do restante da trilha sonora. A paixão de Woody pelo jazz de Nova Orleans começou no início da adolescência. Aos quinze anos, ele começou a estudar clarineta, e nos primeiros anos tocava em casa, acompanhando os discos de George Lewis. Lewis, um dos grande clarinetistas do estilo de Nova Orleans, morreu em 1968, mas seu som — grande, expressivo, não nítido como o de Benny Goodman, mais para o tristonho e doce, com um tom choroso e às vezes um vibrato pronunciado — pode ser detectado muitas vezes na execução de Woody; na estante em sua casa há uma foto de Lewis. (Sua companhia produtora de filmes chama-se Perdido, em homenagem à rua de Nova Orleans que é sinônimo do jazz.)

De vez em quando, a música de Nova Orleans se introduz em seus filmes. O estilo tem uma batida 4 por 4 que faz os pés baterem ritmados e uma melodia que todos os executantes acompanham em vez de improvisar (como fazem no estilo de Kansas City e Chicago). A harmonia não é tão importante quanto a melodia e a batida; portanto, mesmo cada músico tendo sua parte e cada um tendo seus solos, todos tocam juntos para o bem da banda. Como são muito poucos os músicos que tocam jazz de Nova Orleans, essa é uma forma de arte que está desaparecendo. Esse estilo de música cheio de soul e alegre desenvolveu-se na virada do século XX, a partir das marchas e hinos tradicionais que as bandas da cidade tocavam nos cortejos fúnebres e jam sessions.

Woody pratica as notas longas da clarineta (fazer soar uma nota e sustentar durante um bom tempo), todos os dias, esteja filmando ou não, e quando toca parece se perder na música. Muitas vezes fica parado e assobia uma ou outra melodia de jazz. Sua absorção na música é completa. Um dia, durante a pausa para almoço, na montagem de *O dorminhoco*, no verão de 1973, vasculhamos juntos uma loja de discos na Eighth Avenue, em Manhattan, e encontramos alguns discos de Lewis. Pergunto se seriam uma boa amostra para um iniciante. Ele estuda a lista de canções na capa do LP, balança a cabeça e diz, tristonho: "Eu daria qualquer coisa para ser você e ouvir essas músicas pela primeira vez".

Embora *O dorminhoco* se passe duzentos anos no futuro, Woody planeja usar o jazz de Nova Orleans como música de fundo porque, segundo ele, "Não quero usar a música de sintetizador Moog estereotipada que sempre usam em coisas futuristas. Quero usar a música contra a história" — mistura de ficção científica, romance, pastelão e perseguições. Naquele outono, com o filme já editado, eu o acompanho a Nova Orleans, onde ele toca em quatro sessões com a Preservation Hall Jazz Band para gravar a trilha com seus velhos músicos. O trompetista "Big Jim" Robinson, de 83 anos, obtém um som maravilhoso tocando quase exclusivamente com o lado direito da boca, a face esquerda achatada e a direita inflada feito um balão. Chester Zardis no baixo, 74 anos, mede 1,65 metro e toca sentado num banquinho. Quando faz seu solo, estica a perna direita no ritmo da música. Emmanuel Sayles, o tocador de banjo, e Sing Miller, ao piano, mostram os dentes quando tocam solos. Sayles tem diversos dentes de ouro no fundo do lado direito da boca, que ele contorce para mostrar; Miller tem apenas um grande dente inferior na frente. Percy Humphrey, o trompetista e líder da banda, tem cara de casmurro, mas se movimenta com firmeza. Josiah "Cie" Frazier, na percussão, sorri e sorri. Todos têm pelo menos sessenta anos de idade.

O Preservation Hall é diferente de qualquer estúdio normal de gravação. Na verdade, é diferente de praticamente todos os *music halls*. A sala tem talvez catorze metros de comprimento e a metade de largura. O piso de madeira é gasto; as paredes são revestidas em parte com painéis perfurados (o espaço foi, antes, uma galeria de arte), e o resto é de madeira nua ou sem reboco. Parece bem surrado, mas a acústica é ótima. Duas fileiras de bancos que começam a um metro da banda podem acomodar vinte e poucas pessoas; o restante dos duzentos e tantos fãs se aglomera de pé.

Woody entra no salão com calças do exército bem passadas, camisa de flanela com gravata, paletó de veludo cotelê marrom e um chapéu de chuva cáqui, pendura o casaco atrás do piano e senta-se ao lado de Humphrey, que, sem dizer nada, toca algumas notas suaves, e na batida do ritmo todos se juntam em "Little Liza Jane". Ele faz a mesma coisa em cada número.

"Ele tem um ótimo ouvido", Humphrey diz a respeito de Woody, depois da sequência. "Fez o que se deve fazer quando se toca com a banda dos outros: acompanhou o que nós tocamos. Não tentou agir como uma celebridade."

Entre uma sequência e outra, as pessoas compram os discos da banda e pedem autógrafos aos músicos, e também a Woody, que, é claro, não toca nos discos. Ele preferiria escapar e pegar os últimos minutos do World Series*. Mas se vê diante de um rapaz de 1,60 metro; Woody mede 1,65 metro. "Se eu for mais baixo que você, vou me matar", o rapaz anuncia e vai embora.

Woody fica olhando ele se afastar por um segundo. "O [Dick] Cavett sempre tem uma resposta inteligente para essa gente", ele me diz. (No almoço, uma mulher bastante atraente havia lhe entregado um bilhete. *Se você é quem eu acho que é, dizia o bilhete, sempre quis trepar com você até morrer.* Ele olhou para ela. "Quem você acha que eu sou?", perguntou.)

Entre sessões de gravação, Woody escuta as fitas no caminhão de som estacionado junto à calçada em frente ao salão. Ele gosta principalmente da execução de "Savoy Blues" e "Climax Rag".

Antes de uma sessão, Woody diz a Allan Jaffe, tocador de tuba que fundou e administra o Preservation Hall, que para as cenas de perseguição precisa de alguma coisa um pouco mais acelerada, mas sabe que não pode pedir para a banda tocar mais depressa. "Pedir para tocar mais depressa é pior que pedir que toquem 'When the Saints Go Marching In'", Jaffe diz depois. Então, num intervalo, Jaffe pergunta a Humphrey: "O que você tocaria se fosse meia-noite e vinte e sete e você precisasse chegar na boate à meia-noite e meia?". O trompetista pensa por um segundo e toca "Bye and Bye" em ritmo bem acelerado.

Woody sabe que não vai conseguir tudo o que precisa e já marcou uma sessão de gravações em Nova York com sua banda, a New Orleans Funeral and Ragtime Orchestra.

"Para algumas cenas", ele diz, num intervalo, "preciso escolher música que se encaixe com os momentos em que estou correndo, por exemplo, e com a minha banda posso pedir para tocarem mais depressa ou mais devagar, ou quando preciso de uma pausa, ou de um solo de tuba, ou quando posso tocar uns *riffs*. Não posso fazer isso com a banda de outra pessoa. Vai ser interessante ter um contraste entre as duas bandas."

À meia-noite e meia do segundo dia, encerra-se a última sessão. Albert

* Campeonato americano de beisebol. [N. E.]

Woody na gravação da trilha de *O dorminhoco*, com a Preservation Hall Jazz Band, em 1973

Burbank, talvez o clarinetista mais importante do estilo Nova Orleans hoje, vem lhe dar os parabéns. Então, Jim Robinson sobe ao palco.

"Alguém já disse que você toca parecido com meu velho amigo George Lewis?", pergunta. Não poderia fazer elogio melhor a Woody. "Qual é mesmo o seu nome?"

"Woody", ele resmunga.

"Willard? Você é muito bom, Willard."

NOVEMBRO DE 1989

É sábado, e portanto hoje não há filmagem de *A outra*. Nos encontramos na sala do apartamento dele que dá para o Central Park. Como parte de uma conversa sobre sua evolução como cineasta, falamos de seu encontro com o jazz de Nova Orleans na adolescência, depois falamos por alguns minutos sobre seus primeiros filmes e como ele aprendeu a tirar partido da música.

Pelas coisas que me contou no decorrer dos anos, parece que o jazz foi um dos laços mais fortes entre você e os seus amigos.

Foi. Éramos muito ligados pelo jazz tradicional. Havia um DJ que acabou cego, chamado Ted Huesing, que tocava jazz. O meu amigo Jerry Epstein foi um dos primeiros a ter um gravador de fita, um aparelho grande, desajeitado. Ele gravou o que depois descobri ser um show do Sidney Bechet em Paris [*A marca do estilo seguro e muito pessoal de Bechet são os* arpeggios *ardentes e os amplos vibratos*]. Ouvi aquilo e achei maravilhoso, e esse pequeno enclave de amigos foi ficando mais e mais interessado em jazz tradicional, a ponto de a gente se transformar de certo modo – e não digo isso em sentido pomposo – em peritos naquilo. Como é costume com garotos, a gente conhecia todos os músicos de todos os discos, e tudo da história e do folclore do jazz. Eu tinha treze ou catorze anos. Comecei com a clarineta logo depois disso.

Numa entrevista para o Ralph Gleason, do *San Francisco Chronicle*, em 1965, você disse: "Na segunda noite que vi Sidney Bechet – num show em Nova York; já tinha visto antes, mas em más condições, num lugar em cima do Birdland – foi a experiência artística mais gratificante da minha vida". O que produziu uma reação tão intensa?
Fui lá com uma expectativa estupenda e ele correspondeu. O Bechet era um músico surpreendente; tinha uma ferocidade incrível. Fiquei tomado pela total majestade do desempenho dele.

O jazz de Nova Orleans, que Woody descobriu com amigos na adolescência, o acompanharia pela vida inteira

Sei que você praticava muito esporte. Dedicava tanto tempo à música também?
A gente passava muitas, muitas horas sem fazer nada, só ouvindo aquela música. Era voltar da escola e se reunir na casa de um amigo. O meu amigo Elliott Mills foi uma das primeiras pessoas a ter um equipamento *hi-fi*. Eu tinha um fonógrafo de doze dólares e cinquenta, tipo maleta, em que a tampa levanta. A gente não parava de ouvir jazz. Obsessivamente mesmo, nota após nota. Então, muitas vezes, depois da escola, quando todo mundo ia para o Cookie's, o bar do bairro perto do El, para tomar refrigerante e comer sanduíche, para se reunir e encontrar companhia para o cinema ou o bilhar, eu sempre estava em casa, debruçado no toca-discos, no meu quarto.

***Um assaltante bem trapalhão* tem bastante jazz, mas sua trilha originalmente não era assim. O que aconteceu?**
Eu nunca tinha feito um filme e não tinha visão nenhuma. Estava cometendo todo tipo de erros terríveis; detestava tudo aquilo; não pus música em muitas cenas, então elas ficaram frias e secas. Quando o Ralph Rosenblum entrou em cena, ele disse: "Olha, você jogou fora uma tonelada de material engraçado e precisa pôr uma música em cima daquilo", ou "Não pode pôr essa coisa triste e fúnebre no fundo de uma cena".

Havia uma cena em que eu saía com a Janet Margolin [*A roupa dele está pendurada numa geladeira velha, os sapatos no congelador*]. Eu abro a água da banheira, entro no chuveiro, olho no espelho, várias coisas – e tinha posto uma música melancólica, tristonha. Aí, o Ralph pegou um *ragtime* do Eubie Blake e disse: "Olha. Olha o que acontece quando você põe uma música animada no fundo". E a coisa toda ganhou vida. De repente, eu estava gingando. Fez toda a diferença do mundo. E havia um milhão de coisinhas que eu simplesmente não sabia. Sinto que o Ralph me salvou nesse filme. [*A sequência, um plano da cintura para cima, termina com Woody saindo pela porta, de paletó e gravata, ao final da música. A câmera fica na porta fechada – e depois de duas notas Woody volta e vemos que ele esqueceu de vestir a calça e está só com a toalha enrolada na cintura.*]

Você faz ideia da música que quer quando está escrevendo o filme?
Em geral eu sei pelo menos parte da música que vou usar, se não toda. Não digo

A cena de Virgil se vestindo para um encontro em *Um assaltante bem trapalhão* perderia metade da graça sem a música de Eubie Blake

necessariamente canções específicas, mas sei que esse filme [*A outra*] vai ter, digamos, um tema clássico, e um outro filme vai ter Rodgers e Hart. Em *Manhattan* eu tinha a música antes e às vezes fazia a cena para acompanhar a música – a montagem inicial, por exemplo. [*"Rhapsody in Blue" toca na abertura do filme com uma série de rápidas tomadas do* skyline *de Nova York: o amanhecer, a silhueta do Empire State Building, outros arranha-céus, estacionamentos, ruas lotadas de pedestres, a ponte do Brooklyn, os neons da Broadway apagados, uma placa da Coca-Cola, diversos hotéis, a Park Avenue coberta de neve, iluminada pelos postes, o Central Park, o bairro das roupas, uma manifestação de rua. Então, quando a música cresce sobre o panorama, a voz de Ike (Woody) entra, como se estivesse lendo o que escreveu.*] A corrida de Tracy [*Mariel Hemingway*] até a casa, no final [*com "Strike Up the Band" tocando enquanto ele corre por uma avenida de Manhattan*], eu escrevi especificamente para acompanhar a música. Queria um bloco de prazer musical, e uma porção de vezes estiquei as coisas para ter espaço para uma dose maior de Gershwin. É raro eu fazer isso, mas como eu sabia qual música ia usar, muito conscientemente estendi cenas para criar espaço na tela para tocar a música.

Mas neste agora será um concerto para clarineta de Mozart, ou uma peça para piano de Bach como fonte musical para acompanhar uma cena de jantar, digamos, mas na trilha vou usar música dissonante.

Na longa cena de *Manhattan* em que Ike corre para encontrar Tracy, o ritmo é ditado por "Strike up the Band", para ter "uma boa dose de Gershwin", segundo o diretor

MARÇO DE 1989

Woody e Sandy Morse estão sentados na sala de projeção do Manhattan Film Center, tentando resolver dois problemas da trilha sonora de *Crimes e pecados*, um pequeno, o outro grande. O pequeno é achar o momento adequado para usar "Sweet Georgia Brown". Woody primeiro tentou numa tomada de Alan Alda (Lester) andando pela rua.

"É música demais para uma tomada tão curta", ele disse, depois de ver a cena. "Precisa estar no começo de uma montagem mais longa. Temos mais alguma coisa que a gente possa introduzir?" Um take de Lester e um professor da faculdade andando enquanto Cliff (Woody) filma um documentário é acrescentado.

O problema grande é no final, quando Ben, o rabino cego feito por Sam Waterston, dança com a filha no casamento dela, e a música continua sobre os créditos finais. Woody tinha planejado usar "Always", de Irving Berlin, mas quando soube que Steven Spielberg está fazendo um filme com esse título, "que nem um boboca eu mandei o escritório ligar para o Spielberg e perguntar se a música faz parte do filme, porque aí eu não usaria no final do meu. Eles vão usar, então desisti". No fim, o espólio de Berlin impediu o uso da música; Woody lamenta ter perguntado a Spielberg, porque não consegue encontrar nada tão adequado.

Outro problema é que, com a cegueira de Ben, um título que contenha a palavra *eyes*, "olhos", como "I Only Have Eyes for You" ou "Jeepers Creepers (Where'd You Get Those Peepers?)"* constituiriam uma piada não-intencional. Woody e Sandy sugerem títulos um para o outro, levantam-se de vez em quando, para conferir os discos nas estantes de um grande armário numa parede lateral, ou consultar o catálogo de títulos da ASCAP (que traz todas as canções registradas na American Society of Composers, Authors and Publishers). Ele conhece praticamente todas as boas canções escritas entre 1900 e 1950.

"Já usamos 'Make Believe', em *Setembro*", diz Woody. "'We'll Meet Again', mas Kubrick usou em... em... *Dr. Strangelove*. Tem o tipo certo de melodia sentimental. 'Speak Me of Love'... 'If I Loved You'... 'I Only Have Eyes for You.' [Ri.] Sempre faço isso por acaso. Que ruim. É uma música tão bonita, tão sentimental. 'As Time Goes By' não pode ser usada. 'I Dream Too Much' já usamos na cobertura do prédio com o [Bob] Balaban. Não gostaria de usar Gershwin por causa de *Manhattan*. Cole Porter é a pessoa errada para uma música final. 'Falling in Love is Wonderful', mas nenhuma música do Berlin pode ir além do filme. [Ou seja, o espólio de Berlin exige que a música acompanhe a história.] Que tal 'I'm Confessin'?"

"Essa também está em *Setembro*", diz Sandy.

"Tudo bem. [Pausa.] Quero alguma coisa com a sensação do 'Tema de Lara', que é uma valsa. [Outra pausa.] 'I'll be Seeing You' está em *Édipo arrasado*. 'You're Too Beautiful', nós usamos. 'Bewitched' nós usamos. 'Isn't it Romantic'?..."

"Não vai pensando que *essa* vai passar." (Está em *Hannah e suas irmãs*.)

"Nada do Vernon Duke? Nada do Duke Ellington, com certeza. Jazzístico demais. Porter é sexy demais, tem ritmo muito latino. Não dá certo. Alguma coisa de Leonard Bernstein? *Um dia em Nova York*... *Jejum de amor*. [Outra pausa.] Pensando bem, é tudo divertido. Se ver diante do poder de decisão. Tanta coisa para escolher."

(Semanas depois, ele acaba usando "I'll be Seeing You", porque não consegue encontrar nada melhor.)

* Tradução literal: "Nossa Senhora! Onde você arrumou esses olhos?". [N. E.]

Não muito tempo depois, há um problema semelhante quando vai fazer a trilha de *Édipo arrasado*. Antes de encerrar o trabalho, há uma abertura de música com a qual ele ainda não está contente e quer consertar. É "I Want a Girl" que entra quando seu personagem, ao falar sobre a mãe com um psiquiatra, diz: "Eu amo a minha mãe, mas queria que ela sumisse". Woody escuta algumas vezes e diz: "Quero ter certeza que a abertura casa bem com a última piada".

Com isso resolvido, Woody fica ao lado de um toca-discos na sala de montagem, tentando encontrar uma música de piano para substituir a interpretação de Frankie Carle para "If you Were the Only Girl (in the World)"; os direitos não estão disponíveis. Ao lado, uma pilha de uns vinte discos que caçou pelas estantes. Fica levantando e abaixando o braço da vitrola sobre os sulcos de um candidato de Erroll Garner a Earl "Fatha" Hines e George Shearing, entre outros, mas não adianta. Acha uma "barroca demais", outra "suave demais", uma terceira que "parece de balcão de bar." Sua frustração começa a aparecer. "Quero uma música com a idade certa, não velha demais, nada de Fats Waller. Uma melodia simples e direta", diz, ao colocar mais um disco na vitrola.

ABRIL DE 2006

Qual a função da música num filme?
Para mim, a música dá ênfase ao filme e às vezes salva uma cena – sem música, uma cena não funciona, com música, sim. Se você tem um bom filme e usa boa música, é como tirar uma boa mão no pôquer. É uma sensação gostosa. Se você tem um filme medíocre ou ruim e usa boa música, pode melhorar um pouquinho, mas não dá para salvar um filme ruim só com a música.

Como a cena de *Um assaltante bem trapalhão* em que você havia colocado música pesada ao fundo de um momento cômico e não funcionou, e então o Ralph Rosenblum sugeriu a música de Eubie Blake.
É, esse é um bom exemplo. E pode ser verdade também para uma porção de filmes quando a trilha não tem música. Num grande filme de ficção científica, ou de aventura, você vê aquelas cenas fantásticas e está reagindo à trilha sonora.

Se assiste à montagem sem a trilha sonora, vê uma montagem de um cara pulando para trás, e um plano de alguma coisa que cai, e um plano de um trem correndo, e a sequência é boa, mas o efeito cumulativo não é nada especial. Mas quando há uma explosão e você ouve coisas se arrebentando e estalando – aquilo está vivo.

Na comédia, acho que a música é realmente uma grande ajuda. Dá para fazer um filme dramático e não usar nenhuma música e mesmo assim funcionar. Não é tão fácil fazer isso na comédia. Eu fiz uma vez, em *Noivo neurótico, noiva nervosa*, mas é melhor usar música. E às vezes usei toneladas de música. Faz parte do prazer de um certo tipo de filme que você dirige à plateia. O público recebe não só as cenas de comédia e as cenas românticas, mas as que são marcadas pela música. Como disse Noël Coward: "Incrível como é potente a música rasa".

Já falamos sobre uma cena de *Édipo arrasado* em que você chega em casa, depois de um jantar com a Julie Kavner, com uma coxa de galinha ensopada, que ela mandou embrulhada em papel-alumínio, você desembrulha com aquela gelatina de galinha pingando, e ao pensar nela começa a tocar "All the Things You Are". [*"Só falta um fio de cabelo para começar a crescer", ele diz durante a montagem, em 1989, ao ajustar* o timing *da ação na tela com a música. Poucos fotogramas antes ou depois fazem uma diferença enorme.*]

É, a música de Jerome Kern.

Então todo mundo que sabe o título da música tem uma segunda mensagem emocional.

Nesse filme também, quando aquelas duas velhinhas vêm me visitar e toca "Sing Sing Sing", a música enfatiza a entrada delas. [*Conforme já foi mencionado, o personagem de Woody, Sheldon Mills, observa horrorizado sua mãe e sua tia fazerem uma visita de surpresa a seu escritório de advocacia. O tambor de Gene Krupa indica problema quando a secretária interrompe uma reunião dele com o chefe do escritório, para informá-lo da visita; então a clarineta de Benny Goodman soa quando a cena muda para um longo corredor, por onde duas velhinhas usando* buttons *do musical* Cats *marcham inexoravelmente na direção dele. "Horrível", Woody disse, vermelho de tanto rir ao ver a cena com música pela primeira vez.*] Usei "Sing Sing Sing" outra

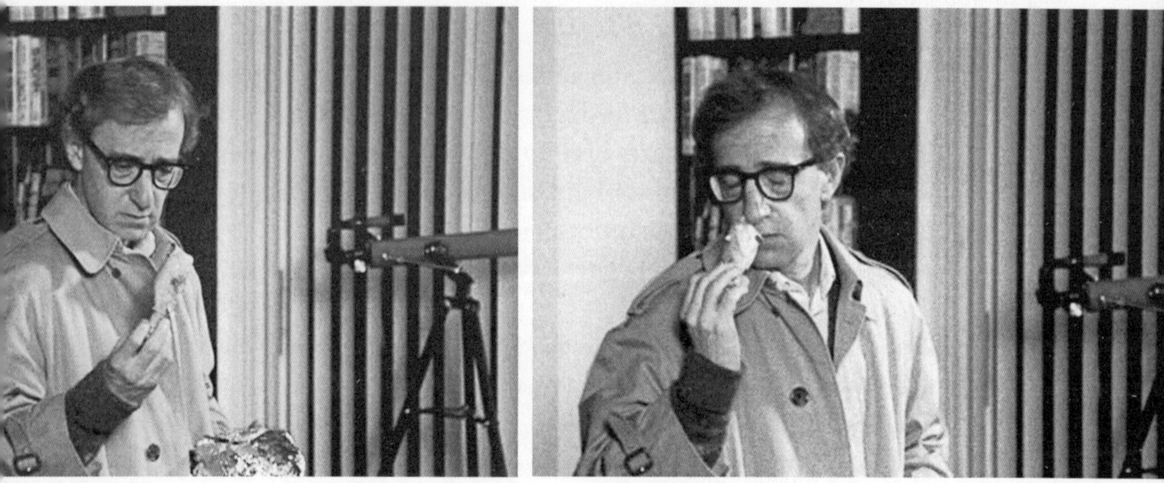

Em *Édipo arrasado*, a mãe de Sheldon faz campanha para que ele fique com Treva, uma boa moça judia, em vez da WASP Lisa. Quando ele contempla a coxa de galinha que Treva embrulhou para ele levar para casa, depois de um jantar, a trilha sonora é "All the Things You Are", de Jerome Kern

vez em *Um misterioso assassinato em Manhattan*, quando estamos perseguindo o assassino e ele se livra do corpo – a música aumenta a excitação da cena.

Lembro de uma vez em que estava sentado na sala de montagem com o Dick Hyman enquanto sonorizava *Broadway Danny Rose*. Perguntei a ele: "O que você acha que funciona mais?". E mostrei o final com música rápida. Ele disse: "Adorei". Depois, fiz ele assistir com música lenta e ele disse: "Ei, espera aí, também adorei". Porque cada música dava uma sensação completamente diferente para o final. E vou te contar uma coisa [*começa a rir*]: faz muito tempo que não vejo o filme e não sei mais qual das duas acabamos usando [*é uma música italiana lenta*]. Engraçado, tudo se funde.

Você quase sempre usa música já existente, em geral dos anos 20 a 40. Por quê?
Quando comecei, trabalhei com o Marvin Hamlisch [*que compôs a música de* Um assaltante bem trapalhão *e* Bananas], o que foi ótimo. Alguns filmes depois desses tiveram música composta especialmente. Mas é sempre complicado. Primeiro, é uma despesa – não que conseguir os direitos de canções já existentes não seja –, e você depende de o compositor acertar na trilha. Ele vai para casa, escreve com o coração, aí vem, toca as músicas – e você acha que não servem. E o cara fica triste e tenta me convencer, e eu não quero ser convencido de nada; simplesmente acho que as músicas não servem. Mesmo que a música seja bonita, não sinto que sirva para aquele momento. Aí, ele precisa escrever outra coisa, e depois talvez outra coisa, e fica mal-humorado porque já está na terceira versão e você recusa o que ele faz. Então, eu sinto: Nossa, não posso fazer isso com o cara. Não está certo. Ou então ele compõe para acompanhar a cena toda e aí, no último minuto, resolvo cortar dois metros da cena e a música não sincroniza mais.

Quando eu mesmo escolho a música, estou sentado na sala de montagem, tenho uma gigantesca discoteca de música do mundo inteiro, vou até a outra sala, pego uma gravação. Se não funciona, tiro fora. Se é muito cara, não uso. Se mais tarde eu resolvo que a cena vai ficar com metade do tamanho e aquilo não funciona, tiro fora e encontro outra música. E o público sempre tem o prazer extra da evocação da música. Se o público ouve uma trilha original e o compositor fez uma partitura incrível, que você vai ficar cantarolando cinquenta anos depois, como a de ...*E o vento levou*, é uma coisa. Mas não sendo assim, quando você ouve as minhas trilhas, pode estar ouvindo Django Reinhardt, ou Erroll Garner, ou Coleman Hawkins tocando uma bela melodia de um grande compositor, tocando com muito sentimento, muito ritmo, e só de ouvir a música isso dá para a pessoa uma sensação boa. Muitas vezes, a música que eu uso é melhor que o meu filme – um grande artista tocando Cole Porter ou George Gershwin. É o que o Marshall Brickman chama de "grandeza emprestada".

Uso músicas populares dos anos 20, 30, 40 – a idade de ouro da música: Gershwin, Kern, Porter, Berlin – porque é o meu tipo de música. Não consigo pensar em fazer de nenhum outro jeito. O momento de que eu mais gosto é a musicalização. O que eu gostaria de fazer, que ainda não fiz em anos e anos, é musicar alguma coisa com a minha banda, eu mesmo tocando. Mas precisa ser o filme certo, e não faço o filme certo desde *O dorminhoco*.

Você tem essas músicas todas literalmente ao alcance da mão, tanto do ponto de vista físico, nos discos, como na sua cabeça. Você conseguiria fazer isso tão bem se não tivesse a música na memória?

Tenho um bom conhecimento musical, embora informal, porque ao longo de décadas, quando tomo banho de manhã, quando faço a barba e me visto, estou sempre ouvindo alguma coisa – pode ser jazz, clássica, ópera, pop –, então já ouvi uma tonelada de música e sempre consigo desenterrar alguma coisa da memória. Mas muitas vezes nós telefonamos para a loja de discos Colony, na Broadway, e dizemos: "Estamos precisando de alguma coisa como 'Sing Sing Sing', alguma coisa num tom menor. O que vocês têm?". Dizemos que eles são "os peixeiros" [*ri*]. O que está fresco hoje?

O que é que tem no jazz que te atrai tanto?

Coloco a música que gosto de ouvir porque o filme é meu [*ri*]. Existe um certo tipo de jazz que é ótima música para comédia, porque é para cima e viva. Realmente não vou além da era do *swing* porque é importante que a batida seja simples, e a música, melódica. Seria difícil fazer uma trilha com o Charlie Parker e o Dizzy Gillespie – numa *comédia*. Dá para usar a música deles num filme sério. E de vez em quando dá para encaixar um Thelonious Monk.

Além disso, não consigo usar com facilidade a música dos meus ídolos. Nunca uso Jelly Roll Morton ou George Lewis. Só usei duas músicas de Sidney Bechet. Uma vez, em *Poucas e boas*, e só usei porque a letra [*de "Viper Mad"*] era ótima para a festa a que o Sean [*Penn*] vai no filme; usei também um disco muito, muito atípico do Sidney Bechet, em que ele toca "Tropical Mood Meringue", que ele não executou tão bem, e sem muito sucesso, e não é considerada parte de seu trabalho sério. Nunca consegui usar Louis Armstrong numa trilha sonora. Consegui colocá-lo num filme, como fiz em *Memórias*, mas, assim como Lewis e Bechet, não consigo usar Armstrong inocuamente como música de fundo; me incomodaria muito, a música deles é importante demais para mim.

Agora, eu realmente adoro muita gente que uso como música de fundo. Fiz muito sucesso com Ben Webster, Coleman Hawkins, Django Reinhardt, Erroll Garner, porque a música deles é altamente melódica e tem *swing*. Usei bastante Benny Goodman, que não é exatamente um ídolo para mim, embora eu adore como música de fundo.

Quando não usa jazz, você sempre usa música clássica. Por exemplo, ia usar Stravinsky na trilha de *A última noite de Boris Grushenko*, mas mudou para Prokofiev, o que deu ao filme uma sonoridade muito animada. Como o filme se passa na Rússia, entendo que tenha querido usar música russa como contraponto, mas por que trocou de compositores? E o que teria usado de Stravinsky?
Usei um pouco de Stravinsky depois disso. Usei o *Concerto em ré* em *Melinda e Melinda*. Teríamos usado alguma coisa dos balés, algo da *Sagração da primavera*, algo do *Dumbarton oaks* e integrado os dois, mas eram dissonantes demais – e caros. O Ralph Rosenblum disse que devíamos experimentar a suíte *O tenente Kijé* do Prokofiev num determinado momento e funcionou bem. Então experimentamos outra e outra, e fizemos tudo com Prokofiev. [*Dentre outras obras, a cantata* Alexander Nevsky *e* O amor por três laranjas.]

Por que você escolheu usar tão pouca música em *Noivo neurótico, noiva nervosa*, mesmo nos letreiros?
Naquela época eu estava muito interessado na obra do Bergman, e o Bergman nunca usa música; eu sentia que ele devia saber alguma coisa. [*Bergman disse*

uma vez que a combinação de música e filme é coisa de "bárbaros".] Pensei: Ele é tão bom, se não acha que música é certo, talvez eu não enxergue direito. Usei música incidental [*música já gravada*]. E não usei música em *Interiores*. Mas quando comecei a ficar um pouco mais seguro, pensei: Bom, não é desse jeito que eu sinto o cinema. Sinto os filmes com música. Para mim, a música tem uma importância especial, um sentido especial.

Pode explicar isso um pouco melhor?

É realmente uma parte muito consistente de autoexpressão, e os meus filmes têm sido muito autoexpressivos; isso é tomado erroneamente por autobiografia. São expressões e observações minhas, ou sentimentos meus, mas o que se vê na tela na maior parte das vezes é totalmente inventado, só que essas invenções estão a serviço dos meus sentimentos. Então, em sua forma mais reduzida, mais tola, não vou, por exemplo, fazer um filme que exalte o nazismo, mas farei um filme que tenha uma posição democrática. Sempre vou fazer filmes que expressem os meus sentimentos pessoais sobre a falta de sentido da vida e o horror da existência.

Conversamos sobre *Todos dizem eu te amo* uns cinco anos atrás, mas quero voltar ao filme agora. Sei que você queria que as pessoas cantassem músicas de que você gostava, com a voz normal.

Tem gente que adora e reverencia vozes como as de Frank Sinatra e Barbra Streisand. São vozes miraculosas do nosso tempo. Mas existem outras pessoas, como eu, que são chegadas na voz do Jimmy Durante e do Jerry Lewis cantando. E tem gente que anda na rua cantando, ou que canta no chuveiro, e é perfeitamente agradável ouvir – para mim. Os outros podem detestar, mas eu não, então fiz um filme com isso. Isso satisfez o desejo que me mantém trabalhando.

Você canta no chuveiro? Você se põe a cantar de vez em quando, como os personagens do filme?

Canto. Costumava cantar mais. Aí, descobri que o chuveiro é um lugar excepcionalmente bom para pensar, como já disse. É uma mudança de ambiente e relaxante, inteiramente revigorante.

Você diz que a música dos anos 20, 30 e 40 dá um certo estilo ao filme, mas também é capaz de, ao escolher uma música pelo título, passar uma mensagem subliminar para a plateia. Um exemplo óbvio é *Manhattan*, quando você toca "Someone to Watch Over Me",* enquanto a Mary e o Ike [*Diane Keaton* e *Woody*] passam a noite conversando num banco em Sutton Place, com a silhueta recortada pelo rio East e a ponte de Queensborough, ao amanhecer. A música revela que duas pessoas que não se davam bem estão rapidamente ficando a fim uma da outra.

Certo. Muitas vezes eu escolho alguma coisa que contenha uma certa ironia, ou que tenha alguma relação com o filme. Isso é particularmente verdadeiro com a música dos letreiros dos filmes. Então uso, digamos, "What is This Thing Called Love?" [*Maridos e esposas*], ou "With Plenty of Money and You" [*Trapaceiros*],** porque não há ação na tela. Se estou musicando o filme em si, posso usar uma música que sirva perfeitamente para a cena, mesmo que o título ou a letra não se encaixem, porque é apropriada. Posso fazer o que eu quiser, e isso sempre é divertido para mim.

Sem falar do musical e de *A era do rádio*, a trilha de algum filme foi particularmente agradável?

De alguns. Para mim, a música de *Memórias* é sensacional – não tinha nada a ver comigo. Eu simplesmente pus os discos. [*"Stardust", tocada por Louis Armstrong e sua orquestra; "If Dreams Come True", executada por Chick Webb e sua orquestra; a interpretação de Django Reinhardt para "I'll See You in my Dreams" e "Body and Soul"; Lester Young e Count Basie e sua orquestra tocando "Tickletoe"; a "Hebrew School Rag", de Dick Hyman; "Easy to Love" e "Just One of Those Things", de Cole Porter;* Noite de São João na montanha, *de Mussorgsky; Marie Lane cantando "Brazil"; "Three Little Words", de Burt Kalmer e Harry Rubin; a Original Dixieland Jazz Band (primeira banda de jazz a fazer uma gravação de jazz, em 1917) tocando "Palesteena"; Sidney Bechet tocando "Tropical Mood Meringue"; "One O'Clock Jump", "Sugar" e "Sweet Georgia Brown", de Count Basie; e "Moonlight Serenade", de Glenn Miller.*]

* Tradução literal: "Alguém para cuidar de mim". [N. E.]

** Tradução literal: "O que é essa coisa chamada amor?" e "Com muito dinheiro e você". [N. E.]

Já conversamos sobre isso em outro contexto, mas acontece de você estar escrevendo uma cena e pensar: Nossa, Coleman Hawkins ficaria ótimo aqui?
Fiz isso algumas vezes, mas não consigo me lembrar agora. Lembro, sim, de quando estava fazendo *Manhattan* e pensar: Vou fazer essa cena muito mais longa, porque eu queria ter imagem na tela, para sustentar as aberturas do Michael Tilson Thomas. Agora, fizemos a música de Gershwin com Zubin Mehta e a New York Philharmonic porque era o retrato de Manhattan. Mas escrevi e filmei para sustentar a música, coisas que não fariam nenhum sentido se você não conhecesse a música. Quando estávamos filmando, algumas pessoas da equipe pensavam: Por que isso está demorando tanto? Mas eu pensava comigo: Quando virem isto com a música, vão entender o que eu estava pensando. E na maioria dos casos eu estava certo, porque a música é muito bonita. Mas, como sempre, não em todos os casos, e tive de jogar fora o material.

Houve alguma outra vez em que você sabia a música ao escrever o roteiro?
Sim, quando eu estava escrevendo a parte do assassinato de *Crimes e pecados*, eu sabia que ia usar a obra de Schubert [*o primeiro movimento do* Quarteto de Cordas em sol], que é tremenda e dramática. Eu sabia, quando estava escrevendo, que o personagem de Martin Landau ia sair do carro e encontrar o corpo.

Gosto da música de ópera em *Match Point*. É o acompanhamento perfeito para algumas ações muito operísticas. Quando você teve a ideia de usar Caruso?
A gente não tinha dinheiro para encomendar uma trilha especial e eu disse para a Helen Robin [*produtora associada*]: "Talvez eu faça como fiz anos atrás, sem música nenhuma". *Interiores* não tinha música nenhuma, e mesmo *Noivo neurótico, noiva nervosa* tinha só música incidental, como eu disse. Eu precisava de música de ópera porque as pessoas no filme vão à ópera, e me ocorreu que podíamos conseguir algumas dessas árias de ópera antigas bem barato, com gravadoras estrangeiras. E então aconteceu – sorte de novo, como tanta coisa nesse filme – que uma gravadora estava lançando um pacote com toda a obra de Caruso. E dissemos a eles que estávamos interessados em usar alguma coisa, eles nos fizeram um preço fantástico. O pacote ia ser lançado junto com o filme, então a vantagem era mútua.

Você escolheu a música depois do filme pronto? Não fazia a menor ideia antes?
Não. E eu queria que as gravações soassem antigas na trilha, para fazer o público ouvir os chiados e saber que eram gravações velhas, não uma trilha. Isso dava uma sensação cálida e interessante. Se não parecessem gravações velhas, a música teria me parecido muito pretensiosa. Eu sempre odeio o que fazem com CDs de jazz antigo, para higienizar tudo. Sempre soa terrível, mas "limpo" para gente que compra coisa limpa e não tem nenhuma relação com a música. Então eu sempre compro LPs. Nesse caso, pude usar o som antigo original.

Alguns outros exemplos de momentos em que você pensou a música primeiro?
Eu sempre soube que ia usar "In a Persian Market" [*de Albert W. Ketèlbey*], tanto para a mãe no céu [*em* Édipo arrasado, *a mãe do personagem de Woody aparece no céu sobre Manhattan e fofoca com os pedestres*] como na cena do hipnotizador em *O Escorpião de Jade* [*na qual David Ogden Stiers maldosamente hipnotiza Woody e Helen Hunt*]. Queria era ter usado essa música de novo. Teria sido ótima em alguns momentos de *Scoop*.

Quando chega ao ponto em que pode escolher a música do filme, você tem a mesma sensação de alívio – ou será prazer – de quando acabou de pensar o roteiro e finalmente pode começar a escrever?
É, é muito prazeroso. Quando se chega à musicalização, a montagem do filme já está armada, e tudo o que se acrescenta é um brinde. Não tem lado ruim. Não se pode fazer nada além de melhorar o filme. Se uma música não funciona, tenta-se outra, e outra. E se nada funciona, então nada funciona.

Quando está assistindo ao copião ou montando, vêm músicas a sua cabeça? Você anota?
Anoto o tempo inteiro – às vezes, quando começo a filmar no set, penso comigo mesmo: Essa cena vai ficar fantástica se eu usar música clássica, e não jazz. Ou, às vezes, durante a montagem, colocamos a música ao fazer a edição. Quer dizer, não passamos para a cena seguinte até colocar música na que está na máquina. Quando não se faz isso, geralmente é preciso fazer uma porção de retoques depois. Porque na edição de uma cena de perseguição, ou de uma cena de caminhada, ou de uma cena de carro, sem a música você deixa de um tamanho

"In a Persian Market", que pontua a cena de *O Escorpião de Jade* em que Voltan hipnotiza o detetive de seguros C. W. Biggs e sua colega Betty Ann Fitzgerald, é um dos temas recorrentes nas trilhas de Woody

adequado ao silêncio. E aí, de repente, coloca-se uma coisa de Django Reinhardt ou Benny Goodman ao fundo e você pensa: Ah, devia ser três vezes mais longa. É muito decepcionante acabar aqui. Ou vice-versa.

Mas também, às vezes, a gente pegou um embalo na montagem, e se não tenho uma música específica na cabeça não vou dizer: "Vamos parar meia hora e descobrir a música perfeita para esta cena".

Você fez isso em *Match Point*? Algumas cenas, como aquela em que ele mata as mulheres, combinam muito bem com a música.
Não, aquilo tudo ficou silencioso por longo tempo. Depois, quando colocamos *Othello* ao fundo, ficou simplesmente perfeito.

Foi preciso retocar muito?
Precisei retocar um pouco a música para encontrar um ponto de corte. Tivemos uma porção de combinações fortuitas entre trechos, mas não para o momento em que a Scarlett está subindo no elevador, então precisei usar uma outra parte da música. [*Nola está voltando para o apartamento dela para encontrar Chris, que a fez acreditar que está pronto a deixar a esposa, mas na verdade está à sua espera para matá-la. A música toca enquanto a ação acompanha a volta de Nola para casa, e Chris carrega a espingarda; o corte musical ocorre na última sequência, na qual ela sobe de elevador e leva um tiro ao sair.*] En-

tão, se você conhece *Othello* ou fala italiano, vai notar a música, mas acho que não se nota tanto porque a pessoa está envolvida no filme. Conversei com gente de ópera que viu o filme e ninguém me falou: "Epa, o que você fez ali? Cortou o *Othello*?" [*Ri*]. Isso acontece mais tarde, depois que aquilo ficou ali um tempo.

Quando tem ideias sobre qual música usar, isso fica na sua cabeça como as linhas de trama quando está pensando a história, ou você precisa anotar?
Meses depois continuam lá. Não é nenhum esforço. Uma vez que você pensou que "Sing Sing Sing" ficaria ótimo em determinado ponto, durante a montagem, três meses depois, é a primeira coisa que vem à mente.

A música dos anos 20 até os 40 são uma assinatura dos seus filmes.
É – se eu fosse fazer uma sátira dos meus filmes [*faz uma pausa e sorri*] faria os letreiros em preto e branco, com algum tipo de música de jazz, Duke Ellington, digamos, e depois provavelmente alguém fazendo para o público um discurso sobre o sentido da vida em geral.

Além de tocar com sua banda para uma trilha sonora e de fazer um musical original, existe alguma coisa especial com música que você gostaria de fazer em filme?
Sempre quis fazer alguma coisa sobre o jazz de Nova Orleans, mas nunca consegui levantar orçamento para isso. Mas se alguém me der oitenta, cem milhões de dólares – o que seria uma loucura –, eu poderia fazer um grande filme de jazz americano. Não digo a história de um cara que toca trompete e é abandonado pela namorada [Poucas e boas *é, entre outras coisas, a história de um guitarrista de jazz que é abandonado pela namorada*]. Falo de uma história sobre o começo do jazz, e como o jazz se desenvolveu em Nova Orleans e foi para Chicago e Nova York, e se espalhou pelo mundo.

Sempre quis contar a vida de Sidney Bechet e de Louis Armstrong porque eram dois moleques que se encontraram em Nova Orleans, cresceram lá – dois gênios emergentes e solistas absolutamente assombrosos. Sempre achei que o Bechet era superior ao Armstrong, embora seja como dizer que Velásquez é melhor que Goya. O Louis era um ícone adorado internacionalmente, venerado além de qualquer medida, e ninguém adora o Armstrong mais do que eu, e no entanto fico envergonhado quando alguém diz: "É o maior talento musical do século XX". Não penso exatamente assim, mesmo achando que ele era incomparavelmente maravilhoso. Sidney também era magnífico, no entanto é um desconhecido total, não teve nenhuma vida comercial, e com certeza nenhum status de ícone, a não ser um pouco na França, nos últimos anos. E enquanto a vida do Louis o levou a jantar no palácio de Buckingham, o Sidney estava cumprindo pena por ter dado um tiro em alguém. Eu poderia fazer um grande filme a respeito.

Passei anos vendo você rabiscar "American Blues" em pedaços de papel enquanto monta filmes. Agora sei por quê.
É. Adoraria fazer esse filme. Sinto que poderia recriar Nova Orleans e o nascimento do jazz melhor do que qualquer um, porque acho que sou o único diretor de cinema em atividade que tem uma paixão particular e conhecimento disso. Mas preciso de um caminhão de dinheiro.

Por que é tão caro?
É preciso recriar a Nova Orleans daquela época, depois ir a Chicago, a algumas boates, depois Nova York. O Sidney foi para a Europa. Essa coisinha que começou com os escravos cantarolando um para o outro e cantando *spirituals* na igreja se desenvolveu até virar a maior contribuição americana como forma de arte, e depois de algum tempo passou a ser reverenciada em todo o mundo, da África à Inglaterra e ao Japão.

Os chefões esbanjam noventa, cem, cento e vinte milhões a torto e a direito em filmes em que acabam perdendo a roupa do corpo. Então podiam perder a roupa do corpo comigo. [*Ri gostoso.*] Isso eu *garanto.*

Gostaria de fazer outro filme musical?
Gostaria, sim, de fazer outro musical original fora dos Estados Unidos. Seria interessante para mim. Chamaria alguém para escrever a trilha sonora e as letras para mim e faria um musical completo. Seria divertido.

O musical se desenvolveu e progrediu, mas nem sempre progrediu numa direção que me interessa. Gosto dos musicais do tipo antigo. Não sei se existe público para eles. Se amanhã alguns musicais que eu gosto estreassem na Broadway pela primeira vez, eu me pergunto se fariam algum sucesso, pelo menos o sucesso que faziam antigamente.

Não seria como *Todos dizem eu te amo*. Para esse eu precisaria de cantores de verdade, porque teria um conceito completamente diferente. Mas, por outro lado, não acho que ninguém vá me acordar no meio da noite para me dar o dinheiro para fazer isso.

Você assistiu a *The Pajama Game* [Um pijama para dois; musical e *recém-relançado na Broadway*.]?

Não.

É posterior ao período de que você gosta? [*A estreia original foi em 1957*.]

É por volta do período de transição. Era bom, mas não um dos meus favoritos do coração.

Quais são?

Gosto daqueles de que todo mundo gosta – *Guys and Dolls*, *My Fair Lady*, *The Music Man*. Dos filmes, gosto de *Cantando na chuva*, claro, *Agora seremos felizes* e *Gigi*. E gosto também da versão para o cinema de *My Fair Lady*. *A roda da fortuna* era divertido. De uma época anterior, *Um dia em Nova York*. Esse estilo antiquado é mais divertido para mim. A mesma coisa quando vejo uma peça de teatro. Posso apreciar outras coisas, mas o que eu gosto mesmo é quando a cortina se abre e seres humanos comuns estão enfrentando algum tipo de dificuldade, emocional ou externa, algum tipo de dificuldade com que eu consiga me identificar. Nunca assisti a uma montagem de *Esperando Godot* que conseguisse ver até o fim. Não teria a audácia de criticar Samuel Beckett, mas, por melhor que montem a peça, não consigo gostar. Simplesmente não quer dizer nada para mim. Quando a cortina se abre, gosto que seja sobre gente como em *A morte do caixeiro-viajante*, *Uma rua chamada Pecado* ou *Quem tem medo de Virginia Woolf?*, peças em que eu sou sugado para dentro da vida das pessoas.

Qual o seu orçamento para música hoje em dia?

Atualmente, a não ser em *Match point*, trabalho com um orçamento minúsculo para a música, de forma que realmente preciso ser inventivo. Uma das áreas em que o filme de Paris subiu muito foi a música; por causa da natureza do filme, não dava para fazer com um orçamento minúsculo para a música. [*O filme, a ser rodado no verão de 2006, foi cancelado dois meses antes da data do começo dos trabalhos porque ficou caro demais.*] Meu orçamento normal para a música é por volta de setecentos e cinquenta mil dólares – o que é bastante, em comparação com os últimos filmes, em que tinha entre cento e cinquenta e duzentos mil dólares para trabalhar. Então, felizmente, a ópera funcionou para mim em *Match Point* e eu pude ser parcimonioso com *Scoop*.

Você sempre diz que não gosta de música nenhuma depois de 1950. Na verdade, você me disse uma vez: "Não conheço nada de música depois de 1950. Ouvir essa música é um castigo. Só gosto de música clássica e de jazz".

Eu me perdi no emaranhado da música contemporânea. Quando vejo alguém como a Billie Holiday ou o Frank Sinatra cantando com delicadeza uma canção do Cole Porter ou do Jerome Kern ou de Gershwin, consigo ouvir a letra e ouvir a melodia. Depois, você vê quatro caras com guitarras e dez mil pessoas carregando os amigos nos ombros, os caras todos sem camisa, e a plateia sem camisa, e os caras com listas pintadas na cara, arrebentando as guitarras, a música amplificada de um jeito inacreditável – e não me diz nada. Claro que eu fiquei para trás, mas por mim, tudo bem.

Tenho certeza que eu é que saio perdendo, porque todo mundo que eu conheço e respeito – a Diane Keaton é o maior exemplo – adora música contemporânea. A música que vem com grupos pós-Elvis Presley tem para mim um toque rural de que não gosto. São principalmente só guitarras e percussão – essa é a instrumentação – e um cantor que fala com você como se fosse o Winston Churchill, depois começa a cantar e parece o programa de auditório country *Grand Ole Opry*. Vão para aquela voz meio blues, meio caipira, ou seja lá o que for. Eu gosto de instrumentação cosmopolita – um cantor num piano-bar, alguém tocando trompete baixinho. Não quero ouvir ele cantando feito um cantor country, ou um branco cantando feito um cantor negro. É igual ir ao cinema: se na primeira tomada eles baixam a bandeira num taxímetro, eu fico. Se baixam a bandeira numa caixa de correio, não fico. Alguma coisa me desanima. Talvez o que eu esteja dizendo na verdade é que quero aquilo com que eu cresci, e os mais jovens estejam dizendo "eu quero aquilo com que cresci". Mas tenho conseguido colocar a música que quero nos meus filmes, música significativa para mim.

Eu me lembro de uma porção de vezes em que você recorreu primeiro à Sandy e agora à Alisa [*Lepselter, montadora*] para ajudar a encontrar música contemporânea. Tem aquela cena na parte cômica de *Melinda e Melinda* em que Will Ferrell desce a escada escondido e ouve através da porta do apartamento de Radha Mitchell, onde ela está com um cara. Você queria ouvir uma música sedutora vindo lá de dentro. Depois de alguns minutos, alguém sugeriu Barry White. Todos os assistentes de direção, com seus vinte, trinta e poucos anos, deram um pulo, e um deles foi buscar um CD e sugeriu usar "Come on", que você usou. Mas é claro que você nunca tinha ouvido falar dele.

Sempre que preciso de música incidental contemporânea preciso dizer a eles: "O que você tocaria nessa festa?". E eles sempre botam a cabeça para funcionar e sugerem um cantor.

Lembro que quando estava fazendo a promoção de *Melinda e Melinda* uma garota me disse: "A sua escolha de músicas é tão brilhante", e mencionou Barry White e disse [*começa a rir*]: "Bom, *é claro*. Quem mais poderia ser numa hora daquelas?".

OUTONO DE 2006

A montagem e sonorização de *O Sonho de Cassandra* estão quase concluídas.

Antes de você viajar para rodar *O Sonho de Cassandra*, perguntei se tinha pensado em alguma coisa para a música do filme. Você disse que não e acrescentou: "Sei que o filme é dramático a ponto de funcionar mesmo sem música. Então, pelo menos não estou em pânico por precisar de um certo tipo de música e não ter dinheiro para isso. Sei disso porque, como é dramático, provavelmente não vai ser jazz animado. Vai ser provavelmente alguma coisa especial. Não penso que o roteiro aponte para nada já gravado. Pode ser que entre agora, e quando começarmos a filmar em julho, eu escreva alguma coisa no roteiro e descubra a música que quero. Por exemplo, agora que estamos falando disso, tem uma fala de um personagem que está olhando para uma casa: Preciso de um lugar para praticar o meu trompete e não ser incomodado. Só que isso não tem nenhum outro peso na história além dessa fala. Mas é conce-

bível – estou inventando – que, se eu fizer que ele goste da música de Miles Davis, isso me dê um som orgânico para todo o filme".

Mas você abandonou a ideia de usar Davis e em vez disso pediu ao Philip Glass que compusesse uma trilha. O que aconteceu com Davis? E o que você acha de Glass?

Não consegui achar um jeito de usar Davis. A coisa mais próxima que eu podia usar era o trompete do cara. Mas aí eu descobri quanto o Miles Davis custava... [*Revira os olhos.*] A fala sobre o trompete continua no filme. Pensando bem, não acho que o Miles tivesse funcionado, e de jeito nenhum eu teria dinheiro para pagar o preço dele.

A ideia de Philip Glass veio depois de muita conversa com a minha assistente Sarah [*Allentuch*] e com os meus amigos sobre o que seria bom para o filme. Ninguém teve realmente nenhuma grande ideia, porque não havia nenhuma grande ideia para se ter. Eu sempre soube que contratar alguém para compor a trilha para um filme é possível financeiramente. Um compositor custa menos, porque com todos aqueles discos de jazz não se paga só pelos direitos de Miles Davis, pagam-se os músicos ou seus espólios, pagam-se as gravadoras. No passado, tive orçamentos para música extremamente altos, orçamentos para música *ridículos* em filmes em que usei vinte canções e isso custou cinco mil ou dez mil cada, ou mais. Pagávamos vinte, trinta mil dólares pelas músicas. Gastamos cerca de meio milhão de dólares na trilha de um filme só.

A ideia de Philip Glass parecia boa para o filme. Assim que falei nele, todo mundo disse: "*Eu* ia falar dele", e iam mesmo, porque era a escolha lógica para o filme. O filme tem um clima meio trágico, e ele parecia alguém cujo trabalho era cheio de, sabe [*sorri*], sofrimento e angústia. Não ficaria parecendo uma trilha de Hollywood, seria uma trilha cheia de sentimento, apropriada para a história.

Então chamamos o Philip Glass e mostramos o roteiro para ele, que ficou muito interessado. Eu não conhecia o Glass, mas claro que conheço seu trabalho e estava ansioso por trabalhar não apenas com um compositor, mas um compositor muito forte, com o qual poderia ter problemas, como já tive no passado. Mas funcionou muito bem. Ele me deu música muito boa, e achei que é agradável e fácil de trabalhar em conjunto. Eu sabia o que esperar, para começar, então não haveria uma grande discrepância entre o que eu queria e o que ele produziria. Houve momentos em que eu disse: "Não, isso é meio pesado", ou "Isso é meio leve", ou "Tem um pouco de música demais aí". As sutilezas de sempre nas aberturas. Mas não tive problema nenhum com ele. Acho que é tão bom que tem segurança, e então nunca existe uma sensação de ameaça ou ego envolvido.

Foi muito diferente trabalhar com ele?

Foi interessante. Antes, a musicalização era chata e levava meses, mas com o Philip não é nada assim. Ele veio, assistiu ao filme e quatro dias depois tínhamos uma tonelada de música. De início, a gente não sabia onde queria a música, então nosso erro foi fazê-lo compor demais. Se você tem uma tonelada de música, começa a ficar sufocante, então eu disse para ele: "Não quero que seja *Frankenstein* ou *Drácula*".

Então, sempre que precisava de uma nova abertura, eu chamava o Glass e dizia: "Essa abertura não funcionou aqui", e ele nunca se pôs na defensiva. Na manhã seguinte, trazia uma música nova. Era como ter a coleção de discos – me dá esse aqui.

O engraçado é que a música dele é muito carregada de tensão. Eu dizia: "Essa cena é casual. A música parece tensa demais". E ele dizia: "Ah, não, essa é a parte *romântica*. A parte tensa eu estou guardando para o assassinato".

Eu pensava: Meu Deus, o que vai acontecer? Mas ele é maravilhoso. Sempre entusiasmado com as nossas ideias, e muito cordato. Ainda é mais fácil para mim usar discos, mas aí não tenho a chance de trabalhar com um gênio.

8 A CARREIRA

JANEIRO DE 2000

Woody escreveu e dirigiu trinta filmes nos últimos trinta anos e passou de um comediante que filmava seu próprio trabalho a um dos mais respeitados cineastas do mundo. Sua influência (embora ele negue) é visível numa nova geração de diretores. Assim como *Um assaltante bem trapalhão* e *Bananas* foram sucessores da comédia anárquica dos Irmãos Marx, o estilo de falso documentário de *Um assaltante bem trapalhão* abriu caminho para o que passou a ser conhecido como *"mockumentaries"* [pseudodocumentários], entre eles *Isto é Spinal Tap* (dirigido por Rob Reiner), os filmes de Christopher Guest (*Esperando o sr. Guffman, O melhor do show, A Mighty Wind* etc.) e, é claro, *Zelig*. *Noivo neurótico, noiva nervosa*, tido como uma comédia romântica, poderia mais adequadamente ser considerado uma história sobre a base dos relacionamentos amorosos muito mais que um filme engraçado. Sem *Noivo neurótico, noiva nervosa*, seria difícil imaginar, digamos, *Harry e Sally - Feitos um para o outro, Sintonia do amor* e toda uma onda de filmes românticos independentes que veio em seguida.

Woody e eu conversamos muitos dias sobre sua vida e sua obra. Com 64 anos neste momento, ele está - não há palavra melhor - satisfeito, sensação que raramente vi nele. Ele e Soon-Yi casaram-se em Veneza em 1997 (estavam juntos desde 1992) e são pais recentes de uma filha, Bechet, batizada, claro, em homenagem a Sidney Bechet. (Em 2001, viria uma segunda filha, Manzie, batizada em honra do baterista Manzie Johnson.) Ele, sua família e sua banda de jazz acabam de voltar de uma série de shows pela Europa. Woody diz: "Fiquei besta com o quanto gostei de Barcelona e Madri. Pensei que seriam boas cidades, só isso, mas são incríveis. A Espanha é um mercado forte para os meus filmes. Na Europa, em geral eu me dou bem. Nos Estados Unidos, como você sabe, até quando tenho apoio da crítica, isso nem sempre se traduz em bilheteria".

A que você atribui sua longevidade como cineasta?

[*Faz um momento de pausa.*] Estava pensando em, num futuro não muito distante, escrever alguma coisa intitulada "Como foi que eu durei?". Cheguei a brincar com isso, mas achei que seria muito autorreferente. Estava fazendo sessenta e quatro anos e trabalho desde os dezesseis, então me perguntei como foi que durei. Por exemplo, quem é o meu público? O meu público nunca foram os garotos de faculdade quando deveria ter sido. Certamente não são garotos de faculdade agora. Não são caipiras, nem fundamentalistas protestantes, nem a maior parte dos Estados Unidos. Também não são os intelectuais – posso indicar um bando deles que nunca apoiou meu trabalho. Jamais ganhei muito dinheiro, sempre exigi total controle artístico dos meus filmes, mesmo diante de uma série de filmes que não deram lucro – e sempre consegui total controle. Quer dizer, uma coisa meio irracional.

O Richard Schickel [*escritor e há muito tempo crítico de cinema da* Time] escreveu um ensaio muito bom a meu respeito, dizendo que em determinado ponto o meu público me abandonava. E achei que foi a única coisa em que ele errou. Fui eu que abandonei o meu público; ele não me abandonou. O meu público era muito bom, e, se eu continuasse a cumprir com a minha parte do contrato, ele não demonstraria nenhum sinal de querer me abandonar e ser algo mais do que uma boa plateia afetiva. Eu é que tomei um rumo diferente, e uma boa parcela desse público ficou incomodada, se sentiu traída. Não gostaram quando fiz *Interiores* e *Memórias*. Um crítico disse que *Interiores* foi um ato de má-fé. Achei que foi uma reação exagerada. Tentei fazer um filme específico, e se não funcionou, não funcionou. Tudo bem. Respeito plenamente as opiniões das pessoas para quem não funcionou. Mas não foi feito com má-fé.

Depois, *Memórias* decepcionou as pessoas, e ao longo dos anos o público ficou mais e mais incomodado comigo, sem saber direito como seria o meu próximo filme, e menos seguro de que iria gostar. Muita gente ainda acha que os meus melhores filmes ficam pela época de *Noivo neurótico, noiva nervosa* e *Manhattan*, mas mesmo que esses filmes ocupem um lugar caloroso em seu coração – o que me deixa muito satisfeito – estão errados. Filmes como *Maridos e esposas*, *A rosa púrpura do Cairo*, *Tiros na Broadway*, *Zelig* e até mesmo *Um misterioso assassinato em Manhattan* e *Poucas e boas* são muito superiores. Claro, isso é questão de opinião, mas eu tenho a minha, assim como os outros têm as deles.

Agora, é verdade que depois de alguns filmes eu parei de pensar em popularidade e no público, ou no que escreviam sobre os meus filmes, mas não por arrogância, nem algum sentimento de superioridade. Só porque essa parte do processo – a chamada gratificação – não estava me deixando feliz, nem satisfeito. As pessoas muitas vezes tomam erroneamente a minha timidez por indiferença, mas não é. Eu precisava de um centro espiritual e, sendo ateu, isso é difícil de encontrar. Então experimentei uma espécie de apatia em relação ao sucesso ou fracasso e, é triste dizer, em relação à vida em geral. Tanto o sucesso como o fracasso provaram não significar muito para mim do jeito que pensei que fossem significar quando comecei. Nenhum dos dois contribui muito para a solução dos verdadeiros problemas da vida.

O lado bom de ser, como dizem os meus amigos, "imune à crítica", é ser incapaz de gozar o prazer que um sucesso retumbante traz. Isso não quer dizer que eu deteste dinheiro, mas, resumindo, apesar de toda a bajulação do mundo, a gente continua incomodamente finito. [*Encolhe os ombros, depois ri.*] Então, como eu estava dizendo, a minha timidez e inabilidade em afastar a nuvem negra que vem com a incapacidade de lidar com a realidade fazem as pessoas pensarem que sou distante ou inatingível, mas não sou nem um pouco alheio, nem recluso – que é outra descrição nada exata de mim. Por outro lado, não quer dizer que eu não concordaria com boa parte da crítica mais severa ao meu trabalho se ouvisse essas críticas. Tenho um olhar muito crítico para o meu trabalho e o de outras pessoas. Antes eu lia a meu respeito, mas parei de vez, porque é uma perda de tempo, não ajuda em nada – o absurdo de ler que você é um gênio cômico ou que tem má-fé. Quem precisa pensar sobre tamanhas bobagens?

Posso dizer que a Soon-Yi me deixou mais aberto. Queria ter encontrado com ela quando era mais jovem. Sempre entrei e saí de relacionamentos, nenhum deles tendo funcionado de fato para mim – ou para a outra pessoa –, então, da maneira mais absurda, inesperada, ridícula, topo desajeitadamente com um relacionamento com uma jovem coreana com quem tenho muito pouco em comum, e a coisa funciona feito mágica. A minha teoria sempre foi que, em se tratando de relacionamentos, você pode tentar e tentar, mas é preciso ter sorte, e eu tive sorte. Quer dizer, o que estou fazendo com uma mulher que é mestra em educação especial, cujo campo de interesse é o ensino de crianças com distúrbios de aprendizagem, que nunca assistiu a *Noivo neurótico, noiva nervosa*, nem a três quartos dos meus filmes, e [*ri*] cuja ideia de almoço é um sanduíche de atum com queijo derretido?

Então, você me pergunta como eu durei – principalmente com todos os meus defeitos, as minhas limitações, tanto artísticas como pessoais, as minhas fobias, idiossincrasias, as minhas pretensões artísticas e exigências artísticas absolutas numa indústria venal, implacável – funcionando apenas com um talento menor? A resposta é a seguinte: quando era criança, eu adorava mágica, e poderia ter sido mágico se não tivesse tomado um desvio. E assim, usando toda a minha habilidade manual, dissimulação, meus sutis subterfúgios e talento cênico – isto é, tudo o que aprendi debruçado nos meus livros de mágica quando era menino –, consegui produzir uma brilhante ilusão que já dura cinquenta anos, e que compreende uma porção de filmes. Houdini, Blackstone, Thurston, todos os prestidigitadores da minha juventude teriam se orgulhado. [*Encolhe os ombros.*] Quem me dera eu estivesse brincando.

NOVEMBRO DE 2005–NOVEMBRO DE 2006

É um período de inquietação para Woody. Primeiro, ele está com tudo pronto para filmar um drama em Londres no verão de 2006, mas desiste na última hora, porque o acordo não está como deve ser. Dois ou três dias depois, aparece a oportunidade de fazer uma comédia romântica em Paris, um de seus lugares preferidos. Ele rapidamente apronta o roteiro – a história é diferente daquela de Londres – e começa a montar o elenco, mas descobre, para sua grande tristeza, que o orçamento não é suficiente para fazer o filme que ele visualiza e usar a trilha certa, como já foi mencionado. Mas nem tudo está perdido; logo depois, o acordo com Londres se fecha satisfatoriamente.

"Adoro o filme de Paris", ele diz, em junho, dias antes de partir para Londres, "e já tinha chamado algumas pessoas que adoro. A Michelle Williams, que é supertalentosa, era perfeita para fazer a garota. E para o homem, chamei o David Krumholtz. Eu sempre quis trabalhar com ele, é perfeito para o papel. Mas o orçamento foi subindo tão loucamente que mesmo desistindo do meu salário integral, coisa que eu estava perfeitamente disposto a fazer, ainda ultrapassava milhões. [*Ri, tristonho, e sacode a cabeça.*] Mas eu estava com vontade de trabalhar em Paris, morar em Paris por um bom tempo e filmar lá. Fiquei bem triste, mas não havia como resolver. Então mudei e passei de um filme extremamente romântico e caprichoso para um filme muito sério, como *Match Point*."

Vai fazer o filme de Paris em outra ocasião, se alguém tiver o dinheiro?
Ah, na hora. Espero que apareça alguém em algum momento. Talvez se eu fizer alguns sucessos comerciais alguém me pergunte: "Quanto você precisa para o filme de Paris?". Eu precisaria de mais uns cinco milhões e pronto. Posso contribuir com parte do meu salário.

Vai ser o seu terceiro verão consecutivo em Londres. Isso te dá a sensação de voltar para casa?
Bom, é uma sensação muito confortável, porque as pessoas são ótimas e é ótimo fazer um filme lá. E vou pegar o melhor clima que poderia esperar para filmar, o verão – cinza e frio.

Voltou a pensar em escrever aquele trabalho chamado "Como foi que eu durei?"?
Não, não pensei a sério. Mas isso ainda é um mistério para mim. Faz anos que estou aí, fiz tantos filmes que não deram muito dinheiro e sempre consegui me manter no negócio com muita liberdade – liberdade total. É uma combinação de sorte, engano [*começa a rir*] e supervalorização.

Eu gostaria de repassar seu trabalho, a começar pelos alheios, que não têm relação com a sua escrita e direção. [*Mostro um pedaço de papel onde anotei todos os filmes em que ele trabalhou. Os que ele escreveu e dirigiu até este momento somam 37, mas há mais uma dúzia.*]
Esses são meus? [*Olha a lista um momento.*] Uhm-hum. [*Nem um pouco impressionado ou surpreso.*] Bom, claro. Estou sempre trabalhando. Aumentando a lista.

Conversamos bastante ao longo dos anos sobre O *que é que há, gatinha?*.
É. Uma experiência não muito boa.

Nada mudou para melhorar isso?
Não, não. A grande lição nesse caso é que se um filme é bem-sucedido, mas você não está contente com ele, a experiência é infeliz e não vale nada. Naquela idade [*ele estava com quase trinta anos quando começou a fazer o filme*] eu

tinha, ou achava que tinha, um temperamento artístico, e estava mergulhado no que há de mais venal em Hollywood.

Não te consola pensar que esse filme tenha te permitido começar por conta própria?
Na época em que o filme foi lançado, o Charlie Joffe me disse: "Bom, é um sucesso, mas o pessoal do estúdio está dizendo: 'É só por causa do Peter Sellers e do Peter O'Toole'". E eu lembro de ter pensado comigo mesmo: Um dia, a importância desse filme vai ser o fato de ter sido minha primeira incursão no cinema. Era esse tipo de segurança imbecil que eu tinha quando era jovem [*ri*].

Aí, um ano atrás, eu estava na locadora de vídeo, procurando alguma coisa para alugar, e vi uma fita de *O que é que há, gatinha?*. A caixa dizia: "O primeiro filme de Woody Allen", então senti uma espécie de prazer irônico, um prazer culpado por ter sido injustificadamente autoconfiante [*ri*].

Você acha que precisava de toda essa segurança para começar?
Eu era muito seguro quando comecei. Não só quando comecei no cinema, mas quando comecei no *show business*.

Você me disse que sabia que era capaz de fazer os seus amigos darem risada.
Mais do que isso. Quando escrevi meu primeiro programa de televisão [Stanley, *estrelado por Buddy Hackett como atendente de uma tabacaria no saguão de um hotel de luxo; o programa foi transmitido ao vivo durante a temporada de 1956-57*], uma crítica disse: "Buddy Hackett poderia improvisar um programa mais engraçado do que esse". Recortei e colei num álbum de recortes que estava fazendo na época, e senti grande prazer nisso porque pensei: Ah, um dia isto vai ser perfeito, pela ironia. Esse tipo de segurança só aconteceu porque eu era muito jovem – tinha dezenove, vinte anos –, ou por uma burrice que tinha também [*ri*].

O *que é que há, gatinha?* tem uma cena que você fez com o Peter Sellers num cais. Sempre achei que, se tivessem explorado mais vocês dois, teria ficado mais engraçada.
É. Mas ele era um astro monstro e um talento monstro. Um dos poucos talentos que mereciam respeito, eu achava.

Nunca perguntei para você como foi representar com ele.
Foi bom. Os problemas do Peter [*drogas e álcool, uma compulsão a fazer imitações – "Era como estar casada com as Nações Unidas", disse a sua primeira mulher*], com os quais eu não tive nenhuma intimidade, mas que eram legendários, sempre foram fora de cena. Era absolutamente tranquilo representar com ele.

Ele improvisava muito?
Improvisava bastante, sim, mas eu gostava disso. Era alguém cuja improvisação tinha valor, e eu também improvisava bastante. Então, tudo bem.

Como você estava se sentindo quando fez aquilo? Sei que era muito seguro do seu talento, mas as pessoas estavam mexendo terrivelmente no seu roteiro.
Eu nunca tinha escrito antes para o cinema, mas sentia que, se me deixassem fazer do meu jeito, poderia fazer um filme engraçado. Mas o estúdio, representado pelo Charles Feldman, era poderoso demais e se intrometia muito. O diretor [*Clive Donner*] era um sujeito muito doce. O Peter O'Toole era ótimo. O Peter Sellers. As mulheres do elenco – a Paula Prentiss e a Capucine, todo mundo – eram ótimas. Mas o Charlie Feldman conduzia a

Woody grava sua primeira cena (que seria com Peter Sellers) em *O que é que há, gatinha?*, filmada no dia de seu aniversário de 29 anos

coisa com mão de ferro. Eu ficava pensando: Sai da frente e me deixa mostrar como fazer isto aqui.

O interessante com o Feldman foi que durante vinte anos, e durante muito tempo até esse filme, ele teve um senso agudo para a ideia certa, mas parece que esse foi realmente o fim da linha para ele.

É. Lembro que as pessoas diziam: "Se você acha que o *Charlie* é um problema ou um monstro, ele é um encanto, comparado com os outros chefes de estúdio e produtores. É um dos melhores para sair para jantar e ficar conversando". E sob esse aspecto ele era legal. Só tinha um bloqueio, algum tipo de bloqueio psicológico que impedia que dissesse a verdade. Então era difícil trabalhar com ele.

Acho que a coisa boa do filme foi que passei oito meses em Paris e comecei a adorar a cidade. Tenho um arrependimento, ou uma espécie de semiarrependimento, de não ter ficado lá. Duas garotas que faziam os figurinos [*Mia Fonssagrives e Vicky Tiel*] gostaram tanto de Paris que ficaram lá para morar e trabalhar. Eu não tinha a independência de espírito e originalidade delas.

Pode imaginar o que teria acontecido se tivesse ficado lá?

Para isso seria preciso uma alma mais aventureira que a minha, o que é uma pena. Tem tanta gente da minha idade que conheço que diz: "Não me arrependo de nada". [*Gargalhada.*] Só tenho um milhão de arrependimentos. [*Sorri.*] Não tenho de fato um milhão de arrependimentos, não, mas esse é um. [*Depois, um pouco tristonho.*] Teria sido bom.

Hoje seria muito difícil fazer isso, tirar as crianças da escola. As duas falam francês, mas tirar da escola... E os amigos da Soon-Yi são todos daqui, ela fez *um monte* de amigos. E eu sei que isso parece esquisito, mas todos os nossos médicos são daqui – a rede da nossa vida: a minha sala de montagem é aqui; a minha banda de jazz é aqui. Mas há momentos em que digo para ela: "Por que não ampliamos os nossos horizontes e pensamos em viver em Londres ou Paris?". E se ela dissesse: "Seria muito estimulante; adoraria fazer isso, colocamos as meninas numa escola francesa", eu faria. Mas ela não é assim – ela sabe que a ideia parece ótima, mas na verdade não é prática. "Você pode fazer um filme lá, mas toda a nossa vida e nossos amigos estão aqui."

Fale sobre *Casino Royale*.

Casino Royale foi uma experiência absolutamente aula para mim. Fui para a Inglaterra e fiquei como hóspede da produção. Ganhei muito dinheiro, e me davam muito como diária. Não comecei nem um dia de trabalho que já não fosse como hora extra. Escrevi um pouco – escrevi *Quase um sequestro*, minha peça de teatro. E jogava maratonas de pôquer das nove da noite às oito da manhã seguinte, noite após noite, após noite, após noite. Acabei parando porque tomava muito tempo. O tempo passa muito depressa quando a gente está jogando.

Onde você jogava?

Às vezes num quarto do Hilton Hotel. Na época, *Os doze condenados* estava sendo feito lá, então eu sempre jogava com o Lee Marvin e o Charlie Bronson, o John Cassavetes e o Telly Savalas, que estavam no elenco, mas todo mundo que estava na cidade jogava. O Howard Cosell passou pela cidade e jogou. Produtores que estavam produzindo filmes jogavam. Todo mundo. O William Saroyan jogava.

E a atuação no filme?

A atuação no filme não era *nada*.

Você escreveu o seu papel? [*Ele fazia Jimmy Bond, o sobrinho neurótico do aposentado sir James Bond (David Niven). Também no elenco estavam Peter Sellers, Ursula Andress, Orson Welles, Deborah Kerr, William Holden, Charles Boyer, John Huston e Jean-Paul Belmondo. Todo esse poder estelar produziu um filme muito apagado, com uma trama extremamente confusa. Mas tinha uma sensibilidade muito anos 60. Burt Bacharach e Hal David ganharam um Oscar pela canção "The Look of Love".*]

Não faço ideia de quem escreveu o roteiro. [*Wolf Mankowitz, John Law e Michael Saters são os roteiristas nos créditos. Os que não estão nos créditos são Val Guest, Ben Hecht, Joseph Heller, Terry Southern, Billy Wilder e Peter Sellers.*] Não escrevi o meu papel [*embora ele também seja identificado como colaborador não creditado*]. Eu improvisava uma piada aqui e ali. Não escrevi nada nesse filme, nunca vi o filme, nunca me interessei em nada pelo filme. Entendi que era um empreendimento imbecil à medida que foi se desenrolando. Não precisava ser um grande observador para ver que tudo era um caos idiota. Eu realmente pensei: Meu Deus, estou num filme com a Deborah Kerr, estou num filme com o Charles Boyer, com o David Niven. Mas só conheci o Niven.

O que achou dele?

Muito, muito bom. Exatamente o que se vê na tela. Lembro de termos almoçado juntos um dia, e a vida dele parecia fantástica. Ele disse: "Estamos fazendo um filme em Londres e encerramos a semana às cinco ou seis horas da tarde de sexta. Vou direto para o aeroporto, e às sete e meia estou na minha piscina no sul da França". Gostei disso.

Mas nunca viu o produto acabado.

Não. Só de ver no que eu estava metido, não sei como alguém pode assistir àquilo até o fim. Muito de vez em quando, quando eu estava com o Charlie Feldman, ele dizia: "Ah, você precisa ver este copião", e me mostrava com grande orgulho dez minutos de copião que o John Huston ou algum outro havia filmado. [*Havia cinco diretores – Val Guest, Kenneth Hughes, Huston, Joseph McGrath e Robert Parrish, cada um fez um pedaço.*] E eu pensava: Meu Deus, é um horror. Esses caras não têm a menor chance com isso.

E o Charlie Joffe disse, corretamente: "Cala a boca e faz o filme. Você está tentando entrar no negócio do cinema. Vai ser um grande filme e você vai estar nele junto com uma porção de estrelas, então vai ajudar a te lançar no cinema. E você está se divertindo em Londres e tendo tempo para escrever a sua peça. Está se divertindo jogando baralho e visitando museus, toda essa coisa de turista, então cala a boca e..." [*pausa*].

Certo. Mas você realmente escreveu um esboço de *Quase um sequestro* lá. Qual foi a gênese da peça?

Eu queria ser autor de teatro como o George S. Kaufman. Estava procurando uma ideia kaufmanesca, uma de que ele teria gostado. O Max Gordon, que tinha produzido uma porção de peças dele, adorou a ideia e queria produzir. Mas eu escrevi sem domínio suficiente, de forma que quando o Max Gordon leu, ele disse: "Acho que você não conseguiu realizar isto aqui". Corretamente, ele saiu do projeto e disse: "Isto não é para mim. Não acho que vai dar certo".

Ele deu alguma ideia para melhorar a peça?

Ele me mandou para um amigo dele, o Howard Lindsay – não, não, Russel Crouse. Sentamos e ele me deu alguma orientação – não lembro que orientações eram, mas fizeram sentido na época e fiquei muito grato. E fui escrevendo, e todo mundo me dizia que a peça era engraçada quando lia, mas ninguém conhecia a Broadway como o Max. Por fim, levei a peça para o David Merrick e ele disse: "Ah, quero produzir, é engraçada". E então, quando levantamos a peça e fizemos, todas as falhas que o Max tinha visto apareceram. Foi uma batalha imensa dar vida àquilo.

Quais eram algumas das falhas?

Ah, tinha uma tonelada do texto que não funcionava. Era o diretor errado para a peça [*Robert Sinclair, em cujo currículo figuravam a versão para a Broadway de* Orgulho e preconceito, Mulheres *e* Dodsworth, *mas que não dirigia uma peça na Broadway fazia trinta anos, talvez*], mas não posso dizer que a culpa foi dele. Não teria funcionado nem se eu tivesse o Mike Nichols. Simplesmente não estava lá escrito. E eu me vi, como o Merrick havia dito, mergulhado até o pescoço no *show business*. Em quartos de hotel de Filadélfia e Boston, escrevendo até as duas da manhã, mudando coisas, o elenco fazendo metade da peça velha e metade da nova. Depois, mudanças no elenco e um diretor novo [*Stanley Prager*]. Aí, em Boston, fiquei muito doente e precisei ficar de cama sete ou oito dias. Foi uma experiência horrível.

E, no entanto, foi uma coisa muito interessante, havia outras peças em Filadélfia e Boston na época, muito elogiadas e com casa cheia, com ótimas críticas, e essas peças vieram para a cidade e morreram, acabaram. E a minha peça conseguiu alguma vida nas críticas para continuar em cartaz. E continuou, e continuou, e continuou, por dois anos e tanto. Não era uma boa peça, mas o coração dela estava no lugar certo. A ideia era boa, mas eu não tinha experiência suficiente ou domínio para escrever direito.

Como era sua relação com o Merrick?

Eu discutia com Merrick, mas gostava dele. Ele era bom e acertava comigo na mesma proporção que errava. No meu desespero, eu sugeria coisas e ele dizia: "Esquece, é horrível". E tinha razão. E sempre sugeria coisas que não eram muito boas, mas a gente discutia e ele tinha razão.

Mas eu gostava dele. Era um bom produtor, tinha um bom instinto. Eu sempre via futebol americano com ele domingo à tarde em Filadélfia. Ele dizia: "Olha, entrei para a profissão porque é aqui que se encontram as meninas bonitas. Ninguém encontra meninas bonitas num escritório de advocacia". E o comportamento dele era assim: "Eu sou o Walter Kerr [*crítico de teatro*]. Ele vai dizer o que eu disser. Se acho uma cena chata ou uma peça chata, ele vai dizer que acha chata. Se eu acho que é realmente maravilhosa, nove em dez vezes, ele acha que é maravilhosa".

Era uma avaliação muito sensata, correta. Essa coisa é realmente óbvia. Você racionaliza consigo mesmo mil vezes, e mente para si mesmo, nega, mas enxerga. Quando termino um filme, quase sempre consigo enxergar: Isto é chato. As pessoas vão se encher. Ou: Fiz um bom filme e as pessoas vão gostar.

E o Merrick era assim. Foi o Merrick que me apresentou ao Tony Roberts. E insistiu para o Tony fazer o papel em *Sonhos de um sedutor*, anos depois, porque íamos chamar outro ator e ele disse: "Acho que o Tony Roberts está livre, e se estiver livre, acho que é ele que devemos chamar". O "acho" queria dizer [*ri*] "Vamos chamar".

Você ficou amigo do Tony em *Quase um sequestro*?

Gostamos um do outro, mas acho que só saí com ele uma vez durante a temporada inteira. Só ficamos amigos quando ele, a Keaton e eu nos vimos levados a nos aproximar durante a temporada na Broadway de *Sonhos de um sedutor* [*a peça*]. E então nós três ficamos muito amigos. Falávamos a mesma língua.

O que você acha da versão para cinema de *Quase um sequestro* [*1969, dirigida por Howard Morris*]?

Aquela com o Jackie Gleason? Ah, abissal. É um manual de como comprar uma peça e transformá-la em ruínas. Não estou dizendo que compraram *Nascida ontem* e arruinaram, mas fiz cem vezes melhor quando encenei para a televisão com a Julie Kavner. Como eu digo, não é uma grande peça, de modo algum. Não é nem uma boa peça. Mas é [*pausa*] um veículo para o riso fácil. Se você está disposto a suspender o seu juízo crítico, é uma noite de risos, mesmo que seja encenada pela associação de pais e mestres.

Tanto o filme como o primeiro elenco de Nova York evitaram judeus, e isso se mostrou um grande erro. O Gleason era um comediante absolutamente brilhante, e ninguém é mais fã dele do que eu, mas ele era errado para o papel. Eu tinha escrito para o Lou Jacobi e uma atriz judia da época, a Betty Walker, que era um estouro. E o Merrick era tão sensível a respeito disso que queria que o Paul Ford fizesse o papel, que era errado para o papel, e não estava disponível, ou não quis fazer, não sei o quê, então o Jacobi ficou. Ele chamou a mulher do programa *I Love Lucy*, a Vivian Vance, e a Vivian simplesmente estava errada no papel. A Kay Medford, que não é judia, mas parece, chegou um dia, fez, e o papel de repente ganhou vida. O Jacobi sempre foi vivo, porque a peça tinha sido escrita naquela fala judaica.

Houve um momento, enquanto eu estava escrevendo, que achei que poderia dar um filme que eu dirigiria com o Jimmy Stewart no papel principal. É verdade que o Stewart era arquigói, mas eu teria dado um jeito nele. O filme teria uma sensação muito diferente e eu teria escrito de outro jeito.

Mas de todo modo, embora não fosse uma grande peça, os técnicos do Morosco Theater me disseram que nunca tinham ouvido risadas como aquelas em nenhuma peça lá, de fio a pavio, eles simplesmente rolavam, rolavam. Parece melhor do que é na verdade. Mas, como máquina de risadas, conseguia grandes gargalhadas.

Eu sempre quis fazer o papel do pai, e tive a chance, anos depois, com a grande Julie Kavner fazendo a mãe e o Michael J. Fox no papel do Tony Roberts. E o Dom DeLuise fazia. Ele era *tão* engraçado que para mim foi um problema fazer as cenas, porque eu ria dele no palco. Ele me fazia rir tanto que eu às vezes não conseguia fazer cara séria.

A ideia é o pior pesadelo de qualquer viajante, quando você se vê inadvertidamente envolvido em problemas e precisa pedir asilo numa embaixada.
Era uma ideia que o George S. Kaufman e o Moss Hart saberiam capitalizar muito bem, mas eu não tinha a bossa.

Outro dia você disse que agora saberia melhorar *Interiores*. Sabe o que faria com *Quase um sequestro*?
Eu não saberia dizer especificamente, mas não me permitiria fazer coisas que me permiti fazer porque funcionavam, mas na verdade não são convincentes. Eu teria sido mais engenhoso do que era, porque a ideia era muito boa. Na época em que

Com Julie Kavner em *Quase um sequestro*: para Woody, um exemplo de como arruinar uma peça ao adaptá-la para o cinema

eu estava escrevendo, havia pessoas retidas em embaixadas e que não podiam sair. E eu pensei: E se meus *pais* ficassem retidos na embaixada da Hungria ou da Tchecoslováquia? Meu *Deus*, meu pai e minha mãe, e as reclamações deles; era uma ideia superengraçada. Mas era uma ideia cômica grande demais para eu tratar.

Do ponto de vista dos personagens ou da estrutura?

Na estrutura e no texto. Precisava ter sido menos uma caricatura de piadas. Eu deveria ter reduzido um pouco o ritmo e feito aquilo um pouco melhor, um pouco mais realista, do ponto de vista da trama e dos personagens. Era pouquíssimo realista; era uma caricatura tão frágil que eu não podia contar com nada além das risadas, então precisava manter as risadas, imaginando que tinha visto a mesma coisa feita por Kaufman e Hart anos antes. Mas eu tinha entendido errado. Os caras construíam personagens e faziam uma história e você ficava envolvido. Quando você olha para *Do mundo nada se leva*, por exemplo, não é só um bilhão de gente maluca e risadas. Tem uma história dos dois amantes que interessa ao espectador, e embora as risadas interrompam essas cenas, mesmo assim é isso o que mantém a história em andamento. Já eu não parava nunca. Era só uma piada atrás da outra. Eu conseguia manter as risadas, mas a um preço terrível.

Mesmo querendo fazer uma peça do tipo de Kaufman e Hart, você me disse uma vez que consultou outra peça, *A casa de chá do luar de agosto*, em busca de um guia para a estrutura?
Isso. Foi uma coisa que o Danny Simon me mostrou anos antes; muitas vezes, ao escrever alguma coisa, ele usava uma estrutura já existente. Claro, o material dele seria completamente diferente. Uma série sobre marcianos e outra sobre caubóis. Ele já tinha visto aquela estrutura representada no palco ou em algum lugar, e ao usar aquela estrutura sabia quais problemas teria, com que velocidade ia precisar seguir adiante e o que fazer. Então, se você estruturava daquele jeito, sabia que se a sua ideia fosse boa e as piadas novas, funcionaria, porque as piadas boas com aquela estrutura tinham funcionado antes. Estou explicando mal, mas era assim.

Então, depois de uma peça que foi bastante bem-sucedida e dois filmes que ficaram horríveis, mas também bem-sucedidos, você estava pronto para alguém financiar um filme para você.
No fim. Quando escrevi *Um assaltante bem trapalhão* com o Mickey Rose, o Jack Rollins não queria que eu aparecesse num filme e dirigisse, porque sentia que podia haver uma reação do tipo: "Quem é esse menino-prodígio? Quem ele pensa que é?". E eu não fazia questão de dirigir. Só queria que ninguém estragasse o filme. Então foi difícil encontrar alguém interessado em *Um assaltante bem trapalhão*.

Durante algum tempo, consegui que o Jerry Lewis se interessasse em dirigir, mas o estúdio não quis concordar com isso – era a United Artists, que tinha feito *O que é que há, gatinha?* e *Casino Royale*. A Palomar Pictures era uma companhia nova e não conseguia lidar com a força. Eles gostaram do roteiro, custava um milhão de dólares e eles pensaram: É, gostamos dele, vimos a apresentação, achamos que é engraçado, vimos que ele escreve para o palco, já escreveu um pouco para cinema. Parece um cara racional nas reuniões. Precisamos arriscar com alguém. E arriscaram comigo, e foi assim que comecei.

A primeira pessoa que arriscou muito em mim na United Artists foi o David Picker, depois de *Um assaltante bem trapalhão*. Ele me deu um empurrão lá dentro. Eles fizeram um contrato para eu escrever e dirigir três filmes, e a primeira coisa que levei para eles foi uma versão de *Poucas e boas*. Ficaram super-chocados e decepcionados. Acharam que iam precisar sapatear e fazer todo tipo de coisa, porque eu tinha um contrato que dizia que tinham de fazer o que eu quisesse. Mas no momento em que vi que eles estavam infelizes, eu disse: “Não pensem duas vezes. Se vocês não querem fazer, eu não faço. Escrevo outra coisa. Quer dizer, não é grande coisa. Não vou fazer vocês fazerem um filme de que não gostam”.

Eles devem ter ficado perplexos.
Ficaram. Ficaram surpresos, porque estavam acostumados com gente que obrigava a obedecerem ao contrato. Mas gostamos uns dos outros, e não éramos uns bárbaros, e eu nunca faria uma produtora colocar dinheiro num filme que não quisesse produzir. Eles se comportaram muito bem comigo e eu certamente me senti obrigado a me comportar bem com eles. Um mês e tanto depois, voltei com *Bananas*, o David ficou animado e fiz o filme. Trabalhei durante muito tempo, e aos poucos o Arthur [*Krim, o chefe da produtora*] passou a me valorizar.

Esse primeiro filme se chamava *The Jazz Baby*?
Isso. E nessa época o Marshall Brickman e eu escrevemos uma coisa chamada *The Filmmaker* [O cineasta], que teria sido um bom filme, mas que por alguma razão [*longa pausa*] acho que nunca passou além do Jack Rollins e do Charles Joffe. Pedi a eles que lessem. Eles não acharam bom, e a opinião deles era muito importante para mim.

Você nunca voltou a ele?
Não, e agora não voltaria. Teria sido muito sofisticado para o seu tempo. Era sobre um cara que tinha um relacionamento com uma moça com sérios problemas mentais.

Você disse que voltou um mês depois com *Bananas*. *Bananas* já estava escrito?
Era um livro. Não me lembro do nome, era como um não livro, que o Sam Katzman, o produtor de filmes B [*Terra versus discos voadores*; *Tumulto em Sunset Strip*; *Carros envenenados para o inferno*], pediu que o Mickey Rose e eu adaptássemos para o Robert Morse. E nós começamos a escrever, mas o livro era tão desinte-

ressante, tão ruim, que nós simplesmente jogamos fora e entramos no nosso próprio estilo de piada, piada, piada, piada, piada maluca, piada maluca. O livro era sobre as ditaduras da América do Sul – nada parecido com *Bananas*; *Bananas* não tinha trama. Levamos para o Bobby Morse e ele não gostou do roteiro. Pensou: O que é isto? Eu esperava um livro e me trazem *isto*?

Então todo o projeto foi por água abaixo. Depois, quando a United Artists não quis fazer *The Jazz Baby*, eu disse ao Mickey: "Precisamos escrever alguma coisa. Esses caras definitivamente querem fazer um filme comigo". E pensamos: Que tal aquele lance do ditador sul-americano? Não estava em grande forma, mas terminamos em duas semanas. O David adorou o que nós fizemos, e fomos em frente.

Você improvisou um quarteto de cordas porque os instrumentos não chegaram a tempo. [*Fielding Mellish (Woody) visita o palácio do ditador. Num balcão há quatro músicos fazendo mímica de tocar instrumentos de cordas. Claro que não fazem nenhum som, mas a piada é muito clara.*]
Falaram disso, sim. Improvisei, mas e daí? Não foi nenhum toque de gênio, nem mesmo uma boa piada visual. Naquela época, eu fazia o que era preciso fazer. Nunca pensei que o diretor pudesse dizer: "Desculpe, não vou filmar. Quando peço um quarteto de cordas, espero que tenham os instrumentos". Naquela época eu não me importava, desde que pudesse continuar e encerrar o trabalho do dia.

Mas quando foi filmar a cena e não havia instrumentos, você pensou: Espera aí, seria engraçado se os atores só fizessem a mímica de tocar os instrumentos.
Foi. Não achei que fosse loucamente engraçado, mas pensei: Que escolha eu tenho? Não posso ficar esperando os instrumentos. Se ficar bom no filme, eu deixo. Então pedi para fazerem a mímica. Assim podia continuar trabalhando e terminar.

Quanto mudou durante a filmagem? Sei que você e a Louise [*Lasser*] improvisavam bastante. E o Howard Cosell [*que faz um comentário passo a passo dos personagens deles consumando seu casamento*]?
Ele tinha a estrutura do que fazer, mas improvisava um pouco.

Em *Bananas*, a comédia podia nascer do improviso: os instrumentos não chegaram a tempo para a filmagem de uma cena e o quarteto de cordas precisou fazer mímica

Adoro a cena com mil sacos verdes de comida para viagem, em Nova York. [*Alguns rebeldes são enviados do esconderijo da selva a um café minúsculo, para buscar comida para todo o grupo. Fazem um pedido imenso, e quando voltam para buscar, os mil sanduíches estão enfileirados em sacolas individuais.*]
O Charlie trouxe aquilo. Ele voltou para Nova York [*de Porto Rico, onde o filme foi feito*] para passar o fim de semana fazendo alguma outra coisa e disse: "Preciso daquele tipo de sacola para viagem que vocês dão" – antigamente havia uma lanchonete na esquina da Fifty-seventh Street com a Seventh Avenue – "preciso daquelas sacolas para viagem". [*Ri.*] E trouxe todas de volta.

Você vê esse filme com prazer?
Nunca penso nele. Foi chato ficar em Porto Rico. Não tinha nada para fazer. A comida não era boa. O clima era quente e úmido. O cinema tinha goteiras e encontrei um rato morto no meu quarto. Não gosto de falar do passado.

Pulamos *Um assaltante bem trapalhão*. Você começou esse projeto dizendo: "Tenho muito o que aprender"?
Eu nunca tive dúvida nenhuma sobre nada, porque escrevi o roteiro e sabia

Woody é o emissário que vai até a cidade buscar víveres para os rebeldes em *Bananas*: mil queijos quentes (sendo um no pão francês), trezentos de atum, duzentos de bacon, alface e tomate (com maionese à parte) e salada de repolho

como as piadas deveriam ser feitas. Era simples assim. Eu sabia como elas deviam soar. O Mickey e eu representávamos as piadas.

Um dos produtores me disse: "Diga uma coisa [*muito sincero*], você nunca para e pensa: 'Sou responsável por *um milhão de dólares*?'". E a minha resposta era: Não. Nem por *um segundo*. Eu não vi o milhão de dólares, era uma coisa abstrata. Aquilo nunca tinha me ocorrido. E eu nunca tive nenhuma dúvida [*ri*] – até ver o primeiro corte. Então pedi minha cápsula de cianureto.

Para mim, a maior emoção foi ir para a Penitenciária San Quentin, no primeiro dia de filmagem. A excitação não era "estou fazendo o primeiro dia do meu primeiro filme", mas "hoje vou para *San Quentin*, e vou ver aqueles caras nas *celas*, e a cozinha e a fábrica de juta". Estava mais excitado com isso do que com fazer o filme.

Foi quando disseram: "Se fizerem você refém, nós não vamos salvar"?
Foi o que nos disseram. Disseram: "Faremos de tudo para tirar você, mas não vamos deixar ninguém sair. Então, fiquem em grupo". E os presidiários pareciam contentes de estarmos lá. Quebrei a monotonia daquele dia para eles. E ficaram contentes de fazer figuração no filme. Demos maços de cigarros para eles, que era o que eles queriam. Não tínhamos autorização para lhes pagar.

Agora eu teria ficado apavorado. Mas na época não me incomodou nada. Voltamos lá duas semanas depois, para refilmar uma cena, e eu reconheci um cara da primeira filmagem e disse: "Oi, ainda está por aqui?". Ele riu.

O Freddy Gallo [*assistente de direção*] me contou, anos atrás, que você foi para o set dirigindo o seu carro nesse filme, e que você dirigindo era uma aventura. Você tinha, acho, um conversível vermelho, e eles estavam todos prontos, você passava ventando – acho que ele melhorou a história – mas olhar você dirigir era...
[*Sorri.*] Melhor que o filme.

Você sempre telefonava para o seu analista da cabine telefônica?
Telefonei, algumas vezes. Na época eu estava muito mergulhado na psicanálise e continuava as minhas sessões pelo telefone. Às vezes, era fácil, mas outras vezes, no meio do dia, com a gente filmando na rua, fazíamos a pausa para o almoço, eu ia para a cabine telefônica, num dia quente, ensolarado, um forno dentro da cabine, e eu de pé, fazendo livres associações [*ri*]. Mas fiz isso.

E me diverti muito. Todo mundo se divertiu; todos ficaram tristes quando o filme terminou. O filme saiu bom.

Eu diria mais do que bom. Ele é o que é, uma sucessão de risadas.
É. Ele é o que é. Ninguém tinha usado aquele estilo documentário. Nós não pensamos duas vezes. Originalmente, eu queria filmar em preto e branco, porque era um documentário, e na época todos os documentários eram em preto e branco. Lembro de dizer isso para o Jerry Lewis e ele disse: "Não vão nem *passar* o filme em alguns países se não for colorido". Aí, ele sugeriu que eu podia filmar em cores e mudar para preto e branco aqui, mas na Tailândia e em lugares assim seria em cores. Mas no fim não consegui filmar em preto e branco. O estúdio não deixou.

Você passava muito tempo com o Jerry Lewis na época?
Não muito tempo, mas passei algum tempo com ele. Passei uma noite inteira na casa dele, em Bel Air. Ele não poderia ter sido mais gentil. Entrou no carro e me levou pessoalmente de volta ao meu hotel, em Beverly Hills. E depois a Keaton e eu fomos visitá-lo, quando ele fez o Concord ou o Grossinger, em algum lugar

nas montanhas judias* e, claro, ele era brilhante em cena. Passamos um tempo com ele lá. Acho que é um *tremendo* talento que, se tivesse sido usado de maneira mais seletiva, teria dado uma imensa contribuição, porque o talento está todo lá. É simplesmente imenso.

Você estava se apresentando em Chicago e teve a ideia de *Sonhos de um sedutor*. Foi isso mesmo?

Isso. Na Mr. Kelly's [*boate*]. Escrevi a peça em Chicago, hospedado na Astor Tower.

Também é uma peça que não era boa, mas, sabe, recebeu o que merecia. Foi um sucesso modesto. Não uma peça ruim, mas nada especial. Pior que nada especial. Também não é uma boa peça. É uma comédia comercial peso-pena. Tem coisas engraçadas. Foi uma experiência divertida.

Quanto mudou na peça em turnê?

Muitas coisas mudaram durante os ensaios todos. Mudaram por sugestão do Joe Hardy [*o diretor*], mudaram enquanto ensaiávamos e cortamos coisas. Estreamos em Washington. Tivemos sucesso quase imediato, embora não imenso. E depois estreamos em Boston e foi mais forte, acho.

Foi outro caso de reescrever a noite inteira e as pessoas decorarem as falas no dia seguinte?

Não, porque não tivemos grandes problemas com essa peça.

Foi o David Merrick que sugeriu – que *ordenou* – que você usasse o Tony Roberts. De onde veio a Diane Keaton?

Rigorosamente de um teste. Estávamos testando mulheres e nos disseram que o Sandy Meisner, do Neighborhood Playhouse, tinha dito que a próxima garota da lista era a mais talentosa da classe dele. Ela veio, eu li com ela no palco, e era claramente maravilhosa. Então Joe e eu concluímos que era a mais provável

* As montanhas Catskills, ao norte de Nova York, também conhecidas como "Borcht Belt" ("cinturão do borche"), região com grande concentração de *resorts* para judeus, onde muitos humoristas começaram a carreira na comédia *stand-up*. [N. E.]

para o papel e conversamos. Tinha mais ou menos a mesma altura que eu, mas de sapato ficava mais alta, e não queríamos que essa fosse a piada e chamasse a atenção. Testamos uma porção de outras mulheres, mas alguns dias depois concordamos que era a melhor de todas que vimos.

Você ficou imediatamente atraído por ela?
Não senti atração, mas não fiquei *indiferente*. Era só amizade. Lembro que a gente estava ensaiando antes de sair da cidade e eu tinha um encontro com uma garota na noite seguinte, e a Keaton e eu tínhamos jantado juntos na noite anterior, durante a pausa do ensaio. Eu tinha me divertido tanto com ela durante esse jantar que pensei comigo mesmo: Por que vou sair com essa outra garota amanhã à noite? O que eu estou fazendo? Esta garota é ótima. É maravilhosa. Saí mesmo com a outra garota na noite seguinte, mas nunca mais estive com ela.

Quando estreamos em Washington, a Keaton e eu começamos a namorar a sério. Ficávamos juntos, depois não, nunca com certeza, juntava e separava, até que chegou a hora de ir fazer *Bananas*. Nesse momento, precisamos tomar uma decisão e decidimos em favor um do outro. [*Ele sorri.*] Ela foi comigo para Porto Rico e lá vivemos juntos, no Hotel Delmonico, durante uns cinco meses, enquanto terminavam a reforma do meu apartamento de cobertura. E depois moramos nele por uns dois anos.

Vocês três – você, o Tony e a Diane – tiveram uma grande química desde o começo dos ensaios?
Trabalhamos bem juntos, mas a química entre a Diane e mim se desenvolveu com o tempo. Foi uma coisa que aconteceu tanto fora como em cima do palco. Na verdade, o nosso relacionamento fora de cena se transformou na química que para nós se traduzia com precisão em cinema. Ela é *muito* engraçada, e eu ria com ela o tempo todo, ela sabe exatamente como reagir a mim.

***Um misterioso assassinato em Manhattan* foi feito dez anos depois do seu último filme juntos, e a química entre vocês é realmente evidente. Vocês três começaram a peça mais cerimoniosos ou entraram no ritmo de imediato?**

Nunca foi nada cerimonioso. Foi sempre tranquilo, fácil, mas não era especial. Só ficou especial quando passei a conhecer a Keaton melhor e desenvolvemos um relacionamento.

Só trabalhei com ela no cinema quando a gente não estava mais morando juntos e tínhamos nos separado fazia algum tempo. Nunca fizemos um filme enquanto estávamos juntos. Quando trabalhamos juntos, ela estava morando com outro cara.

Ela me contou que depois de muito tempo em temporada vocês faziam coisas para sacudir o outro, e algumas noites simplesmente aceleravam. Foi isso mesmo?
Foi. Depois de um ano de temporada. Às vezes fazíamos coisas para nos mantermos interessados. A Keaton às vezes fazia a peça inteira como o Marlon Brando. [*Ri.*] A plateia nunca reparava. Eles adoravam tudo. Uma vez a Keaton e eu começamos a rir em cena, simplesmente não dava para continuar, caímos na risada. O público não fazia a menor ideia de que não fazia parte da peça.

Você lembra o que foi?
Eu estava fazendo um grande discurso para ela: "Um dia, nós vamos olhar tudo isto e os problemas de duas pessoinhas não vão parecer mais que um monte de feijões...".

Woody e Diane Keaton no final de *Um misterioso assassinato em Manhattan*: dez anos sem filmar juntos não quebraram o entrosamento entre os grandes amigos e ex-namorados

E [*rindo*] teve uma vez que eu espirrei em cena – existe uma teoria de que atores nunca espirram no palco, mas eu espirrei [*rindo ainda*]. Uma vez, o Tony Roberts não entrou no palco. Ele estava no camarim do andar de baixo, atrás de uma das garotas bonitas [*ri mais forte*] e eu fiquei feito o Gleason [*faz uma careta*], quando ele resmunga "homina-homina-homina" – nunca tinha me acontecido –, e uma das outras garotas do espetáculo entrou na deixa e manteve a peça correndo brilhantemente. Ela pegou as deixas e seguiu em frente, até que afinal o Tony entrou.

A gente no palco e Tony dizia [*cochichando*]: "Max [*apelido que ele usa para Woody*], o cara na segunda fila". E tinha um sujeito, sabe [*rindo*], com um gorro de hélice ou coisa parecida, e eu não conseguia parar de rir a peça inteira. Ou tinha uma garota bonita na primeira ou na segunda fila e nós não conseguíamos tirar os olhos dela a peça inteira.

Mas é verdade que numa peça dá para você fazer a lista da lavanderia enquanto espera a deixa. Eu ficava sentado no palco, o Tony e a Diane falando, e eu pensava: Vamos ver, vou jantar no Elaine's? Levo os dois lá? Aonde nós vamos? Fomos ao Elaine's ontem à noite, por que não experimentamos o restaurante chinês?

Aí, eu ouvia: "Então, o que acha, Allan?". E [*estala os dedos*] voltava direto para a coisa.

Era muito mais fácil do que qualquer outra coisa que eu tinha feito – tão mais fácil que a comédia *stand-up*, falando direto para a plateia. Aquilo era aterrorizante, acabava com os nervos. Mas ali – já dei esse exemplo antes – eu estava comendo o meu sanduíche, a cortina abaixada [*faz mímica de comer um sanduíche, entediado*] e aí: "Seus lugares!". "Luz da plateia baixando!" [*Mímica de largar o sanduíche.*] "Black out!" E eu começava com toda a calma.

Quando eu fazia boate, não conseguia tomar café da manhã quando sabia que ia me apresentar às dez da noite. E ali, como a gente está com outras pessoas, não está sozinho – a simples diferença entre estar sozinho e não estar faz toda a diferença do mundo. É como quando eu toco com a minha banda. Nós fazemos o nosso negócio. Se a plateia gosta, ótimo. Se não gosta, pena. A mesma coisa com a peça. Você faz a peça. Essa foi sempre a direção de Joe Hardy também. Ele sempre dizia: "Não faça para o público. Faça a peça, e o público vai gostar ou não". Ótimo conselho.

Então quando chegou a hora de fazer um filme com aquilo, você evidentemente mudou as coisas, para abrir mais, mas para vocês três acho que foi como calçar um sapato confortável.

É, foi fácil. O interessante é que o Herb Ross, contratado para dirigir o filme, me pediu para fazer a adaptação, e quando entreguei ele ficou muito decepcionado. *Muito* decepcionado. Ele disse: "Parece que você escreveu a peça de novo. É tudo em interiores".

Ele pegou um avião para Nova York, veio até a minha casa, sentou e disse: "Olha os meus comentários. Na página um...". E começou a me passar cinco comentários por página. "Faça isto, se você puder colocar isto aqui no exterior..." Depois de algum tempo, ele disse: "Você não vai anotar nada?". Eu não anotei, mas escutei o que ele disse, e depois lembrei de tudo o que tinha dito. Ele deve ter me passado uns cem comentários. Três dias depois, mandei o roteiro de volta. Ele não acreditou. Disse assim: "Bravo, todas as mudanças que eu queria". Então, numa porção de mudanças, o crédito deve ser dele. E quando fomos fazer o filme, foi fácil, porque tínhamos feito aquilo antes.

O Herb me disse que sempre que tentava fazer mudanças, se dava conta de como a estrutura da peça era firme – e era. Foi difícil para ele mudar as coisas, e não dava para mudar em certos pontos, porque o texto era muito firme. Mas depois de dizer tudo isso, não é uma peça muito boa. É uma comédia romântica comercial e eficaz. Trivial e divertida, eficaz. Funciona se você faz naquele teatro de antes do jantar. O Dudley Moore montou com muito sucesso na Inglaterra.

Ela ainda é encenada o tempo todo, não é?

É. Assim como *Quase um sequestro*, o que prova que é um mito pensar que as coisas boas duram. Por alguma razão, você ainda pode ligar a televisão e assistir aos Três Patetas. Eles perduram ao lado de Shakespeare. Sabe, uma peça é uma anuidade. Se você escreve uma boa comédia requentada, ela é simplesmente encenada. Não passa uma semana sem que a gente receba um pedido de alguém para montar *Quase um sequestro* ou *Sonhos de um sedutor* em algum lugar. *Bloqueio criativo* [*suas duas peças em um ato "Riverside Drive" e "Old Saybrook", produzidas em 2003*] foi feita no ano passado na Itália com bastante sucesso.

Baralho nos intervalos e acessos de riso: a química entre Woody, Diane Keaton e Tony Roberts começou nos palcos, com a montagem de *Sonhos de um sedutor*, e continuou na adaptação da peça para a tela e em *Noivo neurótico, noiva nervosa*

Você não quis dirigir a versão para cinema?

Não, não quis dirigir, e nunca tive interesse em dirigir no palco; eu só queria vender o filme.

Os direitos de venda eram seus ou do Merrick?

Do Merrick, mas acho que precisariam ter a minha aprovação. Originalmente, queriam fazer o filme com o Dick Benjamin e a Paula Prentiss, porque o Dick era uma estrela. E o Dick me disse que não queria fazer, porque achava que não seria bom para a imagem dele fazer um perdedor daqueles. E eu não concordei com ele. Senti que não ia ser nada prejudicial, porque todo mundo sabia que ele não era um perdedor. E ele lamentou esse erro, me disse depois. Acho que não foi uma boa decisão, porque ele teria feito maravilhosamente bem; o Dick e a Paula teriam sido no mínimo tão bons quanto eu e a Keaton, talvez melhores.

Depois que esses três filmes foram lançados – *Um assaltante bem trapalhão, Bananas* e *Sonhos* – você já estava bem estabelecido.

Estava. A partir desse ponto eu já estava confirmado. Eu era promissor, e o filme que fiz em seguida foi o filme de sexo, certo?

É. Você saiu de San Francisco e foi para Los Angeles para começar o filme.

Certo. Minha sensação era que eu podia ter uma ideia daquelas, ir à United Artists e que eles iam simpatizar com ela na hora. Senti que não era mais um suplicante. Eu tinha uma relação muito positiva com eles. Eles tinham uma opinião favorável sobre mim e me tratavam com respeito.

O Arthur Krim já tinha virado o seu grande defensor?

Era um fã, mas só tínhamos sido apresentados algumas vezes antes, num contexto político. Ele via claramente, sem gastar muito tempo comigo, que eu era uma coisa boa para a produtora. O filme de sexo estreou e foi um sucesso. Depois eu fiz o filme russo, *A última noite de Boris Grushenko*, e ele gostou do fato de que esse também foi um filme de sucesso. Eu era um vencedor para a companhia. Depois, fiz *Noivo neurótico, noiva nervosa* e o filme ganhou Oscars [*melhor filme, melhor atriz, melhor diretor e melhor roteiro original de 1977*], e nesse momento ele estava muito orgulhoso. Foi muito generoso com *Interiores*. Disse assim: "Olha, você conquistou o direito de fazer o que quiser. Tudo o que quiser, vá em frente".

Quando entrevistei o Arthur Krim, no final dos anos 80 – na época ele já estava do seu lado fazia quinze anos –, ele disse: "Eu entrei no negócio do cinema com o Charlie Chaplin e estou saindo dele com o Woody Allen".
É. [*Ri.*] Depende da entonação quando ele disse isso... O Arthur aos poucos virou o meu paladino, e fiz muitos filmes com ele. Já te disse, e disse publicamente, os três grandes responsáveis pela minha vida profissional são o Arthur Krim, o Jack Rollins e o Vincent Canby. Esses três caras fizeram a minha vida profissional.

Vamos ficar um pouco em *Tudo o que você sempre quis saber sobre sexo mas tinha medo de perguntar*. Há uma reprise do programa do Carson ao fundo, e você se vê respondendo à pergunta "Sexo é sujo?" com a frase "Desde que você faça direito". Lembro que quando você estava fazendo o filme o Dale Hennesy [*que ganhou um Oscar por* Viagem fantástica *(1966)*] estava fazendo os cenários...
É. Fantástico diretor de arte.

... e havia momentos em que ele ficava completamente maluco com as coisas que você queria que construíssem, e as mudanças constantes que você fazia, mas era a loucura mais bem-humorada que eu já vi. Ele arrancava os cabelos tentando acertar, e ainda dava risada.
Ele estava numa posição difícil, porque o Jack Grossberg [*produtor associado*] precisava segurar a rédea do dinheiro e o Jack era brutal com ele; o Jack era ótimo, engenhoso, sem nenhum dinheiro e descolando coisas. E o Dale era o escolhido do Jack. O Jack queria ele, e dava um empurrão por ele.

Tenho um arrependimento significativo com esse filme. Desde o começo, a sequência de abertura do filme era para ser a dos espermatozoides, e a final era o seio gigante. Quando mostrei o filme, e mostrei algumas vezes, nada conseguia superar a sequência dos espermatozoides [*na qual muitos espermatozoides – Woody é um deles – se preparam para entrar em ação, numa paródia dos filmes de voo de reconhecimento e paraquedistas a postos da Segunda Guerra Mundial*].

Numa conversa com a Pauline Kael sobre o filme, ela disse: "É muito engraçado. Sabe, o problema do filme é que é difícil superar a primeira sequência. Você começou com a melhor". O pessoal da United Artists disse: "Ainda podemos mudar". E eu, contrariando os meus instintos, mudei e comecei com o bobo da corte e coloquei a sequência dos espermatozoides no final, mas aquele filme não era para ser visto assim. Precisava começar com a sequência dos espermatozoides e fechar com a do seio. E desde então eu me arrependo desse erro covarde. Eu traí a minha musa e mereço todo o opróbrio que ela lançar sobre mim. [*Pausa, então sua voz fica um pouco mais leve.*] Mas eu era jovem, e uma porção de gente insistiu comigo para fazer aquilo, não tive segurança para dizer: "Sinto muito, mas eu quero assim".

Se essa é a pior traição que cometeu contra si mesmo...
[*Depressa*] Não, não, não é a pior, mas é uma das que me fazem passar a noite em claro se penso nela.

A sua musa exigiu uma compensação depois disso? [*Ele ri.*] Você disse que satiriza as coisas que ama.
É, era isso o que eu queria fazer, não o que eu estava fazendo. E você pode perguntar: "Bom, por que não fez?".

Bom, por que não fez?
Faltou cabeça ou personalidade. Não consegui achar um jeito de sair da caixa na época. Eu era um talento cômico. Era muito difícil penetrar no mundo do cinema. Eu não tinha credenciais. Não sabia nada sobre câmeras ou montagem. Sabia fazer comédia. Sabia que, se entrasse para o cinema, conseguiria fazer a minha comédia funcionar a meu favor. E quando consegui, fui aclamado pela minha comédia. Ela sempre me serviu muito bem. Mas não tive a coragem de dizer: Espera um pouco. Apesar de ter conquistado o público e celebrado um contrato tácito com ele, estou recuando, vou tomar um rumo diferente. Chega de comédia.

Agora, ao fazer isso, podia ser que ninguém estivesse disposto a me dar nem um tostão para fazer um filme sério. Claro que depois de *Interiores* ninguém estava interessado. Então continuei com a comédia, mas o que eu realmente queria fazer era aquilo que estava satirizando na sequência italiana.

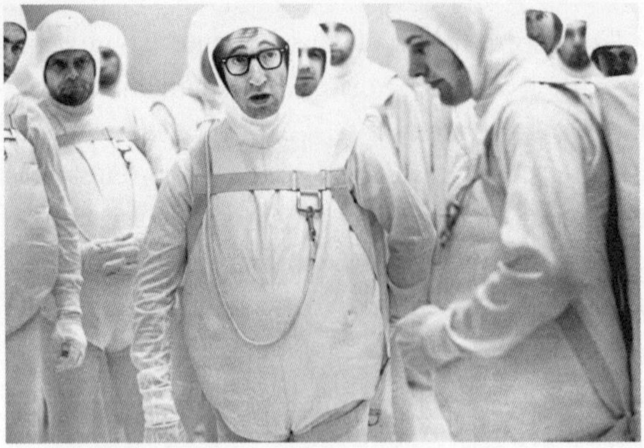

Cedendo à opinião de amigos e críticos, um Woody ainda inseguro passou a sequência dos espermatozoides para o final do filme de sexo. Décadas depois, ele se arrependeria

Não quero parecer tiete, mas você prosseguiu com uma boa sequência de filmes: *O dorminhoco*; *A última noite de Boris Grushenko*; *Noivo neurótico, noiva nervosa*; *Interiores*; *Manhattan*; *Memórias*.
É. *O dorminhoco* e *A última noite de Boris Grushenko* são bons pelo que são. Só que eu brigo com o que eles são.

***Interiores*.**
Quando fiz *Interiores*, eu esperava, se o filme tivesse maior sucesso comercial, que eu pudesse ficar na trilha dramática. Mas não foi nem remotamente um sucesso comercial, embora tenha sido uma espécie de sucesso de crítica. Sempre tendo a pensar nele não como um sucesso de crítica, mas um dia estava em casa jogando lixo fora e encontrei um anúncio que trazia uma porção de citações muito boas. Só que, apesar disso, as pessoas não se interessaram o suficiente para ir ao cinema ou indicar para os amigos.

Na verdade, conheço uma porção de gente que, ao assistir ao filme vinte anos depois, disse: "Nossa, é muito bom".
Mas você sabe, alguma coisa acontece com a passagem do tempo. Suas defesas baixam, e então uma porção de coisas que não era interessante quando foi lançada parece melhor quando você vê anos depois na televisão. Não sei se a coisa foi sempre boa e as pessoas não perceberam, ou se quando o filme foi lançado elas tinham expectativas que o filme não cumpriu. Então, anos depois você está

sentado em casa, chove lá fora, você liga a televisão, está disponível, assiste e diz: "Na verdade não é tão ruim".

As pessoas tinham te identificado tanto com o sujeito que você representa, do seu tempo de comédia *stand-up*, das aparições na televisão e primeiros filmes, que fazer uma coisa tão diferente, assim de repente, era como desligar a água quente do chuveiro, uma mudança total de temperatura, e a primeira reação era dar um pulo e dizer: "Não me dei conta de que vinha uma coisa dessas". O problema em toda a sua carreira é que as pessoas acham que você é a pessoa que está na tela e tudo se confunde. Então quando você deu a elas algo tão diferente pela primeira vez, estava fora de proporção; ninguém sabia onde encaixar aquilo, não cabia em nenhum lugar que elas conhecessem.

É. Não gosto de pegar a saída mais fácil para nenhum projeto que eu faça, nunca, então sempre aceito o que dizem de pior sobre qualquer coisa minha. Sempre sinto que é possível se defender, mas é tão enganoso, tão fácil não ser sincero consigo mesmo, tão fácil ser autoenganoso, que é mais seguro se você acredita no que dizem de pior a seu respeito. Eu poderia argumentar sobre qualquer um dos meus filmes e tentar convencer você por que este é maravilhoso e aquele é maravilhoso. Mas é tão fácil se enganar, produzir racionalizações. Se lanço um filme e as pessoas acham que não é bom, aceito isso. E mesmo não lendo a meu respeito, nem solicitando a opinião de ninguém, de vez em quando alguém dá um tapinha nas costas, ou faz uma crítica, e mesmo não dando importância a opiniões, a crítica negativa sempre soa verdadeira.

Vamos para *O dorminhoco*. Foi uma série de três filmes californianos – *Sonhos de um sedutor*, *Tudo o que você sempre quis saber sobre sexo mas tinha medo de perguntar* e *O dorminhoco* –, filmados um depois do outro.

O dorminhoco foi um passo à frente, como eu já disse, porque não era *Um assaltante bem trapalhão*. Eu tinha uma trama real. No começo, a minha ideia maluca era fazer um filme de quatro horas, com um intervalo. As duas primeiras seriam eu em Nova York, vivendo a minha vida. Eu esperava que fosse engraçada. E no final eu caía num tambor de nitrogênio líquido e congelava. Então haveria um intervalo, e depois toda a paisagem de Nova York teria mudado – seriam duzentos anos no futuro, e tudo estaria branco e estranho.

Mas [*ri*] achei muito difícil escrever uma coisa tão grande; na verdade eram dois filmes. Por fim, eu disse para mim mesmo: Ei, será que eu quero mesmo escrever um filme só para poder [*ri*] cair num tambor de suco congelante?

Até que ponto você foi?
Não sei. Vinte, quarenta páginas.

Mas o problema do filme de quatro horas não te deixou desanimado, foi escrever dois filmes em um. Ficou com preguiça?
É. Havia coisas como o filme do Kubrick, *2001*, ... *E o vento levou*, filmes com intervalo... *O poderoso chefão*. Era uma ideia muito ousada. Mas eu simplesmente não tinha a determinação ou a energia para isso.

Você resolveu o problema sintetizando um filme de duas horas em algumas boas falas sobre a loja de comida natural Cenoura Feliz que você possuía duzentos anos antes.
É, eu pensei: Vamos fazer só a segunda parte, vamos fazer só o futuro, quando o cara acorda. Comentei isso com o Marshall Brickman e ele gostou da ideia, então trabalhamos juntos. Tive a ideia enquanto estava fazendo *Tudo o que você sempre quis saber sobre sexo mas tinha medo de perguntar*. Assim que o filme terminou, eu sabia o que queria fazer.

Em algum momento, nessa época, atuei em *Testa de ferro por acaso*.

Você fez *Testa de ferro por acaso* depois de *A última noite de Boris Grushenko*.
Depois de *A última noite de Boris Grushenko*, certo, e antes de *Noivo neurótico, noiva nervosa*. Não tenho nenhuma lembrança especial de *O dorminhoco*. Não penso muito nele. É mais um daqueles filmes. Parece que deu bem certo.

Logo depois que fez *O dorminhoco*, você me falou do quanto gostou da conversa entre você e Keaton, em que você está fugindo da polícia e quer ter certeza que ela sabe o nome do projeto secreto, no caso de você ser capturado, para ela poder continuar ajudando o submundo. Você diz a ela, com intensi-

dade, porque está em perigo: "É projeto Áries. Projeto *Áries*. Entendeu bem?". E ela responde, séria: "Entendi, Projeto *Júpiter*".

Sabe, a imagem dela no filme era de uma heroína de Buster Keaton. O Peter Bogdanovich observou isso, com razão. As heroínas do Chaplin eram apenas mitificadas, as heroínas do Keaton eram bonecas com quem ele se via às voltas no trem, ela jogando pedacinhos de madeira no fogo, ele olhando para ela. Eu queria uma Diane Keaton mais keatoniana.

O que veio primeiro depois de *Tudo o que você sempre quis saber sobre sexo mas tinha medo de perguntar*, a ideia de que o seu próximo filme precisava ter uma trama, ou você teve uma ideia e tinha a trama?

Tive a ideia de *O dorminhoco*. Eu sabia que não ia ser um filme de piada em piada. Era uma história que precisava ser contada. E tínhamos muito pouco dinheiro para fazer. Eu estava fazendo o filme longo demais, e essa ainda era a fase de saber com quem estava lidando na United Artists. Mandaram representantes ao Colorado e eu mostrei uns copiões para eles, e, como sempre, não poderiam ter sido mais gentis. Disseram: "Deixa ele em paz, está indo bem".

Por falar no Keaton e no Chaplin, em O *dorminhoco* você pôde usar um pouco de comédia muda. Fale da diferença entre fazer comédia muda e comédia verbal.

Bom, acho a comédia muda mais fácil do que usar palavras. É feito xadrez e damas. Você só tem duas dimensões. Você olha a tela, não há diálogo, então você faz as *gags*. E algumas pessoas sabem fazer com habilidade, outras, não. O Chaplin sabia fazer, o Keaton sabia. Quando precisavam falar, eles se perdiam. Eles simplesmente não eram bons quando falavam. É mais difícil.

Esses caras começaram fazendo comédia muda, mas não conseguiam a comédia verbal. Você começou com a comédia verbal, mas mostrou que consegue fazer comédia muda muito bem.

A comédia física é fácil. Posso fazer uma plateia dar risada só com comédia física. Mas não é fácil ser um gênio da piada física como o Chaplin era. Para esses caras, não era apenas uma questão de executar uma piada visual. O Keaton e o Chaplin tinham um belo dom especial – gênio físico.

Eles eram dançarinos.

É, eram dançarinos. Eram incrivelmente bons nisso. Se houvesse um festival de cinema mudo e eu precisasse escrever um roteiro, seria apenas questão de trabalhar as piadas mudas. Acho que eu seria capaz de executar as piadas decentemente. O Keaton e o Chaplin faziam disso uma arte.

Você disse que a ideia de *O dorminhoco* veio quando estava fazendo *Tudo o que você sempre quis saber sobre sexo mas tinha medo de perguntar*. A ideia para *A última noite de Boris Grushenko* veio durante *O dorminhoco*?

[*Pausa para pensar.*] Não. O que surgiu foi o filme de mistério e assassinato que veio a ser *Noivo neurótico, noiva nervosa*, e anos depois se transformou em *Um misterioso assassinato em Manhattan*. Escrevi a ideia com os personagens de *Noivo neurótico, noiva nervosa*, a Annie e o Alvy, mas era a história sobre o cara do fim do corredor que tinha matado a mulher.

Falei para todo mundo que estava trabalhando num filme de assassinato e mistério em Nova York. E não sei o que foi, não saiu do meu gosto. Escrevi tudo, inclusive a montagem de memória que acabei usando no final de *Noivo neurótico, noiva nervosa*. O Tony Roberts era um ator com quem ela se envolve romanticamente, para a minha tristeza – e não gostei do que escrevi. Havia alguma coisa errada com o roteiro. Eu não sabia o que era. E não fazia ideia de que projeto realizar.

Estava pensando nisso na sala da minha cobertura e vi um livro de história da Rússia. Pensei: Ei, por que não fazer *Love and Death*?* Sempre disse que esses dois assuntos me interessavam, e seria como *Guerra e paz*. E escrevi muito depressa, mostrei para o Jack Rollins, ele achou engraçadíssimo e fui fazer o filme.

Filmei principalmente em Paris, mas a United Artists, para economizar, me fez filmar uma parte na Hungria. Viajei pela Iugoslávia, viajei pela Hungria. Estava congelando quando filmamos na Hungria. Estava tão frio que nem dá para falar. Lembro de tentar praticar a minha clarineta num campo e não conseguia mexer os dedos para tocar, de tanto frio. Toda noite eu voltava para o hotel e ficava vinte minutos debaixo de um chuveiro quente. Detestei a minha experiência em Budapeste.

* "Amor e morte"; no Brasil, *A última noite de Boris Grushenko*. [N. E.]

Mas a parte de Paris parece ter sido divertida para você, pelo menos durante o tempo que eu passei lá.
A parte de Paris foi boa. Mas fria. Precisei deslocar algumas cenas para interiores. Eu não queria, mas precisei fazer. A equipe era maravilhosa.

Você faz uma série de grandes imitações de Bob Hope no filme. A cena em que Boris está combinando o encontro com a condessa podia estar em *Monsieur Beaucaire*.

> [CONDESSA No meu quarto, à meia-noite?
> BORIS Perfeito. Você também vai estar lá?
> CONDESSA Naturalmente.
> BORIS Até a meia-noite, então.
> CONDESSA (*apertando a mão dele sobre o seio*) Meia-noite.
> BORIS Melhor quinze para a meia-noite.
> CONDESSA Meia-noite.
> BORIS Mas é claro.]

É, eu fazia Bob Hope o tempo todo. Lembro que quando o filme saiu, eu estava comendo uma pizza, com o Marshall Brickman, e ele disse: "Vamos, eu vou ver as críticas com você" – era a época em que eu ainda lia as críticas. Fomos comprar o *Times* e o [*Vincent*] Canby tinha adorado o filme. Na verdade, o filme foi adorado no país inteiro, e eu sugeri à United Artists – eles queriam uma ideia para um anúncio – que simplesmente pusessem citações lado a lado, de forma que a página não tivesse margens, só citações de todos os jornais de todos os estados. Foi um anúncio muito impressionante, porque o filme foi muito bem recebido.

Com O *dorminhoco* você começou a dar às suas comédias uma estética bonita, mas *A última noite de Boris Grushenko* tinha um colorido especialmente rico.
É. Eu escolhi um diretor de fotografia muito bom [*Ghislain Cloquet*] e, é claro, era de época, e quando se faz um filme de época dá para fazer mais bonito. E o clima foi bom, grande clima em Paris...

É, a não ser pela respiração visível, ficou bom.
[*Sorri.*] ... e a luz do inverno. Comecei a me interessar mais pela cara do filme. Em *O dorminhoco* também. Comecei a me interessar mais pela minha profissão.

Foi maior interesse ou simplesmente perceber o que você podia fazer?
Eu pensei comigo mesmo: Agora a minha posição é mais sólida, e não quero fazer comédias de piadas a vida inteira. Quero começar a fazer filmes mais interessantes, e começar fazendo filmes mais bonitos e mais bem montados; não apenas a piada reinando suprema, mas tirar mais vantagem do cinema.

Você filmou *Zelig* e *Sonhos eróticos de uma noite de verão* quase simultaneamente.
Foi. Mas montamos *Sonhos eróticos de uma noite de verão* primeiro porque precisávamos lançar o filme. *Zelig* levou um pouco mais de tempo porque foi preciso pesquisar todo aquele material de documentário e ordenar. Foi uma dor de cabeça. Mas a filmagem foi fácil.

Escrever exigiu muito, porque é preciso manter o interesse na história sem o recurso de cenas pessoais, como eu já disse antes. Foi bem espinhoso fazer as fitas do quarto branco [*as entrevistas da psiquiatra Eudora Fletcher com Leonard Zelig*] e encontrar jeitos que fossem completamente válidos de usar os documentários – a câmera naturalmente precisaria estar lá. Então a maior parte do tempo sou eu saindo de um carro e entrando num prédio.

Isso foi uma pressão imensa para mim. Nunca cedi à tentação de fazer qualquer coisa que não pudesse estar num documentário. Não queria algo só pela história, mas que não pudesse estar num noticiário ou num documentário de verdade.

Anos atrás, você me falou da antiga diretora da sua escola, Eudora Fletcher, uma pessoa horrível na sua memória e, no entanto, você deu o nome dela à heroína do filme.
Essa é a minha compartimentalização. Se alguém me fez alguma coisa errada e é certo para o papel [*estala os dedos, começa a sorrir*], isso não importa. Se o nome de alguém é ótimo e essa pessoa não foi muito legal comigo, ou não é uma boa pessoa, não importa. Consigo separar as coisas com facilidade.

Boris combina um encontro noturno com a condessa em *A última noite de Boris Grushenko*, numa cena que traz a marca do humor de Bob Hope

Ao escrever *Zelig* você empacou em algum momento, ou conseguiu desenvolver bem o trabalho?

A escrita foi muito bem, mas aprendi muito ao filmar. Não podia usar atores, porque atores não são realistas. Se você pega um sujeito da rua, ele soa como uma pessoa real.

Por que isso não é problema num filme? Será porque o público vê um documentário como vida real?

É. Se fosse uma mulher falando com você como se fosse a mãe da Mia, por melhor atriz que ela fosse – poderia ser a Geraldine Page ou a Maggie Smith –, elas não seriam reais no estilo de documentário. Já se eu simplesmente pegar a minha empregada, sentar numa cadeira e pedir: "Diga apenas que era fácil de trabalhar para ela, e que ela pagava muito bem, que era um ótimo emprego". E se eu perguntasse: "Era bom trabalhar para ela?".

E ela dissesse: "Era".

E eu dissesse: "Bom, como ela era? Ficava muito em cima de você?".

E ela respondesse: "Ah, não, ela nunca ficava em cima de mim. Ela me deixava trabalhar sossegada". De repente, a coisa toda parece real... *é* real.

A voz não treinada é a voz natural?

É, a ausência de técnica, a ausência de presença cênica.

Você usou muitos atores para começar?
Usei. Tinha alguns atores, mas nunca usei. Usei *caminhoneiros*, eles transportavam o elenco.

A frase que você escreveu na sequência final: "Afinal, não foi a aprovação de muitos, mas o amor de uma mulher o que mudou a minha vida". Imagino que muita gente tenha pensado: Bom, talvez isso tenha acontecido na vida dele, e ele tenha escrito a respeito.
Mas não foi isso. Quando fiz *Zelig*, o filme não tinha nenhuma relação com o que estava acontecendo na minha vida real. Quando um psicanalista e eu falamos sobre o filme em um programa público, uma porção de gente me fez perguntas, e tentei explicar que não tinha uma posição a respeito de uma porção de coisas que eles pensavam. Minha dedicação é à eficiência artística. Contar uma boa história.

Se um dia eu uso um analista, por exemplo, como personagem de um filme, se a história é desse analista como herói, ótimo. Se o analista é um assassino, e isso é que é bom para a história, o analista vira o assassino. Mas não tenho um ponto de vista doutrinário ao fazer ficção sobre analistas ou judeus, mulheres ou americanos – é sempre o que serve à história. Então essa frase servia para a história no final de *Zelig*. Mas se o Zelig de repente ficasse louco e apunhalasse a doutora Fletcher, ou se a doutora Fletcher de repente pirasse e fosse embora, partisse o coração dele, e esse fosse o final mais eficiente para o filme, então esse teria sido o final.

Como já conversamos, é muito fácil os espectadores confundirem a pessoa com quem estou falando agora com a pessoa vestida de forma idêntica na tela, que soa precisamente igual a você.
Certo, eles podem confundir. Talvez, claro, seja por isso que eles vão ver os meus filmes, e é sorte minha eles confundirem. Não sei. Mas isso é uma coisa que neguei a minha vida inteira, e eles olham para mim, sorriem e dizem: "Sei, sei, *tem razão, tem razão*". Mas não acreditam de fato, e não posso fazer nem dizer nada. Eles acham que sou eu.

A outra é uma história interessante de alguém repassando a própria vida.
Sei que já falei um pouco disso, mas a grande ideia para mim eram conversas ouvidas do outro lado da parede, que podia ser feita como comédia, como depois usei no musical [Todos dizem eu te amo, *1996*], ou para esse filme. A metáfora para mim na época parecia ser que ela era uma mulher fria que não queria encarar nada de ruim em sua vida, ou não queria ouvir nada de ruim, e evitava tudo até chegar, enfim, a um ponto onde não conseguia mais evitar isso e começava a ouvir tudo o que vinha da parede.

Era o tipo de drama que me interessava, esse tipo de drama estranho, poético, metafórico. Era difícil de conduzir. Fiz o melhor que pude. Tinha uma atriz fantástica, que era a Gena Rowlands, e o Ian Holm era tremendo.

Lembro de ter gostado de ver o filme se fazendo. Fazia dez anos que eu passava mais do que algumas horas em algum dos seus sets, e me surpreendeu como parecia fácil para você.
É, do ponto de vista profissional. Naquele momento eu já tinha feito muitos filmes. Até o sujeito mais [*ri*] fleumático aprende um determinado nível de profissionalismo. Então eu chego no set e sei o que estou fazendo tecnicamente. Mas no fim isso não quer dizer nada. Bom, é melhor do que o diretor de primeira viagem, que não tem segurança e comete alguns erros bobos. Pode-se aprender um por cento, os outro noventa e nove por cento nascem com a gente. É como ser comediante de boate.

O Jack Rollins sempre dizia: "Você tem de aprender a técnica e repetir, repetir". E é verdade, você aprende um por cento. Tem o cara que vai fazer a primeira noite, e o cara que está fazendo há dois anos. O cara que está fazendo há dois anos tem uma vantagem de um por cento na técnica. Mas o cara que está fazendo pela primeira vez, se for melhor que o outro, o outro pode estar fazendo há vinte anos, cinquenta anos, não importa.

Esse é o filme que tinha o Gene Hackman.
[*Entusiasmado.*] É, é. Eu sempre fico intimidado com gente como o Gene Hackman, a Gena Rowlands, a Geraldine Page, a Maureen Stapleton. Ninguém quer fazer papel de bobo na frente deles.

Você ficou contente com *A outra* quando terminou o filme? Estava otimista enquanto trabalhava, mas quando a gente conversa ele nunca aparece como um favorito.
Não. Eu faria melhor agora.

O que você faria?
Eu às vezes me enrolo – fiz isso em *Interiores* também – porque estou trabalhando com algum personagem frio, não aqueço o filme. Então havia uma certa frieza que o personagem principal de *A outra* tinha e que permeava o filme. É um pouco mais frio do que eu gostaria que fosse. E cometi alguns erros toscos.

Como por exemplo?
Não lidei bem com o marido. No texto. Eu tinha lá o Ian Holm, e ele me constrangeu algumas vezes com o desempenho dele, porque é tão sensível, tão bom. Mas não escrevi muito bem o personagem. Devia ter feito mais apaixonado, mais explosivo, desde o começo. Eu teria me dado melhor se tivesse sido menos cerebral na minha escolha de atmosfera e personagens.

A fala sobre o cardiologista que "examinou o meu coração e gostou do que viu" me vem à mente.
Escrevi algumas coisas boas nesse filme, assim como *Setembro* também era bem escrito. São dramas muito ambiciosos. Não são melodramas, então eu não contava com nenhum suporte do cinema. Não explorei a mídia. Poderiam ser peças de teatro. São cerebrais. E são ambiciosos – não que se realizem, mas são ambiciosos. E eu não tinha domínio suficiente.

Você faz uma comédia e não tem domínio suficiente. O resultado é *Um assaltante bem trapalhão*, que tem um milhão de coisas erradas, você esperneia, mas o produto básico, quando terminado, diverte as pessoas. E você tenta aprender com a experiência, se puder, e aplicar na próxima vez até o ponto que consegue. Mas o que acaba conseguindo é uma coisa viável de entretenimento.

Quando você é ambicioso e parte para um drama poético como *A outra*, em que uma mulher ouve a si mesma pelas paredes e segue as pessoas, e elas a levam de volta ao passado e coisas assim, bom, quando você não consegue fazer, não acaba com *Um assaltante bem trapalhão*, uma coisinha divertida que agrada às multidões. Não sobra muita coisa para a plateia fruir.

E esses três dramas – *Interiores*, *Setembro* e *A outra* – foram muito ambiciosos. Então, quando arrisquei, isso ficou aparente e notório, e não divertido.

O impulso era elogiável, a tentativa era elogiável, fiz o melhor que pude. Eu não estava me acomodando em brincar com o que já sabia, ou em fazer outra comédia para as multidões, e não fiz o drama que se considera drama no cinema americano. Eu estava fazendo o que se considera drama no cinema europeu. Então, na medida em que eu estava apontando e errando o alvo, você pode ficar irado, e eu assumo a culpa.

Quais seriam alguns truques de cinema que você poderia ter usado?
Um é criar ação. Não dá para fazer um filme de caubói num palco. Assim como *Esperando Godot* não rende cinema; é para o palco. Em *Match Point* eu tirei proveito da linguagem. O cara é um jogador de tênis, e tem assassinato, e tem cenas apaixonadas.

Certo. E neste você segue pessoas em corredores, é estático, e elas ouvem coisas pelas paredes.
É. Então a ideia é boa, mas eu não maximizei o potencial dela.

Falamos muito da gênese das suas ideias, mas não de como você decide qual das muitas ideias realizar. Pode me dar alguns exemplos de como você veio a fazer o filme que fez em determinado momento?
Eu tinha as ideias de *Trapaceiros*, *O Escorpião de Jade* e [*pausa*] *Dirigindo no escuro*, as três em cima da mesa. E disse: "Ei, eu gostaria de fazer essas três comédias e tirar de cima da minha mesa". E fiz as três, uma depois da outra. Tinha gente que dizia: "Xi, ele está fazendo um filme trivial. Está fazendo essas comédias ligeiras". Mas não acho isso. Acho simplesmente que quero fazer aquela porque está em cima da minha mesa. Essa era a ideia que eu queria fazer naquela hora.

Quando estava pronta, tive o impulso de fazer *Igual a tudo na vida*, porque havia anos a ideia estava flutuando na minha cabeça, sobre um cara mais velho que é realmente maluco e tem uma visão de mundo maluca e aconselha um jovem sobre a vida, e o rapaz idolatra o cara mais velho, aceita muitos conselhos dele. Mas o cara mais velho acaba se revelando praticamente um psicopata. Faço o que sinto vontade de fazer na hora, e espero que as pessoas gostem. Se não, faço de novo o que quero na próxima vez e espero de novo. Acho que se ninguém gostasse dos meus filmes eu estaria sem trabalho há muito tempo, mas tive bastante sorte.

É uma simplificação, mas dá para encontrar um tema. Não faz muito tempo, falando de *Zelig*, você indicou o perigo de o conformismo poder conduzir ao fascismo. Nesse, um rapaz dá ouvidos a um sujeito que figurativamente tem folha de metal na cabeça e escuta extraterrestres. Há uma insinuação subjacente de que é realmente perigoso você não estar disposto a ser você mesmo.
É uma situação de perder ou perder, porque você acaba cheio de problemas quando não é você mesmo [*ri*]. Só que você *se sente* melhor. Como um atleta, um medalhista ou algo assim. Você não quer lutar a luta do outro e perde. Se luta a sua própria luta e perde, você perde. Mas se luta a luta do outro e perde, você se sente um merda.

Isso é o que acontece muitas vezes ao fazer filmes. Você tenta acomodar alguma coisa externa a você, ou agradar a um público, ou agradar à comunidade crítica, ou por razões comerciais, ou mesmo objetivos artísticos – se faz o filme por alguma razão calculada, com a qual não se sente confortável e se choca contra ela, você realmente se sente mal. Se faz alguma coisa de que realmente gosta e que sente, está fazendo por puro prazer e acaba sendo um desastre, você acaba se sentindo melhor do que com *O que é que há, gatinha?*, em que eu detesto a coisa toda, embora todo mundo goste. Mas, se você não tem nenhum prazer, para que fazer? Se eu faço um filme de que gosto e outras pessoas não gostam, pelo menos tive algum prazer com aquilo. Já se eu não gosto e eles gostam, sabe, assim, vendem ingressos na bilheteria, eu não tenho nenhum prazer com aquilo.

Quem foi sua maior influência?
Eu adorava o Bergman quando comecei a fazer filmes – ainda acho que ele é o melhor cineasta que já vi –, e quando você pensa em mim na época, o que eu era de fato? Era um comediante de boate, um escritor de *gags* para a Broadway. Não era um intelectual; não era uma pessoa sombria, melancólica. Eu ia ao

estádio e jantava no Elaine's. Nunca tinha visto uma câmera por dentro, não sabia o que estava fazendo e minha maior influência era o Bergman. É tão incongruente, tão boba, a disparidade entre as pessoas que me influenciaram – o Bob Hope e o Ingmar Bergman [*começa a rir*]. Então é claro que o que se tem é um estranho quadro híbrido, cheio de piadas inteligentes, no estilo de George S. Kaufman ou Bob Hope, e uma certa dramaticidade estilizada que caracteriza os filmes suecos mais pesados, partindo de um cômico de boate não intelectual que trata de assuntos bem sérios e bem profundos. O resultado é essa mixórdia [*ri*]. Mas, por bem ou por mal, os filmes pareciam ser agradáveis às pessoas, e diferentes – eu *não* estava fazendo a coisa convencional. Mas era, como qualquer um que começa, um produto das minhas influências. E as minhas influências eram muito antitéticas.

Eu sempre disse que não sou artista o suficiente, nem comercial o suficiente. Para uma pessoa mediana, os meus filmes podem parecer, por falta de palavra melhor, artísticos. E para pessoas que conhecem arte, não. Então vivi com os meus filmes num estranho limbo. Eles foram – não sei como dizer. Nem comerciais, nem arte [*pausa, depois ri*], e no entanto alguns são, por acidente, bons, e até rentáveis.

Algum filme seu é pessoalmente satisfatório, surgiu de uma sensação pessoal ou de uma ideia pessoal que você queria tratar? Estou querendo chegar a uma coisa aqui.

Interiores expressava os meus sentimentos pela vida, que é um nada frio e vazio em que vivemos e que a arte não salva – só um pouco de calor humano ajuda. Isso era uma coisa que eu estava escrevendo didaticamente. Uma porção de ideias minhas, se você juntar todas, vão parecer pessimistas. *Crimes e pecados*, você pode cometer um crime e se safar porque o universo não tem deus. Se você não se policia, então ninguém vai te policiar. Em *A rosa púrpura do Cairo* a minha sensação era, como eu já disse antes, de que você tem de escolher entre a realidade e a fantasia e, claro, é forçado a escolher a realidade, e ela sempre te mata. Em *Interiores* havia muita coisa sobre quanto somos frios e pouco comunicativos uns com os outros, e como a vida é uma coisa aterrorizante, e a morte é aterrorizante, e nada ajuda. É juntar tudo isso [*ri baixo*] e ver como parece muito sombrio.

Ou realista. Quando você esteve em Cannes com *Match Point*, alguém perguntou se o filme era cínico. Você respondeu que "cínico" é apenas um jeito diferente de dizer "realista".
Eu sinto isso de verdade. [*Suspira.*] Mas não é material para entretenimento popular. Não cai bem em entretenimento popular. As pessoas podem concordar completamente com você, mas não querem se deter nisso.

Mas *Match Point* é a exceção aqui. Provou ser muito popular. Essa ampla aceitação te deixou animado?
Colaborou com a minha segurança no seguinte sentido: eu sempre quis ser [*risadinha*] um cineasta *sério*. Todas as vezes que fiz um filme sério, jamais consegui um grande público, de nenhum jeito. *Match Point* é uma conquista para mim na medida em que o filme pode ser sério, sem nenhuma piada, sem comédia, e conseguiu um público de verdade – um público como o de *Manhattan*, como o de *Noivo neurótico, noiva nervosa*, que tiveram um *grande* público. Grande para mim, claro. Então me deu segurança para fazer o que estou fazendo agora, porque sinto que as pessoas podem realmente gostar. Não vai parecer uma lição de casa para elas. Vai ser entretenimento com uma certa consistência, na medida em que sou capaz de fazer isso.

A minha teoria com o cinema é que, neste estágio da minha vida, as pessoas já decidiram previamente. Quem gosta do meu trabalho vai, assiste e passa por cima das minhas falhas. Quem não gosta só vê onde eu erro, porque sempre erro [*ri*] um pouco em tudo. Por isso é que adoro tanto *Match Point*, porque apesar de errar o tempo todo, em *Match Point* eu sinto que não errei. *Hannah e suas irmãs* é um filme em que eu sinto que errei muito feio, mas as pessoas que gostam de mim escolhem gostar do meu trabalho. É notório que eu acho que errei em *Manhattan* e que as pessoas passaram por cima.

Em que você acha que errou em *Hannah e suas irmãs*, além do final feliz?
É, essa foi a parte que me matou. Em quase todos os filmes que fiz, até os que adorei, como *A rosa púrpura do Cairo*, tem coisas que eu sinto que deveria ter feito diferente. Lembro deles, embora não veja o filme há anos, e penso: Se eu pelo menos tivesse feito o filme andar mais depressa aqui, ou com um pouco mais de

sentimento naquele momento. Mas em *Match Point* tudo simplesmente se encaixou. [*Há um tom de assombro na voz dele.*] Talvez eu não ache *Match Point* bom, se olhar para ele daqui a dez anos, talvez pense comigo mesmo: Ah, meu Deus, achei que era tão perfeito, e olha isto, olha aquilo [*ri*]. Mas é claro que não vou olhar o filme exatamente por essa razão.

Hoje de manhã, na esteira, eu estava assistindo a um filme antigo e pensei: Não vejo esse filme desde os anos 60. E lembro quando a estrela desse filme apareceu para o público – era muito deslumbrante, eu mal podia esperar para ver o que ela fazia. E, quando vi agora no filme antigo, ela não pareceu tão bonita quanto eu lembrava. E pensei: O que aconteceu? Era uma famosa beldade, e agora olho para ela e fico pensando: Os padrões mudaram? O meu gosto mudou? Será que ela nunca foi assim tão bonita? [*Sorri, tristonho.*] Nunca assista aos seus filmes antigos. É muito assustador.

Quanto tempo à frente você está planejando?
Um ou dois anos. Estamos negociando com um pessoal para o próximo verão ou verões. Em alguns casos, os estrangeiros querem que eu filme em qualquer lugar, e em outros querem que eu filme no país deles. Tem até um módico – *módico* – interesse americano. Mas desse eu desconfio, porque o dinheiro doméstico sempre vem com limitações artísticas.

Recentemente, saiu um artigo no *Times* dizendo que o custo médio de um filme agora é noventa e seis milhões de dólares. Eu faço os meus com quinze milhões, catorze, nunca acima de dezessete. Eles quase com certeza empatam com os direitos de controle, a bilheteria mundial, e o risco colateral é pequeno. Eu nunca arruinaria ninguém. Além disso, sempre consigo bons atores para os meus filmes. E daria para imaginar alguém que gasta noventa e seis milhões dizendo: "Ele que faça meia dúzia de filmes para nós, e tenho certeza que um deles vai dar algum dinheiro, e o nosso dinheiro vai estar relativamente seguro. E quando tudo terminar, se tivermos lucrado dois milhões em cada filme, teremos lucrado doze milhões".

Sei que não são duzentos e cinquenta milhões, mas haveria uma porção de produtos, e talvez eles tivessem sorte e um deles fosse *Match Point* ou *Manhattan*, e aí não ganhariam dois milhões, ganhariam cem milhões. Mas tenho certeza que não estou conseguindo enxergar alguma coisa, porque não é esse o caso.

Tinha um cara que queria financiar um filme meu e escreveu que entendia todas as minhas liberdades e que queria me dar um valor x de dólares, o que era um pouco limitado, e tudo o que exigia era uma sinopse de cinco páginas. E nós mandamos um e-mail de volta dizendo que eu não fazia uma sinopse de cinco páginas nem para *mim mesmo*. Não faço uma sinopse nem de *uma página* para mim. Nunca dei para ninguém que fez os meus filmes mais do que três ou quatro linhas, para os medos de sobrevivência básicos serem aplacados: que é colorido, que é contemporâneo [*ri*] – porque ninguém quer filme de época, em preto e branco, nada que se passe no século XIV e trate do silêncio de Deus. Então tento dar a eles uma vaga ideia do que vou fazer, mas não gosto de me prender, porque às vezes, quando estou escrevendo, a própria coisa que estou escrevendo me inspira uma ideia diferente e quero poder mudar.

O engraçado é que faz anos que eles reclamam comigo de filmes de época e cada vez que você vê um filme de época – seja *Titanic*, ou o filme do Mel Gibson, ou ... *E o vento levou*, ou *O poderoso chefão* – eles estouram os lucros.

Você me falou do filme de jazz de Nova Orleans que quer fazer. Tem algum outro que gostaria de fazer?
Acho que estou começando a sentir – porque este ano vou fazer setenta e um anos – que nunca vou fazer aquele filme do Bob Hope em que eu escorrego com ele em todas as direções. Sempre quis fazer um *road movie* com alguém, talvez a Keaton ou outro comediante, como os filmes de estrada de Hope-Crosby, não [*ri*] um *road movie* como *Easy Rider*.

Se um estúdio chegasse para mim e dissesse que quer fazer um filme na tradição de Hope e Crosby, eu conseguiria realmente fazer muito bem. O erro fatal que cometem quando vão atualizar filmes é produzir demais, elaborar demais. Mas eu não faria isso. Eu faria um que fosse *dentro da tradição*. Seria um filme engraçado, mas ninguém vai se interessar [*ri*], nem em fazer, nem em assistir.

Sei que você está absolutamente satisfeito com *Match Point*, mas já algumas vezes me disse que *A rosa púrpura do Cairo*, *Maridos e esposas* e *Match Point* são os três filmes de que mais gosta. Ainda é assim?
[*Responde depressa, embora pareça relutante em gostar até apenas desses.*] É. Se eu

tiver de escolher três. [*Cauteloso.*] Todas essas avaliações poderiam mudar se eu assistisse de fato aos filmes outra vez. *Tiros na Broadway* me traz memórias agradáveis – *Zelig*. [*Faz uma pausa, franze a testa.*] Estou chegando.

Quero fazer algumas perguntas para encerrar. Anos atrás, você escreveu uma paródia engraçada de discurso inaugural para *The New Yorker*, "Meu discurso para os formandos". Mas você tem conselhos sérios a passar para os futuros cineastas?

Quando falo para grupos, sempre me pedem conselhos, e eu não consigo dar conselhos de verdade, porque não existe um jeito estabelecido de entrar no negócio ou virar diretor. Cada um faz de um jeito. Fazem desonestamente, manipulam. O Marty Scorsese frequenta uma escola de cinema e é fantástico, e Leni Riefenstahl [*ri*] corteja Hitler e é fantástica. Então o único conselho em que posso pensar é que só o trabalho conta. Não leia a seu respeito, não tenha grandes discussões a respeito de seu trabalho, simplesmente mantenha o nariz enfiado no trabalho. E não pense em nenhum dos privilégios. Não pense em dinheiro nem em coisas laudatórias. Quanto menos você pensar em si mesmo, melhor. É como um lançador de beisebol; quanto menos consciência você tem do seu movimento, melhor lança a bola. Apenas trabalhe bem, não perca tempo pensando em mais nada, não se junte ao circo do *show business*, não preste atenção nas distrações que as pessoas lançam na sua direção, e tudo o mais se encaixa no devido lugar.

Se não gostarem do seu trabalho, continue fazendo o seu negócio, e ou eles ficam mais espertos, ou você vai se ver sem trabalho, merecidamente. Se detestarem o seu trabalho, deixe – podem ter razão. Ou não. E se as pessoas chegarem a te chamar de gênio, é muito importante sair correndo, porque você precisa perguntar: Se eu sou um gênio, o que são o Shakespeare, o Mozart, o Einstein? Comigo foi sempre depreciativo – "um gênio da comédia". Eu diria que um gênio da comédia está para um gênio de verdade assim como o presidente da sociedade beneficente Moose Lodge está para o presidente dos Estados Unidos.

À medida que fico mais velho, a palavra "legado" sempre aparece, e pessoalmente não estou nem um pouco interessado em legado, porque acredito firmemente que quando se morre, pôr o seu nome numa rua não ajuda em nada o seu metabolismo – eu vi o que aconteceu com Rembrandt, Platão, e toda essa gente ótima. Eles simplesmente jazem lá. Pode haver um pequeno legado financeiro para os meus filhos, não muita coisa, mas, quando eu morrer, não me importaria a mínima se pegassem todos os meus filmes e os negativos dos meus filmes – a não ser essa pequena soma financeira para meus filhos – e jogassem no lixo. O grande Shakespeare não está nada melhor do que algum vagabundo sem talento que escrevia peças na Inglaterra elisabetana e não conseguia quem produzisse, e quando produziam todo mundo fugia do teatro. Não que eu ache que seja totalmente desprovido de talento, mas não tenho talento suficiente para fazer o meu sangue circular depois que o *rigor mortis* se instalar. Então legado não importa nada mesmo. O melhor jeito de dizer isso foi com a minha piada: "Em vez de sobreviver nos corações e mentes dos meus semelhantes, prefiro sobreviver no meu apartamento".

E se o público que vier depois que você for embora gostar de seu trabalho?

Melhor para eles, e se por uma razão qualquer um filme meu der prazer às pessoas depois que eu for embora, ótimo; não tenho nada contra. Mas não me interessa a mínima o que vai acontecer com meu trabalho depois que eu morrer. Quando você é mais jovem, pensa em termos de glória, bajulação, imortalidade, mas quando olha e vê para onde leva o caminho da glória – é por isso que quando falam do legado de presidentes eu me pergunto: Por que esses políticos se preocupam tanto com suas bibliotecas, suas fitas, com sua cara em selos e moedas? É difícil ter uma cara presidencial dentro do caixão.

Você sempre fala de quanto o trabalho precisa ser divertido.

Precisa ser divertido enquanto você faz, porque é o único prazer que você recebe daquilo. Quando é mais jovem, você pensa que a fama e o retorno financeiro vão transformar a sua vida, mas depois descobre que essas coisas não resolvem nada. Quando o filme é lançado, se alguém vem e me diz: "Ei, o seu filme foi muito bem recebido", fico satisfeito. E depois? Se dizem que não foi muito bem recebido, eu digo que gostaria que tivesse sido. Mas não faz, de fato, nenhuma grande diferença de um jeito ou de outro, porque o gostoso mesmo foi fazer o filme – o planejamento, a execução, o trabalho. Depois, não quero ver o filme de novo. Não tenho nenhum DVD dos meus filmes. Não me importam nada. Eu que fiz. É como ficar cutucando pedaços de pizza meio mordidos. Foi o *delivery* de ontem à noite – divertido ontem, mas já comi.

Quando essa mudança ocorreu?

Depois dos meus primeiros dois filmes, vi que tinha me divertido fazendo aquilo, e quando eles saíram o fato de muita gente ter gostado não significou nada para mim. Quer dizer, fiquei mais contente do que se uma multidão aparecesse na minha porta com uma corda. Mas ainda estava sentado sozinho em casa no sábado à noite, precisando decidir se ia pedir comida no restaurante chinês ou se preparava uns ovos para mim e deslumbrava a loira de pernas bronzeadas da academia que não apreciava o valor de um "excepcional novo comediante do cinema". A minha vida não mudou em nada. E então apareceu a primeira crítica negativa, quando pela primeira vez as pessoas não gostaram de um filme meu, e eu pensei que ia ser muito desmoralizador, e descobri que não machucava nada. A propósito [*ri*], a loira *continuava* sem olhar para mim. Não sei se isso é uma bênção ou uma maldição. Nem para cima, nem para baixo, apenas o foco em fazer – como compor uma boa colagem. No hospício, o trabalho mantém os pacientes ocupados e tranquilos.

Existe um pequeno núcleo permanente de pessoas com quem você pode contar?

No ramo do cinema você é inundado por gente que tem todas as respostas, de todos os lados, mas é preciso manter a cabeça fria. A pessoa está num estado constante de tentar fazer um bom trabalho, apesar de toda a pressão e dos conselhos dos peritos em dinheiro e dos peritos em cinema, e por fim você se vê diante do maior obstáculo, a limitação do seu próprio talento. É muito difícil alguém fazer um bom filme. Você precisa confiar na sua família ou nos amigos mais próximos que têm muitos valores iguais aos seus – é isso provavelmente o que nos aproxima – e formar seu próprio pequeno mundo de valores, gosto, critérios, e então ser fiel a esse mundo. Se você consegue fazer isso, é mais uma ajuda que uma limitação. Se o mundo inteiro está celebrando esta música ou aquela peça, você precisa continuar fiel às suas convicções, por mais adversas que sejam. Vai descobrir que não é tão difícil. Se eu gosto de alguma coisa ou de alguém, não me importa a mínima se ninguém mais gosta, e se eu não gosto, não gosto. Quando termino um filme, tem algumas pessoas cuja opinião é importante para mim, e fico ansioso para refletir sobre os comentários que fizeram, porque respeito o gosto delas, mesmo quando é diferente do meu.

Se você não consegue manter distância do que dizem a seu respeito e a respeito do seu trabalho, o que não é assim tão difícil de fazer, então eu te aconselho a não acreditar nos elogios e nas coisas boas que disserem a seu respeito. Boa parte delas não é sincera, boa parte está errada – o que deixa uma porção muito pequena para animar a gente. A maior parte do barulho sobre o seu trabalho é bajulação do *show business*. Nunca esqueça: muitas pessoas que te homenageiam num daqueles eventos black-tie da televisão nem atendem o seu telefonema uma semana depois da festa.

Até que ponto a crítica pode ajudar ou atrapalhar o seu trabalho?

Eu gostaria que o artista pudesse conduzir o seu trabalho pela crítica – seria uma grande ajuda –, mas não dá. Posso aceitar críticas como verdadeiras, mas não tenho nenhum uso para elas no próximo filme. Não vou mudar o meu estilo ou o meu assunto porque alguém me critica. Não conseguiria, mesmo que quisesse. Eu sou limitado, ou, como o Marshall Brickman colocou tão brilhantemente: Você está fodido por ser quem é. O trabalho existe independentemente de tudo o que falam a respeito dele. Se a coisa é boa, continua boa apesar de todo o palavrório contra ou a favor. E se não é boa, vai se dissipar, por mais popular que possa parecer no momento. Claro, é bom ter um momento popular, por mais passageiro que seja, porque quando eles perceberem que o filme é uma droga, você está com o dinheiro deles.

A maior parte dos trabalhos da maioria das pessoas, meus inclusive, é ruim, porque é difícil fazer coisas boas. Então você precisa saber de antemão, ao começar, que a maior parte do trabalho de cineastas, autores, dramaturgos, pintores, não é de primeira classe. De vez em quando, encontra-se um talento genuíno ou mesmo um gênio, mas é raro. Estamos todos a salvo porque o público não é muito exigente, e uma coisa não precisa ser muito boa para fazer sucesso. Mas eu preciso ter sorte.

Quando comecei, recortava as coisas ruins que falavam de mim e colava num álbum de recortes porque tinha absoluta certeza que um dia seriam irônicas à luz da grandeza que eu pretendia atingir. Agora o veredicto está pronunciado, e o que eu pensei que eram observações malévolas não parecem ser. Então não tenho ilusões sobre o meu trabalho. Recentemente, recebi o prêmio Príncipe de Astúrias [*um prestigioso prêmio espanhol "em reconhecimento ao trabalho científico, técnico, cultural, social e humanitário realizado internacionalmente"*]. Na noite em que recebi o prêmio, o Arthur Miller e o Daniel Barenboim também receberam. E quando me avisaram que eu tinha sido escolhido, pensei, sinceramente, que se tratava de um erro administrativo, que algum coitado na Espanha tinha cometido um erro terrível. Achei que era uma ideia engraçada para um filme; esse pobre espanhol manchado de tinta que tem de explicar aos superiores dele por que uma mediocridade covarde do Brooklyn ia receber um prêmio mais adequado a alguém que descobriu, digamos, o rádio, ou pelo menos o Tupperware. Recusei, claro, mas aí recebi telefonemas do pessoal na Espanha, dizendo que eu não podia recusar, que o rei e a rainha estariam lá, e que seria um tremendo insulto. Então eu fui. Agora tenho essa medalha lustrosa.

Tudo bem. Última pergunta, pelo menos por enquanto. Faça uma avaliação de sua carreira até hoje.
Minha sensação objetiva é que não atingi nada significativo artisticamente. Não digo isso com tristeza, apenas descrevo o que sinto como verdade. Sinto que não dei nenhuma real contribuição ao cinema. Em comparação com contemporâneos como o Scorsese, o Coppola ou o Spielberg, realmente não influenciei ninguém de forma significativa. Quer dizer, muitos dos meus contemporâneos influenciaram jovens diretores. O Stanley Kubrick é um exemplo primordial. Eu não sou *nenhum* tipo de influência. Por isso é que sempre me pareceu estranho que prestassem tanta atenção em mim ao longo dos anos. Nunca tive um grande público, nunca fiz muito dinheiro, nunca tratei de temas controvertidos nem prestei atenção nenhuma na moda. Os meus filmes não estimularam a opinião do país em temas sociais, políticos ou intelectuais. São filmes modestos, feitos com orçamentos modestos, que produzem lucros extremamente modestos e não abalam de forma alguma o mundo do *show business*. Não tem jovens diretores correndo para me imitar e fazer filmes do jeito que eu faço. Nunca tive domínio técnico suficiente, ou suficiente profundidade de ideias para fazer ninguém pensar. Sou um piadista de Brooklyn–Broadway que teve muita sorte.

Acho que sou um pouco – sem o gênio especial que ele tinha – como Thelonious Monk no jazz, que era uma coisa à parte. Ninguém realmente tocava como o Thelonious Monk, nem quer tocar, mas, como eu disse, ele tinha gênio, e eu tenho apenas um talento para divertir. [*A filosofia artística de Woody também é igual à de Monk, que disse: "Não toque o que o público quer. Toque o que você quer e deixe o público chegar lá".*] E eu não sou uma pessoa modesta demais. Quando sou bom, sei apreciar a mim mesmo. Não sou triste, nem confessadamente masoquista a esse respeito, mas sou inteligente o bastante para saber que explorei ao máximo meus dotes limitados, ganhei um bom dinheiro em comparação com o meu pai e, o mais importante, de longe preservei minha saúde.

Quando eu era menino, sempre corria para o cinema em busca de um escape – às vezes doze ou catorze filmes por semana. E, adulto, consegui viver a minha vida de forma um tanto autocomplacente. Consigo fazer os filmes que quero, e então, durante um ano, posso viver naquele mundo irreal de mulheres bonitas e homens interessantes, situações dramáticas, figurinos, cenários e realidade manipulada. Sem falar em toda a maravilhosa música e em todos os lugares aonde me levou. [*Ri.*] Ah, e às vezes eu consigo sair com uma das atrizes. O que poderia ser melhor? Escapei para uma vida no cinema do *outro* lado da câmera, mais que para o lado da plateia. [*Faz uma pausa.*] É irônico eu fazer filmes escapistas, mas não é o público que escapa – sou eu.

FEVEREIRO DE 2009

O Sonho de Cassandra *foi lançado em 2007.* Vicky Cristina Barcelona, *com Penélope Cruz, Javier Bardem, Scarlett Johansson, Rebecca Hall e Patricia Clarkson, em 2008.* Vicky Cristina Barcelona *teve grande popularidade no mundo inteiro e, com 90 milhões de dólares em ingressos vendidos nos primeiros seis meses, competiu com* Match Point *como o filme mais bem-sucedido de Woody. Em janeiro de 2009,* Vicky Cristina *recebeu o Globo de Ouro de Melhor Filme, Comédia ou Musical, e Penélope Cruz venceu na categoria de Atriz Coadjuvante. Recebeu também o Oscar de Atriz Coadjuvante. Em 2008, Woody encenou uma nova apresentação de* Gianni Schicchi, *de Giacomo Puccini, para a Los Angeles Opera, e*

Woody como escritor
em *Sonhos de um sedutor* e
Desconstruindo Harry:
"Todo o projeto é um
grande projeto de escrita.
Para mim, tudo faz parte
do processo de escrever"

recebeu elogios da crítica. Quando nos encontramos para pôr em dia o que ele andava fazendo, Woody acabara de finalizar Tudo pode dar certo [Whatever Works, 2009], *com Larry David, Evan Rachel Wood e Patricia Clarkson, e logo começará seu próximo filme, em Londres.*

O *Sonho de Cassandra* me pareceu um final alternativo para *Match Point*. Alguém se dá bem com o assassinato em ambos os filmes, mas neste o assassino é vitimado pela consciência. *Match Point* é o seu filme de maior sucesso financeiro até hoje, mas O *Sonho de Cassandra* simplesmente não deslanchou em termos de público. Por que você acha que isso aconteceu?

O Sonho de Cassandra é um filme que por uma série de razões foi diretamente para o Programa de Proteção a Testemunhas. [*Ri.*] Sabe, na minha opinião, que não significa nada, é um bom filme. Talvez melhor do que *Vicky Cristina*, mas não tão acessível, porque é pesado. Entendi que não ia faturar comercialmente quando fiz uma entrevista coletiva depois de uma projeção e uma senhora perguntou, muito inocentemente: "O que você esperava dizer com esse filme? O que você espera que as pessoas sintam com esse filme?". [*Ri.*]

Eu disse: simplesmente achei que era uma história interessante para as pessoas se envolverem e curtirem os personagens. É uma história trágica sobre o que aconteceu com essas pessoas. Você pode tirar suas próprias conclusões sobre os personagens e o que aconteceu.

O Harvey Weinstein ficou muito entusiasmado com o filme, comprou os direitos para os Estados Unidos, e ia pressionar com tudo para o Colin [*Farrell*] e o Ewan [*McGregor*] serem indicados ao Oscar. Então descobriu que nenhum dos dois estaria disponível para nenhuma das coisas que tinha planejado, então atrasou a estreia até depois de primeiro do ano [*2007*]. Aí, depois de primeiro do ano os dois estavam envolvidos em projetos e ainda indisponíveis. Então ele desistiu, e esse foi um segredo dos mais bem guardados.

Eu achava que era um filme divertido, nada esotérico. Com uma soberba atuação de todos. A história tinha suspense e tensão, não é um história labiríntica. Por que as pessoas acolheram *Vicky Cristina* e não *O Sonho de Cassandra*? Eu fiquei igualmente surpreso com ambas as reações.

Vicky Cristina atraiu um grande público no mundo inteiro, em todos os lugares onde foi exibido. Tem uma sensibilidade internacional e conta com atores amplamente conhecidos e admirados.

É. O Javier tinha acabado de ganhar o Oscar quando o filme foi lançado, a Penélope é quente feito uma explosão, e a Scarlett é uma estrela – sem falar no grande desempenho de uma estreante, Rebecca Hall. Em termos de estilo, *Vicky Cristina* mais parece um filme francês. Quando assisti pela primeira vez, me lembrou os filmes franceses que eu via no final dos anos 50 e começo dos 60.

Eu não calculei que o filme fosse ficar tão atraente. Não tinha ideia que seria particularmente atraente. Achei que seria um filme romântico, e que as pessoas se envolveriam com as situações, e que teria um final triste: uma das mulheres vai para casa, para uma vida acomodada, incapaz de se sentir realmente confortável numa vida de aventuras. A outra está em busca de uma coisa que nunca vai encontrar. A Patricia Clarkson continua casada, com um relacionamento sem amor. A Penélope e o Javier nunca vão funcionar de verdade, juntos ou separados. Então eu achava que era muito triste, mas todo mundo entra, ri e acha divertido.

Você usou uma porção de planos individuais e closes em parte do filme; nada parecido com a sua costumeira coleção de planos-sequência. E foi a primeira vez que você trabalhou com o [*diretor de fotografia*] Javier Aguirresarobe.

Fiz mais planos individuais por causa do inglês da Penélope e do Javier. [*Se as falas deles em inglês tivessem de ser melhoradas, não seria preciso refazer a cena inteira.*]

O Javier [*Aguirresarobe*] é um fotógrafo maravilhoso. Ele sabia que eu não gostava de luz do sol. [*Woody prefere dias nublados, o que permite uma iluminação mais suave, mais nuançada.*] Então em toda parte aonde íamos em Barcelona, que é uma cidade muito ensolarada, ele estendia enormes painéis para bloquear o sol. Se ventasse demais, o pessoal do som ouvia o pano batendo. Mas ele protegia a filmagem do sol forte.

Você estava filmando em Oviedo [*norte da Espanha*] quando o Ingmar Bergman morreu, no verão de 2007. No tributo que você escreveu para o _New York Times_ você mencionou os muitos anos que passou conversando com ele pelo

telefone. Como começaram esses telefonemas?
Eu estava filmando... talvez fosse *Manhattan*... não, um depois. *Interiores*. E a Liv Ullmann, que eu conhecia, disse: "O Ingmar está na cidade e gostaria de jantar com você". E eu pensei: por que ele quer jantar *comigo*? Então o Ingmar, a mulher do Ingmar, a Liv e eu jantamos juntos no hotel, na suíte dele. E eu me diverti muito. Conversamos durante horas, e a coisa que mais me marcou nele foi a cortesia. Ele sabia que na época eu era muito chegado em vinhos, então pediu ao serviço de quarto uma garrafa de um vinho muito bom. Lembro como fiquei surpreso. Mas o que mais me surpreendeu é que ele era absolutamente comum. Não era nenhum gênio cult, todo estranho, em que cada palavra era um pronunciamento artístico, e você fica lá, sentado aos pés dele, ouvindo o mestre vestido de preto se estender sobre temas existenciais. Não era nada disso. Era um sujeito comum, que falava da renda bruta dos filmes dele, e de como as coisas eram irritantes com as distribuidoras, de mulheres gostosas e de inseguranças em geral. Ele me convidou para ir à ilha de Fåro, onde ele morava, mas eu não fui. [*"Não fiquei a fim de subir num aviãozinho até uma ilhota perto da Rússia para uma coisa que, eu imaginava, seria almoçar iogurte", Woody escreveu no* New York Times.]

O que ele falou sobre os seus filmes?
Não lembro o que ele disse, mas eu ouviria com certa cautela qualquer coisa que ele dissesse, como mera gentileza. Quando estou com alguém desse porte e a pessoa é elogiosa, a sensação que eu tenho é de que está sendo educada. Por exemplo, te contei uma anedota de quando conheci o Tennessee Williams no Elaine's, e ele disse, com uma grande e convincente sinceridade: "Você é um artista", e eu pensei: Quem esse cara acha que eu sou? Está me tomando por alguma outra pessoa. Foi o que eu senti, fora de brincadeira.

Agora, vou dizer uma coisa, e você sabe que eu sou muito crítico com os meus filmes: não muito tempo depois do jantar com o Bergman, *Interiores* foi lançado [*agosto de 1978*], ao mesmo tempo que o filme dele com a Ingrid Bergman e a Liv – *Sonata de outono* [*outubro de 1978*]. Embora eu não estivesse, nunca tenha estado, nem possa estar no mesmo universo que ele como artista ou cineasta, desses dois filmes, o melhor, a meu ver, é *Interiores*. Apesar de todos os defeitos, tinha algumas coisas boas, e *Sonata de outono* é um dos filmes dele menos bem realizados. Claro que eu vejo coisas boas em todos os filmes dele – *Sonata de outono* tem pelo menos uma cena fantástica, quando a mãe, a Ingrid Bergman, se senta ao piano e mostra para a filha como a música deve ser tocada. Mas eu sei que ele se confundiu a respeito desse filme, e que depois achava que deveria ter feito um filme poético, em vez de realista.

Você falou alguma coisa sobre o seu trabalho?
Eu não tinha interesse em falar com o Bergman sobre mim ou sobre os meus filmes. Com gente talentosa eu quero é aprender, não entediá-las. Por exemplo, na Espanha, almocei com o Arthur Miller, só nós dois, durante umas duas horas, num restaurantezinho bem tranquilo. Foi uma sugestão dele; eu nunca teria essa pretensão. E nessas duas horas ele não solicitou de mim nenhuma informação: nem uma opinião, nem uma pergunta sobre a minha vida, sobre o meu trabalho, nada. E isso foi perfeito para mim. Pensei: Que privilégio. Poder almoçar a sós com o Arthur Miller e fazer uma pergunta atrás da outra, e ouvir uma história atrás da outra, e não vou perder nem um minuto com autoelogios. O que eu vou fazer, falar demais e tentar impressionar o Arthur Miller? Eu não podia fazer isso, não estava interessado nisso.

Quantas vezes você viu o Ingmar Bergman em pessoa?
Só aquela vez.

E com que frequência ele te ligava?
Uma vez por ano, talvez. Ele sempre foi muito humilde em relação à posição dele. Era um grande artista. O John Simon acha que ele foi o maior cineasta que já existiu neste mundo. Mas a conversa dele era assim, sabe, *eu vou deitar à noite e ponho um filme do James Bond para poder relaxar e dormir.* Ou então, *sempre tenho o sonho de que chego no set e não sei o que fazer. E penso comigo mesmo: mas você é um cineasta de fama mundial, sabe onde pôr a câmera. Mas no sonho eu não sei o que fazer.*

Era só uma conversa normal. Não tinha profundidade nenhuma – não do meu lado da conversa, com toda a certeza. Era um papo. Dois neuróticos conversando, um, gênio, o outro, de óculos de armação preta que dá a aparência de intelectualismo, enquanto isso não existe por dentro.

Ele viu muitos filmes; o conhecimento dele devia ser enciclopédico. Você achou que tinha assistido à maior parte dos filmes de que ele falava?
Muitos, mas não todos, porque naquela ilha a atividade dele, toda tarde, era assistir a um filme sozinho. Isso sete dias por semana. Lembro que na última vez em que nos falamos ele estava passando filmes mudos.

Sabe, não acho que o meu conhecimento de cinema possa ser chamado de enciclopédico, nem remotamente. Na verdade, eu arriscaria dizer que provavelmente é subnutrido; talvez consideravelmente menor que o da média dos cineastas. Até hoje não vi filmes que talvez sejam absolutamente essenciais. O Martin Scorsese tem um vasto conhecimento de cinema; pode dar aulas sobre o assunto. Há filmes que você deve pensar que eu assisti, pelo menos como comediante, como *O navegador*, do Buster Keaton, mas nunca senti necessidade de assistir esse filme. Nunca assisti *O circo*, do Charlie Chaplin. Não aguentei ver até o fim o filme do Chaplin sobre Hitler [O grande ditador, *1940*]: não consigo ver mais do que dez minutos desse filme. As pessoas acham que essas coisas são maravilhosas e gritam, eufóricas: ele está no escritório com um globo terrestre que é uma bexiga, jogando para cima e para baixo! Não acho nem engraçado, nem brilhante. Nunca vi muito o Kurosawa, embora o que vi seja estupendo, nem o Antonioni, nem o Fassbinder, para citar só alguns grandes mestres sobre os quais sou muito ignorante, fora as dezenas de filmes americanos que tenho vergonha de admitir que nunca vi. Nossa, só assisti *Casablanca* do começo ao fim quando já tinha mais de cinquenta anos. Imagina só. Com livros eu sou pior. Vejo que existe mais lixo escrito sobre filmes do que qualquer outra coisa; esse lixo se encaixa direitinho naquele espaço confortável em que a pessoa pode passar noventa minutos assistindo um filme, em vez de batalhar com um livro, mas ainda goza de suficiente conteúdo intelectual para permitir que os pedantes ganhem a vida.

O Michelangelo Antonioni morreu no mesmo dia que o Bergman [30 de *julho* de 2007]. Você conhecia Antonioni?
Conhecia o Antonioni melhor do que o Bergman, porque ele era muito amigo do Carlo [*Di Palma*]. Sempre estava em Nova York, jantei com ele muitas vezes, e ele foi na minha casa muitas vezes. Eu jogava pingue-pongue com ele, conversava, caminhava com ele. Era um cineasta brilhante, uma pessoa muito delicada, com

uma aparente frieza aristocrática. Não sei se ele já assistiu ou se tinha algum respeito pelos meus filmes. Duvido que estivessem à altura dele, mas pelo que me lembro, o assunto nunca veio à baila.

Você falava dos filmes dele?
A gente falava principalmente de esportes. Ele era um grande fã de esportes, que nem eu. Diretores e críticos muitas vezes enxergam grandeza em filmes que não me dizem nada. Para mim, podem ser um lixo. Um crítico vai dizer: veja que maravilha, como ele movimenta a câmera, e veja como ele faz essa cena de crime, e de repente há esse corte dramático. E eu penso: É, incrível, mas tudo a serviço de uma história idiota. Eles gostam da técnica, mas eu não. A história do filme – ou talvez não a história, mas algo como *Amarcord*, que não é uma história convencional – o conteúdo, é tudo o que importa. Me pega? Mantém meu interesse? Me comove? Me envolve? Vale o meu tempo [*ri*], ou seriam umas horas mais bem aproveitadas jogando baralho numa mesa de vinte e um?

No seu tributo ao Bergman, você contou que ele tinha a ideia de colocar uma câmera no lugar e fazer os atores entrarem e saírem de quadro sem nunca mexer a câmera. Ele estava falando sério?
Estava. Ele viu isso nos filmes mudos; era assim que faziam antes de saber mexer as câmeras. Ele nunca experimentou, mas acho que pretendia experimentar.

E você?
Para fazer uma coisa dessas funcionar é preciso ser um gênio do cinema, e em se tratando de cinema [*sorri*] eu ainda estou um ponto abaixo do lanterninha.

Você nunca teve sonhos como o do Bergman, de aparecer no set e não saber como usar a câmera?
Não, eu não tenho nenhuma ansiedade quanto a isso, [*ri*] porque eu nunca soube o que fazer com a câmera. Não faço a menor ideia de onde colocar a câmera, ou do que fazer. Para mim é em geral assim: o que a gente vai fazer hoje? Olho as páginas, nunca tenho nada planejado, e improviso o trabalho do dia.

É, eu vi isso ao longo dos anos, mas mesmo assim...
Bom, eu escrevi a história, então sei o que quero ver. Provavelmente seria muito diferente se não tivesse escrito. Já vi o filme na minha cabeça. Foi muito diferente para mim quando dirigi ópera. Eu podia fazer o que quisesse. Não fui eu que escrevi. Tinha um milhão de opções.

***Gianni Schicchi* é a primeira ópera que você dirigiu. No *Los Angeles Times* saiu que você teria dito: "Não sou a melhor escolha do mundo para dirigir uma ópera", e "Não tenho a menor idéia do que estou fazendo." Por que você fez?**
Eu nunca tive vontade de dirigir uma ópera, mas o Placido Domingo [*diretor artístico da Los Angeles Opera*] ficou em cima de mim durante muito tempo para eu fazer uma, e a filha da minha irmã casou com um homem cujo pai, o Marc Stern, é o chefe [*presidente e CEO*] da Los Angeles Opera. Gosto dele, é parente por afinidade, então quando ele me pediu por favor para fazer, eu não quis dizer não. [Gianni Schicchi *é a terceira ópera do tríptico de óperas em um ato de Puccini,* Il Trittico, *que estreou em 1918. As duas primeiras,* Tabarro *e* Suor Angelica, *são: sombria no caso da primeira e emocionante no caso da segunda.* Schicchi *tinha a intenção de prover alívio cômico – dizem que Woody disse, durante os ensaios, que* Schicchi *era "engraçada em comparação com a* Tosca, *não engraçada em comparação com* Duck Soup" *– mas a leitura dele é muito engraçada. (A crítica do* Los Angeles Times *disse que era "uma produção de gênio" e "uma revolução.") A trama gira em torno de uma família que faz intrigas para ganhar uma herança e da falsidade de seu pretenso aliado, Schicchi.*]

Puccini localizou sua ópera na Florença de 1299. Você encenou de forma que a história parecesse um filme italiano dos anos 1940. Foi a sua primeira ideia?
Não, primeiro eu pensei em fazer os personagens serem camundongos, e essa seria a minha contribuição à ópera, então chamei o Santo [*Loquasto, seu cenógrafo de longa data e, antes disso, figurinista*] e disse: "Faça a sala gigante com buraquinhos na parede". [*Ele sorri ao dizer isso.*]

O Santo disse: "Eu conheço cantor de ópera. Eles vão ficar *muito* incomodados de cantar com figurino de camundongo". Então abandonei a ideia.

Aí, eu disse: "podemos fazer como se fosse um filme italiano realista, como um filme do [*Roberto*] Rossellini ou do [*Vittorio*] De Sica, do fim dos anos 40."

O Santo vibrou. Disse: "Isso pode ficar fantástico. Posso vestir as pessoas para que pareçam mesmo da época, e podemos fazer tudo em preto e branco".

Eu disse: "Isso, e podemos projetar letreiros de apresentação".

[*As luzes se apagam depois do intervalo e baixa uma tela na frente do palco. Aos acordes de "Funiculì, funiculà", desenrolam-se os letreiros, com nomes italianos inventados. A plateia começa a rir nos primeiro acordes da música inesperada, riem mais com os nomes, e os risos continuam ao longo de toda a encenação.*]

Você ouviu muito a ópera antes?

Ouvi a ópera, mas só uma ou duas vezes antes de ir para L.A. Achei a coisa toda comparativamente simples, nesse sentido: eu tinha um elenco muito talentoso [*o Schicchi do barítono britânico Thomas Allen parecia um mafioso com terno risca de giz, brilhantina no cabelo, bigodinho fino, sapato bicolor e sobretudo jogado por cima dos ombros*], e eu tinha um roteiro que era tiro certo, feito milhões de vezes antes. Um cenário só, e não uma porção de gente, nenhum elefante. Fui, montei, levei quatro dias para levantar tudo, umas duas horas diárias por quatro dias. Fui inventando enquanto fazia. Eles cantavam no ensaio, de forma que no final da primeira semana estava quase pronto. Não foi nada difícil porque os intérpretes eram muito bons. Havia momentos de grupo em que eu deixava eles irem aonde quisessem. Outras vezes, eu parava e dizia: Vocês estão muito amontoados no cenário. Vocês dois ficam aqui, e vocês três vão para lá. Mas quando instintivamente eles pareciam bem ao meu olhar, eu deixava.

A ópera foi uma coisa singular entre filmes, eu sei, e agora você acabou de finalizar um novo filme, *Tudo pode dar certo*. Ao contrário dos seus últimos trabalhos, esse é um filme nova-iorquino sobre um avarento, uma ingênua e o estranho rumo que o amor pode tomar. Quando você teve a ideia?

Poucos meses antes de escrever o filme. Fiquei entre dois polos. Foi concebido como peça de teatro, mas o problema é que havia um monte de coisas que aconteciam fora, pela cidade. Então achei que podia ser um filme, mas tinha um monte de coisas que aconteciam dentro [*ri*]. Então o que eu fiz foi forçar como filme e tentar fazer mais coisas no exterior, nas ruas de Nova York e de

Chinatown. Mas foi concebido como peça. Teria funcionado no palco, mas precisaria ser uma coisa que nem [*a peça*] *Sonhos de um sedutor*, em que a luz muda para imaginar que as pessoas estão se movimentando por Nova York.

O Larry David faz um grande sovina e a Evan Rachel Wood é ótima no papel de ingênua. A Patricia Clarkson de novo com você. [*Antes de David participar da criação de* Seinfeld *e* Curb Your Enthusiasm, *quando era ainda desconhecido fora do círculo de comediantes de Nova York, fez pequenos papéis em dois filmes de Woody,* A era do rádio *(1987) e* Édipo arrasado *(1989).*]

Eu fiquei muito, muito satisfeito com o meu elenco. Até as pessoas em papéis menores ficaram ótimas. O Larry é sensacional. Apesar de viver dizendo "não sei representar, não sei representar", é um ator nato. Com um artista tão bem estabelecido na televisão seria bobagem dar para ele um trabalho de ator que ficasse muito longe do que eu sei que ele pode fazer. Então não vou dar para ele o Stanley Kowalski [*personagem da peça* Um bonde chamado Desejo, *de Tennessee Williams*], ou o Lenny de *Ratos e homens*. A Evan Rachel Wood também é uma miraculosa jovem atriz. Quando a conheci, eu disse: "Você sabe que precisa fazer que nem uma sulista", e ela falou: "É, eu sei fazer, mas não quero fazer até precisar fazer". E eu conheço essa sensação, resolvi confiar nela. Ela não fez o sotaque até a hora de rodar. Ela não é do Sul, e fez lindamente. E a Patricia Clarkson é uma grande atriz, então eles fizeram aquilo ganhar vida.

Você acabou de finalizar o roteiro para o seu filme do verão de 2009. Passou pelas mesmas semanas de tortura que sempre enfrenta enquanto está trabalhando uma ideia, antes de ela estar pronta para escrever?

É, pior, porque eu estava desequilibrado com um filme muito bem-sucedido [Vicky Cristina Barcelona] e não queria ser influenciado por isso. Porque se você pensa, Puxa, é disso que todo mundo gosta, sou capaz de dar isso para as pessoas. Mas eu não queria cair nessa armadilha. Levei um tempão e pensei muito até finalmente criar esse filme. Vou continuar pensando, porque tenho vários meses para ver se consigo chegar a uma ideia melhor.

É um drama?

É uma comédia dramática. Divertida que nem *Hannah e suas irmãs*, mas também séria como *Maridos e esposas*. Comecei a montar o elenco. Até agora, tenho o Josh Brolin e o Anthony Hopkins. Acho que é uma sorte poder contar com esses dois. Fico pensando que vou acordar e descobrir que eles desistiram. Eu tinha esperança de poder filmar em San Francisco, mas ia ficar muito caro, então vamos fazer em Londres [*onde o custo para fazer um filme é mais baixo, em parte por causa de acordos trabalhistas menos restritivos*]. Preciso fazer isso porque não tenho dinheiro. *Vicky Cristina* custou 14 milhões de dólares. É muito pouco. Posso conseguir um pouquinho mais, mas não quero muito mais, senão começo a perder dinheiro dos investidores. Se *Vicky Cristina* tivesse sido feito com 18 milhões ou 17 milhões, mesmo com toda essa bilheteria teria sido financeiramente incerto.

Os países agora me ligam e dizem: Vamos pôr dinheiro se você vier filmar aqui. Depois do lançamento de *Vicky Cristina*, recebi ofertas para filmar em pelo menos três países. Agora mesmo estou fazendo um grupo de filmes com um pessoal espanhol [*Mediapro*], não necessariamente na Espanha. Vou fazer um em Londres, e talvez um em Paris, e talvez um na Espanha. Não há nenhuma incerteza quanto ao lugar onde faço os filmes. Poderia fazer um verdadeiro *tour* das Nações Unidas filmando. Sabe, às vezes isso pode ser bom do ponto de vista criativo, e às vezes pode ser um salva-vidas sob o aspecto financeiro.

Vamos dizer que eu termine o meu compromisso com a companhia espanhola para a qual estou trabalhando, e digamos que a leve à bancarrota, que a deixe quebrada. Não posso mais trabalhar em lugar nenhum, mas de repente a Eslovênia me telefona e diz: Quer fazer um filme aqui? [*Sorri.*] Preciso levar isso em consideração do ponto de vista da minha sobrevivência. Será que consigo sobreviver três meses com toucinho e mingau de aveia? Mas até agora não foi tão ruim, então posso ir para algum lugar bom. Gente da Itália já falou comigo, e da Suécia, da América do Sul.

Você ainda planeja ficar de fora dos seus filmes?

Eu não hesitaria em fazer um papel, mas precisaria ser de um sujeito mais velho, porque [*ri*] é isso que eu sou agora. E os bons papéis nos filmes são os protagonistas, então, só para aparecer, não me interessa muito. Além disso, se não for um filme meu, e se a história não for sobre o personagem que faço, acho que seria uma distração, e é melhor eu não representar nada.

A propósito, continuo não recebendo convite nenhum. Nem para fazer o Pops, o porteiro dos fundos que dá boa-sorte às coristas. Ou o Gramps, o sujeito que belisca o recheio do peru e de vez em quando conta uma piada. Ninguém me chama para nada. Então, a menos que eu escreva alguma coisa para mim [*dá de ombros*]... E quem quer ver um filme com um personagem principal que é totalmente dependente de uma trompa para surdez? Querem ver alguma coisa com um personagem mais jovem.

Agora que fez uma ópera, existe alguma outra forma com que gostaria de trabalhar?
Não particularmente. O pessoal da televisão me perguntou se tenho alguma ideia para uma série, mas não tenho. Se tivesse, gostaria muito de me envolver com eles. [*Faz uma pausa.*] Às vezes penso, por um *momento*, que gostaria de fazer comédia *stand up* outra vez, mas graças a Deus isso passa.

Passa rápido?
[*Ri.*] No tempo de um minienfarto.

FILMOGRAFIA

* disponível em DVD

The Laughmaker

EUA 1962 [ROT.]

DIR.: Joshua Shelley. Cor. 95 min. ELENCO: Larry David, Adam Brooks, Lyle Kanouse

What's New Pussycat

FRA/EUA 1965 [ROT.]

DIR.: Clive Donner/Richard Talmadge. PROD. EXEC.: John C. Shepridge. FOT.: Jean Badal. MÚS.: Burt Bacharach. Cor, 108 min. ELENCO: Petter Sellers, Peter O'Toole, Romy Schneider. PART. ESP.: Richard Burton

*O que há, Tigresa** [What's Up, Tiger Lily?]

EUA/Japão, 1966 [ROT./DIR./Ator]

PROD. EXEC.: Woody Allen. FOT.: Kazuo Yamada. PB, 80 min. MONT.: Richard Krown, ELENCO: Tatsuya Mihashi, Akiko Wakabayashi, Mie Hama, Julie Bennett

*Casino Royale**

EUA 1967 [ROT./Ator]

DIR.: Val Guest/Ken Hughes. Cor, 131 min. ELENCO: David Niven, Petter Sellers, Ursula Andress, Orson Welles, Deborah Kerr

Um assaltante bem trapalhão [Take the Money and Run]

EUA 1969 [ROT./DIR./Ator]

PROD. EXEC.: Sidney Glazier. FOT.: Lester Shorr. MONT.: Paul Jordan/Ron Kalish. PB/Cor, 85 min. ELENCO: Janet Margolin, Marcel Hillaire, Jacquelyn Hyde

Don't Drink the Water

EUA 1969 [ROT.]

DIR.: Howard Morris. PROD. EXEC.: Jack Grossberg. FOT.: Harvey Genkins. MONT.: Ralph Rosenblum. Cor, 100 min. ELENCO: Jackie Gleason, Estelle Parsons, Ted Bessell

Pussycat, Pussycat, I Love You

EUA 1970 [ROT.]

DIR.: Rodney Amateu. PROD. EXEC.: Jerry Bresler. FOT.: Tonino Delli Colli. MONT.: Larry Heath. Cor, 95 min. ELENCO: Ian McShane, Anna Calder-Marshall, John Gavin

*Bananas** [Bananas]

EUA 1971 [ROT./DIR./Ator]

PROD. EXEC.: Charles H. Joffe. FOT.: Andrew M. Costikyan. MONT.: Ron Kalish. Cor, 82 min. ELENCO: Louise Lasser, Carlos Montalban, Natividad Abascal

Sonhos de um sedutor [Play It Again, Sam]
EUA 1972 [ROT./Ator]
DIR.: Herbert Ross. PROD. EXEC.: Frank Capra Jr., Arthur P. Jacobs, Charles H. Joffe. FOT.: Owen Roizman. MONT.: Marion Rothman. Cor, 85 min. ELENCO: Diane Keaton, Tony Roberts, Jerry Lacy

*Tudo o que você sempre quis saber sobre sexo mas tinha medo de perguntar** [Everything You Always Wanted to Know About Sex]
EUA 1972 [ROT./DIR./Ator]
PROD. EXEC.: Jack Brodsky, Charles H. Joffe, Jack Rollins. FOT.: David M. Walsh. MONT.: Eric Albertson. PB/Cor, 88 min. ELENCO: John Carradine, Tony Randall, Lynn Redgrave, Burt Reynolds, Gene Wilder

*O dorminhoco** [Sleeper]
EUA 1973 [ROT./DIR./Ator]
PROD. EXEC.: Jack Grossberg, Charles H. Joffe, Jack Rollins. FOT.: David M. Walsh. MONT.: Ron Kalish, Ralph Rosenblum. Cor, 89 min. ELENCO: Diane Keaton, John Beck, Don Keefer

*A última noite de Boris Grushenko** [Love and Death]
EUA/França 1975 [ROT./DIR./Ator]
PROD. EXEC.: Fred T. Gallo, Charles H. Joffe. FOT.: Ghislain Cloquet. MONT.: Ron Kalish, Ralph Rosenblum. Cor, 85 min. ELENCO: Diane Keaton, Georges Adet, Frank Adu

*Noivo neurótico, noiva nervosa** [Annie Hall]
EUA 1977 [ROT./DIR./Ator]
PROD. EXEC.: Robert Greenhut, Charles H. Joffe, Jack Rollins. FOT.: Gordon Willis. MONT.: Ralph Rosenblum. Cor, 93 min. ELENCO: Diane Keaton, Tony Roberts, Carol Kane, Paul Simon. PART. ESP.: Christopher Walken. PRÊMIOS: Oscar (DIR., ROT.); BAFTA (DIR., ROT.)

*Interiores** [Interiors]
EUA 1978 [ROT./DIR.]
PROD. EXEC.: Robert Greenhut, Charles H. Joffe. FOT.: Gordon Willis. MONT.: Ralph Rosenblum. Cor, 93 min. ELENCO: Kristin Griffith, Diane Keaton, Geraldine Page, Maureen Stapleton

*Manhattan** [Manhattan]
EUA 1979 [ROT./DIR./Ator]

PROD. EXEC.: Robert Greenhut, Charles H. Joffe. FOT.: Gordon Willis. MONT.: Susan E. Morse. PB, 96 min. ELENCO: Diane Keaton, Michael Murphy, Mariel Hemingway, Meryl Streep. PRÊMIOS: César (Filme Estrangeiro); BAFTA (ROT.)

*Memórias** [Stardust Memories]

EUA 1980 [ROT./DIR./Ator]

PROD. EXEC.: Robert Greenhut, Charles H. Joffe, Jack Rollins. FOT.: Gordon Willis. MONT.: Susan E. Morse. PB, 91 min. ELENCO: Charlotte Rampling, Tony Roberts, Jessica Harper. PART. ESP.: Sharon Stone

*Sonhos eróticos numa noite de verão** [A Midsummer Night's Sex Comedy]

EUA 1982 [ROT./DIR./Ator]

PROD. EXEC.: Robert Greenhut, Charles H. Joffe, Jack Rollins. FOT.: Gordon Willis. MONT.: Susan E. Morse. Cor, 88 min. ELENCO: Mia Farrow, José Ferrer, Tony Roberts

*Zelig** [Zelig]

EUA 1983 [ROT./DIR./Ator]

PROD. EXEC.: Robert Greenhut, Charles H. Joffe, Jack Rollins. FOT.: Gordon Willis. MONT.: Susan E. Morse. PB/Cor, 79 min. ELENCO: Mia Farrow, John Buckwalter PRÊMIOS: Festival de Veneza (Melhor Filme)

*Broadway Danny Rose** [Broadway Danny Rose]

EUA 1984 [ROT./DIR./Ator]

PROD. EXEC.: Robert Greenhut, Charles H. Joffe, Jack Rollins. FOT.: Gordon Willis. MONT.: Susan E. Morse. PB/Cor, 95 min. ELENCO: Mia Farrow, Nick Apollo Forte, Sandy Baron. PART. ESP.: Samy Davis Jr., Danny Ailello. PRÊMIOS: BAFTA (ROT. original)

*A rosa púrpura do Cairo** [The Purple Rose of Cairo]

EUA 1985 [ROT./DIR.]

PROD. EXEC.: Robert Greenhut, Charles H. Joffe, Jack Rollins. FOT.: Gordon Willis. MONT.: Susan E. Morse. PB/Cor, 82 min. ELENCO: Mia Farrow, Jeff Daniels, Dani Aiello, Van Johnson, Dianne Wiest. PRÊMIOS: Globo de Ouro (ROT.); César (Filme Estrangeiro); BAFTA (ROT.)

Meetin' WA (curta-metragem)

FRA, 1986 [ROT.]

DIR.: Jean-Luc Godard. FOT.: Pierre Binggeli. MONT.: Jean-Luc Godard. Cor, 26 min.

*Hannah e suas irmãs** [Hannah and Her Sisters]

EUA 1986 [ROT./DIR./Ator]

PROD. EXEC.: Robert Greenhut, Charles H. Joffe, Jack Rollins. FOT.: Carlo Di Palma. MONT.: Susan E. Morse. Cor, 103 min. ELENCO: Michael Caine, Mia Farrow, Carry Fisher, Barbara Hershey. PART. ESP.: Max Von Sydow. PRÊMIOS: Oscar (ROT.); BAFTA (DIR., ROT.)

*A era do rádio** [Radio Days]

EUA 1987 [ROT./DIR.]

PROD. EXEC.: Robert Greenhut, Charles H. Joffe, Jack Rollins. FOT.: Carlo Di Palma. MONT.: Susan E. Morse. Cor, 87 min. ELENCO: Hellen Miller, Mike Starr, Paul Herman. PART. ESP.: Tito Puente, Denise Dumont, Diane Keaton

Setembro [September]

EUA 1987 [ROT./DIR.]

PROD. EXEC.: Robert Greenhut, Charles H. Joffe. FOT.: Gordon Willis. MONT.: Susan E. Morse. Cor, 82 min. ELENCO: Dianne Wiest, Mia Farrow, Denholm Elliott

*A outra** [Another Woman]

EUA 1988 [ROT./DIR.]

PROD. EXEC.: Robert Greenhut, Charles H. Joffe, Jack Rollins. FOT.: Sven Nykvist. MONT.: Susan E. Morse. Cor, 81 min. ELENCO: Gena Rowlands, Mia Farrow, Ian Holm, Gene Hackman

Somebody or The Rise and Fall of Philosophy episódio "Mr Big"

Alemanha, 1989 [ROT.]

DIR.: Axel Hildebrand. Cor, 25 min. ELENCO: Patrick Jech, Unika Schaefer, Thomas Garlipp

*Contos de Nova York** [New York Stories] episódio "Édipo arrasado" ["Oedipus Wrecks"]

EUA 1989 [ROT./DIR./Ator]

Cor, 124 min. ELENCO: Mae Questal, Mia Farrow, Julie Kavner

*Crimes e pecados** [Crimes and Misdemeanors]

EUA 1989 [ROT./DIR./Ator]

PROD. EXEC.: Charles H. Joffe, Jack Rollins. FOT.: Sven Nykvist. MONT.: Susan E. Morse. Cor, 104 min. ELENCO: Caroline Aaron, Alan Alda, Mia Farrow, Anjelica Huston, Martin Landau. PART. ESP.: Daryl Hannah

Simplesmente Alice [Alice]

EUA 1990 [ROT./DIR.]

PROD. EXEC.: Charles H. Joffe, Jack Rollins. FOT.: Carlo Di Palma. MONT.: Susan E.

Morse. Cor, 102 min. ELENCO: Mia Farrow, Alec Baldwin, Judy Davis, William Hurt, Cybill Shepherd. PART. ESP.: Elle Macpherson

Neblinas e sombras [Shadows and Fog]

EUA 1991 [ROT./DIR./Ator]

PROD. EXEC.: Charles H. Joffe, Jack Rollins. FOT.: Carlo Di Palma. MONT.: Susan E. Morse. PB, 85 min. ELENCO: Mia Farrow, John Malkovich, Madonna. PART. ESP.: Lily Tomlin, John Cusack

Maridos e esposas [Husbands and Wives]

EUA 1992 [ROT./DIR./Ator]

PROD. EXEC.: Charles H. Joffe, Jack Rollins. FOT.: Carlo Di Palma. MONT.: Susan E. Morse. Cor, 108 min. ELENCO: Mia Farrow, Judy Davis, Sydney Pollack. PART. ESP.: Julliette Lewis, Liam Neeson. PRÊMIOS: BAFTA (ROT.)

Um misterioso assassinato em Manhattan [Manhattan Murder Mystery]

EUA 1993 [ROT./DIR./Ator]

PROD. EXEC.: Charles H. Joffe, Jack Rollins. FOT.: Carlo Di Palma. MONT.: Susan E. Morse. Cor, 104 min. ELENCO: Diane Keaton, Jerry Adler, Alan Alda, Anjelica Huston

Tiros na Broadway [Bullets Over Broadway]

EUA 1994 [ROT./DIR.]

PROD. EXEC.: Charles H. Joffe, Jack Rollins. FOT.: Carlo Di Palma. MONT.: Susan E. Morse. Cor, 98 min. ELENCO: John Cusack, Dianne Wiest, Jennifer Tilly, Chazz Palminteri

*Poderosa Afrodite** [Mighty Aphrodite]

EUA 1995 [ROT./DIR./Ator]

PROD. EXEC.: Jack Rollins, Jean Doumanian, J. E. Beaucaire. FOT.: Carlo Di Palma. MONT.: Susan E. Morse. Cor, 95 min. ELENCO: Mira Sorvino, Helena Bonham Carter, F. Murray

*Todos dizem eu te amo** [Everyone Says I Love You]

EUA 1996 [ROT./DIR./Ator]

PROD. EXEC.: Charles H. Joffe, Jack Rollins, Jean Doumanian, J. E. Beaucaire. FOT.: Carlo Di Palma. MONT.: Susan E. Morse. Cor, 101 min. ELENCO: Goldie Hawn, Julia Roberts, Tim Roth, Alan Alda

Desconstruindo Harry [Deconstructing Harry]

EUA 1997 [ROT./DIR./Ator]

PROD. EXEC.: Charles H. Joffe, Jack Rollins, J. E. Beaucaire. FOT.: Carlo Di Palma.

MONT.: Susan E. Morse. Cor, 96 min. ELENCO: Billy Crystal, Kirstie Alley, Judy Davis, Elisabeth Shue, Demi Moore

*Celebridades** [Celebrity]

EUA 1998 [ROT./DIR.]

PROD. EXEC.: Charles H. Joffe, Jack Rollins, J. E. Beaucaire. FOT.: Zven Nykvist. MONT.: Susan E. Morse. Cor, 109 min. ELENCO: Kenneth Branagh, Melanie Griffith, Winona Ryder, Leonardo Di Caprio

*Poucas e boas** [Sweet and Lowdown]

EUA 1999 [ROT./DIR.]

PROD. EXEC.: Charles H. Joffe, Jack Rollins, J. E. Beaucaire, Letty Aronson. FOT.: Zhao Fei. MONT.: Alisa Lepselter. Cor, 96 min. ELENCO: Sean Penn, Chris Bauer, Kellie Overbey

*Trapaceiros** [Small Time Crooks]

EUA/França 2000 [ROT./DIR./Ator]

PROD. EXEC.: Charles H. Joffe, J. E. Beaucaire. FOT.: Zhao Fei. MONT.: Alisa Lepselter. Cor, 94 min. ELENCO: Tracey Ullman, Hugh Grant, Jon Lovitz

*O Escorpião de Jade** [The Curse of the Jade Scorpion]

EUA/Alemanha 2001 [ROT./DIR./Ator]

PROD. EXEC.: Charles H. Joffe, Jack Rollins, Stephen Tenenbaum. FOT.: Zhao Fei. MONT.: Alisa Lepselter. Cor, 103 min. ELENCO: Helen Hunt, Charlize Theron, Dan Aykroyd

*Dirigindo no escuro** [Hollywood Ending]

EUA 2002 [ROT./DIR./Ator]

PROD. EXEC.: Charles H. Joffe, Jack Rollins, Stephen Tenenbaum. FOT.: Wedigo von Schultzendorff. MONT.: Alisa Lepselter. Cor, 112 min. ELENCO: Téa Leoni, Debra Messing, Treat Williams

*Igual a tudo na vida** [Anything Else]

EUA/França/Inglaterra 2003 [ROT./DIR./Ator]

PROD. EXEC.: Benny Medina, Charles H. Joffe, Jack Rollins, Stephen Tenenbaum. FOT.: Darius Khondji. MONT.: Alisa Lepselter. Cor, 109 min. ELENCO: Jason Biggs, Christina Ricci, Danny DeVito, Stockard Channing

Melinda e Melinda [Melinda and Melinda]

EUA 2004 [ROT./DIR.]

PROD. EXEC.: Charles H. Joffe, Jack Rollins. FOT.: Vilmos Zsigmond. MONT.: Alisa Lepselter. Cor, 99 min. ELENCO: Radha Mitchell, Chloë Sevigny, Will Ferrel, Amanda Peet

*Match Point - Ponto final** [Match Point]

Inglaterra/EUA/Irlanda/Rússia 2005 [ROT./DIR.]

PROD. EXEC.: Charles H. Joffe, Jack Rollins. FOT.: Remi Adefarasin. MONT.: Susan E. Morse. Cor, 123 min. ELENCO: Scarlett Johansson, Jonathan Rhys-Meyers, Emily Mortimer

Scoop - O grande furo [Scoop]

EUA/Inglaterra 2006 [ROT./DIR./Ator]

PROD. EXEC.: Charles H. Joffe, Jack Rollins. FOT.: Remi Adefarasin. MONT.: Alisa Lepselter. Cor, 95 min. ELENCO: Scarlett Johansson, Romola Garai, Hugh Jackman, Julian Glover

O Sonho de Cassandra [Cassandra's Dream]

EUA/Inglaterra/França 2007 [ROT./DIR.]

PROD. EXEC.: Brahim Chioua, Charles H. Joff, Jack Rollins, Vincent Maraval. FOT.: Vilmos Zsigmond. MONT.: Alisa Lepselter. Cor, 108 min. ELENCO: Ewan McGregor, Colin Farrell, Peter-Hugo Daly

*Vicky Cristina Barcelona** [Vicky Cristina Barcelona]

ESP/EUA 2008 [ROT./DIR.]

PROD. EXEC.: Charles H. Joff, Jack Rollins, Jaume Roures, Javier Méndez. FOT.: Javier Aguirresarobe. MONT.: Susan E. Morse. Cor, 96 min. ELENCO: Rebecca Hall, Scarlett Johansson, Javier Bardem, Penélope Cruz. PRÊMIOS: Globo de Ouro (filme comédia) Independent Spirit Award (ROT.) Disponível em Blu-Ray

Tudo pode dar certo [Whatever Works]

EUA/França, 2009 [ROT./DIR.]

PROD. EXEC.: Brahim Chioua, Charles H. Joffe, Jack Rollins, Vincent Maraval. FOT.: Harris Savides. MONT.: Alisa Lepselter. Cor, 35mm, 92 min. ELENCO: Larry David, Lyle Kanouse, Patricia Clarkson, Evan Rachel Wood

ÍNDICE REMISSIVO

AGRADECIMENTOS

Woody Allen transformou nossas conversas num prazer durante metade de sua vida e mais da metade da minha. Aguardo com ansiedade as conversas que virão, e agradeço a ele por todas as que tivemos. As transcrições somadas chegam a bem mais de mil páginas com espaçamento simples. Agradeço a Kate Wolf e Allison Joyce por sua ajuda em organizá-las por categorias para este livro.

Meu agradecimento e reconhecimento a Jerry Ament, Barry Dagistino e Maggie Adams da MGM, e a Dorrit Ragosine e Callie Jernigan da MGM/Twentieth Century Fox Home Entertainment; a Larry McAllister e Christina Hahni, da Paramount/DreamWorks; e a Ann Limongello, do grupo Disney/ABC Television, por sua generosa ajuda com o sem-número de fotos tiradas dos filmes de Woody; e aos fotógrafos de *still* John Clifford, Clive Coote e Keith Hamshere. Muitos agradecimentos também a Irwin J. Tenenbaum, pela ajuda oportuna.

Foi um prazer conhecer as assistentes de Woody, primeiro Sarah Allentuch, depois Sage Sehman, que me ajudaram todas as vezes que telefonei. Obrigado. Minha gratidão também a Helen Robin e Juliet Taylor.

Na editora Knopf, obrigado a Sonny Mehta, a Chip Kidd pelo que considero a capa perfeita, a Iris Weinstein, Kathleen Fridella, Kyle McCarthy, Kathy Zuckerman e Kim Thornton. Kathy Hourigan e Avery Flück fizeram um trabalho espetacular. Jonathan Segal editou livros meus durante mais de vinte anos, e não há ninguém mais hábil com um lápis ou mais dedicado a seus autores. A ideia deste livro foi de Jon, e fico contente por isso. Valorizo sua amizade tanto quanto sua capacidade de lapidar temas e ideias.

Tenho a sorte de possuir amigos como David Wolf, cuja disponibilidade constante para muitos conselhos pedidos, e Will Tyrer, cuja preocupação constante com a contagem de páginas, são testemunho do cuidado de parceiros.

Não há agradecimentos suficientes para expressar gratidão à minha esposa, Karen Sulzberger, e aos nossos filhos, Simon e John, pela vida que temos, mas os ofereço a eles, com o meu amor.

Punch Sulzberger me inundou de afeto e gentileza ao longo dos últimos vinte anos, e também conta piadas engraçadas. Este livro é para ele; uma pequena retribuição.

CRÉDITO DAS IMAGENS

Philippe Halsman/Magnum Photos: capa e primeira guarda • Brian Hamill/Getty Images 2, 3, 10, segunda guarda • Arthur Schatz/Getty Images 6 • Bernd/Getty Images 17 • Cortesia de Woody Allen 353, 391, 423 • *Noivo neurótico, noiva nervosa* © 1977 Metro-Goldwyn-Mayer Studios, Inc. Todos os direitos reservados. 54, 57, 442 • *A outra* © 1988 Orion Pictures Corporation. Todos os direitos reservados. 357 • *Igual a tudo na vida*. Cortesia da Dreamworks e Paramount Pictures © 2007 Dreamworks LLC. Todos os direitos reservados. 232 •*Bananas* © 1971 Rollins & Joffe Productions Todos os direitos reservados. 434, 435 • Brian Hamill. Cortesia da Metro-Goldwyn-Mayer Studios e MGM Clip + Still Licensing. Todos os direitos reservados. 263 • *Broadway Danny Rose* © 1984 Orion Pictures Corporation. Todos os direitos reservados. 231, 295 • *Celebridades*. Cortesia da Miramax Film Corp. © 1998. Todos os direitos reservados. 343 • Clive Coote. Cortesia de Woody Allen. 76, 121, 176, 226, 233, 292, 302 • *O Escorpião de Jade*, Cortesia da Dreamworks e Paramount Pictures © 2007 Dreamworks LLC. Todos os direitos reservados. 216, 406 • *Don't Drink the Water*. Cortesia da American Broadcasting Companies, Inc. 430 • Eric Lax. 125 • *Todos dizem eu te amo*. Cortesia da Miramax Film Corp. © 1996. Todos os direitos reservados. 213, 274 • *Tudo o que você sempre quis saber sobre sexo mas sempre teve medo de perguntar* © 1972 Metro-Goldwyn-Mayer Studios, Inc. Todos os direitos reservados. 24, 25, 258, 446 • *Hannah e suas irmãs* © 1986 Orion Pictures Corporation. Todos os direitos reservados. 196, 232 • *Dirigindo no escuro*. Cortesia da Dreamworks e Paramount Pictures © 2007 Dreamworks LLC. Todos os direitos reservados. 299 • *Interiores* © 1978 Metro-Goldwyn-Mayer Studios Inc. Todos os direitos reservados. 163 • John Clifford. Cortesia de Woody Allen. 87, 175, 179, 276, 283, 274, 334, 469 • Keith Hamshere. Cortesia de Woody Allen. 251, 309, 393 • Christopher R. Harris. 390 • *A última noite de Boris Grushenko* © 1975 Rollins & Joffe Productions. Todos os direitos reservados. 104, 453 • *Manhattan* © 1979 Metro-Goldwyn-Mayer Studios Inc. Todos os direitos reservados. 62, 121, 347 • *Match Point*. Cortesia da Dreamworks e Paramount Pictures © 2007 Dreamworks LLC. Todos os direitos reservados. 176, 233, 291 • *Melinda e Melinda*. Cortesia da Twentieth Century Fox. © 2005 Todos os direitos reservados. 90 • *Poderosa Afrodite*. Cortesia da Miramax Film Corp. © 1995 Todos os direitos reservados. 84, 211• *Contos de Nova York (Édipo arrasado)*. Cortesia da Touchstone Pictures. © Touchstone Pictures. Todos os direitos reservados. 76, 398 • *Sonhos de um sedutor*. Cortesia da Paramount Pictures. © Paramount Pictures. Todos os direitos reservados. 26, 107, 442, 468 • *A rosa púrpura do Cairo* © 1985 Orion Pictures Corporation. Todos os direitos reservados. 43, 48 • *Setembro* © 1987 Orion Pictures Corporation. Todos os direitos reservados. 198 • *Neblina e sombras* © 1992 Metro-Goldwyn-Mayer Studios Inc. Todos os direitos reservados. 237 • *O dorminhoco* © 1973 Metro-Goldwyn-Mayer Studios Inc. Todos os direitos reservados. 98, 233, 240 • *Trapaceiros*. Cortesia da Dreamworks e Paramount Pictures © 2007 Dreamworks LLC. Todos os direitos reservados. 344 • *Memórias* © 1980 Metro-Goldwyn-Mayer Studios Inc. Todos os direitos reservados. 302 • *Um assaltante bem trapalhão*. Cortesia da American Broadcasting Companies. © American Broadcasting Companies, Inc., 24, 185, 393 • *Zelig* © 1983 Metro-Goldwyn-Mayer Studios Inc. Todos os direitos reservados. 110.

Publicado mediante acordo com Alfred A. Knopf, uma divisão de Random House, Inc.

Coordenação editorial PAULO WERNECK
Projeto gráfico LUCIANA FACCHINI
Revisão ISABEL JORGE CURY, RAUL DREWNICK, LAURA RIVAS, CAMILA BOLDRINI
Índice remissivo TODOTIPO EDITORIAL
Filmografia ANDRESSA VERONESI
Tratamento de imagem WAGNER FERNANDES

2ª edição

Nesta edição, respeitou-se o novo Acordo Ortográfico da Língua Portuguesa

Dados Internacionais de Catalogação na Publicação (CIP)
(Câmara Brasileira do Livro, SP, Brasil)

Lax, Eric [1944-]
Conversas com Woody Allen: seus filmes, o cinema e a filmagem / Eric Lax
Título original: *Conversations with Woody Allen: his films, the movies, and moviemaking*
Tradução: José Rubens Siqueira.
São Paulo: Cosac Naify, 2009
512 pp., 111 ils.

ISBN 978-85-7503-837-6

1. Allen, Woody, 1935 – Entrevistas 2. Diretores e produtores de cinema – Entrevistas I. Título.

09-07652 CDD-791.43092

Índices para catálogo sistemático:
1. Diretores de cinema: Entrevistas 791.43092

COSAC NAIFY
Rua General Jardim, 770, 2º andar
01223-010 São Paulo SP
Tel [55 11] 3218 1444
www.cosacnaify.com.br

Atendimento ao professor [55 11] 3218 1473

fonte **NEUTRA e FIGURAL**
papel **LUX CREAM 70 g/m²**
gráfica **GEOGRÁFICA**
tiragem **4 000**